JN321949

現代経営管理と経営戦略モデル

宮脇 敏哉 著

流通経済大学出版会

まえがき

2007年は、先端技術開発型企業が軒並み経常益を減少させる状況が発生した。これは半導体製造が、韓国、中国、台湾にシフトして、賃金、地代の競争力に負けた結果である。韓国の漢陽大学と大阪経済大学による共同研究発表会において、日本と同様に韓国でも空洞化がおこっている。近年は、チャイナプラスワンという認識も同様であることが判明した。さらに中国厦門大学と大阪経済法科大学のシンポジュームにおいては、中国の高度成長12%の約50%は日本企業の貢献であると指摘もあった。イノベーションの時代において、新ビジネスモデル型企業も多く育ってきている。特に、国内初の血球計数装置を1963年より発売したシスメックスの成長が著しい。シスメックスは、検体検査、生体検査部門で世界第9位であり、今後の成長が望める先端企業である。

日本を代表するトヨタは、豊田佐吉によって設立された豊田自動織機製作所をルーツとしている。佐吉のことばで「そこの障子を開けてみよ、外は広いぞ」があるが、これは、中国への進出を1920年代におこなうときに、まわりが失敗するからやめてほしいと言われたときの返事であった。すばらしい先見性をもっていたことが伺える。次に、佐吉は「日本は狭い。海の真ん中に島をつくる」と言った。これは、発明で特許をとれば、海に島をつくるのと同じという意味であった。さらに「失敗を失敗として話すのはうれしい。それが本当の技術者だ」と技術開発の重要性を説いたのである。

本書は企業の経営管理と実際の先端技術、先端ビジネスモデル型企業をケースとした経営書である。多くの企業経営のノウハウを修得できると考える。章立ては

第1章　イノベーションと経営管理

第2章　経営管理の基礎

第3章　ベンチャー企業のマーケティング経営管理

第４章　日本のベンチャー企業

第５章　日本のベンチャーキャピタル

第６章　新規公開企業のベンチャーキャピタルからの投資状況

第７章　経営組織

第８章　経営戦略

第９章　経営分析

第10章　東大阪市における先端技術、経営戦略を使った環境機器の開発可能性研究

第11章　アドバンテスト／イマジニア／メガチップス／フェローテック／アプリックス／ジェネシステクノロジー／バッファロー／東京エレクトロン／ローム／キヤノン／オリックス／ジャストシステム／フュートレック／浜松ホトニクス

である。

読者対象は、企業経営者、商店経営者、会社員、学生、大学院生であり、基礎的な経営管理と経営戦略、財務管理が学べるものである。今回、出版を引き受けていただいた流通経済大学出版会と池澤昭夫氏には、心より感謝申し上げる。また、本務校の大阪経済法科大学と同大の研究者の先生方、関西ベンチャー学会、日本情報経営学会、日本経営システム学会、日本経営診断学会、日本経営教育学会の先生方には、日頃のご指導に感謝申し上げる。

最後に、宮崎の父昇、母ツル子、福岡の妻智代、奈良の長男広哉には、日頃の研究に対する理解に感謝する。

2008年１月

大阪、八尾の宿舎にて

宮脇 敏哉

目　次

まえがき……i

第 **1** 章　イノベーションと経営管理……1

1．イノベーションの形成
2．経営管理論の形成
3．人間関係論
4．近代管理論
5．意思決定論
6．経営管理とマーケティング
7．マズローとマグレガーのX理論とY理論
8．コーポレートガバナンス

第 **2** 章　経営管理の基礎……13

1．経営管理の誕生と形成
2．経営管理の構造と生産管理
3．経営管理の基本である管理階層と管理者の役割
4．ベンチャービジネスと経営管理

第 **3** 章　ベンチャー企業のマーケティング経営管理……21

1．マーケティング経営管理
2．マーケティング管理の概念と意義
3．ベンチャーマネジメントシステム
4．マーケティングに用いられる3つのレベルの戦略

第 **4** 章　日本のベンチャー企業……29

1．日本のベンチャー企業の循環
2．日本のベンチャー企業の資金調達
3．アメリカのベンチャー企業への資金提供者と提供の条件

4．ベンチャーキャピタルファイナンスの実際

第 5 章　日本のベンチャーキャピタル……39

1．創造法とベンチャーキャピタル
2．ベンチャーキャピタルの投資プロセス
3．ベンチャーキャピタル資本の回収
4．日本における新規株式公開（IPO）とベンチャーキャピタル

第 6 章　新規公開企業のベンチャーキャピタルからの投資状況……51

1．ベンチャーキャピタルの至福から苦悩への道
2．投資資金量と案件数ならびにベンチャーキャピタリスト
3．ベンチャーキャピタリストへの報酬はどのように決定されるか
4．ベンチャーキャピタルの変容
5．IPOメカニズム、配分と価格設定ならびにメカニズム
6．株式公開時の過小価格と資本市場の罠
7．資本市場の罠
8．投資戦略
9．段階的な投資
10．ベンチャーキャピタルはなぜファンドを組むのか
11．日本の新規公開企業におけるベンチャーキャピタルの役割

第 7 章　経営組織……63

1．組織定義と問題点
2．組織とは何か
3．アメリカの経営組織
4．ドイツ経営組織論
5．チャンドラー
6．具体的な組織構造
7．日本のベンチャー企業の組織

第 8 章　経営戦略……75

1．経営戦略とは

2．経営戦略の各用語を駆使する
3．イノベーションにつながる革新の理論
4．イノベーションについて
5．ミッションおよびビジョン
6．ドメイン戦略
7．コアコンピタンス
8．ポーターの競争戦略
9．経営戦略のアウトソーシング
10．中小企業の経営戦略
11．出口経営戦略
12．経営分析戦略

第９章　経営分析……97

1．経営分析の実際、目的と考え方
2．経営分析データの入手方法
3．収益性分析の意義と売上高利益率
4．資本回転率の分析ならびに付加価値
5．企業評価要因としての社会性
6．大ベンチャー企業ソニーの経営について
7．キャッシュフロー計算書

第10章　東大阪市における先端技術、経営戦略を使った環境機器の開発可能性研究……113

1．現代の環境の状況と問題意識
2．環境対応ビジネスの現状と本研究目的
3．中小企業・ベンチャー企業における環境ビジネス
4．ベンチャー企業、中小企業の経営戦略
5．新製品開発にはアントレプレナーシップが必要とされる
6．アントレプレナーの出現
7．東大阪市の産業状況
8．東大阪市の企業における成長ステージ
9．ベンチャー企業、中小企業の強みと参入可能環境分野

10. 環境対応技術開発の先端技術
11. 東大阪市の企業におけるイノベーション
12. 東大阪市の企業におけるコアコンピタンス
13. 企業成長のための経営戦略
14. 企業成長に重要な位置を占めるベンチャーキャピタル
15. ベンチャーキャピタルおよびファンド活動
16. 東大阪市の中小企業・ベンチャー企業の環境製品開発の要点
17. 東大阪市の企業における環境対応製品開発の可能性
18. 東大阪市の企業が環境対応製品を開発するのに資金はいくら必要か
19. 経営戦略におけるシナジー
20. 東大阪市の企業による他地域との連携について
21. 政府による中小企業金融施策
22. 本章研究の結論と課題
資料１．アンケート調査表

第11章— 1　アドバンテスト……151

1．アドバンテストの起業と歴史
2．アドバンテストの方向性とテクノロジー
3．アドバンテストのソリューション
4．アドバンテストの環境経営とCSR
5．アドバンテストのコーポレートガバナンス
6．アドバンテストの財務について
7．アドバンテストのインカムゲイン
8．アドバンテストのキャッシュフロー経営
9．アドバンテストのグローバル化

第11章— 2　イマジニア……163

1．イマジニアの成立と成長
2．イマジニアの経営戦略と経営方針
3．イマジニアの経営成績及び財務状態

第11章— 3　メガチップス……177

1．メガチップスの起業

2．メガチップスのビジョンと起業活動
3．メガチップスの財務について
4．キャッシュフローについて

第11章― 4 フェローテック ……193

1．フェローテックの起業について
2．フェローテックの事業展開
3．フェローテックの業績について
4．フェローテックの研究開発
5．フェローテックのストックオプション
6．フェローテックの大株主
7．フェローテックの財務状況
8．フェローテックのコーポレートガバナンス

第11章― 5 アプリックス ……211

1．アプリックスの誕生と形成
2．アプリックスの経営戦略
3．アプリックスの対処すべき課題
4．アプリックスのコーポレートガバナンス
5．キャッシュフローの状況
6．アプリックスが技術等を受け入れている契約
7．アプリックスが技術援助等を与えている契約
8．アプリックスの財務について

第11章― 6 ジェネシステクノロジー ……231

1．ジェネシステクノロジーの誕生
2．半導体テストハウス事業とは
3．ジェネシステクノロジーの事業の特徴
4．キャッシュフロー経営と生産、受注販売状況
5．ジェネシステクノロジーの事業リスク

第11章― 7 バッファロー ……253

1. バッファローの起業
2. バッファローの経営戦略と事業展開

3. バッファローのIPO出口経営戦略
4. バッファローの持株会社体制への移行
5. バッファローの環境経営の方針

第11章— 8　東京エレクトロン……267

1．東京エレクトロンの歩み
2．東京エレクトロンのミッションとビジョン、グローバル化
3．東京エレクトロンの事業展開と売り上げ
4．東京エレクトロンのコーポレートガバナンスと環境経営

第11章— 9　ローム……281

1．ロームの成り立ち
2．ロームのコアコンピタンスとビジョン
3．ロームの品質保証と研究開発と財務
4．ロームの海外ネットワーク
5．大ベンチャー企業ロームの社会的責任と環境経営

第11章— 10　キヤノン……301

1．ベンチャー企業の完成例、キヤノンの成り立ちについて
2．キヤノンのミッションとビジョン
3．キヤノンのイノベーションおよび新多角化
4．キヤノンのグローバル化経営戦略と研究開発
5．キヤノンのマーケティングと組織、財務
6．キヤノンにおける環境経営
7．キヤノンの現状

第11章— 11　オリックス……317

1．オリックスの事業戦略
2．オリックスのビジョン
3．オリックスの自動車事業と不動産、ファイナンス
4．プリンシパル・インベストメント事業
5．コーポレートガバナンスについて
6．コンプライアンス強化の取組とイノベーション

第11章— 12 ジャストシステム……339
1．ジャストシステムの事業展開
2．ジャストシステムのイノベーションとミッション
3．ジャストシステムのナレッジインフォメーションテクノロジー

第11章— 13 フュートレック……347
1．フュートレックのスタートアップ
2．フュートレックの経営戦略
3．フュートレックIP戦略とコアコンピタンス
4．フュートレックの事業戦略とコーポレートガバナンス

第11章— 14 浜松ホトニクス……363
1．光サイエンスを求める大ベンチャー企業
2．浜松ホトニクスの事業展開
3．浜松ホトニクスの成り立ちと出口経営戦略
4．浜松ホトニクスの業績

参考文献……375

索引……379

第1章　イノベーションと経営管理

1．イノベーションの形成

イノベーション（Innovation）は変化、変革とよばれているが、経営学的には技術革新である。イノベーションはシュンペーター（Schumpeter）により、その著書『経済発展の理論』(1912年）によって概念が提示された。シュンペーターは「新結合」ということばにより、イノベーションをわかりやすく説明した。それは産業革命によって人類が内燃機関を手に入れた後、蒸気機関車が登場した。だが、人々は郵便馬車を連結したほうが、スピードがでると述べた。そのとき、シュンペーターは目先のスピードではなく、変化しなければならないと述べたのである。つまり、技術革新が必要だということを表現したのである。また「創造的破壊」により、イノベーションが生まれるとし、新しい財貨、新しい生産方法、新しい販路、新しい供給源、新しい組織が重要と考えた。そして、シュンペーターは企業家の理念を三つにわけてまとめた。第一に企業家と資本家を区別する必要性、第二に企業家は創意性があり、先見の目をもたなければならない、そして第三に企業家は非永続性でなければならないと述べた。

さらにシュンペーターは、イノベーションを「既存の商品、サービス、ひいてはリーガルシステムを破壊することであり、資本主義を発展させるのは、企業家によるイノベーションであって、それは創造的破壊である」と述べた。また創造的破壊の困難に、独自の経済的機能を果たす人物が登場し、企業家精神を発揮して創造的破壊を強固な意志で成し遂げる必要性を説いた。シュンペーターの資本主義衰退論は「官僚化による社会主義化」への警告であった。（ハーバードビジネスレビュー2003年1、p.7）

近年においては、ドラッカー（Drucker）がイノベーションを重要視した。ドラッカーは著書『断絶の時代』において「これまでの時代とこれからの時代はまったくちがう」と述べた。ドラッカーはイノベーションの概念を「生産物もしくはサービスの革新」、「生産物もしくはサービスの供給に必要とされる諸種の熟練、活動の革新」であるとした。さらに連続性の終焉、革新的企業家、知識社会の到来についてもドラッカーは重要視したのである。

またドラッカーは、『新しい現実』のなかで「産業革命における社会的なイノベーション、すなわち近代的軍隊、公務員制度、郵便制度、商業銀行などが社会に与えた影響は、鉄道や蒸気船の発達がもたらした影響と同じように大きかった。今日の企業家精神の時代においても、社会的なイノベーション、とくに政治、政府、教育、経済におけるイノベーションは、いかなる技術、いかなる製品のイノベーションにも劣るところのない影響を社会にもたらす」と述べた。そして社会的、技術的イノベーションは、企業家的であると結論をのべたのである。さらにドラッカーは、マネジメントと企業家精神についてイノベーションのドメインをも包合することが重要であり、相互に排除し合うものではないと述べた。マネジメントと企業家精神は共生すべきということである。ドラッカーは結論として、イノベーションと企業家精神は、新しい事業とともに、既存の組織にも適用されるものであり、企業と企業以外の機関、政府を含むあらゆる機関に適用されるものであると指摘した。(新しい現実、p.329ダイヤモンド社を参照)

ドラッカーは、より良くて、より経済的な商品ないしはサービスを提供することをイノベーションの基礎としている。事業の目的を「顧客の創造」として、企業経営には、マーケティングとイノベーションが必要であると考えた。

2. 経営管理論の形成

経営管理論はあらゆる組織体の運営に必要となる経営の基礎的学問である。組織体は理論なくして運営はできない。現代史において最初の理論はアメリカのテーラー（F. W. Taylor)、フランスのファヨール（H. Fayol）によって誕生した。経営管理は経営管理者の職務のために基礎が形成されたが、それは経営計画、人的資源、組織、運営のために研究された。経営管理は人間が人間を管理することからスタートし、やがて組織の規則が管理する方向へと進展した。バーナードは社会全体から考え、人間行動、文化的行動を含んで経営管理を捉えた。経営管理思考は数量的アプローチ、管理会計、管理普遍、科学的、人間関係、行動科学に分けられる。テーラーとファヨールによって、近代経営管理は始動したのである。

テーラーは科学的管理論の父といわれている。テーラーはアメリカ・フィラデルフィアに1856年に生まれる。父は弁護士で、裕福な家庭に育った。1874年にハーバード大学に入学が許可されたが、眼病のために進学を断念している。そして近くにあるポンプ工場に見習いとして職を得た。その後科学的管理法を研究することになるミッドベール製鋼所に転職した。そこでテーラーは科学的な賃金と課業の動作、時間の研究をまとめることになった。テーラーのシステムは課業管理、時間研究、行動研究、職能制、出来高制、などを基本とした。

テーラーは、ミッドベール製鋼所、ベツレヘム製鋼所における現場の技師、管理者の経験をもとに数々の論文を発表した。1883年にはスチブンス工科大学の夜間部を卒業している。最初の論文は「一つの出来高給制度」といわれている。テーラーの三大内容としては①基本的時間研究（elementary time study）、②職能組織（functional organization）、③差別出来高給制度（the differential rate system of a piece work）があげられる。テーラーが実際にミッドベール製鋼所で実験をおこなったのは1880年に職長になってからである。

テーラーは職長になってから、これまでの自身の経験により、製造時間の短縮を工員に命じて工員と対立することになった。ここでテーラーは、工員の一日の作業工程の把握が不足していることに気づいて、正確な一日の作業分析をおこなった。そして標準作業工程を割り出したのである。工員が一日に遂行できるこの標準時間が、課業といわれた。課業はこれまでの成行きでされてきた作業ではなく、前日までに作業工程を決定し、工程表が作成され、それにしたがって作業が行われることをさしている。課業は工員だけではなく、職長、管理職すべてに課せられ、組織体全体が課業により、作業が遂行されることを基本とした。

テーラーの差別出来高給制度は1895年に発表され、課業に対して、時間が短くすぐれた製品作りができれば、高い賃金がもらえるが、時間が長くかかり不良品がでれば賃金が低くなるシステムである。このテーラーの差別出来高給制度はすぐれてはいたが、相次いで非難もおこった。それは人間をあたかも機械のごとく扱っていて非人間的であるということであった。当時のアメリカ社会は労働力が不足しており、南北戦争復員やヨーロッパからの移民を効率良く働かせるためには必要であったと言える。テーラーによって、これまでの成行き作業から、管理者と工員の分担がはっきりし、計画的な作業ができるようになり、作業が効率的になったのである。

ファヨールはテーラーと対比される管理論を打ち立てた。ファヨールは1841年にフランスに生まれた。鉱山技師から経営者に登りつめ、1916年に著書『産業並びに一般の管理』を刊行した。ファヨールは鉱山会社の経営者となるが、経営が思わしくないのは、経営全般が科学的でないことに気づくのである。ファヨールは経営管理には５つの要素があるとした。それは計画化、組織化、指揮、調整、統制であると述べた。

計画化はビジョン設定であったと思われるが、その会社がなにをするのか、どこに向かうのかを明確にすることである。計画化は企業存続の原点であり、企業の経営資源（ヒト、モノ、カネ、情報）をいかに有効利用して企業の永続性、利益を追求するかである。

組織化は各部門相互の明確化、活動重複回避、命令伝達一元化が要点である。組織は一般には、従業員の数によって決まるが、一つの集団は50名までである。50名を越えると管理が行き届かないのが現状である。管理者にはレベルの高い管理能力が求められるのである。まず健康であること、知識、道徳観、教養などが求められる。ファヨールは管理者が全体を把握するためにはスタッフが必要であると述べた。実際に50名までは一人の管理者で管理できるが、それには最低２名のサブ管理者が必要となる。そのサブ管理者には、命令、調整、統制力が必要となる。

ファヨールはあらゆる組織体には経営管理能力が必要であり、管理原則、管理原理が求められる。管理原則には分業、権限、規律、命令、指揮などがある。経営者は経営管理を講義する学校での教育が必要であり、企業内大学等における経営管理教育を提唱した。これらの考え方はアメリカ経営学に大きな影響を与えた。

3．人間関係論

1924年から1932年にかけて、アメリカ・シカゴのウェスタン・エレクトリック社（The Western Electric Company）のホーソン工場（Howthorn Factory）において、全国学術調査審議会（The National Research Council）が中心となって、これまでの科学的管理論における人間性の欠如を解き明かす実験がおこなわれた。これは作業者が非合理性の状況においても作業効率が人間関係に大きく左右されることが明らかになったのである。ホーソン実験には、心理学者のメイヨー、レスリスバーガーが参加した。メイヨーとレスリスバーガーはハーバード大学からの参加であり、おもに生産量の増加と作業者の社会的関係を中心に実験をおこなった。

当初の実験には国家学術調査審議会、マサチューセッツ工科大学が参加して3年間に渡って、おもに作業効率と照明の関係などを実験した。ホーソン工場は比較的恵まれた労働環境をもっていたが、それでも労働者からの不満がおこっていたのである。検証仮説として、照明が明るければ明るいほうが作業効率上昇になるということがあげられた。実験は照明実験、リレー組立、雲母はぎ作業、面接、バンク巻き取りがおこなわれた。

最初の実験は照明実験（1924年～1927年）であった。目的は作業環境における照明度と個人の作業能率の関係を調査して適切な照明度を解明することであった。照明を月明かり程度に下げても効率が低下しなかったことが大きな反響を生んだので、その後作業者からもとの電球に変更してもらいたいとの要求によって、もとに戻すと作業効率がアップしたのである。このことは、心理的な影響であったと判断された。次に継電器組立作業実験（1927年～1932年）では、この作業に従事していた6名の女子工員のさまざまな待遇改善によって、作業効率と物理的作業条件の関係を調査した。この実験結果から、監督者の質や監督方法によって生産性に変化がでることが証明された。続いて、雲母はぎ作業実験（1928年～1930年）において1名の熟練した工員の作業効率の低下が、家庭の事情であることが判明し、仲間とのコミュニケーションによって、作業効率をもとに戻すことができたのである。さらにバンク配線作業観察（1931年～1932年）では、14名の工員をグループに分けて作業をさせ、1名だけの仕事量を増やすと賃金に対する不公平感によって無視されることが判明した。また行動規範が非公式組織として認知されていることが明らかになったのである。

ホーソン実験の結果は労働者の効率は労働者の心理状況に大きく左右されるとの結論を引き出した。労働者は感情から解放されない、さらに感情の偽装は簡単である。一般には労働者は得ることができる賃金分の働きしかしないことが推測される。また経営管理の人間関係論には監督者の教育、意思決定への参加、コミュニケーション能力、提案受諾、人事が大きく関係している。また人間関係論からはインフォーマル組織の形成、生産能率は心情に左右される。また人間の態度形成は職場の人間関係に左右されることが明らかになった。

人間関係論はドラッカーをはじめ、この時代の経済状況が悪化していたこともあるが批判も多くでた。ホーソン実験によりメイヨー、レスリスバーガーは人間関係論の新しい理論を打ち立てようとしたが、産業社会学、心理学などの関連する学問の融合が求められた。これまでは人間関係論は経験論をもとに考えられていいたが、新しい科学的思考が必要であることが判明した。

4．近代管理論

近代管理論を確立したバーナード（C. I. Barnard）は1886年アメリカ・マサチューセッツに生まれる。ハーバード大学中退後、1909年アメリカ電話電信会社に入社した。その後、ニュージャージー・ベル電話会社の社長となり、さらにロックフェラー財団の理事長に就任した。バーナードは協業システムを確立し、組織論の基礎を提示した。バーナードは著書『経営者の役割（The Functions of the Executive)』によって経営者の経営管理を明らかにしようと試みた。経営者は経営管理の研究において組織論を中心に据えるべきと提唱した。近代管理論は記述科学的方法論をとり、行動科学的研究法、意思決定論的研究法の2つの協同を求めた。

バーナードは人間の意思決定を人間の仮説とし、人間は組織体において、自身の意思決定により行動すべきとした。また人間は組織人格、個人人格の二面性があり、決定論と自由意思により、協働を求めるものとした。人間には目的と制約があり、その目的を達成するためには制約があると述べた。

バーナードは組織のなかにおいての意思決定について、個人的意思決定、組織的意思決定に分けたが、意思決定の道徳性を強く求めた。個人的意思決定はあくまでも個人によっておこなわれ、組織外で成立する。組織的意思決定は組織体内部の各階層において意思決定され、各階層のコミュニケーションが求められる。バーナードによる組織は意識的に調整された人間の活動や諸力の体系と『経営者の役割』で述べている。人間が組織体に所属するのは、組織体からの賃金が労働に見合っているか、それ以上の場合である。バーナードは、「個人とは過去、現在からなる物的、生物的、社会的要因から形成され、その合成によって成り立っていると考えられる。また人間は意思決定をおこない、判断力、選択力を有している」と述べた。

ミンツバーグ（Mintzberg）は、機械的官僚制を普遍的な社会の構造とは認めていない。業務が定型的で、その最大部分が比較的単純かつ反復的であり、業務プロセスが標準的になったと述べた。また、単純な反復作業は、人間が厳格にやり遂げる過程では機械的官僚制は有効としたが、あくまでも限定的なものとした。この官僚的な組織を用いたときは、非生産的になると指摘した。

5．意思決定論

サイモンによる意思決定論は計画的意思決定と非計画的意思決定に分けられる。計画的意思決定は常規的反復的決定であり、非計画的意思決定は単発で新奇な方針決定である。現代的な計画的意思決定技術はオペレーション・リサーチ、数学的分析、モデル、電算機シュミレーション、電子データ処理、また非計画的意思決定技術は人間としての意思決定者訓練、コンピュータ・プログラム作成である。

サイモンは意思決定にマネジメントサイエンスを加味し、意思決定をプログラム化した科学的管理法を提案したのである。マネジメントサイエンスは数学的用具を駆使し、経営の意思決定に秩序ある数式をとりいれたのである。テイラー、ガントなどもマネジメントサイエンスが経営管理にとって重要であると考えたのである。サイモンによると管理科学は科学的意思決定のための科学であると述べた。

6．経営管理とマーケティング

ベンチャー企業におけるマーケティングには、プレイス、プライス、プロダクトなどの３Pがシード期からスタートアップ期に必要となる。その後にプロモーションの１Pが加わり、中小企業、ベンチャー企業の発展に貢献する。またマーケティング戦略が重要な位置を占め、急成長の原動力となっている。経営管理の研究、提言は、テイラーの科学的管理法から出発し、ファヨールを経てアーウイック、ムーニーに繋がり、今日では、クーンツ、ニューマンに受け継がれている。管理の重要な課題は、いかに低コストで大量生産できるかであった。1945年以降は、コンシューマのニーズや欲する製品に応えるにはどうすべきか、というマーケティング管理の問題がより重要になってきたのである。

マーケティング管理は、マーケティング活動を計画、組織、指揮、統制するという一連のプロセスを指している。マーケティング管理は、ニーズと欲望がどのようなものであるかという観点に立って組織を設計し、価格設定、コミュニケーションならびに流通を行なうことである。ANAの定義は「マーケティング管理とは、企業または企業の事業部が全てのマーケティング活動を計画し、管理し、統制することでマーケティングの目標、政策、実施計画および戦略などの作成を含む。そして、また通常製品開発を含み、諸計画を遂行するための組織編制と要員の配置、マーケティングを含む」とした。

7．マズローとマグレガーのX理論とY理論

佐久間［2005］は、『現代経営学』において、「人間には欲求があり、その欲求を満たそうとするところから、行動へと動機づけられるというのがモチベーション理論の最も基本的な考え方である」と述べた。マズロー（Maslow）はこうした欲求理論を基礎に、欲求階層説として知られるモチベーション理論を展開した。いわゆるマズローの５段解説である。それは第１に生理的欲求、第２に安全欲求、第３に愛の欲求、第４に自尊心欲求、そして第５に自己実現欲求であり、この理論は行動科学的管理理論、人的資源管理の基礎となったのである。

マグレガー（Mcgregor）はマズローの理論を基礎に、X理論は権利行使による命令、統制、Y理論は個人目標と組織目標の統合の原則にそっている。わかりやすく考えると、X理論は平均的人間においては生来仕事がきらいで、できれば避けたいと思っている。Y理論は仕事における肉体的、精神的努力の消費は遊びや休息と同様人間の本性であり、生来仕事が嫌いだというわけではないということになる。

8．コーポレートガバナンス

日本のコーポレートガバナンスにおいて最も問題視されている点は、企業に対するモニタリング（監視・チェック）が機能していないことである。背景に

は、２つの要因が考えられるが、一つは株式持ち合いの存在ともの言わぬ株主であり、その結果、経営者は相互に白紙委任状を入手することで経営者自らの株式所有割合が極めて低い中での企業支配が可能となり、経営者へ権限集中がおこった。さらに取締役会や監査後の機能低下に至ったのである。

次に銀行の影響力の低下によって、以前のメインバンクシステムによるモニター役が機能しなくなり、企業に対する影響力も小さくなった。こうした問題を放置しておけば、経営の透明性、公正性が喪失し、今後続くであろうIPO企業の芽を摘んでしまいかねない。（中小企業総合事業団［2002］「中小企業におけるコーポレートガバナンス」11頁）

図表1-1　わが国のコーポレートガバナンス

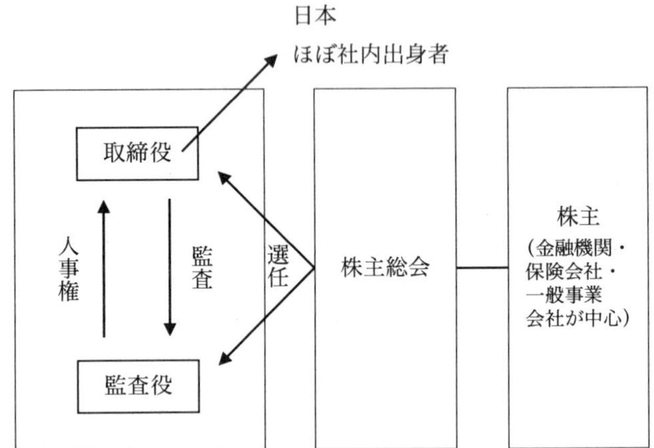

出所：中小企業総合事業団［2002］「中小企業におけるコーポレートガバナンス」11頁

図表1-2　イギリス・アメリカのコーポレートガバナンス

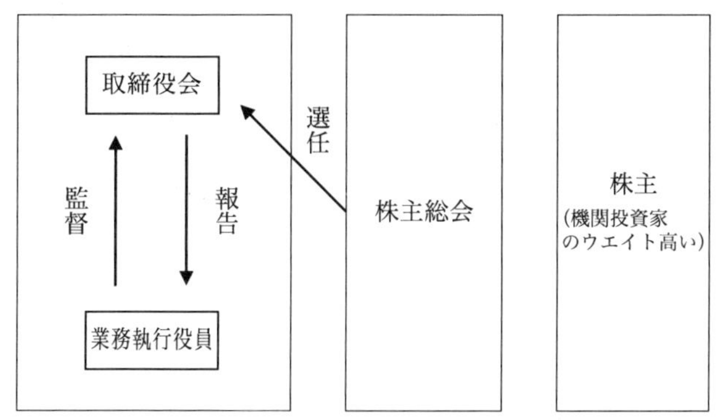

出所：中小企業総合事業団［2002］「中小企業におけるコーポレートガバナンス」13頁

イギリス・アメリカにおけるコーポレートガバナンスは、株主と経営者間の対立の時代から対話へと移行してきた。株価低迷になると、即日機関投資家からの株売りがあり、機能不全化をおこしている。イギリス、アメリカのコーポレートガバナンスは、特徴としては２つあり、一つは株主重視の経営をしている点である。次ぎにプラクティスアプローチが主流であることである。さらに内部、外部監査人からの重要な経営情報に関する報告書を吟味し、取締役会に報告する監査委員会がコーポレートガバナンスの要として存在している。（中小企業総合事業団）［2002］「中小企業におけるコーポレートガバナンス」15、16頁参照）

第2章　経営管理の基礎

1．経営管理の誕生と形成

経営管理はアメリカ、フランスの地において、ほぼ同時に花開き広まった。すべての組織体の中心点にある。経営管理によって、組織体は成長できるのである。また萌芽企業を支えていく理論には、起業論、経営戦略論、経営管理の３点があげられる。アントレプレナー（起業家）、イントラプレナー（企業内起業家）によって果敢に挑戦する先端技術開発型のベンチャー企業は、起業時点においては、経営学の中のアントレプレナー論しか持ち得ない。そしてベンチャー企業が急成長するとともに、ベンチャー企業論、経営戦略論を吸収し、やがて経営管理論、経営組織論、人的資源論、マーケティング論を必要とする。その後に経営情報論、財務管理論、環境経営論を必要とする。経営管理に必要になる項目を以下に提示する。経営管理の誕生と形成、経営管理の構造、テーラーシステムと生産管理の発展、ファヨールの経営管理論、経営管理の基本、ならびに管理階層と管理者の役割、機械システムと有機的システム、コーポレートガバナンス、ベンチャーマネジャー、ベンチャービジネスなどである。経営管理は、中小企業、中堅企業、ベンチャー企業、大企業においても経営戦略、マーケティングとともに、重要な位置をしめると考える。

関口［1986］は「経営管理の対象範囲が工場または作業場での能率向上とコスト低減に限定されていた初期的特性は労働科学的な合理性を求めていたといえるだろう。しかし、そうしたなかでも能率を妨げている労働者の意識的怠業をなくし、作業活動の合理化を促進するうえで職場においてどのような管理、監督がのぞましいかを求めていたことは機能的職長制度の提唱やホーソン工場実験の過程でも明らかであった。」と述べている。

その後の小集団内の人間行動の実証的研究においても、生産性や業績の高い集団の監督者のあり方を求めた多様なアプローチによる調査研究が積み重ねられ、職場レベルでのリーダーシップに関連する主要なアイデアが生み出されてきたのであった。参加の問題、コミュニケーション・ネットワークの比較、動機づけの方法に関する問題、そして集団間のコンフリクトのアイデアなどである。作業場、工場といった職場レベルでの管理上の諸問題とは別に、企業全体の組織構造の設計を管理の観点から体系的に追求する流れがあった。同時に、組織運営の基本的経営管理の機能の体系的な研究が進められ、それらが合体して、いわゆる「伝統的経営管理論」を形成してきたのであった。

産業革命はヨーロッパに本格的な企業を生み出しながら、アメリカに波及していった。南北戦争後のアメリカではニューイングランドを中心に機械工業が発展した。とくに機械が機械を作るという新しいタイプの産業の発展は産業の機械化を押し進め、経済は急拡大していった。いわゆる第２次産業革命である。しかし、早くも1873年には本格的な経済恐慌に直面した。その後は10年ごとに恐慌に襲われたが、企業は生産力を集中させ、競争を強めていった。やがて企業では膨れ上がったヒト、モノ、カネの効率的な運用をはかることが急務となった。この時期の企業運営、特に工場における生産管理は、職能制によって、その現場において意思決定されていたため、非効率な生産がおこなわれていた。その後に、経営資源の転換効率を高める技術論として、経営管理論は19世紀から20世紀初頭の欧米の経営の現場から経験に基づいて発生することになる(1)。1910年頃を境にして、今日の経営管理論の土台をなす理論的成果が一挙に噴出してきた。その最初の産声は資本主義の先進国であったイギリスからではなく、20世紀初頭のほぼ同時期にアメリカのテーラー（F. W. Taylor）とフランスのファヨール（H. Fayol）という２人の実務家からあがった、テーラーは科学的管理法による大量生産システムに道を開き、ファヨールは大規模企業における経営と管理の重要性を明らかにしたのであった。この２人の提案する管理論によって、企業経営は経験と勘の世界から科学的考察に基づいた論理と実践の世界に歩みを進めることになった(2)。経営管理の成長に、ともなって1970年代に入ると経営戦略が台頭した。経営管理と経営戦略は、現代において企業経営、組織体経営の両輪となってきた。

2. 経営管理の構造と生産管理

経営管理は一般に企業、工場を連想するが、学校、病院、生協、政府、地方自治体、美術館、水族館、動物園、農園、NPO、自衛隊、警察署、消防署などの、すべて組織体に必要不可欠である。ここで、経営管理（マネジメント）とは何かを明らかにしておこう。経営管理は、経営（administrative management）管理（operative management）の二つの機能に分けることができる。前者は経営活動の中核となる経営の基本的、構造的問題の意思決定に関する機能であり、今日的には経営戦略推進機能が最重視される。後者は前者の下位機能であり、経営の基本的、構造的意思決定にしたがって、その枠組みの内部で行動する機能である。管理を単にマネジメントともいう。それは経営諸資源に働きかけて、その稼働の効率向上を図る仕事である。このような経営管理活動の普遍的過程は、次のように要約できる。経営は、目的、方法、戦略、管理を中心とし、管理は、計画、組織化、統制[(3)]である。

生産管理の発展の発展を紐解く研究によると、植藤［1988］が述べたように、「能率増進運動」はテーラーの「差別的出来高給制度」を契機として「科学的管理運動」へと発展することになった。それまでの「能率増進運動」の中心であった賃金支払い制度の改善によって組織的怠業を解消し、生産の合理化を達成しようとした方法を「成行管理」として批判するテーラーは、まず組織的怠業の原因を賃金支払い制度の不合理性にもとめ、賃率設定の合理化は、従来の「経験的方法」や「伝統的方法」にかえて、労使双方が納得し、信頼できる客観的な「科学的方法」で労働者の一日の作業量、すなわち課業の決定をすることであった。テーラーが述べたのは、賃率設定の合理化を意味し、さらには、課業設定の合理化は、その科学化を意味することになった。そして、この課業設定の合理化のための科学化、すなわち、ストップウォッチによる時間研究にもとめられたことは周知のところである。ストップウォッチによる研究は、非人間的に思われるが能率設定に必要とされたのである。

さらに植藤は「能率増進運動」が、生産の人的合理化を目的としたことからみて、テーラーの科学的管理は、生産の人的合理化に質的深化をもたらしたといえる。さらにテーラーの科学的管理が課業管理を中核にすえたことが大きな意味を持つことになった。課業制度の実施は、工場制度の確立によって手工的な個性的、主観的作業が大衆化、客観化せられる時、はじめて可能となる。換言すればテーラーシステムは産業革命によって機械化せられた経営を地盤としてのみ存在しうるものである。と述べた。

またファヨールは、経営管理における長年の経営者としての経験から、経営管理の重要性と管理教育の必要性を認識していた。「経営」と「管理」を明確に区別し、経営とは「企業に委ねられているすべての資源からできるだけ多くの利益をあげるよう努力しながら企業の目的を達成するよう事業を運営すること」であり、管理は「経営がその進行を確保せねばならない本質的六職能の1つにすぎない」としている。近年においては、経営に専念する専門経営者の登場をみている。

経営の本質的職能は、技術職能（生産、製造、加工)、商業職能（購買、販売、交換)、財務職能（資金の調達と運用)、保全職能（財産と従業員の保護)、会計職能（棚卸、貸借対照表、原価計算、統計)、管理職能（計画、組織、命令、調整、統制の職能）からなっているとされる。この6つの職能のうち管理職能は経営者の役割がもっぱらこの職能であるかのようにみられるほど大きな地位を示している。管理職能は、事業の全般的活動計画を作成すること、そして、組織体を構成すること、さらに、諸努力を調整すること、諸活動を調和させることを任務にしているのである。さらにこの管理職能は5つの「管理要素」からなるとファヨールは定義した。つまり、「管理する」とは、計画し、組織し、命令し、調整し、統制することになるのである[(4)]。すべての組織体に必要な経営管理は、100年～200年の先人による研究により、近年花開いたのである。経営管理の理解を深めずに経営すれば、必ず成長が鈍る。また経営破綻に追い込まれる可能性が高くなるのである。組織体を構成する人数によっては、早めの専門経営者の導入が求められる。

3．経営管理の基本である管理階層と管理者の役割

吉田［1993］によると、管理者は管理職能を行う者である。管理は、階層性を持った組織を通して行われるのである。したがって、管理者も階層的な職位を持って組織に配置されるのである。その結果としてできあがるのが、管理階層である。管理者の職位は一般的に、トップマネジメント層（top management）、中間管理者層（middle management）、下級管理者層（lower or first-line or operating management）の3階層に分けられる。トップマネジメント層に含まれるのは、会長、社長や副社長であり、この他に取締役会や常務会をつけ加えることもある。ホールデン、フィッシュ、およびスミスの古典的研究によれば、社長や副社長は、全般管理を担当することから全般管理階層と呼ばれている。また取締役は、株主より企業経営を信託されて、信託職能を担当することから信託階層と呼ばれる。

トップマネジメントは会社の所有者に対して経営責任を負っているのであって、ほとんどの場合、トップであるかれらに命令を下す上司は存在しない。しかし、トップメネジメントは部下たちに依存して、みずからの仕事を行うのである。トップマネジメント固有の職能として、次のようなものが基本的職能として4つ指摘されている。目標の計画化と明瞭化、組織の健全化、主要な地位に関する人事の適正化、そして、効果的な統制の方法である。また機械的システムと有機システムは、創造的な組織の基本問題を解決するための1つの有用なフレームワークとして、機械システムと有機システムの概念がある。それは、イギリスのバーンズ・ストーカー（P. Burns & C. M. Stalker）によって提唱されたものである。バーンズ・ストーカーは、イギリスのレーヨン工場やエレクトロニクスの会社の組織の実証研究から、つぎのような結論を導きだしている。

機械的管理システム（mechanistic management system）は、機械的組織（mechanistic organization）ともいわれる。それは、安定的な環境において

ルーチンな作業を遂行する組織としては、効率的なシステムであり、それは、つぎのような組織特性によって特徴づけられる。企業全体の問題やタスクの職能的分化は、企業全体の目的の達成よりも、手段の技術的改善を追求する傾向がある。調整は、すぐ上の上司によってなされ、そして、上司が、部下にたいする調整の責任をもつ。(階層の原則)、各役割にともなう権限、責任および技術的手続の明瞭な規定がおこなわれる。(権限と責任の明確化の原則)、さらに、権限と責任は、職位につくもので、職位を占める人につくものではない。(官僚制の原則) の三特性がある。

有機的管理システム (organic management system) は、有機的組織ともいわれ、企業の市場環境や技術環境の変化がはげしく不確実な環境ものとで、革新の活性化には有効な組織とされ、機械的組織と対比される。有機的管理システムはつぎのような組織特性をもっている。各自の専門的知識や経験が、企業の共通のタスクに貢献できるような組織をとおして、企業の全体的な状況から個々のタスクが、現実的に設定される。そして、他の成員との相互作用を通じて、個々のタクスがたえず調整され、再定義される。などの特性がある。さらに、上司への忠誠心や服従よりも、企業全体のタクスや進歩および成長にたいする責任感にたいして高い価値がおかれ、企業の技術的および経済的環境にたいする専門的知識や技術が重要視され評価される[5]。

4. ベンチャービジネスと経営管理

ベンチャーマネジャーとは、プロジェクトの管理者というよりは、プロジェクトを準独立的な事業として遂行し、その成果にたいして全面的な責任を負う企業者としての権限と責任をあたえられることを特色としている。ベンチャーマネジャーは、いったんトップによって一定の予算の枠が決まると、各部門の長から干渉はほとんどないし、全面的な権限と責任をもってプロジェクトの遂行にあたるのである。予算の消費についても全面的な管理責任をもち、またメンバーの交替や補充について、あるいは諸設備の利用についても全面的な権限を与えられる[6]。通産省（現経済産業省）や中小企業庁は、日本の産業の知識集約化をすすめるために、ベンチャービジネス（venture business）の設立を奨励する政策を採用してきている。ベンチャービジネスとは、新製品、新技術、新デザインなどのアイデアの発明と開発をおこなうことを目的とした小規模の独立企業であり、開発した新製品や新技術を他企業に販売し、自社では本格的生産に移さないのが通常である。

ベンチャービジネスには、スピンオフ（spin-off）型と自営型の場合がある。前者は、大企業の研究開発部に属していた技術者、研究者あるいはデザイン部門に属していたデザイナーグループや市場調査の専門家などが、外部に分離して、独立企業化する場合である。この場合、元の企業が全額あるいは一部の出資をおこなうが、ベンチャービジネスは独立企業であるから、親企業以外にも販売する権利をもつのがふつうである。後者の型は、任意の少数の専門家のグループがベンチャービジネスを自営のかたちでおこす場合である。

ベンチャービジネスに必要な出資資本を供給する金融機関として、ベンチャーキャピタル（venture capital）が設立されている。ベンチャービジネスは、危険も大きいが、その反面において高い創業者利潤がえられる魅力がある[7]。シード期においては、エンジェルが中心になってインベスト行動をおこなっているが、すべてはメンター、キャピタルゲインを求めるために行うのである。アメリカのテーラー、フランスのファヨールと２人の実務家による科学的管理法と大規模企業における経営と管理法により、大量生産システムが確率した。ベンチャー企業経営においても、経営管理が財務経営と双璧をなし重要となってくる。ベンチャー企業の経営者は専門経営者でないため、さまざまな分野でコンサルタント、メンターを必要とする。アントレプレナー、イントラプレナーは起業に対する情熱により、初期（シード期、スタートアップ期）は経営に邁進できるが、後期（アーリーステージ期、グロース期）になると、経営学の専門知識が必要となってくる。この時点で専門知識を修得できなければ、経営に支障がでてくる。経営者に対して意見が言えるのは、ステークホルダーであるので、あらゆる機会に意見を提示してもらいたいと考える。

注

(1) 塩次・高橋・小林［1999］「経営管理」、pp.40-41
(2) 同上書、p.41
(3) 持本志行［1993］「現代企業の経営管理」、p.6
(4) 大月・高橋・山口［1997］「経営学」、p.172
(5) 占部［1984］「経営管理論」、pp.215-217
有機的組織の具体例として、プロジェクト組織、マトリックス組織、ベンチャーマネジャー、ベンチャービジネスがある。
(6) 同上書、pp.220-221
(7) 同上書、p.222

第3章　ベンチャー企業のマーケティング経営管理

1．マーケティング経営管理

ドラッカーは、利潤を多く出すことをたいへん評価した。企業は利益を多く獲得し納税する。それは企業と労働者に対する社会的責任であると述べた。そして利潤はどのような政治体系、組織体にとっても必要とした。ドラッカーは利潤によって、マーケティングと顧客創造ができ、事業継続に対する保険となりうると結論づけたのである。ベンチャー企業におけるマーケティングには、プレイス、プライス、プロダクトなど4Pのうち3Pがシード期からスタートアップ期に必要となる。その後プロモーションの1Pが加わり、ベンチャー企業の発展に貢献する。また、マーケティング戦略が重要な位置を占め、急成長するために必要不可欠である。本章では、ベンチャー企業がアーリーステージ期からグロース期に至る過程で必要となる経営管理について歴史、形成を中心に基礎的展開に注目した。経営管理論の科学的分析を初めて行ったテーラー、ファヨールの管理法に視点を置き、マーケティングマネジメントの概念、マーケティング戦略、マーケティングミックスについて検討した。

マーケティングが誕生したのは、20世紀初頭のアメリカであり、その歴史も比較的新しい。より具体的には、マーケティングはアメリカの大規模製造企業が国内市場での流通問題を解決するための市場創造活動として生まれた。そして、こうした個々の製造企業の視点にたったマーケティング論の体系が示されたのが、ショーのSome Problems in Market Distribution, Harvard University Press, 1955である。ショーは、製造企業の活動を動作の目的によって生産活動、流通活動、助成活動に区分し、さらに流通活動は需要創造活動と物的供給活動からなるものとした。このうち、需要創造活動を具体的に展開するものとして中間商人、販売員、広告の3つを挙げ、詳細に検討した。

一方、経営管理論の分野では、ショーに先駆けてテーラーが1911年にThe Principles of Scientific Management, Harper & Brothersを著したが、それが工場管理の効率を科学的に追求するものであることは周知の通りである。さて、ここで留意したいのは、テーラーが研究対象としたのは、あくまで製造企業における製造という対内的な活動だと言うことであり、それは企業の対外的な活動を意味している。すなわち経営管理論は、企業の内的な活動を主な研究対象として生まれたのであり、これに対してマーケティング論は、企業の対外的な活動を研究対象として誕生したのである。(1)

2．マーケティング管理の概念と意義

ドラッカーは、『マネジメント』のなかにおいて、「目標と自己統制による管理は、正しくはマネジメントの哲学と呼ぶべきである」と述べ、さらに経営者の職務として、企業管理、経営管理者の管理、働く社員の管理、仕事の管理、時間の管理の重要性を説いたのである。岡本［1993］によると今日、企業経営においては製造、人事、財務といった諸活動が重要であることが良く知られているが、そこにおいては、またマーケティングの果たす役割も益々重要性を増してきている。すなわち、今日のように市場環境が変化に富み、複雑化してくると、対市場との直接的な接点をもつマーケティング活動が、企業活動の中心的な位置を占めてくるようになる。実際には、マーケティング活動は、自社製品の需要の喚起・創造を図るために行われる活動であり、それはマーケティング情報、製品政策、価格政策、チャネル政策、プロモーション政策などの諸活動を通じて展開される。ところが、これらの諸活動は、お互いに作用し合い、関連しあっているので個々ばらばらに行われたのでは、マーケティングの目的や目標を達成することはできない。そうであるならば、これらの諸活動を統一的な管理の下に置き、計画、組織、指揮、統制していく必要がある。すなわち、トップ・マネジメントによって示された企業の目標や目的を達成するために、マーケティング部門の業務を統一的管理の下で計画し、組織し、指揮し、統制

することが不可欠となる。したがって、このようにマーケティング活動を計画、組織、指揮、統制すると言う一連のプロセスをマーケティング管理と言うのである。マーケティング管理は、第一に、標的市場のニーズと欲望がどのようなものであるかという観点に立って組織の提供物を設計すること、第二に、価格設定、コミュニケーションおよび流通を効果的に行うことによって、標的市場に対する情報伝達、動機付け、ならびにサービス提供を行うこと、という2つの事柄に強く依存している。AMAの定義によると「マーケティング管理とは、企業または企業の事業部が全てのマーケティング活動を計画し、管理し、統制することでマーケティングの目標、政策、実施計画および戦略などの作成を含む。そして、また通常製品開発を含み、諸計画を遂行するための組織編成と要員の配置、マーケティングを含む。」となっている。(2)

またコトラー（Kotler）によると「マーケティング管理とは、組織目標を達成しようという目的のために標的市場との間に有効な交換および関係を創出し、確立し、維持するために意図し、設定された諸プログラムを分析し、計画し、実行し、そして統制することである。」といっている。(3)

経営管理の問題は、テイラーの科学的管理法から出発し、ファヨールを経てアーウィック（L. F. Urwick）、ムーニー（J. D. Mooney）に繋がり今日では、クーンツ（H. Koontz）やニューマン（W. H. Newman）に受け継がれている。当時、彼らの下で管理（マネジメント）の重要な課題は、いかに低コストでしかも大量に能率的に生産できるかという、生産ないしは工場の管理（マネジメント）であった。ところが第二次世界大戦後は、生産、工場の管理よりも消費者のニーズや消費者の欲する製品に応えるにはどうしたら良いかというマーケティング管理の問題がより重要になってきた。そして、マーケティング管理では、生産の管理とは違って、当初は消費者、製品計画、チャネル、広告といった活動が中心的に取り上げられていた。(4)

3．ベンチャーマネジメントシステム

これは、ベンチャーグループとかベンチャーチームと呼ばれるものである。このシステムの特徴は、マーケティング技術、財務などの少数の代表者によって構成され、少々の危険を冒してでも、特定のプロジェクトや冒険的事業を成功させることを目的としている。したがって、ベンチャーグループは新製品開発が会社の普通の事業目的に合わないような場合に最も良く用いられることとなる。そして、ベンチャーグループは、通常他の部門から自立的である。このように、いくつかの会社が永久的なベンチャーグループ制を採用するのに対して、他の会社ではベンチャーチーム制を採用することが多い。その理由は、ベンチャーチームは特定のプロジェクトに比較的速やかに取り組めると言う利点があるからである。ベンチャーグループやベンチャーチームの特徴は、会社の権力に結びついておらず、会社の他の責任から開放されていることである。また、グループやチームのマネージャーは、主要な意思決定に対して権限と責任が与えられているが、経営者に報告する義務を負っている。[5]

企業の経営活動の一分野であるマーケティングにマネジメント概念を適用することによって、マーケティングマネジメントを次のように定義することができる。「マーケティングマネジメントは、マーケティングを計画し、組織し、統制することである。」現代企業のマーケティングマネジメントは、今日的なマーケティング・コンセプトを具現するものでなくてはならない。そのようなマーケティングマネジメントは、マーケティング部門の責任者であるマーケティング･マネージャーがマーケティング諸活動を統合的に管理する。すなわち、マーケティング・マネージャーが社会的利益を考慮しての市場のニーズや欲求の充足を通じて、企業利益を確保することを意図して、マーケティング諸活動を全体的に調整、統合するような方向で計画し、組織し、統制することを内容とするものでなくてはならない。現代企業のマーケティングマネジメントは、マーケティングを１つのシステムと捉えた時にそれの構成要素である各個別活動についての管理を包含し、そのうえで各個別活動を全体的に調整、統合

するような方向で管理することを内容とする点が特徴的である。マーケティングリサーチ、製品計画等の諸活動をそれぞれ単独で管理するだけでは、マーケティングの効果的かつ効率的な管理を行えないということから、マーケティング諸活動を全体的に調整、統合するような形で管理することが必要であると言える。[(6)]

4．マーケティングに用いられる 3 つのレベルの戦略

出牛［1996］によると、近年マーケティング分野で戦略（strategy）という用語が良く用いられてきている。例えば、戦略的マーケティングとかマーケティング戦略とか、あるいは価格戦略とか製品戦略などである。しかも論者によっては、戦略的マーケティングとマーケティング戦略を同意語的に用いたりする者もいて、必ずしも統一的見解はなく、各研究者の見解によって異なる。しかし、それらを整理してみると、マーケティングで用いられている戦略は、少なくとも 3 つのタイプの問題、すなわち企業のそれぞれの異なるレベルに適用されていると見られる。

① 戦略的マーケティング（strategic marketing）

これは一般に、企業の全体レベル、あるいは戦略的事業単位（strategic business unit: SBU）レベルで行われるマーケティングで、マーケティングという視点から他の経営機能を統合することである。例えば、製品一市場参入戦略があげられる。

② マーケティング戦略（marketing strategy）

これは、従来より一般に取り上げられてきたマーケティングミックスの変数一商品、場所、プロモーション、ならびに価格一の統合を問題としている。

すなわち、対象市場のニーズを満足させるための製品戦略を設定し、さらにその価格を選定し、次いでプロモーションを計画し、経路並びにロジスティッ

クスを決定することから成り立っている。

③ マーケティングミックスの各変数ごとの戦略

例えば、価格戦略における「上澄み吸収価格戦略を採用するか、市場浸透価格戦略を用いるか」、プロモーション戦略における「プッシュ戦略かプル戦略か」、チャネル戦略における「集約的チャネル戦略をとるか、選択的チャネル戦略でいくべきか、専属的チャネル戦略を採用すべきか」といったように、マーケティングミックスの構成要素それぞれに適用する最も狭い考え方である。アメリカで20世紀初頭にマーケティングの概念ができ、現在はその概念が世界中に浸透している。ベンチャー企業は、マーケティング抜きには成長がありえないのが現状である。また、経営管理論なくして、企業の運営は成り立たない、ベンチャー企業が成長し、安定した時にこの管理論の基礎がなければ、企業存続も危ぶまれる。テーラー、ファヨールに代表される科学的管理法を駆使し、生産から販売までを総合的に検討する必要がある。コトラーがマーケティング管理で述べたように「設定された諸プログラムを分析し、計画し、実行し、統制する」が経営管理論の基礎と言える。今後の課題としては、調整、統合によるマーケティング諸活動のケーススタディを進めることである。

注

(1) 松江宏［2001］『現代マーケティング論』、p.43

(2) 岡本喜裕［1993］『マーケティング要論』白桃書房、pp.61-62
ハワード（J. A. Howard）は、マーケティングシステムを前提とする条件付で「マーケティングマネジメントはマーケティングシステム内のある場所でのマーケティングコンセプトによる企業のマーケティング局面の意思決定、計画、そしてコントロールの過程である。」と言っている。

(3) 同上書、p.62
岡本によるマーケティング管理の定義は「経営管理の一分野であり、企業のマーケティング活動の計画、組織、指揮、統制を通じてそれらを統一し、調整し、有効なマーケティング成果を創造するためになされるマーケティングの総合的な管理である。」であると考えられる。

(4) 同上書、p.63
ロビンソン（P. T. Robinson）は「マーケティング管理の重要な機能は、実はマーケティング資源や経費の配分機能である」と述べた。
(5) 同上書、p.91
(6) 宮澤永光［1995］『基本マーケティング』、p.22

第４章　日本のベンチャー企業

1．日本のベンチャー企業の循環

ベンチャー企業は、「果敢に挑戦する先端技術開発型、新ビジネスモデル型企業である」と定義される。1991年来の「失われた15年」時代をしぶとく生き延び、そして急成長した企業も多く存在する。代表例はオリックス、キヤノン、ソニー、ホンダ、ソフトバンク、京セラ、ローム、浜松ホトニクス等である。ハイリスクハイリターンのベンチャー企業は、危ない企業というレッテルが貼られることもあるが、それは新興企業の一部である。ベンチャー企業の概念が、日本へ入ってきたのが1970年であり、すでに40年近く経ったのである。しかし、われわれの認識では、まだ新しい企業と思われている。すでに大企業となったキヤノン、京セラ、浜松ホトニクスなどが「わが社はベンチャー企業である」と述べているように、規模に関係なく存在している。

ベンチャー企業の概念は、果敢に挑戦するスタンスによって、いつの時代であっても「新しく、輝く新興企業」といえる。しかし、2000年代における多くのベンチャー企業による不祥事によって一時的に傷ついた企業イメージは、2007年にようやく回復してきた。今後も輝けるのかは、次の萌芽企業に期待したいと考える。

ベンチャー企業とは、イノベイティブな現代的中小企業をいう。現代的という意味は、知識集約的ということである。知識集約度を高めて製品やサービスの高付加価値化をはかり、高いコストを吸収するのである。したがって、ベンチャー企業の存立分野はハイテク産業に限定されない。ファッション産業や流通サービス業にもベンチャー企業は存在しうる。もちろん、ここでいうベンチャー企業は、いわば理念型である。

現実に存在する特定の企業がただちにベンチャー企業であるわけではない。

具体的な企業は、どの程度ベンチャー企業にあてはまるかが問題になる[1]。ベンチャー企業の増加は先進諸国に共通の現象であるが、それは脱工業化社会への移行と深くかかわっている。経済のグローバライゼーションが進展する過程で、先進諸国の産業はオリジナルな高付加価値産業にシフトせざるをえなくなっている。創造活動によって高い付加価値をあげ、高いコストを吸収せざるをえないのである。大企業であれ中小企業であれ、研究開発やデザイン開発を重視しなければならなくなっている。この場合、顕在的な需要を掘り起こし製品開発をおこなうことが重要となっている。

また、市場は細分化され、需要の変化も激しくなっている。それだけに中小企業のチャンスは広がっているし、同時にリスクも大きくなっている。したがって、リスクに挑戦する企業家活動の重要性が一段と増している。ただ、企業の成長をはかるためには、エコノミーズ・オブ・スコープ（多角化の経済性）を追求することが不可欠になっている。独自の専門能力を数多くの産業に展開し、複数の市場を統合して企業規模の拡大を進めるのである。それだけに、90年代には、以前よりはるかに厚い経営資源の蓄積をはかることがベンチャー企業に要求されることになる[2]。

1982年から1986年は技術革新による新規企業の成長とリスクキャピタルの供給増加によるベンチャー循環が初めて形成された。この循環は日本経済の石油ショックの回復とともに次のような要因を背景としていた。第１には再びアメリカを起点とする新たな技術革新の展開であった。半導体のLSI、CPUの開発が技術革新の上昇波を創りだした。アップル、デル、コンパックなどのパソコンメーカーやマイクロソフト、ロータスなど関連ソフトベンチャーが創業成長した。

また、90年代のIT革命の基盤技術を開発したサンマイクロシステムズ、シスコシステムズ、インテル、ヤフーなどの創業もみられた。情報、ソフト分野以外でもジェネンテックスなどバイオ産業、フェデラルエキスプレスなど新サービス産業の成長が牽引力となって世界的なイノベーションの潮流が発生した。第２にアメリカでは産学官連携の推進のためのバイドール法（1980年）、ベンチャーキャピタルへの活性化のための税制改革、投資顧問法、証券取引法の改正などが実施された。特にERISA法改正による年金基金のベンチャーキャピタル投資の解禁（1979年）のインパクトは大きく、ベンチャーキャピタルによる投資実行額は1979年の投資先数375社、投資金額4.6億ドルから1987年には投資先1,740社、投資金額40億ドルへと急増した。ベンチャー企業の資本市場であるNASDAQにおける上場が急増するとともに、それらの企業の株価も大きく上昇した。

その潮流は日本にもトランスファーされてきた。そのなかで日本でも半導体製造装置関連、パソコンハード、ソフトのベンチャー企業のスタートが増加した。パソコンソフトの流通を目指して1981年にソフトバンクが設立されたのは、この時期を象徴するベンチマークといえよう。特に日本では任天堂が市場開発を主導した「ファミリーコンピュータ」向けのゲームソフト開発ベンチャーのスタートアップが目立った。第 3 に市場の変化である。消費市場の成熟、拡大はサービス経済化の進展をもたらし、そこで出現した新市場向けのサービス型ベンチャー企業の成長も目立った。旅行サービスのHIS、人材紹介のパソナ、ビデオデンタルのCCC、レコードのエイベックスなどが代表例である。第 4 にはリスクキャピタルの供給の増加である。1983年に店頭市場の公開基準が緩和されて公開企業の増加への期待が高まった。特に公開前企業に出資して公開幹事を目指す証券会社によってベンチャーキャピタルの設立が相次いだ。中小、中堅企業の取引開拓を目指す大手都市銀行による設立も活発となった。またベンチャーキャピタルの投資資金調達の手段としてジャフコによって投資事業組合方式が開発された（1982年）。

この方式によってベンチャーキャピタルの投資資金がその自己資金の限界から開放される一歩を拓いた。商法改正（1981年）によってベンチャー企業への投資手段として未公開企業に対する分離型新株引受権付き社債（ワラント債）が可能になったこともリスクキャピタルの供給増をもたらした[(3)]。

1994年から2000は公的政策からみれば、1955年に研究開発型ベンチャー企業などを支援する中小企業創造法、赤字企業でも株式公開可能な第二店頭市場が開設された。1996年には都道府県別の第 3 セクター方式によるベンチャーキャピタルであるベンチャー財団が設立された。1997年にはベンチャー企業への人材流入のインセンティブとして「ストックオプション」の導入、エンジェル税制の創設、国立大学教員の兼職禁止規制の緩和、1998年に入ると「大学等技術移転促進法」によりTLOの推進、新事業創出促進法の制定、1999年の中小企業基本法の改正によってベンチャー企業の意義が「経済活力の源泉」と明確にされた(4)。2001年から2005年は2001年に発足した小泉内閣の構造改革プログラムの柱として「創業、起業の支援強化」を打ち出した。これをうけて、大学発ベンチャー1,000社計画（2002年）、知的財産基本法（2002年）、中小企業挑戦支援法（2003年）、産業クラスター、知的クラスター推進計画の策定（2003年）、国立大学等独立法人化（2004年）、さらに2005年には新会社法が制定された(5)。

2002年の大学発ベンチャー企業創設1,000社計画は、2007年時点ですでに1,500社を達成し順調に発展している。

2．日本のベンチャー企業の資金調達

ベンチャー企業は、事業リスクが高く、担保力が不足しがちなことから、間接金融は本来的には向いておらず、エクイティの形態である資金調達ができないことが重要である。しかし、わが国の場合には、ベンチャー向けの株式市場が未整備であったこと、ベンチャーキャピタルを始めとするプライベート・エクイティ・ファイナンスの市場が未成熟であったという問題があった。このため、公的機関が関与したエクイティ資金調達制度を整備する一方で、ベンチャー向けのプライベート・エクイティ・ファイナンス発展のための環境整備を行ってきている。他方、エクイティ形態のみでは、必要な資金ニーズにすべて対応できるわけではない。ベンチャー企業の場合には、前述のように事業リスクが高く、担保力が不足しがちであることから、民間金融機関による各種融資制度や信用保証協会による信用補完制度を整備してきている。

官製のベンチャーキャピタルといえる機関として、中小企業投資育成会社（東京、名古屋、大阪）がある。同社は1963年に制定された中小企業投資育成

会社法に基づいて設立され、もともとは中小企業全般の自己資本充実を図るための組織であった。1984年にベンチャー企業に対する投資業務が追加され、その後官製ベンチャーキャピタルとしての性格を強めている。また、設立当初の政府出資金はその後償還され、現在は、特別法に基づく民営化された機関としてベンチャー支援の政策的役割を担っている。民間のベンチャーキャピタルなどが組成するベンチャーファンドに対して、民間資金の呼び水として、中小企業基盤整備機構と日本政策投資銀行が出資を行う制度がある。

官民共同出資によるベンチャーキャピタルとしては1989年に制定された特定新規事業創出促進臨時措置法に基づき産業基盤整備基金と民間企業との共同出資で設立された㈱新規事業投資会社がある。同社はその後、日本政策投資銀行から出資を受け、2004年７月以降は、同行と民間企業による共同出資会社となっている。同社が政策的に設立された面が強いのに対して、現在の官民共同出資の制度は、民間主導で組成されるファンドに対して、呼び水効果を狙って補完的に政府系機関が出資するところに特徴がある。

ベンチャーファンドの組織形態として、これまでは、民法組合制度を活用する場合が多かったが、出資する組合員が無限責任を負うことから、出資者の裾野が広がらないという問題があった。そこで組合員を有限責任とすることによって、より出資を募りやすくするため、1998年に中小企業等投資事業有限責任組合制度が創設された。これによって無限責任を有する業務執行組合員（GP: General Partner）と有限責任組合員（LP: Limited Partner）からなるファンドを組成することができるようになり、より円滑にファンド組成が行い得るようになった。この制度は更に、2004年の改正により投資事業有限責任組合制度となり、ファンドの投資内容として、出資に加えて融資や債権取得もできるようになり、また、投資対象範囲も拡大することによって、ベンチャーキャピタルのみならず、バイアウトファンドや事業再生ファンドも活用できる組合制度となっている[(6)]。バイアウトファンドは日本において急速に発展してきているが、1997年の産学連携投資活動、1998年にバイアウト活動がはじまった。バイアウトは既存企業内部の人材が取引を主導し、新会社の経営者、主要株主になる行為である。また対比するバイインでは外部の人材が買収後の新会社の経営者、主要株主になる行為である。

3．アメリカのベンチャー企業への資金提供者と提供の条件

高成長ベンチャーとはいえど成功確立はきわめて低いため、彼らは本来的に銀行の融資対象にはなりえない。その一方で開発に成功し、株式を公開できるまでに成長すれば、株主は巨額の富を得る。ここにベンチャー企業の特性を前提として、企業の急激な成長と莫大なキャピタルゲイン取得の可能性を担保に資金提供を行う機関をベンチャーキャピタルという。このほか、事業経験豊かな富裕層の個人もベンチャー企業に資金を提供しており、彼らは一般にビジネスエンジェルと呼ばれる。エンジェルは個人投資家ともいわれており、メンター機能とキャピタルゲインを求めて、積極的にインベスト活動をおこなっている。

日本においても、ベンチャーキャピタルを中心としてアメリカにおけるベンチャーファイナンスのあり方が種々議論されているが、その多くはベンチャーキャピタルにかかわる経営組織論にとどまり、ベンチャーキャピタルによる資金の提供方法や彼ら自身の資金調達状況についてはほとんど議論されていない。高成長ベンチャーに対する資金提供者は、一般に、次に掲げる３つのカテゴリーに区分できる。

第１は創業者自身、家族、親戚、友人などの３Ｆ（founder, family, friend）による出資であり、通常25万ドル程度が限界とされる。第２は、ベンチャーキャピタルによる出資であり、500万ドル以上の大口資金の調達が必要となった際に登場する事例が一般的となっている。第３はビジネスエンジェルによる出資であり、ちょうどその中間に相当する25～500万ドル規模の投資が実行される。また、時系列的にみると、最初は３Fによる出資、次いでビジネスエンジェル、ベンチャーキャピタルという順になることが多いとされている。またベンチャー企業の成長段階との関係でいうと、エンジェルは、創業時から事業化という初期のシード時、スタートアップ期段階にある企業に出資するのが一

般的であるのに対し、ベンチャーキャピタルの場合には創業あるいは事業化からアーリーステージ期、グロース期の成長段階にあるベンチャー企業にまで幅広く出資するという相違が見出される。

このようにベンチャーキャピタルとビジネスエンジェルとは投資金額や企業の成長段階を基準として、事業化段階から成長後期までの大口案件はベンチャーキャピタル、創業時から事業化に至る初期の中型案件はビジネスエンジェルという一種の棲み分けがなされている。加えてベンチャーキャピタルが事前審査を重視する一方で、ビジネスエンジェルは事後的な監視に重点をおくという点で対照的な行動原理を有していると指摘されることが多い。理由としては、ベンチャーキャピタルがそのほとんどを、銀行の子会社として存在していることである。時間との戦いをしているベンチャー企業にとっては審査に時間がかかることが、成長減速の原因となっているのである。

たとえば、ベンチャーキャピタルとビジネスエンジェルの等投資行動を比較したオスナブラック（Osnabrugge）の研究は、ベンチャーキャピタルの担当者は投資決定に際しベンチャー企業経営者との面談を何度も求めるとか、第3者に案件の可能性について照会するというようにベンチャー企業から持ち込まれた投資プロジェクトの収益性や将来性を厳しく見積もるなど、慎重に投資先を選定していることを明らかにしている。しかしベンチャーキャピタルやビジネスエンジェルに決して慈悲深くはない。優れた技術や事業コンセプトを有しているのは当然として、商品化戦略、財務戦略など当面の経営戦略が資金提供者の期待要求水準を上回っていなければ、資金提供など絶対にコミットしないからである。

その一方で、彼らの場合、資金提供に一旦コミットすると、エンジェル自らが出資したベンチャー企業の社外取締役になるとか、ベンチャーキャピタルにおいても同じく役員を取締役として派遣するとか、あるいはマーケティングの専門家を派遣してアドバイスを行うなど、資金面にとどまらず、被投資企業の経営にも積極的に関与する。そうしたほうが、投資先企業の早期かつ期待以上の成長が見込まれるからである。

実際、ベンチャーキャピタルの場合、出資金の原資は投資家から運用を委託された資金であるため、案件の採択に際しては慎重な姿勢を維持しているほか、審査体制も充実しており、銀行などの融資担当部署を上回ることが多い[(7)]。次に、ベンチャーキャピタルによる投資規模を検証しよう。表4-1はSBA（Small Business Administration：アメリカの中小企業庁）の資料に基づきベンチャーキャピタルによる投資の推移を示したものである。

表4-1　ベンチャーキャピタルによる投資額の推移

（単位：億ドル）

	新規コミット額	実行額	実行率 初回	実行率 2回目以降	出資残高
1995	100	77	35.8	41.0	407
1996	122	116	43.3	72.6	493
1997	190	151	48.9	102.5	632
1998	297	215	72.4	142.2	914
1999	628	549	161.4	387.9	1.459
2000	10.58	10.63	291.1	771.8	2.272
2001	379	410	74.0	336.3	2.543
2002	77	212	43.3	168.9	2.532

出所：鹿野嘉昭［2006］、17頁
原典：SBA, The Small Business Economy, 2002-2003

この表からも明らかなように、1999年～2000年にかけては折からのITブームを反映して投資額が急増したが、その後はITバブル崩壊とともに落ち着き、新規コミット額は現在、年間100億ドル前後で推移している。またベンチャーキャピタルによる出資残高は2002年末時点で2,532億ドルとなっている。この出資残高の多寡を評価する際には、中小企業全体の資本金残高が必要となる。1998年末時点での中小企業の資本金残高は8,714億ドルである。これに対し、同一時点でのベンチャーキャピタルの出資残高は914億ドルであるため、中小企業全体の1割程度を占めることがわかる[(8)]。

4．ベンチャーキャピタルファイナンスの実際

新株予約権付証券は、ベンチャーキャピタリストが若いベンチャー企業に投資を行う際の有力な手段である。しかしながら、新株予約権付証券は、より

しっかりと確立されたリスクの少ない中小企業の大部分と大企業に資金提供する銀行や受動的な外部株主にはあまり利用されていない。銀行との対比で、ベンチャーキャピタリストは投資対象となるベンチャー企業の多くに対して、より積極的な役割を演じ、ベンチャーキャピタリストの貢献がベンチャー企業の究極的な成功にとって非常に重要であるということをしばしば強調する。したがってベンチャー企業とベンチャーキャピタリストの間の関係を統治する最初の契約は、ベンチャー企業とベンチャーキャピタリストの双方にプロジェクトに効率的に投資するように促す必要がある。このことは、われわれのモデルの枠組みに適合しているように思われる。しかしながら、われわれがベンチャーキャピタル業界において観察する実際の契約は、まず第一に、ベンチャーキャピタリストは典型的にベンチャー企業の株式の100%を得るようなオプションを持っておらず、実際には100%よりもかなり小さな割合しか持っていない。資本構成や株式の所有権構造の変化がベンチャー企業とベンチャーキャピタリスト双方の行動に影響を及ぼすかもしれないという問題を回避するために、初期投資額はすべて転換社債型新株予約権付社債で資金調達され、それぞれの株式所有比率を単純化した(9)。

日本のストックオプション制度は1995年より制度化がはじまり、1997年に新株引受方式が可能となった。この時に導入された制度はIPOを目指すベンチャー企業にとって極めて効果的なインセンティブ付与手段であったが、問題点として付与対象者が自社取締役および使用人に限定されていたため、部外者にはワラント債を利用して対応するしかなかった。

さらに1998年には税制改正の一環として、これまで新規事業法に基づくストックオプションについて認められていた税制上の優遇措置が一定の条件の下で一般的なストックオプションにも適用されることになった。2002年に対象者の名前の開示をしなくてよいことになり優秀な人材確保の手段として用いられるようになった。現在の問題点として税制により、一時所得および給与として認定するかの課税問題があり、ストックオプション制度にかげりがみえてきた。アメリカのトップ企業では、ストックオプション制度の中止が相次いでいる。

しかし今後のベンチャー企業振興においては、強力な武器としてストックオプション制度の改革が迫られている。ストックオプションが新しく改定され、アントレプレナーが果敢に挑戦できるようにならなければ、「萌芽企業」の発生が妨げられる。

注

(1) 清成忠男［1993］『中小企業ルネッサンス』、96-97頁を参照。
ベンチャービジネスといえる企業の数は、70年代を通じて増加し続け、さらに80年代に入ってからは一段と増勢を強めている。70年代初頭に第一次ベンチャービジネスブームが、80年代初頭に第二次ベンチャービジネスブームが到来したといわれるが、これはジャーナリズムが勝手につくりあげたブームにすぎない。現実には連続性が認められるのである。ベンチャービジネスは、中小企業の一類型としてすでに定着している。

(2) 同上97-98を参照。

(3) 前田昇・安部忠彦［2005］『ベンチャーと技術経営』13-14頁を参照。

(4) 同上15頁を参照。
ベンチャーキャピタルの分野においても1994年には公正取引委員会が独占禁止法のガイドラインを改正した。1998年の持株会社解禁によって持株比率の制度も撤廃された。

(5) 同上17頁を参照。
日本の遅れていた起業家教育も起業家講座、MOT講座を開設する大学が増加した。

(6) 同上101-103頁を参照。
2003年度改正において、ベンチャー企業への投資額をその年の他の株式譲渡益から控除して課税の繰り延べができるようになった。

(7) 同志社大学経済学会［2006］『経済学論叢第58巻第1号』14-16頁を参照。
ベンチャーキャピタルというと、一攫千金を狙う我利我利亡者のイメージされることが多いが、それは大きな誤解である。むしろベンチャー企業が提案する技術開発戦略や経営財務戦略の実効性を多角的な観点から審査、評価のうえ、改善すべき点が見つかれば改善を求めるなどして、投資プロジェクトをより完成度の高いものへと仕上げる努力を払っている。

(8) 同上17-18頁を参照。
ベンチャー企業、ベンチャーキャピタルは、株式公開を好まない一般的な中小企業とはまったく別の世界に棲んでおり、事実、ベンチャー企業では、将来の株式公開を念頭において創業当初から上場企業に適用される会計基準であるSEC基準にしたがって財務諸表を作成のうえ、出資者には詳細な経営財務情報を定期的に公開している。

(9) 関東学院大学経済学会［2005］『研究論集経済系第225集』26-27頁を参照。

第５章　日本のベンチャーキャピタル

1．創造法とベンチャーキャピタル

日本におけるベンチャー企業ブームは第１次から第３次までとこれまで３回発生したが、ブーム自体が官主導で作られたものであると考える。このブームにはアメリカにおけるベンチャー企業の登場、ナスダック、ベンチャーキャピタル、エンジェルの活発な行動の影響を受けているものである。アメリカのベンチャー企業制度を日本や韓国は、即座に導入し、時間差なしで追いついている。

しかし、日本におけるアントレプレナー、ベンチャー企業、ベンチャーキャピタルに十分に対応できるだけの支援制度はまだない。それは、アントレプレナー、ベンチャー企業などに対する社会的評価が低いことにも影響している。ベンチャー企業が多く発生しているアメリカを越えた支援制度が次々と打ち出され、それによって先端技術開発、新ビジネスモデル型企業が日本において数多く発生すると考える。

1980年代は日本の開業率の低下傾向に対処するため、1990年代に入ると通商産業省（現経済産業省）と中小企業庁は創業を支援する施策を打ち出した。まず1994年に制定された「創業支援事業」がそれであるが、これは第３次ベンチャーブームを引き起こす発端になったと言われている。さらに1995年４月には「創造的中小企業」への支援を目的に「中小企業創造活動促進法」が施行された。

この法律は、正式には「中小企業の創造的事業活動の促進に関する臨時措置法」（平成７年法律第47号）というのが、一般的には「創造法」と呼ばれている。この法律の目的は、創業や研究開発、事業化を通じて新製品、新サービス等を生み出す「創造的事業活動」を支援すること、すなわちベンチャー企業を支援していくことにある。

創造法の支援施策を見ると、その内容は1．資金，2．技術，3．経営の大きく3つに分けられている。それぞれ多様な支援策が盛り込まれており、資金面での支援だけ見ても融資や信用保証、あるいはエンジェル税制など幅広い。その中でもベンチャー企業への資金供給の大きな柱であり、これは一言でいえば、国の資金を用いて創業間のないベンチャー企業の資金調達を直接金融によって支援していこうとするものである。すなわち補助金や融資といった従来型の支援ではなく、公的支援制度でありながら初めて「投資」という形態をとって資金供給しようとするところに大きな特徴がある。(図5-1を参照)

図5-1　創造法のスキーム

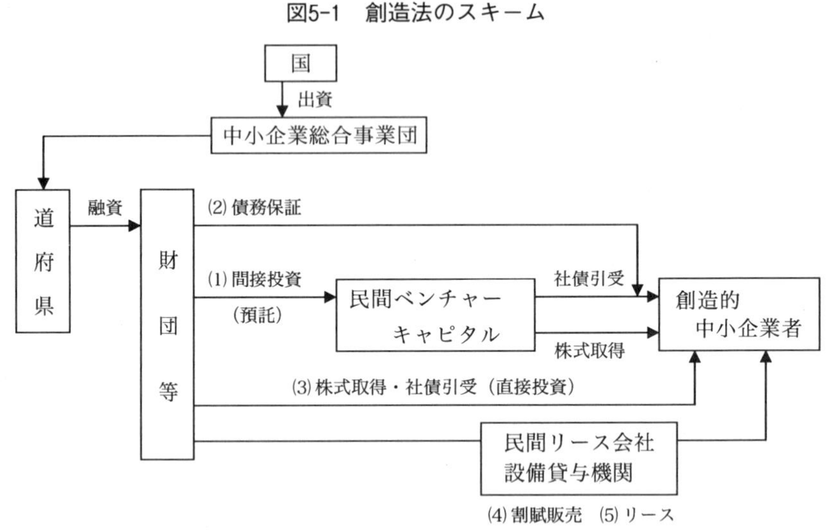

出所：伊東・田中・鈴木・勝部・荒井［2002］、p.97

(1) 制度の仕組みと狙い

創造的中小企業創出支援事業の目的は、中小企業総合事業団の高度化融資制度を活用して、創造的中小企業＝ベンチャー企業が資金調達を円滑に行えるように支援する点にある。具体的には図5-1のように、国（中小企業総合事業団）の資金が都道府県→ベンチャー財団に融資され、さらにそれはベンチャーキャピタルに預託される。そして最終的には、ベンチャー企業にその資金が投資されるという流れになっている。ベンチャー財団は民間のベンチャーキャピタルを通じて間接投資を行うため「間接ベンチャーキャピタル制度」とも呼ばれている。もともとこれはFORECS（フォレックス＝大阪府研究開発型企業振興財団）が1990年に始めたベンチャー向け支援制度を原型としている。

⑵　支援対象者

この制度の支援対象となる企業は、創造法の認定を受けたもの、あるいはその認定に類するとベンチャー財団が認められたものとされる。認定にあたっては、基本的には当該企業の製品やサービスに新規性があるかどうかが審査の重要なポイントとなる。したがって、その製品やサービスが消費者に受け入れられるかどうかという市場性の問題、あるいはビジネスとしてうまくやっていけるかどうかという事業性の問題はここでは第一義的ではない。むしろそれは個別の問題だと言った方がよい。そのため、創造法の認定を受けたからといってそれで即投資が決定されるわけではない。

⑶　支援内容とその特徴

創造法の投資事業の具体的内容は、①間接投資、②直接投資、③債務保証の3つからなる。(図5-2を参照)

図5-2　創造法投資事業概要

投資対象企業の条件	中小企業創造活動促進法の認定を受けた人およびその認定に類するとベンチャー財団が認めた人で、株式会社および株式会社を設立する人			
投資主体(意思決定主体)	特定ベンチャーキャピタル		ベンチャー財団	
投資形態	間接投資		直接投資	
投資金額	1億円以内		1,000万円以内	
投資種類	株式	社債（CB、WB）	株式	社債（CB、WB）
償還期限	―	10年以内	―	10年以内
利　　率	―	長プラ以下	―	長プラ以下
担　　保	―	不要	―	不要

出所：伊東・田中・鈴木・勝部・荒井［2002］、p.99

注）1．CBは転換社債、WBはワラント付社債のこと。

2．長プラは長期プライムレートのこと。

まず、間接投資は、ベンチャー財団が特定ベンチャーキャピタルに投資原資を低利（1％）で預託し、その資金でベンチャーキャピタルがベンチャー企業の株式または社債を引き受けるものである。ベンチャー財団は資金を出すが自らが投資を実行するわけではないので、ベンチャー企業に対する「間接」投資ということになる。投資金額は、1件あたり1億円を限度としている。これに対して、ベンチャー財団が直接、創造的中小企業の株式または社債を引き受けるのが「直接投資」である[(1)]。

2．ベンチャーキャピタルの投資プロセス

育成型ベンチャーキャピタルの投資プロセスを概観する。まず投資する原資を集めるために、投資家から資金を募集し、ファンドを創設する。次にベンチャーから投資依頼を受け付け、投資案件を検討し投資先を決定する。最後に、株式公開時の株式売却や企業自体の売却等により投下資本を回収し、業務活動を完結する。そして再び投資を行うという一連の業務を繰り返す。そのプロセスは図5-3のように多くの段階が存在する。特に育成型ベンチャーキャピタルは、投資先の企業価値創出に積極的なことが最大の特徴である。以下では、ベンチャーキャピタルの投資プロセスを、投資前と投資後に分けて考察する。

図5-3　ベンチャーキャピタルの投資プロセス

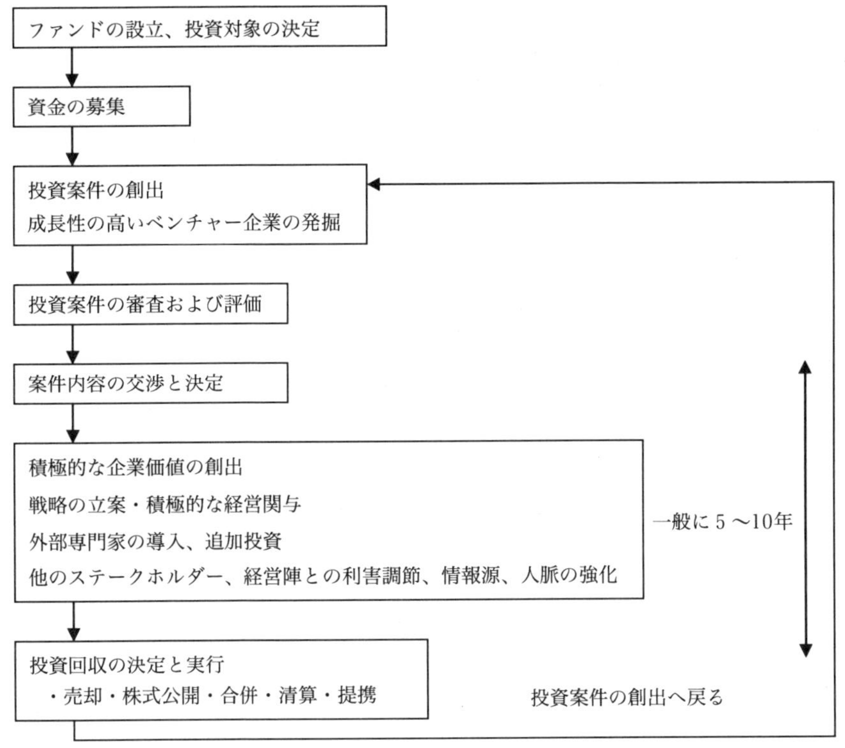

出所：三菱総合研究所［2003］、p.68

ベンチャーキャピタルの投資前の活動としては、投資案件のふるいわけ、投資案件の評価、検討、審査、契約の締結等のステップがある。米国では、起業家が事業計画を文書化して、ベンチャーキャピタルに提案することが常識となっている。したがって、ベンチャーキャピタルは、自身で営業活動を行う必要性はあまりなく、大抵は送られてくる事業計画書を見て、これはと思う対象先に連絡をとり、投資案件として仕立てていけばよい。米国のベンチャーキャピタルには、毎日10件ぐらいの申し込みがあり、ようやく1,000件に３件ほどが実際契約に達するとされる。

ベンチャーキャピタルは事業計画に基づいて、投資候補企業の現在価値

（Net Present Value）を推定する。これには、いくつかの定式があるが、一般的に使用されているのは、Conventional Methodと呼ばれる式である。

$$NPV(n)=\frac{R(1+g)^{n}aP}{(1+r)^{n}}$$

ただし、R＝売上高、g＝売上高成長率、a＝売上高利益率、n＝株式売却までの期間、p＝株式売却時の類似企業の株価収益率（PER）、r＝割引率である。

この式の左辺NPVが現在価値、右辺の分子が将来価値である。割引率（r）は、ベンチャー企業から見れば資金コストになるし、ベンチャーキャピタルにとっては、期待利益率を意味する。これは、ベンチャー企業の成長段階等に応じて一定数値が想定され、それをもとに個別投資先のリスクに応じて適応される。（表5-4を参照）

表5-4は、投資先企業の成長段階に応じて、ベンチャーキャピタルがリスクに見合ったリターンと認識する一般的な期待利益率を示したものである。株式公開直前のブリッジでさえ、年率25%であり、大学発ベンチャーが該当するシード、スタートアップでは、年率60%から80%という高い期待利益率が求められる。大学発ベンチャー等成長初期のベンチャー審査においては、企業の成長性が最大のポイントとなる。成長の源泉となる技術や事業コンセプトには、ベンチャーキャピタルを説得できる、つまり年率にして60%から80%という高い期待利益率が見込める高いレベルが求められることになる。

表5-4　ベンチャーキャピタルの投資リスクに見合った期待利益率

成長段階	期待利益率（年率）
シード	80%
スタートアップ	60
ファーストステージ	50
セカンドステージ	40
サードステージ	30
ブリッジ	25

出所：三菱総合研究所［2003］、p.69

投資後の活動は投資先企業へのモリタリングや経営支援等からなる。育成型ベンチャーキャピタルは、投資後活動を重視し、投資先企業の経営に深く関与して投資先企業の企業価値創出を目指す。モリタリングとは、起業家が企業価値を破壊する機会主義的行動に走る可能性を抑え、結果として、投資先企業の価値向上に寄与することを目的としたものである。例えば、個人的な利益を有する起業家は、たとえ株主に対して負の現在価値案件に関する情報を持っていたとしても、事業の継続を望む。また起業家は、株主のコスト負担で自分の評価を高める戦略を追求しがちである。投資家であるベンチャーキャピタルは、起業家個人の利益と株主への資金的なリターンについて完全な相互依存関係になっていないことを懸念する。したがって投資家、起業家の策定した事業計画をもとに、モニターすることになる(2)。

3．ベンチャーキャピタル資本の回収

IPOとM&Aはポートフォリオ企業を清算するための2つの主要な回収メカニズムである。投資を回収する、すなわち投資収益を実現するための最も共通した戦略は、IPOすなわち株式の新規公開である。ベンチャーキャピタリストは、株式の公開によって企業から最高の収益を手にするのである。企業は株式を発行し、これによって株式公開企業となる。このほかの回収戦略に、企業吸収、清算、または株式の買い戻しなどがある。投資収益を得る上で、IPOが重要であるがゆえに、ベンチャーキャピタル投資の流動性は、株式市場とくにNASDAQに相当に依存している。

市況が強気であった1983年においては、約700社の小企業がIPOに踏み切り、その投資額はほぼ60億ドルに達した。1980年代初期から中期にかけて市場の活況は、1970年代に設立されたベンチャーキャピタルファンドに顕著な収益性をもたらした。しかし、IPOのブームは1987年10月19日の株式市場の相場急落で終わった。そして1988年と1989年の新株発行は、1983年の水準に比べ75%まで落ち込んだ。IPOのブーム衰退に伴って、これに代わる回収戦略が登場した。1987年から1988年にかけて、企業合併による資本回収がIPOを凌駕した。その結果1980年代末期と1990年代においては、外国の投資家はアメリカのベン

チャーキャピタリストに別の戦略を提供することになったのである。強い円という有利な立場にある日本企業は、有望な技術をもっている企業との合併の機会をさがし求めた。

アメリカの企業のうち主要なものもまた、企業合併の市場において強力なプレイヤーになった。1991年の春までに、バイオテクノロジー関係の株が引き金となってIPO市場が復活したが、大企業の株式取得は国内のベンチャーキャピタルの資本回収の主要な源泉であり続けた。

1978年から1992年にかけてベンチャーキャピタルの支援を受けたバイオテクノロジー企業の研究によると、ファンドの回収戦略が株式の評価に主として依存していることが明らかになった。ベンチャーキャピタルは、株式の評価が最高になるときには企業に株式を公開させるが、株式の評価が低下するときにはこれに代わって民間の資金供給を求めるのである。経験に富んだベンチャーキャピタリストは、IPO決定のタイミングについて優れた能力をもっているように思われる。この能力は株式の評価がいつピークに達するかを識別することができる熟練度に基づいているかもしれない。これに代わる説明は、簡単にいえば経験に富んだベンチャーキャピタリストが経験の浅い同業者よりもすぐれているということである。

ベンチャーキャピタリストは投資銀行に大切なコネクションをもち、そして投資家の将来のファンドを引きつけるほど迅速に収益を生み出すようなプレッシャーがないため、彼らに市場が最適になるまで待ち続けるような時間的余裕を与えるのである(3)。

4．日本における新規株式公開（IPO）とベンチャーキャピタル

2006年７月に企業の与信情報を提供するデータプレイス株が突如、大商いとなった。人材派遣のアドバックスから出資を仰ぐと同時にインターネット業界で台頭するアフィリエイト（成果報酬型）広告を始めると発表したのがきっかけだ。2005年11月の名証セントレックス上場から半年余りで、赤字が続くアド

バックスを第３位株主に迎えた。上場準備を始めたのは３年前、設立６年目の2003年であった。需要が伸びず経営難に陥っていたが「３年後に上場する」という事業計画を示し、ベンチャーキャピタル数社から１億3,000万円を調達した。

成長資金の供給を主眼に上場基準を下げ、ベンチャー企業に門戸を開いてきた新興市場（アンビシャス、マザーズ、セントレックス、ヘラクレス、Qボード）である。IPOはオーナー経営者が創業者利潤を確保する絶好の機会となるばかりか、主幹事実績を積み上げたい証券会社や投資回収を急ぎたいベンチャーキャピタルなどの利害もある。2000年以降、６年連続で年100社以上が上場する大公開時代は、一面でスピード上場をあおり、市場が実力を疑問視する未熟な公開企業を生み出す危険性をはらんでいる。

2006年、新規上場した110社のうち初値が公募価格を下回ったのは３銘柄であった。事業基盤が弱く市場での評価も固まっていないIPO株への投資は、リスクも大きく、価格形成には機関投資家など多くのプロがかかわっている。低金利とありあまった株価上昇で、株式市場はネット投資家など株式投資の経験の乏しい人たちを市場に呼び寄せた。1,000万人の個人投資家のうち約10万人がIPO銘柄に投資しているといわれる。

2002年ごろまでは初値が公募価格を割り込むケースが相次いだ。あたかも必勝法のように映る公募買い、初値売りにも必ずリスクがある。さらにIPO株を手に入れるコストも上昇している。手数料を稼ぎたい証券会社は、人気のある新規公開株を投資信託などと事実上セットにして販売する。IPO銘柄を公募価格で買えば必ず利益がでたので、このブームに乗って資金を投入したから、新興市場だけでも年間100社を越える大量公開時代をむかえたようである。よって企業基盤が確立していないベンチャー企業に上場を通して多額の資金確保ができるようになったのである[(4)]。

2006年に大証ヘラクレスに新規上場したワイン輸入販売のエノイカの初値は公募売り出し価格を29％上回る45万円であった。新規株式公開で初値が公募価格を割り込まなかったのは今年に入って上場の112銘柄のうち109銘柄となった。IPO人気を象徴する数字であり、IPOによる株価形成では「320銘柄」というさらに別なデータもある。企業が市場に出るまでには５つの株価が存在する。複雑な過程を経る株価の形成をたどると、市場の一面がみえる。時間の流れに沿ってみると一番目は「理論株価」であり、収益規模や成長性、資産価値を同業他社と比較し、主幹事証券が算出する値段である。二番目は「想定発行価格」であり、証券取引所が上場を承認すると企業は目論見書を出し、公募増資や売り出しの株数とともに見込み価格を発表する。リスクなどを計算し２～３割、割り引いた価格となる。三番目は「仮条件」であり、上場企業は主幹事証券とともに年金運用会社や投資信託など機関投資家を訪問、妥当な株価を決定してもらう。主幹事証券はさらにその後、個人投資家などに仮条件の価格帯を示し、どの程度の需要があるかを申告してもらう。これをブックビルディングといい、その結果が四番目の「公募、売り出し価格」である。そして五番目の、上場しての最初の株価「初値」となる。

ブックビルディングは、市場の声を株価に反映させる目的で1997年９月に導入された。しかし仮条件の上限で決まるのなら仮条件の設定まちがいである。初値が公募価格を上回るのが続いているからこそ個人投資家は株を入手するために仮条件の上の値段にばかり希望を出している(5)。

不十分ながら、大きな企業金融の構造変化の下、「第三の創造期」を乗り切るためのベンチャーファイナンス再構築の必要性と、条件整備についてとりあげた。その際、中心的な役割を担うべき重要な企業金融の機関として、ベンチャーキャピタルの活動を前提にし、それが十分な創業支援を行うための投資インフラの整備という点に焦点を合わせた。

この基盤整備のうえに立って、ベンチャーキャピタルがその専門的経験に裏打ちされた投資活動を展開することが不可欠である。今日わが国に存在するベンチャーキャピタルのすべてが、こうした投資活動を展開することはできない。投資インフラが整ったとしても、本格的に創業支援投資を行うためには、ベンチャーキャピタル側で、組織面、人材面など、大きな変化を余儀なくされざるをえない。少なくとも、これまでのようなヒト、モノ、カネ、情報をすべて親会社に依存したベンチャーキャピタルが存在基盤を失うことは間違いない。

ベンチャーキャピタル投資は経験のビジネスである。親会社からの出向者ではもともと対応できない性格を持っている。ベンチャーキャピタル投資に不可避なリスクとリターンの厳密な比較考量も、外部出資者の厳しいパフォーマンス要求を前提にしなければ、十分とはならない。現実に、これだけベンチャーキャピタル投資の活性化が期待されるなかで、多くのベンチャーキャピタルがバブル経済期の不良資産の処理に精力を奪われ、その本来の機能が生かせないのも、親会社の意向に沿った投融資活動を行った結果だと言える。親会社依存は、当初は費用面でも有利であり、リスクも小さいようであるが、実は最もハイリスクなのである。

ベンチャーキャピタル投資にとって、経験ある人材こそ、成功のカギである。アメリカでは一人前のベンチャーキャピタリストになるのに最低10年の経験が必要だと言われている。親会社の出向人事に頼ってきたわが国ベンチャーキャピタルの現状を見るとき、悲観的にならざるを得ないが、ベンチャーファイナンス再構築のためには、早急に事態の打破が求められる。そのためには、ベンチャーキャピタル自体の意識的な体質改善が必要であり、大学などもそれを支援し、理論面、具体的ケースの分析を通じて、ベンチャーキャピタル投資経験の一般化とその教育に取り組むことが求められる(6)。

本章においてベンチャーキャピタルおよびベンチャーキャピタルファンドの現状、課題を論じてきたが、日本のベンチャーキャピタルはアメリカのベンチャーキャピタルに約25年のノウハウ蓄積の遅れがあるが、どのように乗り越えるかが一番の課題である。

現在、日本のベンチャー企業論、ベンチャーキャピタル論の研究は急速に進化している。今、日本でのベンチャー企業振興は産学官あげて取り組まれており、インキュベーション施設も全国に設置されている。

アメリカのベンチャーキャピタルは、日本の金融系ベンチャーキャピタルのようにスタートアップ期を過ぎたアーリーステージ期に投資するのではなく早くから投資活動をおこなっている。また、単に資金を供給するだけでなく、技術と市場のニーズをいかに結びつけるかという経営戦略を練っている。

今後、日本でのベンチャーキャピタルおよびファンドの成長、シード期のアントレプレナー、ベンチャー企業への積極的投資があれば、現在形成されているベンチャー企業クラスター地域の京都、浜松のような地域が各地に登場すると考えられる。

注

(1) 伊東維年・田中利彦・鈴木茂・勝部伸夫・荒井勝彦［2002］『ベンチャー支援制度の研究』96-100頁を参照。
投資を実行するベンチャーキャピタルは各ベンチャー財団から指定を受けたものに限られ、それは「特定ベンチャーキャピタル」と呼ばれる。これら特定ベンチャーキャピタルはベンチャー企業が発行する株式か社債（転換社債あるいはワラント債）を引き受けることになる。

(2) 三菱総合研究所［2003］『所報No42技術経営と産業再生』68-70頁を参照。
ベンチャーキャピタルと起業家との間の情報の非対称性が重要な意味を持ち、モニタリングが有益である成長初期の企業やハイテク分野の企業への投資ではベンチャーキャピタルはモニタリングに注力するとされる。

(3) O. フィルマン・U. ヴッパーフェルト・J. ラーナー［2000］45-47を参照。
アップルは大成功した好事例としてたびたび引用される。1978年から1979年にかけて数名のベンチャーキャピタリストがスタートアップ期のこの企業に350万ドルを上回る投資をおこなった。アップルは1980年に株式を公開したとき、これらの投資価格は2億7,100万ドルに達していた。

(4) 日本経済新聞社［2006年8月29日号］「試練の新株市場IPOブームの裏側―スピード公開落とし穴―」を参照。

(5) 同上［2006年8月30日］「試練の新株市場IPOブームの裏側―過熱する公開株人気―」を参照。

(6) 同上［2006年9月1日］「試練の新株市場IPOブームの裏側―硬直化した株式形成―」

第6章　新規公開企業のベンチャーキャピタルからの投資状況

1．ベンチャーキャピタルの至福から苦悩への道

バイグレイブ・ティモンズ［1995］は、「1980年代初頭はベンチャーキャピタルの全盛期であった。投資収益率は、ひとつ前の全盛期といわれた1960年代後半以来見られなかったほどの高さまで急上昇した。幸福な時期は長く続かなかった」と指摘した。そして1983年を天井に、投資収益率は80年代末まで下降し続けた。近年の株式市場のパフォーマンスと比較すると、ベンチャーキャピタルの投資収益率は1983年以降、リスクを勘案した投資家の期待値をはるかに下回っている。「フォーブス」はこれを次のように書いている。

「業績のよいベンチャーキャピタルでさえ影響を受けている。大手のうちで最も成功しており、ボストンを拠点に4億ドルを運用しているTAアソシエーツを例にとってみよう。過去11年間の平均投資収益率41％に紛れているが、1983年の投資に限って言えば、銀行貯金レート並みの5.5％すら下回る投資収益率であった。TAアソシエーツのジェネラルマネージャーのP・アンドリュー・マクレーンは残念そうに語る。以前は儲けないようにすることのほうが難しかった。しかし今では、それはさほど難しいことではなくなった。

リターンの低下にはさまざまな要因が関係している。すでに述べたように、少なすぎる投資案件を多すぎる投資資金が追い求めていたという要因はよく言われてきた。また、過剰な資金が追いかけた投資案件はあまりにもひどいものが多すぎたと言う人もいる。確かに、優良な投資案件が不足していたことは事実であった。また、この問題を一段と複雑なものにしているのは、投資案件の開発・調査・分析・投資・さらに投資後のフォローができる経験豊富なベンチャーキャピタリストの不足である。そして、投資先企業が成功裏に成長し、

市場で売却するころには、投資家は新規公開株に対する投資意欲をとうに失っていた。ベンチャーキャピタル投資先企業の株式を流動化させることが不可能となったのである。もし可能だったとしても、株価の評価は大きく下げたものだったであろう。

2．投資資金量と案件数ならびにベンチャーキャピタリスト

1980年代は、機関投資家、特に年金基金がベンチャーキャピタルファンドに積極的に出資し続けた時代であった。このような資金流入については、投資収益率の低下につながるものと懸念されていた。1988年の「ビジネスウィーク」は次のように伝えている。

ベンチャーキャピタリストは長年、３兆ドルの資金の一部をスタートアップ企業に投資するよう、年金基金を勧誘してきた、年金基金は今、徹底的にこの勧誘に応じている。

こうしたことに対してカルフォルニア州メンロパークにあるセコイヤキャピタルのジェネラルパートナー、ドン・バレンタインは、彼らはすでにたっぷり資金を抱えてしまっているベンチャーキャピタルに対して、まだ何百万ドルも出すつもりだ、といらだちを隠さない。他のベテランのベンチャーキャピタリストたちもベンチャーキャピタルへの資金流入は好調な企業の株価をつり上げ、ほとんどの投資家のリターンを低下させる結果になると懸念している。

1978年当時、ベンチャーキャピタル就職希望者はいくらでもいた。だが逆に、10年以上の経験を持つベンチャーキャピタリストは圧倒的に不足していた。業界のプロフェッショナルの数は、1997年の597人が1983年には1,494人と、150％の増加であった。その間、彼らが運用するベンチャー資金は25億ドルから120億ドルへと約380％増加した。プロフェッショナル１人あたりの資金量は、4,200万ドルから8,100万ドルへと93％増加したことになる。

つまり1983年のベンチャーキャピタル業界では、1977年よりも多額の資金を、より経験の乏しいベンチャーキャピタリストが運用しているのである。1977

から82年の間に新しく設立された61のベンチャーキャピタルパートナーシップファンドでは、ジェネラルパートナーの平均経験年数はわずか5.2年であった。そして1983年には、そのレベルはさらに低下したのであった。

3．ベンチャーキャピタリストへの報酬はどのように決定されるか

P・ゴンパース、J・ラーナー［2002］は、ベンチャーキャピタリストのパートナーシップ契約においては、ファンドの存続期間にわたってベンチャーキャピタリストに支払われるべき報酬について明確に定められている。一般的に、これらの契約はファンドの資金や資産のある一定率を毎年の管理報酬として決めたり、実現した投資収益の一定率を成功報酬として決めたりしている。報酬は、ベンチャーキャピタルおよびファンド投資からの実際の収益に基づいている。ベンチャーキャピタルが設立するファンドによって報酬は異なるものの、一般的な雇用契約などとは違い、パートナーシップ契約が再交渉されることはまずない。

契約で定められた報酬は、ベンチャーキャピタルおよびファンドの設定において特に重要であるベンチャーキャピタルおよびファンドにおけるリミテッド・パートナーは、株式会社において見られるようなマネージャーの規律づけする手法の多くを利用することは不可能であるし、ファンドの運用に直接関与することは避けなければならない。ベンチャーキャピタリストを解任することは難しく、それはコストのかかる手続きである。結果として、ベンチャー・エコノミクス社が述べているように、報酬はベンチャーファンドにおけるリミテッド・パートナーとジェネラル・パートナーの間において議論すべき問題の１つである。

固定手数料はベンチャーキャピタリストの報酬の重要な部分であるし、多くの異なった方法で計算されるため、これらを省略することは誤解を招きやすい印象を与えるかもしれない。固定手数料は委託された資金総額の一定割合として特定化されるのかもしれないし、ファンドの資産価値によるかもしれないし、

または、これら２つの算出法の組み合わせまたは修正として特定化されるかもしれない。手数料を計算するために使われる基準や手数料として支払われる割合の両方は、ファンドの存続中に変化するかもしれない。固定手数料を調べるために、契約上の規定において特定化される固定手数料がベンチャーファンドの開始時点における固定管理報酬の純現在価値ではどうなるかについて計算する。

委託された資金のある一定割合としての数値を表す。委託された資金に基づく手数料として、相対的に一定の報酬に対して10％割り引くことにする。また純資産価値に対する手数料として、より不確実な報酬に対して20％の割引率を使ったときでも結果は著しくは変化しない。

日本におけるベンチャーキャピタリストは、ベンチャーキャピタルに属することが多く、ステークホルダーとしてストックオプションにおいてリターンを得ている。

４．ベンチャーキャピタルの変容

今日のベンチャーキャピタル投資は、過去のクラシック・ベンチャーキャピタル投資とは明らかに異質なものである。ベンチャーキャピタリストのベン・ローゼンが「ベンチャーキャピタルギャップ」と呼んだ状況を作り出してしまったのは、残念なことである。「若い中小企業のための今日のシステムに問題があることは、間違いない」と彼は語った。クラシック・ベンチャーキャピタルが経済全体にとって生みの母であり、保育器の役割を担っている点について、これまで議論してきた。

第二次世界大戦後に行われた画期的な全イノベーションの95％は、大企業でなく、むしろ設立間もない中小企業が起こしたものであった。新規参入者なくしては、いかなる経済も長期的下降は避けられない運命にある。1945年以降、旧ソ連と東ドイツが陥った第三世界の国々と変わらぬ経済衰退は、両国の成長企業の保護・育成努力を怠ったことが、その要因のひとつであるということは疑う余地もない。

ベンチャーキャピタル業界は、1990年代にいくつもの厳しい問題に直面している。ジャンクボンド市場の崩壊とともに、LBO（leveraged buyout：借入金による企業買収）とM&Aビジネスは崩壊した。

日本でのベンチャーキャピタル投資は、1972年より本格化し、ベンチャー企業に対する投資会社として今日に至っているが、当初の投資対象から現在はIPOをビジョンとする企業すべてを対象とするように変容した。また中小企業投資育成会社もベンチャーキャピタル投資行動をおこなっている。本項においては、IPOを達成した企業のリターンと達成年数をキーポイントとしている。

5．IPOメカニズム、配分と価格設定ならびにメカニズム

Jason［2004］によると、IPOにおいては売り手からの株の販売をおこなう行為は買い手がいて初めて成り立つ。売り手は会社であり、買い手は投資家であるがその株をIPOさせるためにはIPOメカニズムの確立が必要である。発行人と引受業者は投資家に株を販売するためにあらゆる努力をしなければならない。IPOメカニズムのなかで、発行人のための最適メカニズムはIPOによって期待される高いリターンである。

最適メカニズムはどのようにして動くのか、実際に使われるメカニズムは理論的に証明される。メカニズムはIPO時においては引受業者と投資家の参加によって、株の値が割り当てられ需要供給により値が決定すると考えられる。現在のシステムは、実際のIPOの経験的なパターンを理論上の最適条件と比較することによって評価されることができる。

IPOメカニズムがどのように動くか理解することは、1990年代後期の熱いIPO市場により、投資銀行による違法な行動がおこなわれたことの説明である。IPOメカニズム活動の重要点は相場以下の値をつけることであり、メカニズム効率の前後関係と発行人の目的により初値目標がたてられる。

全てのIPOメカニズムは、３つのカテゴリーのうちの１つに適合した。競売

または固定価格の公開時にさまざまなバリエーションがある。公開株の申し込み価格はどのようにセットされるのか、そして投資家が株式分配をもとめる方法を提示する必要がある。発行システムの主な特徴は、発行人が株式に値をつけて、引受業者に割り当てることである。引受業者は発行前に試で株式を販売するシュミレーションをおこなう。最初のステップは引受業者の営業戦略として潜在的投資家に予備案内することである。この予備案内は投資家の申し込み能力、期待される投資額の予測をたてるために重要である。

引受業者は株の売却リストを用意するが、その売却リストは投資家の所得と収益予想を分析し安定した投資家のみに売却する。さらに発行人の経営陣と引受業者はIPOに向かって株を買ってもらう努力をし、投資家にいかにリターンが高いかのPRをおこなう、さらに機関投資家には２～３週間かけて、プレゼンテーションをおこない株の説明をこまかくする。その後、プレゼンテーションの情報にまちがいがあった場合は、早急に修正しSEC（Securities and Exchange Commission：アメリカ証券取引委員会、本部ワシントン）へ報告し承認のための書類を提出しなければならない。

引受業者はPR活動を積極的におこない、投資家需要の掘り起こし、また投資家に株を買いたいという気持ちにさせる必要がある。そして投資家の関心度合いをアップさせ、できるだけ良い値で買ってもらうことが重要であると考える。この値は科学的にみると投資家によって供給される資金量によって決定される。

価格設定IPO術は、申込日決定の原因となっている複数の情報分析に基づく投資家の関心と熟練した引受人のマーケットの読み解く発達した能力とそれぞれの情報を融合させることが重要である。また誤った情報によって株価を操作することは禁止されていて、アメリカでは1990年に投機的低位株改革法によって５ドル以下での申し込み価格で厳しい規則をIPOに関して加えた。それによって５ドルを超える価格を事実上制限した。SEC承認後に引受業者は、株発行日を速めるために活動をスタートさせる。引受業者と発行人は発行日の前に最終的な株の申し込み価格と株式数を決定する。

また多くのヨーロッパ諸国におけるIPO方法はアメリカのアプローチとことなり、最初に投資銀行がさかんに投資家の関心を集める。アメリカで厳しく制限されている予備価格幅の設定や、IPO後に決定される株価格に関する情報が多く出回る。さらに発行人の利益確保のための先物市場があり、この市場での株価格が最終的な株価に影響することがある。

6. 株式公開時の過小価格と資本市場の罠

城下［2004］によると、公開時の過小価格について、公開時における１つ目のパズルは新規公開株を購入した投資家が上場後初めてついた値段あるいはその日の終値で売却した場合、投資収益が平均して高いというものである。これは国ごとによって差があり、一般に、経済先進国の方が新興経済国よりも低いという特徴があるが、80年代の日本、90年代のアメリカのように株式市場バブルを経験した国については、この期間中非常に高い初日の投資収益を獲得している。

福田［1995］は1971年から91年までの東京証券取引所に新規公開した企業の初日の投資収益を計算した。この期間中の平均は44.2％であり、東証一部株の平均が1.34％と比べても非常に高い値であるが、バブル時の80年代の公開企業の初日の投資収益はそれ以上に高く、とくに83年は150％を超えた。

Ritter etal［2002］によれば、1980年から2001年までにアメリカの市場に新規公開した6,249社の初日の投資収益は平均して18.8％であった。しかし、インターネット関連企業の公開が殺到した1999年から2000年のみについて観察すると65％であった。

なぜ公開時の新規公開価格がこれほど高い初日の投資収益をもたらすほど過小であるのか。たとえば、アメリカでは新規公開価格平均投資収益が1980年から2001年までの間に18.8％であるのに対し、同時期の日別市場投資収益はわずか0.05％にしかならない。また、公開企業の70％が新規公開価格よりも公開初日の終値が高くなるのに対し、公開企業の16％が新規公開価格と公開初日の終値とが等しくなる。

したがって、公開時の過小価格について、ファンダメンタルな変数を使った理論価格では高い初日の投資収益は説明できないかもしれないこれまで考えられている理論展開は理論的新規公開価格がいくらになるかではなく公開初日の価格と比較してなぜ過小になるか、その原因が新規公開価格の設定の手続きにあるのではないかという視点である。

一般的な考えかたとして、新規株式公開においては発行人と引受業者の連携によって売り出し価格が低くおさえられ、公開初日にそれより、高い取引価格になるように誘導しているという考えもある。しかしこれまでのIPOにおいてすべてが売り出し価格より公開初日の株価が高くなったかというと、そうではない。

さらにIPOする企業にベンチャーキャピタルが出資しているかというと、それも少ない数であることがわかってきた。本章の研究の中心点である高いリターンとIPOまでの年数を分析する必要性を感じる。

7．資本市場の罠

バイグレイブ・ティモンズ［1995］はウィンチェスター・ハードディスクドライブをめぐるベンチャーキャピタル投資の研究会で、ハーバード・ビジネススクールのウィリヤム・A・サールマンとハワード・H・スティーブンソンは「資本市場の罠」（Capital Market Myopia）の分析結果を発表したと述べ、さらに個々の人々の論理的な投資決定が資本市場全体としては妥当性を失ってしまうことを意味する。すなわち個別的に見るとそれぞれの決定は筋が通っているが、全体としては誤った状況、いわば「合成の誤謬」が生じるということである。資本主義の落とし穴とも言えるかもしれない。

サールマンとスティーブンソンによると、この「資本市場の罠」は、時として、市場を支えきれない過剰投資を一部の業界にもたらすというのである。本章においてベンチャーキャピタル業界への教訓を含み、これによって傷ついたベンチャーキャピタルが参考にすべき、洞察力に富んだ、彼らの卓越したパイオニア的論文のエッセンスを取り上げてみたい。ウィンチェスター・ハードディスクドライブへの過剰投資に応用してみると、彼らの論理と分析によってさらにいくつかの瞠目すべき新事実を明らかにすることができる。

彼らの刺激的な議論を紹介しつつ、罠に陥らないためにも、ハードディスクドライブ業界のその後の展開についても述べた。

ベンチャーキャピタル投資成功の秘訣は、低価格の好条件の案件に投資することである。ベンチャーキャピタルも、完全な波を追い求めるサーファーのように、不完全な市場の永遠の探究者なのである。バーイーガン・アンド・デリアージュのビル・イーガンは、この点を「われわれが求めているものは、不完全な市場メカニズムのもとで一種の賭けである。

その賭けに大勢の参加者がいればいるほど、われわれは参加したくなくなる」と端的に表現した。だが、後に明らかになるように、不完全な市場を見つけることと、それをひとり占めすることとは別ものである。

資本主義の参加者は、その罠、言い換えれば「合成の誤謬」の発生に気づいたはずである。株価が途方もなく高いと思ったはずである。業界に激震が走り株価が暴落する前から、これを予期するに必要なデータは彼らの目の前に用意されていたのである。単なる衆愚クラブに堕する危険を避けるために、投資家や起業家がわきまえておかなければならない教訓を紹介する。

1977年から84年まで、ベンチャーキャピタルはウエンチェスター・デイスクドライブメーカー43社に合計約4億ドル投資した。そのうち2億7,000万ドルは、21社のスタートアップとアーリーステージを含む51件の投資案件に、1983年と84年のわずか2年間に集中して投資されたのである。

このように活況を浴びている業界においてすら、その後の市場変化により時価評価合計額が四分の一へ下落したのである。ベンチャーキャピタルや投資家は好調な業界を探し出しゲームに似た投資行動をとることが明らかである。「資本市場の罠」という急激な資本集中は株式市場の一時的な急騰をまねき、それにつられた一般投資家をも巻き込んで狂乱的相場を形成すると考えられる。そしてそれが何度も繰り返されると思われる。

8．投資戦略

P・ゴンパース、J・ラーナー［2002］によると、ベンチャーキャピタリストから投資を受けている会社が、なぜ伝統的なメカニズムを通じては、彼らの資金ニーズを満たすことが難しいのかについて、レビューすることは意義があることである。起業家が、自分のアイデアを実現させるための資金を自前で有していることは稀であり、彼らは外部の資金提供者に頼らなければならない。一方、年金基金や大学の基金などの資金運用者は、設立間もない企業やリストラ中の企業に直接投資する時間やノウハウを持っていない。起業家たちは、銀行借入や株式の発行のような伝統的な資金調達手段によって自分たちの資金ニーズをまかなおうとすると考えられる。

しかしながら、潜在的には最も収益力がありエキサイティングな企業が資金調達するにあたっては、さまざまな要因により制限が加わってしまう。それらの要因は、次の4つの重要な要因に分類できる。すなわち、不確実性、情報の非対称性、企業の資産の内容、そして関連する金融市場と製品市場の状態である。

日本におけるベンチャーキャピタルの投資行動のなかで上記の不確実性は、排除されつつある。それは確実に上場までにいたることができるベンチャー企業のみを厳選して出資し、さらにベンチャーキャピタリストがメンターとして経営参加するためである。よってIPO時における価格設定に参加でき、ハイリスクハイリターンを誘導していると考えられる。

9．段階的な投資

段階的な投資はどうしておこなわれるのか検討する。これまでの投資経験からすべての投資を3分割にして実行してきた。なぜ一度に一社に投資しないのか、それはひとえにリビングデッドの阻止にあり、資金の保護が一番だからである。アントレプレナー、イントラプレナーの資質を見分け、資金を投入する企業の選別には最新の注意をはらっている。

仮に有望なアントレプレナーが存在していても、多額の資金を1社だけに集中させることは冒険といえる。優れたコアコンピタンスがあった場合のみ、多段階方式で投資をおこなう。ベンチャーキャピタルはその場合、一般的にファンドを形成しリスク分散をおこなうことが多い。

ベンチャーキャピタルは段階的な投資を得意とし、あらゆる情報を取得したうえでの投資となる。ベンチャーキャピタルは早いIPOとハイリターンを求めて投資活動を日々おこなっているが、これまで日本においてIPOの時間、つまり設立からIPO達成日までの期間および1株あたりのリターンの分析がなかった。今回、この分析に挑戦して、IPOの優位性を検討したいと考える。

10. ベンチャーキャピタルはなぜファンドを組むのか

近年の会社四季報等をみると、1995年当時は株主名簿に第2号○○有限責任組合などのファンドはまったく存在していなかった。理由は法改正による状況の変化といえる。前項の段階的投資と非常に考え方が似ているのだが、ベンチャーキャピタルが数社集まりファンドを組むことにより、最新の情報の共有また、ファンド規模の拡大、危険の分散ができるのである。強力なベンチャーキャピタルは同じ強力なベンチャーキャピタルとファンドを組むことにより、よりハイリターンを手にいれることが可能となった。

さらに多くのベンチャーキャピタルが集まることによって、ファンドオブファンズが組めるようになり、より大きなファンドが形成できるメリット、さらに危険分散ができる。仮に今回の投資がローリターンであったとしても、次の投資行動における情報の集合という最高のシナジー効果が得られる。

11. 日本の新規公開企業におけるベンチャーキャピタルの役割

先行するアメリカベンチャー企業群に遅れること10年の日本は、さまざまアメリカの制度を吸収し、2010年には拮抗してもらいたいと考える。ベンチャー企業を支えるエンジェル、エンジェルファンド、ベンチャーキャピタル、ベンチャーキャピタルファンドのなかにおいてシード期、スタートアップ期のベンチャー企業にとって特に重要な位置にあるエンジェルファンドは、早くネットワークを構築する必要がある。

私たちのまわりに多数のエンジェルは存在しており、彼らをどのように見つけ、投資してもらうかは、アントレプレナーの能力にもよる。果敢に挑戦するアントレプレナーにより、多くの起業が発生しベンチャー企業が誕生することによって、多くの雇用を創出し、さらに経済の活性化につながる。普通、どこにいるかわからないエンジェルに出会うには、アントレプレナーは行動力を発揮する能力と忍耐が必要である。

アメリカが1980年代に急速に成長を遂げたのは活発なエンジェル、エンジェルファンド、ベンチャーキャピタル、ベンチャーキャピタルファンドの投資行動にあったと考えられる。また日本においては1997年エンジェル税制改正、1999年にはナスダックジャパン（現日本ニューマーケットヘラクレス）開設など近年基盤整備が進んでおり、ベンチャー企業という言葉も定着した。

多くのベンチャー企業が新規株式公開にむけて邁進するが、なぜ株式公開に進むのかを紐解く必要がある。アントレプレナー、ベンチャー企業役員、そして社員、ベンチャーキャピタル、経営コンサルタント、会計士、税理士、弁護士などのステークホルダーは、ほぼ全員がハイリターンを求めている。なぜかというと、投資行動をおこなってその結果が必要だからである。なかには元ベンチャー企業経営者であり、すでにリターンを得ているエンジェルとしてのメンターは例外もありうる。それはメンター活動が喜びであるためである。

第7章　経営組織

1．組織定義と問題点

萌芽企業といえるベンチャー企業、中小企業は強烈なパワーをもったアントレプレナーによってスタートアップする。萌芽企業が急成長するためには、財務管理論、経営組織論が要諦をなしている。ここではベンチャー企業、中小企業における経営組織を考える。アントレプレナー、創業者によってスタートした企業は、段階的に組織を形成していく。経営資源のヒト、モノ、カネ、情報の中で組織を構成する「人」の確保が第一であり、シード期、スタートアップ期での組織構成活動といえる。そしてアーリーステージ期に入り物、金さらに情報を核とし、階層型のコーポレートガバナンスを展開する。企業の構成量が50名まではトップダウン式で回転していくが、それ以上だと階層型に移行しなければ企業活動に支障がでる。グロース期に入り500名以上になると、各部門別組織が構成されなければならないと考える。

1980年代より、松下電器産業を中心とした事業部制いわゆる社内会社化が注目を浴び、成長に一役買っていた。しかし、2004年の松下ショックによりこの事業部制の歪みが露呈した。本章においては、アメリカ、ドイツ、日本における経営組織の理論構築を中心に組織について掘り下げたいと考える。

経営組織について語るに当たって、この言葉が経営と組織の合成語であると見るならば、それぞれの言葉の意味と内容について考えることから我々は出発する。経営組織という時には、組織の方により重心が置かれているから、組織のことを初めに考えてみることとする。組織という表現ができるということは、すでに組織についてのある考えなり、はっきりしないまでも何らかのイメージがあるはずである。それは概念の問題になるが、いくつか示すことによって、組織とは何かの理解を深めることにする。一般にはそのような操作を厳格に定義しようとするのではなくて、組織の意味と内容のあらましを理解することが課題である。

定義すると言うことには、どんな考えを人が持つか、またその考えの内容はどうかということが、ある一つの言葉に対して書き加えられることである。この時に言葉がある概念となっているという言い方をする。それは、ある言葉の意味が正確になったということである。人の考えている内容を「定義するもの」と呼び、定義するものの相手になる言葉を「定義されるもの」と呼ぶ時に、定義する側が正確であるならば、定義される側と同一であるはずである。どちらを使用しても意味の変化もその喪失もないことになっている。

例えば、ある企業で働く人間が企業という組織の中で、給料をもらっている人であるという意味内容によって決められるとする事ができる。この場合に定義されるものによって表示された現実の事象の本質を示さなければならないとするのがひとつの理解である。(1)

組織の定義は、見る点から様々に表現できる。経営組織から見るとコーポレートガバナンスにおけるヒエラルキー（hierarchy）と言える。

斎藤［1989］はいくつかの組織定義を挙げている。①オズボーンは個人が集合して共通の目標を追求するときに、この集合したものが組織である。②ウエーバーは、閉ざされた社会的関係もしくはルールによって外部の人の認可を制限する社会的関係からのどちらかであって、指導者、長、管理者（群）などの特別な個人的機能を働かすことにより、その集団の秩序が強化される。この機能は通常では代理権限を持つことになっている。③マインツは複雑で、目的意識的かつ合理的に組み立てられた社会的形象が組織とした。④ヤコフは、組織概念が３つの部類になり、そのどれも企業組織論にとって同時的に使用されるという。ⅰ．目標方向付けられた社会的システムもしくは社会－技術的システムとしての組織　ⅱ．そのようなシステムの公式的秩序もしくは構造　ⅲ．活動としての組織などがある。

2. 組織とは何か

経営学の領域に置いて広く用いられている「組織」概念は企業ないしは経営組織を特に指示するのではなく、一般概念としての「組織」であるが、これによって特殊組織としての企業を十分に解明することはできないであろう。それは「組織」である限り一般概念が当然に係わってくるが、しかしそれだけでは「経営組織」にのみ見られる特殊性を明らかにすることは出来ない。また逆に特殊組織としての「経営組織」の解明は、組織一般の理解の基礎の上に捉えることが出来るものである。

さて「組織」とは、それ自体の目的の向かって２人以上の人々が相互に意志を通じ合いながら推進していく「協働行為」を意味する。従って目的が明確に存在し、それの実現に向かっての人々の統一された協働の意志が確認され、その人々相互間の意志の交流によって現実に協働が推進されていく時、組織は成立する。これがいわゆる「組織の３要素」である。

このような「組織」概念は、C. I. Barnardの定義に発する物であるが、現在ではこの意味での「組織」概念がむしろ広く用いられているものということができる。もっとも、このような組織概念は古くから確立していたわけではない。「組織」の概念が最も重要な基本概念の一つとして意義を持つ経営学の領域に視野を限っても、そこに到るまでには「組織」概念を捉える観点には種々の歴史的な変遷を見ることができる。その観点の相違は、組織をその目的との係わりで展開される人間の活動、すなわち「職務」の遂行と、その人間が作り上げる相互関係をどのように捉えるかによって生ずるものである。それは概ね次のような変化である。なお、それぞれの組織観の展開には、それに適合する人間観の転換を持ち合わせて捉えることが出来る。

①　目的との係わりで分担される仕事そのものの相互関係だけを見て組織を捉える観点。一仕事をその効率的な遂行のためにどのように分け、また仕事間の相互関係をどのように組み立てるかという職能分担の構造の問題を「組織」の問題として捉えるものである。人間を抜きにした「仕事の組織」とし

ての組織観である。仕事の効率的な推進を図る「管理」のための構造としてのみ組織を捉える。非常に狭い観点である。これに対応する人間観は、人間を単なる「仕事をする機械」としてのみ捉え、人間を人間として見ない観点である。

F. W. Taylorにおいて確立されたいわゆる「伝統的管理論」における組織観である。

② 人間が何らかの社会的相互関係を作り上げる場として組織を捉える観点。—人間が担う仕事（職能)、およびそれの係わるべき目的を抜きにした「人間の組織」としての組織観である。この組織観には「社会的人間」(social man）としての人間観が対応する。他の人間との間に形成する相互関係のあり方によって現れる感情の如何によってその行動を決めるのが人間であるとの観点である。このような人間が他の人間との間に形成する社会的相互関係の場が、ここでは「社会的システム」として捉えられる「組織」である。そこでは人間の持つ何らかの相互関係そのものが問題なのであり、その相互関係が形成される状況は問題にされることはない。言ってみれば、特に明確な目的がないままに現れる人間の相互関係（例えば単なる群衆）であっても、それは「社会的システム」なのであり、「組織」だということになるのである。いわゆる人間関係論における組織観である。

③ それぞれに目的達成に向かうべき仕事を担う人間がその仕事を通じて作り上げた一定の相互関係を「組織」として捉える観点。—この場合の「相互関係」というものは②と比べて異なって「協働」そのものを意味している。

「仕事を通じての人間の組織である。そこでは「協働」に自ら加わる主体的、自律的な人間が想定されている。そうした人間による協働的社会関係」の語によってこの組織観が先の①および②の両観点を統合する新たな観点から行うものであることを知ることができる。[(2)]

ベンチャー企業、中小企業における組織は小規模集団の果敢に挑戦する仕事関連の人間の集まりと言える。小規模集団の組織は階層を作らないことが重要と言える。次項においては、アメリカの経営組織を検討したいと考える。

3．アメリカの経営組織

アメリカの経営学の発展を考える場合、フランスにおいて1910年代後半にファヨール（H. Fayol）の『産業ならびに一般の管理』が著されていたことを考えれば、トップマネジメントも含めた全般的管理の理論化あるいはアメリカ経営学の総合化は遅れていたと言わねばならない。しかし、戦後になりストーズによるファヨールの著作の英訳版が一般に普及したこともあり、ファヨールの管理論はアメリカ経営学に大きな影響を与えたものである。

アメリカの研究者の代表としては、バーナードが挙げられる。角野［1997］によると、バーナードは1886年マサチューセッツ州モールデンに生まれた。彼は決して恵まれた家庭環境に育った訳ではなかったが、当時一世を風靡したハーハード・スペンサーの哲学を論じあうような家庭の中で、勤勉、個人の尊重、自主独立、プラグマティズムといった伝統的なアメリカ精神を育み、哲学と読書好きの青年として育った。彼は、自らの生活費と学費を稼ぐため、ピアノの調律師やあらゆる仕事をしながら1906年ハーバード大学に入学し、経済学を専攻し、タウンシック教授の元で経済学を、ローウェル教授の元で政治学を学んだ。そして1927年にはニュージャージー・ベル電話会社の社長になった。さらにローエル研究所で行った８回の講義をもとにし、1938年『経営者の役割』（The Functions of the Executive）を著したのであった。組織を組織目的を達成するための合理的手段、あるいは職務間の公式的な構造（関係）と見なすような管理論的接近法に基づく経営学でなく、まず人間及び人間行動を分析し、人間の活動から協働体系という基本的概念を導き出し、このような人間活動の体系から組織とは何かを問い直す社会学的な組織研究と言えるものであった。事実、バーナードはこの書を執筆するに当たり、デュルケーム、パレート、テンニース、パーソンズといった社会学者の著作を大いに参照し、ある意味でこの書は「公式組織の社会学」とでも呼べるものであると述べている。

4．ドイツ経営組織論

経営経済学の生成期において、有機体思考をその基本的な観点とする傾向の中から組織理論の研究が登場してきた。[(3)]

組織理論の発展について、H・レーマンは次のように言っている。すなわち「ドイツ語圏における組織論の発展を総括的に表現することは、必ずしも容易ではない。と言うのは、組織概念の一般的な使用に係わらず、科学的に一つの統一的な、明確に限界付けられた対象としての「組織」を研究する統一的かつ完結的な個別科学は存在しないからである」と。あるいは、ホフマンは言う、「組織論の諸傾向と諸概念のもつ多様性は、その体系化を困難にしている」と。そしてハイネンは、そのような多様な組織の諸概念を経営経済学の対象である経営経済あるいは企業との関連の下で、次のような二つの典型的な立場に類型化することが出来るという。①経営経済は組織である。②経営経済は組織を持つとした。①は組織は「目的志向的な社会形成体」あるいは「人間の目的行為でもって、満たされる社会システム」として捉えられる。②の立場は「組織現象を経営経済の部分局面として考慮しようとする試み」である。アメリカ、ドイツにおける組織論の形成を中心に組織理論の基礎を提示した。次項より日本における企業の組織について論じたいと考える。特にベンチャー企業の組織について、コーポレートガバナンスの方向より検討する。

5．チャンドラー

チャンドラーの組織能力についての概念について述べる。チャンドラーによると組織能力を意味するものとして産業資本主義における発展の原動力はコアのなかにあるとし、総合体として企業がもつ組織能力である。これらの組織能力は企業内部で組織化された物的設備と人的スキルの集合であり、それらは工場、事務所、研究所などの多くの現業単位それぞれの物的設備と各現業単位で働いている従業員のスキルを含んでいる。そして企業が国内および国際市場で競争し、かつ成長を維持するのに必要な規模と範囲の経済を達成できるのは、こうした施設やスキルが注意深く調整され統合された場合に限られていた。さらにチャンドラーは企業に備わった組織能力は、持続的な成長に必要な資金の多くを供給するに足りる収益を生みだし、組織能力は外国市場や関連産業において企業に優位性を与える専門化した設備やスキルを提供したと分析したのである。

チャンドラーの組織能力とする人的スキルには、各部門の従業員の機能的なスキルや管理的なスキルが含まれている。そしてそのようなスキルが注意深く調整され統合されたときのみ企業は範囲の経済を獲得できると指摘した。また知識、スキル、経験、チームワークといった組織された人間のケイパビリティに依存するとした。

チャンドラーは組織能力概念を依存する知識には3つあるとし、技術、機能、マネジメントであり、それぞれを技術能力、機能的能力、マネジメント能力としている。(立教大学経済学研究会［2007］「立教経済学研究第61巻第2号」210、211、217頁参照)

企業を経営する上で重要な経営学として経営戦略、経営管理、経営組織があげられるが、近接するこれらの領域の研究をさらに発展させたいと考える。これまで経営管理を中心として経営組織を述べてきたが、次ぎに具体的な組織構造に焦点をあてたい。

6．具体的な組織構造

(1)　職能別組織

たった一人でスタートした事業は、その規模が大きくなるにつれて、従業員を雇用するようになる。そして次の段階において、その従業員の数の増加がみられ、従業員集団の形成が見られる。その上なおも従業員集団が拡大していくと、人間の情報処理能力の限界がある以上、管理の限界（span of control）が存在し、従業員管理のための監督者が必要となる。そしてさらなる拡大が起こると、次には経営層と中間管理層との分化が生じる。

図表7-1　職能別組織の例

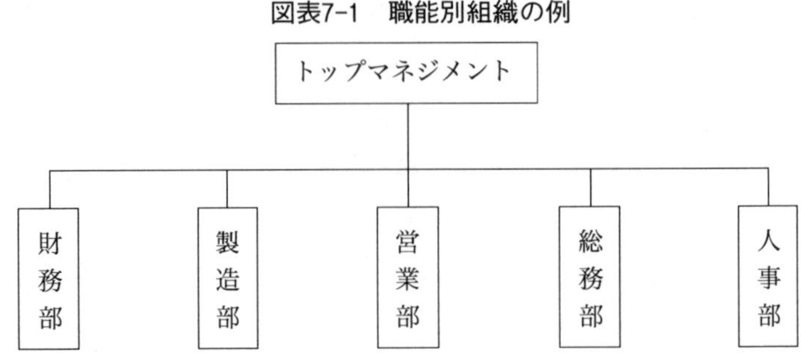

出所：笹井均・井上正［1989］『組織と情報の経営学』

職能別組織においては、各部門に専門を集中し、トップは各部門間の意思決定の調整を行う。この組織では、資源の集中的な利用が行える上、分権的意思決定のメリットも享受できるという長所をもつ。そこで、企業規模も小さく多角化があまり行われていないような組織、すなわち分権的意思決定のメリットが各部門の意思決定の調整の煩雑さを上回っている間は、この組織構造をとることが組織にとって有利であるとおもわれる。(4)

(2)　事業部制組織

企業は市場のニーズに対応し、製品の多角化を図るにつれ、より分権的意思決定のメリットを享受すべく、職能別組織から事業部制組織（divisional organization）へと移行するようになる。アメリカの経営史を紐解いてみれば、DupontやGM（General Motors）などにおいて、1920年代に登場した事業部制組織は、それ以降の企業の多角化の進展に伴い、大規模組織において急速に普及していくことになる。

日本企業においても多角化と事業部制組織の採択の間には密接な関係があり、多くの大企業でとられている組織構造である。事業部制組織は、製品別、地域別などの基準により部門化され、生産や販売および事業部内の各職能間の意思決定の調整など大半の意思決定は、事業部段階で行われる。そして本社は共通資源の配分に関する意思決定を行い、各事業部をその利益により管理することで会社的な組織目標を達成しようとする組織構造である。(5)

図表7-2　事業部制組織の例

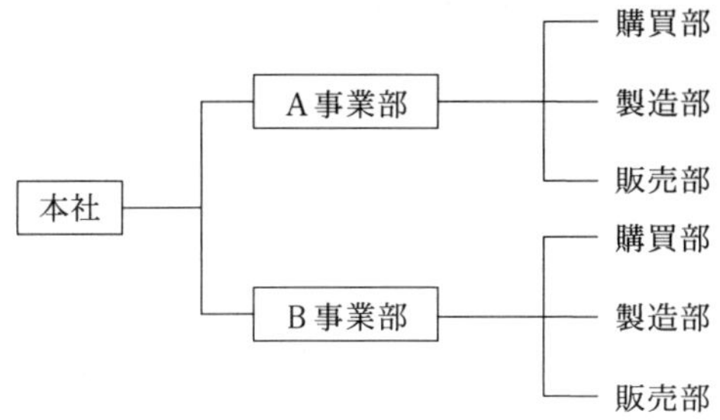

出所：笹井均・井上正［1989］『組織と情報の経営学』p.40

⑶　ユトリックス組織

1960年代のアメリカ宇宙航空産業において、職能別組織や事業部制組織とは異なった組織構造が登場してきた。その必要性は、当初この産業の組織構造は職能別組織を採用していたが、様々な大規模研究プロジェクトを同時並行して実施していくだけの十分な資源を所有しておらず、そのため職能管理者とプロジェクト管理者の両方をもつ組織構造を作り出すことになったのである。

この組織構造は、共通の人的資源を職能別に括ることで、分権的意思決定のメリットを享受し、異なる製品あるいはプロジェクト別に資源を効果的に調達しようとするものである。(6)

図表7-3　ユトリックス組織の例

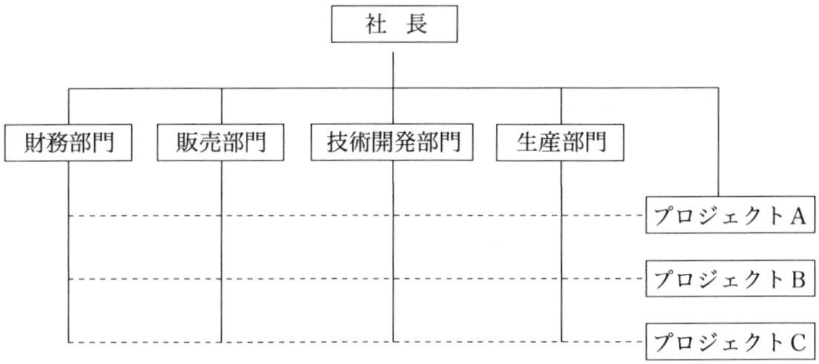

社　長
財務部門　販売部門　技術開発部門　生産部門
プロジェクトA
プロジェクトB
プロジェクトC

出所：笹井均・井上正［1989］『組織と情報の経営学』p.41

7．日本のベンチャー企業の組織

アントレプレナーが起業した段階では、企業運営をする上で職制が設定しにくい、よってトップダウン式の運営になる。急成長するベンチャー企業では、中途採用が多く、また定着率が悪く組織が作りにくい面がある。しかし、ベンチャー企業が急成長し、50名以上の社員数になった場合は、各部所の長を決定し、その部門を管理させないと運営ができない。この時点で企業の中に階層が発生する。その後は、成長度に合わせてコーポレートガバナンスが必要となってくる。図表7-4にてベンチャー企業の組織成長について提示する。

図表7-4　ベンチャー企業の組織成長について

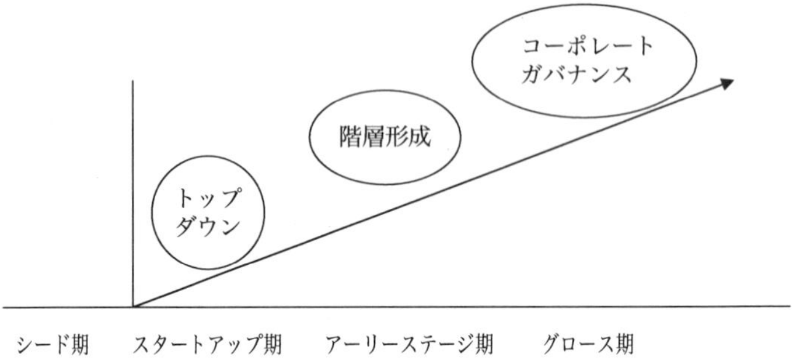

出所：筆者作成

萌芽企業に大きく貢献している財務管理論、経営組織論は、企業運営の根幹をなしている。ベンチャー企業経営の視点から、今回は経営組織の成り立ち、形成を検討した。急成長を続けるベンチャー企業は、初期段階はトップダウンにて強い意思決定を持ち、企業運営をしなければならない。各ステージにおける経営組織は、それぞれ違っている。

ベンチャー企業経営のコアにあるものは、イノベーションだと考えられる。企業、組織、個人もイノベーションを繰り返すことによって、成長していける。そして、ケイパビリティが重要になってきているのである。

組織に対する考え方も、日本、アメリカ、ドイツと違っている。日本は独自の経営組織を形成し、アメリカ等の良い組織論を導入し続けてきた。しかし、松下電器における事業部制の廃止などイノベーションしていなければ、大規模企業になっても企業存続の危機を迎える。ベンチャー企業の成長に必要不可欠な組織について今回取り上げたが、今後の課題として多くのベンチャー企業のケーススタディを行い、ベンチャー企業の経営組織について研究したいと考える。近年における萌芽企業については、11章を参照されたい。

注

(1)　斎藤弘行［1989］
(2)　植村省三［1993］pp.1-3
(3)　吉田修［1976］pp.9-10
(4)　笹井均・井上正［1989］pp.38-39
(5)　同上書　p.40
(6)　同掲書　p.41

第8章　経営戦略

1．経営戦略とは

萌芽企業であるベンチャー企業、中小企業が急成長し出口経営戦略に達する要諦を述べる。企業に経営戦略がない場合は、その行く方向、扱う製品などが確定できなく成長は不可能といえる。ドラッカーが、1960年代に経営戦略と名前の付いた研究書を刊行しようとした時に、出版社は経営学書に軍事用語が付いていては問題だとして受け付けなかった。それが近年は、経営学の根幹をなす学問に経営戦略は成長したのである。経営戦略は、その企業がおかれている環境に対応し成長させる指針である。マーケティングミックスからマーケティング戦略に変化し、イノベーション、ビジョン、ミッション、ドメイン、コアコンピタンス、ナレッジマネジメント、ケイパビリティなどが加わり経営戦略を形成したのである。経営戦略は、家の設計図に似ており、その企業の存立の基礎を担っていると考えられる。経営戦略が明確に存在していても、経営資源(ヒト、モノ、カネ、情報)が不足すると企業の発展に陰りがみえるようになる。

経営戦略の概念は、チャンドラー［1962］の著書『経営戦略と組織』において、企業の基本的な長期目標や目的を決定し、これらの諸目的を遂行するために必要な行動のコースを採択し、諸資源を割り当てることとした。本章では、経営戦略の基礎を提示する。

経営戦略は企業経営の根幹をなす経営学の中心点であると考えられる。部門としては事業領域、事業戦略、競争戦略、新事業戦略、成長戦略、グローバル戦略などがあり、さらにイノベーション、コアコンピタンス、ビジョン、ミッション、ドメイン、シナジーなどを含み研究が進展している。これまでにも多くの研究者を輩出している。1960年代はチャンドラー、アンゾフ、アンドリュウス、1970年代はマイルズとスノー、ミンツバーグ、1980年代はポーター、クイン、1990年代になるとプラハラッドとハメルなどが新しい経営戦略理論を展開したのである。

最初に経営戦略的思考をおこなったのは、アメリカのトップマネジメント達であった。具体的にはGMのCEOであったスローンであった。そしてアメリカのビジネススクールで戦略が経営学の一部として認められたのが1960年代に入ってのことである。1960年代に戦略の概念を経営学に導入したのがチャンドラーであった。

経営戦略のフレームワークは中心要点であり、それはドメイン、資源展開、競争優位、シナジー、バリューチェーンである。経営戦略は実践的戦略策定が必要とされ企業経営の要諦と考えられる。企業が成長するには経営資源を成長性の高い分野に効率良く投資することが重要である。戦略の具体化としては、顧客創造活動、マーケティングミックスを機能別戦略として駆使することが求められる。また経営戦略の実際として、戦略の構成、経営資源配分、競争優位のバランス良い配置が求められている。

経営戦略において具体的な例としてアメリカ自動車業界の頂点を争ったゼネラルモータースとフォードをとりあげる。20世紀初頭、アメリカ自動車業界のトップに君臨していたフォードが1929年を境として地位が逆転したことは有名な話しである。過去の成功体験によってフォードは、大量生産、大量販売を転換することができなかったのである。経営戦略は企業の将来の姿、すなわち企業の存続、成長、衰退を決める重要な要因となっている。今後の経営戦略の理論展開は目が離せない。(佐久間、p.129)

図表8-1　経営戦略の定義

氏　名	年　度	定　　義
ノイマン	1944年	そのプレイヤーが、すべての可能な状況の下でどのような選択肢を選ぶかを明示する。
チャンドラー	1962年	長期的視野に立って企業の目的を決定すること、およびその目的を達成するために必要な行動オプションの採択と資源配分。
スタイナー	1977年	組織の基本的ミッション、目的、目標設定、それらを達成するための政策と行動計画、組織目標を達成するための戦略実行を担保する方法論。
グルーエック	1980年	企業の基本的目標が達成されることを確実にするためのデザイン、プランである。
ハッテン	1988年	組織目標を達成するための方法。
ヒット	1997年	コアコンピタンスを活用し、競争優位を獲得するために設計された、統合かつ調整された複数のコミットメントと行動。

出所：佐久間伸夫［2005］『現代経営学』128頁

事業単位の戦略立案と実行に必要な戦略プロセスの基礎ステップについては図表8-2に提示した。戦略プロセスが有効に働くためには、各ステップが必要である。戦略を明確化するための第一は、企業の戦略を見極めることが重要であり、それは、実際の経営戦略が変化することがあり、企業の活動ドメインが市場において正確に方向へ邁進しているかの確認が求められる。つぎに経営戦略の実際を評価検討することが重要である。その後は経営戦略オプション、経営戦略の選択、伝達、実行が求められる。

図表8-2　事業戦略の立案ステップ

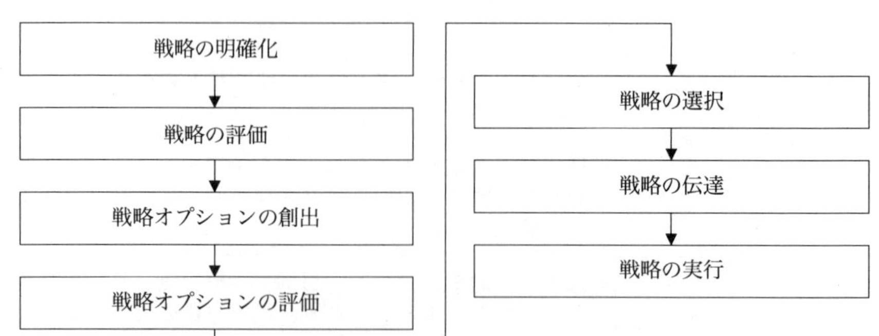

出所：石倉洋子［2002］『戦略経営論』473頁

2．経営戦略の各用語を駆使する

アントレプレナー、イントラプレナーによってベンチャー企業はスタートアップするが、それをサポートするのがインキュベーションであり、ベンチャーキャピタルおよびファンド、エンジェルおよびファンドである。果敢に挑戦するアントレプレナー、イントラプレナーがいてから、はじめてベンチャー企業は発生する。発生後は出口経営戦略であるIPO、M&Aをめざすが到達できるのは1,000に１つである。出口経営戦略を達成するためには、経営戦略のなかのミッション、ビジョンを明確にし、さらにイノベーション、ドメイン戦略、コアコンピタンスを駆使するべきである。本章において、ベンチャー企業を起業した後の各ステージに必要なイノベーション、ミッション、ドメインをとりあげた。

アントレプレナーなどが、ベンチャー企業を起業することは、「起業する」という意思決定時点よりスタートしている。意思決定から事業体が稼働するまでの期間をシード期という、この期間にアントレプレナーの燃える情熱を爆発させることが重要と考える。この情熱により資金調達、人的資源の確保など企業形成の原資をすべて獲得することが、その後の急成長へと進展する。２段階目のステージはスタートアップ期といわれ、シード期に蓄積したすべてを出しきり、爆発的エネルギーによってスタートさせる時期である。この時期に急成長させなければ、出口であるIPO、M&Aに達することは不可能である。

3段階目のステージはアーリーステージ期といわれ、安定急成長期である。この段階で出口への構想を確立し、アントレプレナーから専門経営者への転換が必要と考えられる。このステージの運営に失敗すると企業自体の存続さえ危ぶまれる。

4段階目のステージはグロース期といわれ、安定成長期である。このステージでは出口経営戦略の最後の調整期間といわれる。スムーズに出口に達成するためには、証券会社、証券市場、経営コンサルタントなどのメンターに的確なアドバイス求める必要がある。このような各ステージに必要なイノベーション、ミッション、ドメインについて3項以降で述べる。

3．イノベーションにつながる革新の理論

シュンペーターは経済発展過程の中に名を残した幾多の成功者は、平均的人間でなく、とりわけ産業革命後の歴史は、平均的水準を抜く天才的な素質をもった人間、個性の強い人間によっていると考えた。それは企業規模の拡大、企業の合同など、資本主義の発展は企業家の役割を抜きにしては考えられない。この点に注目してシュンペーターは資本主義発展のモデルを構築したのである。

シュンペーターはこれまでの非個性的な平均的経済人間像を駆逐して、非凡な天才的な経済主体（企業家）を経済発展の担い手とした。シュンペーターの革新の理論は、生産的側面に結びつくものであり、消費的側面との結びつきは弱くなっている。それは経済発展は新しい生産物を新しい方法で生み出し、新しい方法によって供給され達成するのである。

シュンペーターの革新は、次のことが規定される。第一に原料のような生産手段に対する、より安価な仕入先の確保によって企業家に利潤をもたらす。第二に新しい通商チャネルの開発も企業家利潤を生みだしている。これは新市場の創造でもある。第三に、すでに市場にある製品の代用品の開発である。代

替品によって安いコスト生産が可能になれば、革新の成功（利潤）につながる。第四に宣伝により、さらに新製品を開発することも革新といえる。(金指基［1979］『J・A・シュンペーターの経済学』87、88頁、新評論参照)

シュンペーターは企業家とは革新を遂行する人であり、人間的能力、素質、健康など様々な点において卓越した人間であり、幅広い人格などを基礎とした社会の指導者であるとした。指導者になるためには、起業した事業を拡大し安定させるために、利益をあげて貯え、そして再投資をおこなう能力が求められる。(金指基［1979］100頁)

シュンペーターの経済について基本的な考え方は、「時間に沿って成長し発展する」ということである。つまり経済・経営は絶えず変動を繰り返しながら発展しているということである。

要因としては企業家による革新行為があると考えられる。(金指基［1996］『シュンペーター再考』58頁、現代書館参照)

シュンペーターはアメリカが大不況に喘いでいた1930年代に「皆さん、君たちは不況に悩まされているが、心配することはない。資本主義にとって不況は適当なお湿りなのです」と述べている。その著書『経済発展の理論』(1912年)において、不況は「新結合」（イノベーション）によって創造された新事態に対する経済体系の正常な適応過程であると指摘した。

ここで新結合（イノベーション）とは何かについて取りあげる。新結合とは「生産的諸力の結合の変更」であるという定義である。シュンペーターは新結合5つあるとした。①新しい財貨、あるいは新しい品質の財貨の生産、②新しい生産方法の導入、③新しい販路の開拓、④原料あるいは半製品の新しい供給源の獲得、⑤新しい組織の実現であり、これらの新結合によって企業家は成長していくと考えられた。

新結合は単に古いものにとって代わることではなく、これと並んで現れる。それを遂行するためには、必要とする生産手段を旧結合より奪い取ってこなければならない。(伊東光晴・根井雅弘［1993］『シュンペーター』岩波書店、100、128、129頁参照)

図表8-3　新結合（イノベーション）とは何か

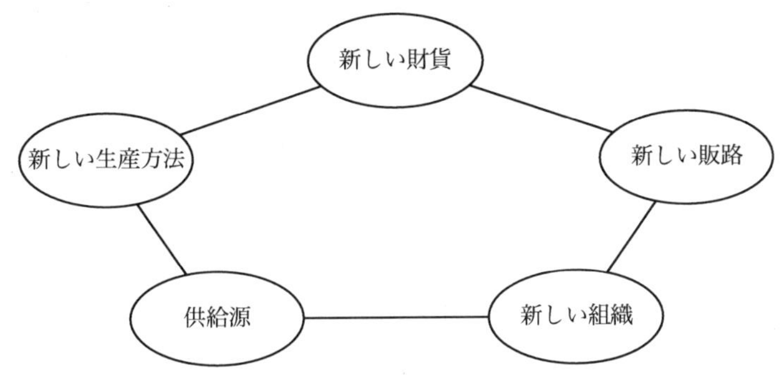

出所：著者作成

図表8-4　新結合（イノベーション）

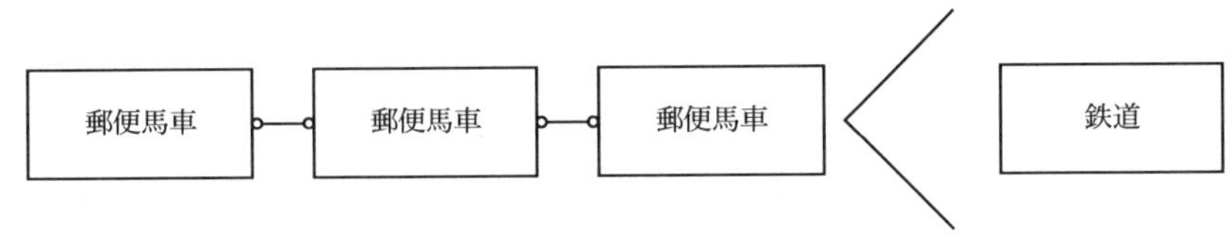

出所：著者作成

4．イノベーションについて

日本にベンチャー企業の概念が1971年に入ってきて37年が経過した。様々なベンチャー企業が誕生し、その多くが消えていく。そのような環境のなかで出口経営戦略であるIPO、M&Aに達した例も多くある。近年注目を集めている情報関係では、イマジニア、フュートレック、メガチップスがあげられる。これらのベンチャー企業は技術革新すなわちイノベーションをおこなって急成長している。ベンチャー企業の各ステージにおいてこのイノベーションがなければ、成長は止まってしまう。シュンペーターは、「新しいアイデアから社会的意義のある新たな価値を創造し、社会的に大きな変化をもたらす自発的な人、組織、社会の幅広い変革である」と述べた。これは非連続なイノベーション、過去の延長戦上にはないイノベーションの重要性が強調されている。イノベーションは、製品や製法が市場で受け入れられて初めて実現すると考えられる。イノベーションの創出には、必要な一定の資源投入量が必要である。(日本経営教育学会編「経営教育研究Vol.11 No.1」47頁参照)

シュンペーターのいうところの「新結合」が必要となり、「変化、変革」が求められる。シュンペーターが述べたのは、馬車を何台連結しても、蒸気機関車にはかなわないということであった。よって現状の技術を大きく転換する必要があるということである。それがイノベーションである。

ベンチャー企業の各ステージにおいてイノベーションをおこなうことは必要不可欠であるが、たやすいことではない。果敢に挑戦するアントレプレナーが主体的に組織体自体からの変化、変革に挑戦することが成功の一歩であると考える。ここでキヤノンのイノベーションについて検討する。キヤノンは世界的企業になったにかかわらず、当社はベンチャー企業であると発言し続けている。同時にイノベーションについても同様に重視しているのである。キヤノンのイノベーションはデジタルカメラ拡販の源泉となったCMOSセンサー、デジタル複合機の心臓ネットワークコントローラーなどである。これらの技術革新はキヤノン成長の原動力となっている。さらにキーデバイス、キーコンポーネントの内蔵によって差別化を図っている。イノベーションの中心点を生産技術とし、開発、生産、販売においてもイノベーションを実現進行中である。新多角化として既存事業のリソースを活用した新しい展開を目指している。自主事業の育成、つまりイントラプレナーの発生を求めているのである。

キヤノンは世界的成功企業として認知された現在においても、企業が急成長していた時のマインドを忘れずに「わが社はベンチャー企業である」と繰り返している。まさにイノベーション型ベンチャー企業の成功例である。

図表8-5　イノベーション型取引の概念

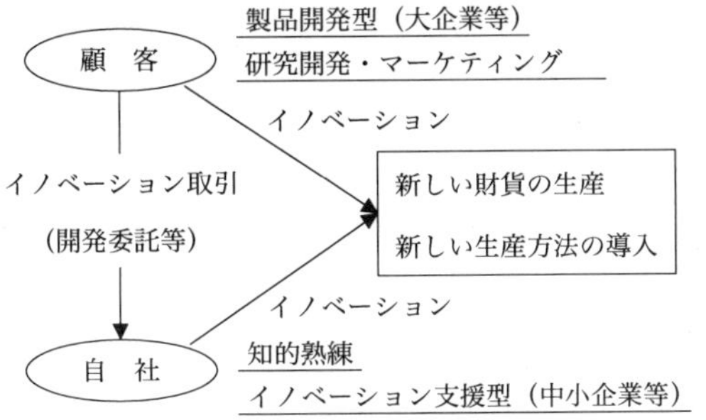

出所：日本経営教育学会編［2008］「経営教育研究Vol.11 No.1」51頁

経営戦略においてはイノベーションが重要な位置を占めていることは述べてきたがイノベーションには３つの要素がある。それは①企業の競争が新しい技術、製品を競う、寡占的競争、②企業では技術開発、製品開発に多くの人的資源が投入された、③法制度が整備され、技術のただ乗り防止がなされて技術開発が誘因されている。企業においては経営戦略と同意語といわれる職能戦略が駆使されている。イノベーションにより専門化戦略がおこなわれ、企業存続の基礎が形成されたのである。

5．ミッションおよびビジョン

経営戦略の目的は高度な意思決定の指針であるが、この指針以外には、企業の価値観、ミッション、ビジョンなどがある。

キヤノンを事例としてミッションそしてビジョンをとりあげる。ミッションはベンチャー企業の各ステージすべてにおいて企業経営指針となるべき重要な意味をもっている。

ミッションは不確実な荒波を乗り切るために従業員に共有された価値観であり指針である。ただ指針だけでは、この経営環境を乗り切って目標の地までたどり着くことはできない。ミッションに向かって事業を進めるためには、達成可能で測定と評価も可能な具体的な経営目的を策定することが必要なのである。経営戦略とは、企業がその目的を達成するための基本的手段についての言明である。それは、限られた資源を用いて行動を起こすための言明であると同時に、組織の環境との相互作用についての言明でもある。したがって、経営戦略は、自社にとって事業とは何か、誰のために、何をするのか、というミッションからスタートしなければならない。その次に、どのような資源展開をして、どのような自社の組織能力やコアコンピタンスを使って、競合他社に対する比較優位を確立していくかを計画するのである。経営戦略の階層は、全社戦略、事業戦略、機能戦略のレベルに区別される。全社戦略はドメインと事業ごとの資源配分である。ドメインについては次項に提示する。そして事業戦略は特定の産業や製品、市場セグメントにおける競争である。機能戦略は資源生産性を極大化することである。

キヤノンのミッションは「共生」である。共生は文化、習慣、言語、民族などのちがいを問わずにすべての人類が末永く共に生き、共に働いて幸せに暮らせる社会を目指している。地球上には共生を阻むさまざまなインバランスが存在しているが、特に貿易インバランス、所得インバランス、地球環境のインバランスは早急に解決しなければならない。キヤノンは共生の実践により、これらのインバランス解消を積極的におこなっている。次に事例としてキヤノンをとりあげる。キヤノン御手洗会長（現経団連会長）によると、キヤノンはこれまで培ってきたメモンタムと開発、生産、販売の総合力で成長してきたが、グローバル優良企業グループ構想の実現に向かっており、ITを活用した開発と生産が一体となったコストダウンや、効率的なサプライチェーンの構築など、開発、生産流通、販売の構造改革などのイノベーションを求めていると解説した。

また、ビジョンとして「2010年ビジョン」を掲げており、環境経営において、欧州連合の有害物質規制RoHS指令をはじめとする環境基準への対応を着実に実現している。2010年ビジョンの実現へ向けてキヤノンのナレッジマネジメントを世界へ供給し、豊かな地球環境保全に貢献している。キヤノンはグローバルエクセレントカンパニーを目指して邁進している。このように成長企業にはミッション、ビジョンは欠かせない経営戦略である。よってベンチャー企業の各ステージを貫くミッション、ビジョン設定が求められる。

図表8-6　企業の価値観

顧客志向 　　わが社の業績は、技術よりも顧客によって決まる。 結果主義 　　積極的な目標と、目標を達成しようとする意欲が成功を導く。 個人の尊重 　　全員がお互いに信用と尊敬の念を共有する。 素直さと誠実さ 　　信頼の構築には素直さと誠実さが不可欠である。 チームワーク 　　アイデアを交換し、責任を分担すれば効果は上がる。 業績と報酬 　　コミットメントと業績が成功につながる。 経営の専門家 　　プロのマネージャーのもと、社員は価値観を行動に転換する。 エクセレントと品質 　　どの仕事も継続的に改善することができる。 グローバルな認識 　　異なる視点を認めることから機会が広がる。 株主への責任 　　投資家に長期的価値を提供する。 プラスの社会貢献 　　社会に対し、意味のある貢献をする。

出所：石倉洋子［2002］『戦略経営学』東洋経済新報社　32頁

6．ドメイン戦略

ドメイン戦略はベンチャー企業が健全に成長するための根幹であると考える。よって各ステージのなかでシード期における設定が重要となる。ドメインを決定することは企業の事業領域の範囲、および方向性を明らかにすることである。これは同時に、企業が蓄積すべき経営資源を決定すべきことでもある。ドメインの決定は経営資源の蓄積、配分といった問題、すなわち「資源展開の決定」と一体不二の関係にあり、非常に密接に関わっている。なぜなら、ある市場領域で事業を展開したいといくら切望しても、その市場領域で事業を展開するために必要な経営資源が企業内に存在しない、または調達できない場合、ドメインを設定しても失敗に終わる。企業の事業展開の方向性をどのように考えていたかによって、その後の企業の発展を大きく左右する。経営戦略の戦略構成分野であるドメインはベンチャー企業にとって、なくてはならない戦略である。結果的にドメインの設定がないとき、ベンチャー企業は出口に到達できなくなる。これが一つの結論といえる。具体的に企業を提示しドメインについて述べることとする。ソニーは、テレビ、ビデオといったAV機器、ゲーム機器、パソコンといった家庭用消費者向けエレクトロニクスハードウェア商品とそれらで利用される音楽ソフト、映像ソフトといったマルチメディアコンテンツ商品を揃える数少ない会社の一つである。

ソニーはドメインとして、技術的難易度の高い微細技術商品としている。いわゆる「白モノ」は製造販売していない。自社のコアコンピタンスに沿って製品開発をおこない成長を続けてきた。組織においても特徴があり、世界を３分割し３本社制をとっており、2007年時点の社長はアメリカ本社の代表が就任しているグローバル企業である。

ここでホンダをとりあげるが、ホンダは現在二輪と四輪の両方生産する数少ない自動車メーカーの一つである。ホンダもソニー同様、戦後に誕生した会社であり、アントレプレナーの本田宗一郎が「世界一のオートバイメーカーになる」をビジョンに1948年に起業した。一介の小さな町工場からの出発だったが、旺盛な技術開発力を背景に、1955には国内のオートバイ市場で一位となった。さらに1963年に自動車業界に進出し、高い技術力と商品開発力、ブランド戦略により地位が不動のものとなっている。ホンダのドメインは「エンジン」であり、エンジンに関連する製品しか製造していない。エンジン主体のため製品には、耕運機、芝刈り機、をはじめジェット機までを範囲としている。第二の結論として企業はそのドメインを尊重することによって永久的企業と成り得るといえる。

経営戦略のフレームワークは中心要点であり、それはドメイン、資源展開、競争優位、シナジー、バリューチェーンである。経営戦略は実践的戦略策定が必要である。企業が成長するには資金、人材、情報の経営資源を成長性の高い事業に集中投資する必要がある。戦略の具体化としては顧客価値創造活動であるマーケティング４Ｐなどのマーケティングの基本領域とマーケティング戦略の策定プロセスをメインとして機能別戦略の体系と、販売、生産、技術開発、物流、人的資源、財務、情報などの戦略策定を必要とする。

また戦略の組織展開では、経営戦略と組織の関係、組織が存続する条件、基本的な組織構造が中心点となる。さらにイノベーションによる組織成長によって組織改革、コーポレートガバナンス、スピード経営、ナレッジマネジメントについて検討する必要があると考えられる。

7．コアコンピタンス

コアコンピタンスとは、コンシューマに対して他社にまねのできない自社ならではの技術である。継続的に競争優位を獲得するための要因である。イノベーションによる技術革新の過程においてコアコンピタンスは要諦をなすと考えられる。経営戦略理論を構築するためには、イノベーション、コアコンピタンス、ドメインを中心に検討する必要がある。

プラハラードとハメル［1994］によると、現在は未来のための競争の時代であると述べた。近代産業が誕生したときと同じような革命が訪れており、環境革命、遺伝子革命、素材革命、デジタル革命、情報革命がおこっている。このような革命によって新しい産業が形成されつつある。超小型ロボット、人工翻訳電話交換機、家庭用デジタルハイウェーなどである。新しい産業形成に多くかかわってくるのが先端技術開発型ベンチャー企業クラスターである。それらの企業の中核の技術、能力をコアコンピタンスという。

プラハラードらはマイクロソフト、インテルのアントレプレナーたちによってIBMが古いビジネスにとらわれている間に、新コアコンピタンスを駆使し急成長したと述べた。ベンチャー企業のコアコンピアタンスの事例としてはアップルの「ユーザーフレンドリー」やソニーの「ポケットサイズ」、モトローラの「コードレス」などがある。既存商品のコンセプトに縛られない未来展望が必要とされている。視野の狭い常識を捨て根底にあるコアコンピタンスを磨かなければならない。コアコンピタンスとイノベーションを繰り返すことでさらなる技術革新を達成させなければならないと考える。

プラハラードらはコアコンピタンスをめぐる競争を4つのレベルで表している。それは、①コアコンピタンスの構成要素であるスキルや技術の開発と獲得競争、②コアコンピタンスを合成・統合する競争、③コア商品のシェアを最大にする競争、④最終製品のマーケットシェアを最大にする競争である。

ある時期にコアコンピタンスであっても、次の時代では単なる能力になる場合がある。たとえばソニーのパソコンは小型軽量化によってトップシェアを誇ったが、他社の追随を許し低迷している。

8．ポーターの競争戦略

ポーターによると、基本戦略のそれぞれは、競争優位をつくり出し維持するための基本的には異質な方法であり、競争優位のタイプと、戦略のターゲットの幅を結びつけるものである。会社は三つの基本戦略のなかから一つを選択しなければならない。それができないと窮地に追い込まれる。戦略を特定のターゲットゼグメントに絞って最適化を狙う利点は、同時に広い幅のゼグメント群を相手にすれば消えてしまう。ときには、同じ会社の内部に、二つのまったく別個の事業単位をつくって、それぞれが違った基本戦略を実行することは可能であると述べた。

さらにコストについては、コストの削減が必ずしも差別化の犠牲を伴うというわけではない。差別化をあきらめずに、むしろ差別化を進めながらコストを削減する方法を発見した会社も多くある。コストリーダーシップと差別化を同時に達成するには三つの条件が必要になる。それは、①競争相手が戦略を見失って窮地に立っている。②コストはシェアまたは他業界との相互関係によって大きく変わる。③大きなイノベーションを率先してやり遂げた場合である。

低コストと差別化をともに達成できるのは、その新しいイノベーションを持つのが一つの会社だけの場合に限られる。競争相手もそのイノベーションを導入してくると、自社と相手のイノベーションの比較をしなければならなくなる。基本戦略を着実に実行することによって他社の参入を許したとしても、その戦略が競争相手に対して持続性を持たなかったら平均以上の収益はあげることはできない。

ここで上記の①コストリーダーシップ、②差別化戦略、③フォーカス戦略について捕捉説明をおこなう。コストリーダーシップは業界のトップシェアを占めるリーダー企業がとる低コスト戦略であり、他の企業が真似できないオペレーション上の優位性を活用し、規模や範囲の経済や経験曲線によってコストを抑えて低価格で売上アップを図る戦略である。差別化戦略は品質、機能、デザイン、チャネルなどで差別化を図る戦略であり、業界のリーダー企業に対して対抗するチャレンジャーが採用する戦略である。フォーカス戦略はある特定の絞られたコンシューマや製品のセグメントにターゲットを合わせた戦略であり、業界において規模的にも比較的小さい、または後発の企業がニッチを狙う戦略である。(鶴岡公幸［2002］『MBAハンドブック』68頁参照)

図表8-7　ポーターの基本戦略のリスク

コストリーダーシップ戦略のリスク	差別化戦略のリスク	集中戦略のリスク
持続力を失う ・競争相手が模倣する。 ・技術の変化。 ・コストリーダーシップの他の土台が崩れる。	持続性を失う ・競争相手が模倣する。 ・差別化の土台が買い手にとって魅力を失う。	模倣される。 ターゲットとしたセグメントが構造的に魅力を失う。 ・構造が崩れる。 ・需要がなくなる。
差別化で大差をつけられる。	コストで大差をつけられる。	広いターゲットを狙う競争相手が自社のセグメントを席巻してしまう。 ・他のセグメントとの差異が小さくなる。 ・多い品数の優位が増す。
コスト集中戦略をとる他社が、セグメントにおいてさらに低コストを実現する。	差別化集中戦略をとる他社がセグメントにおいてさらに大きな差別化を実現する。	新しい集中戦略をとる他社が業界のセグメントをさらに細分化する。

出所：ポーター［1985］『競争優位の戦略』29頁

基本戦略という考え方は、特性の違いによって競争優位を確保する方法がたくさんあるということであり、会社が競争戦略の原理に従って動くと会社はそれぞれ別の基礎を採用する。基本戦略が違うと、それに応じて文化も違ってくるが差別化戦略は、イノベーション、個性、リスクをものともしない精神文化によって支えられる。優れた業績をあげるのには、競争戦略が不可欠である。競争優位を確保し維持するためには基本戦略が必要であり、業界においてリーダーなるということは競争優位の結果である。

9. 経営戦略のアウトソーシング

経営戦略としてのアウトソーシングには数十年の歴史があり、企業の競争力と情報システムが密接に結びついて発展している。IT関係のアウトソーシングにおいては経営戦略が高度化している。経営課題としてコアコンピタンス開発、コスト削減が求められている現在は、アウトソーシングが経営改革の中心点となる。旧来のアウトソーシングは、主に企業のコアコンピタンスではない部分の削減と考えられていた。しかし現在では企業間におけるコラボレーションの一貫として対応している企業が多くなった。

日本でアウトソーシングが発展困難になっている原因としては、企業内部のシステムを外部に出したくないという意識による。IT関係部門においては、在籍の問題があり、出向や転籍に対してアレルギーが存在している。さらに日本の商習慣、労務問題もアウトソーシングの発展の阻害要因になっていると考えられる。

企業間におけるアウトソーシングが活発になるには、企業の経営意思決定者の強力なリーダーシップが求められている。アウトソーシングの発展によって、企業の競争優位の確立可能性が出現する。(日経BP社「日経情報ストラテジー2004.5」212頁参照)

10. 中小企業の経営戦略

中小企業は経営者の意思決定が企業全体の方向性に与える影響が大企業に比べてはるかに大きい。その意味で中小企業の意思決定は調整を要することが少なく中小企業の特徴の一つとなっている。2002年の中小企業庁による経営戦略関する実態調査によると「意見調整は行わず、代表者の意見を重視する」とする割合は、最も規模の大きい300人以上の層では4.5%であるのに対して最も規模の小さい層では20.1%となっている。よって小規模企業では経営者の意思決定にすべてがかかっていることが判明した。

中小企業の経営理念については、多くの企業において基本的目標を示す経営理念を文章化している。こうした経営理念は現実の経営とは異なる単なる理想を形式化したものと中小企業庁は述べている。中小企業庁の調査によると中小企業の経営理念は「顧客のため」が78.4%、「会社の発展・永続的成長のため」が74.6%、「社員や社員の家族のため」が69.6%となっており、多くの企業がいわゆるステークホルダー（利害関係者）を重視した経営をおこなっていることが分かる。

東大阪商工会議所が2000年におこなった東大阪市のトップシェア企業調査によるとトップシェア製品の技術は「それほど高度な技術ではないが、他社には容易にまねができない」46.4%、「高度な技術であるので他社にはまねができない」25.0%、「まったくの標準技術だが、他社は容易にまねできない」14.3%であった。よって約85%が他社はまねができないとしている。このことによって技術そのものは、それほど高度ではない標準的技術であるという企業が多いということが明らかになった。トップシェア製品を生みだすために必要な技術とは必ずしも高度または独創的な技術である必要はないのである。（中小企業庁［2003］「図で見る中小企業白書」35-41頁参照）

11. 出口経営戦略

日本においてIPO、M&Aが盛んになったのは1980年以降であるが、近年のグローバル化の波は、企業規模を世界的競争に生き残ることができる規模まで拡大することが求められている。アメリカ、ヨーロッパの企業は国内の同業者同士のM&Aはもちろんのこと国境を越えたM&Aが盛んにおこなわれるようになった。国際競争を生き抜くためには資本力および経営の効率化が求められている。

経営戦略としてのM&Aの有効性は、１プラス１が５にも７にもなるといったシナジー効果等のメリットが指摘されている。また、コアコンピタンスの拡大、新規事業分野への進出、海外進出にあたっても有効手段であり、「時間を買う」という意味もある。1980年代の企業買収ブームの出現は、企業買収の功罪についての議論を呼びおこした。一般の人々のもつ買収イメージは、あまり良くなく、乗っ取りなどといわれた時期があった。

1999年における日本国内のM&A件数は、はじめて1,000件を超えた。その取引額は約７兆円である。現在までのM&Aは大企業同士での合併や中小企業の承継問題の解決策として多くの事例があった。ベンチャー企業が出口経営戦略であるIPO、M&Aに達すると成長の、ワンクールを終了したといえる。

12. 経営分析戦略

経営分析はだれが必要とするのかというと、組織体の意思決定者、会社員、ステークホルダーなどである。なにのために必要かというと、経営発展、経営安定である。経営発展のための分析は損益計算書を必要とし、経営安定のためには財務構成の分析である。社団法人中小企業診断協会［1961］『経営分析の手ほどき』によると経営分析の手法としては実数法（控除法、均衡法、増減法）、比率法があるが、実数法の控除法とは貸借対照表の流動資産から流動負債を控除して、残りが多ければ多いほど会社の信用が高いという判定をする方法である。均衡法は損益分岐点の判定をする方法である。増減法は損益計算書、貸借対照表を前期の項目と今期の増減で判断する方法である。比率方法は経営分析の中心点であり、会計を学び各種の比率計算を駆使する方法である。1995

年以降はおもにエクセルを使用し分析をおこなうことが多くなった。(「経営分析の手ほどき」8-14頁参照)

企業において「今年は良く売れている、全国的に良く売れている」という表現を使用し業績報告がなされるが、暗黙知的表現では実際が把握しにくいのが現状である。よって形式知により、具体的な図表、グラフなどによって第三者にも分かりやすく提示する必要がある。それにはソフトを使用し解析する必要がある。一般的にはエクセル、SPSSなどが使用される。

経営分析に必要な会社データは各種年鑑、有価証券報告書（財務諸表、連結財務諸表、会社概況など）を会社および支店、財務省証券閲覧室、上場証券取引所、日本証券業協会などで入手する。さらに日経経営指標などの出版物は主要書店で販売されている。経営分析には貸借対照表分析が多く使用されるのでまず貸借対照表について説明する。

貸借対照表分析は原則として決算日での個別売却において市場から得る手取金に基づいて作成されている清算貸借対照表に比べて情報不足がある。それを補う情報を加味することで対応してきた。企業の将来の支払能力を検討する貸借対照表分析が形成されたのである。使用される主な財務比率には固定比率、流動比率、固定長期適合比率、修正固定長期適合比率などがあげられる。

貸借対照表は時点支払能力の基礎資料になりえても、現在の継続貸借対照表は将来の期間支払能力に対しては極めて限られた表現能力しか有していないとの認識がある。貸借対照表の他に利用できる情報、たとえば損益計算書、営業報告書、金融機関の業界分析を利用して企業の将来の支払能力を分析する。

損益計算書や貸借対照表を使って経営分析をおこなうためには、両者の各科目を目的によって比較し、比率を求める方法は一般的といえる。この比率によって企業の収益性、安定性、成長性などが明らかになる。ここで総資本経常利益率をとりあげる。総資本経常利益率は資本に対する利益の割合を意味し、総資本に対する経常利益の割合もみている。総資本経常利益率は、その目安として定期性利息を上回る利益率であることが理想である。理由として多くのリスクを覚悟して経営に投下された資本であるから、それに見合った利益率が期待される。普通は10%前後の利益率を達成することが理想的であると考えられる。利益率が低い時には、その原因究明のためその他の収益性関連比率を検討する必要がある。

収益性関連比率には、売上総利益率、売上高営業費比率、売上高人件費比率、売上高広告宣伝費比率、売上高営業利益率、売上高支払利息比率、受取勘定回転率、商品回転率、固定資産回転率、支払勘定回転率がある。(柏木［1996］「マーケティング」368頁図表を参照)

ここで決算書による経営分析について述べる。ベンチャー企業、中小企業、他の企業は商法に従って決算書を作成する必要がある。決算書は決算書類と呼ばれており、決算書には貸借対照表、損益計算書、利益処分案、附属明細書、営業報告書の５つがある。貸借対照表については先に述べたが、５つのなかで中心点となっているのが貸借対照表である。貸借対照表は貸方と借方を対照した表で、右側と左側の金額が一致しなければならない。資金の源泉は負債と資本に分けられ、負債には流動負債と固定負債があり、資本には資本金、利益準備金、余剰金がある。流動負債には支払手形、買掛金、未払金、短期借入金、賞与引当金、納税引当金があり、固定負債には長期借入金、退職給与引当金がある。資産には流動資産と固定資産がある。流動資産には現金および貯金、受取手形、売掛金、有価証券があり、固定資産には有形固定資産、無形固定資産、投資等がある。

図表8-8　企業の経営分析マトリックス

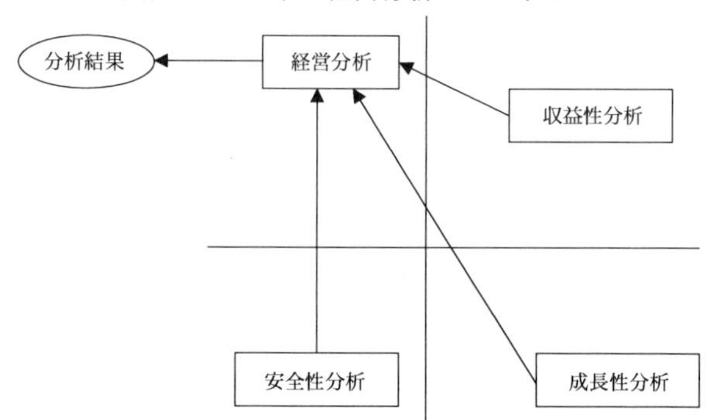

出所：筆者作成

ベンチャー企業、中小企業、その他の企業がシード期、スタートアップ期に、一番必要とするものは資金である。この資金問題が解決すれば、企業は成功の道に乗れるのである。資金は株主に帰属する自己資金と株主以外に帰属する他人資本に分けられる。企業のなかで自己資本と呼ばれるものには、株式資本、当期利益、資本剰余金、利益剰余金があり、他人資本と呼ばれているものには、社債、長期借入、短期借入、支払手形、買掛金がある。ベンチャー企業、中小企業がこれらの資金を獲得することは容易でない。

企業はシード期、スタートアップ期では自己資金、エンジェルおよびファンドに頼る。アーリーステージ期では、ベンチャーキャピタルおよびファンド、投資事業組合、さらに中小企業投資育成会社の投資を活用するようになる。シード期、スタートアップ期では、経理会計の帳簿でさえ整理できない状況が発生することもある。この段階では税理士に依存することが多く会社組織も未完成である。その後成長し、自己資本にゆとりができて始めて財務会計、経営分析が出来るのである。1～3年でIPOする企業は早い段階から証券会社、ベンチャーキャピタル、経営コンサルタントを取り込む必要がある。

第9章　経営分析

1．経営分析の実際、目的と考え方

経営分析は実際にどのようになされているかを検討する。経営分析は現在の自社の状況把握、競合他社との比較検討などに使用される。①利益率をみる、②各売上高利益率の検討、③費用と収益を比較する、④各種資本の回転率を追求する、⑤各資産の回転率をみる、⑥資産、資本の構成諸比率を分析する、⑦資産、資本の回転率をみる、⑧結論を再検討する、の順番で検討する必要がある。(中小企業診断協会［1961］『経営分析の手ほどき』90-91頁参照)

経営学における経営管理、経営戦略にとって必要な要素として経営分析があげられる。萌芽企業の成長にとっても経営分析なくしては、進展が期待できないと言っても過言ではない。現在では経営分析手法はソフトによることが多くなった。複雑な計算を直接行わなくても、エクセル、SPSSなどのソフトを駆使し、短時間に分析結果を提示できるようになった。企業の健全な発展を助ける経営分析について本章において基礎的な分析手法を提示した。経営分析には、総資本収益率、自己資本収益率、売上高利益率、売上高総利益率、売上営業利益率などの収益性諸比率と流動比率、固定比率、固定長期適合率などの安全性諸比率、その他に利益処分、減価償却関係諸比率、企業間信用比率などがある。企業の基本的分析をとおして、計算方法を把握し、駆使できるようになりたいと考える。例としてベンチャー企業の成功例ソニーをとりあげた。参照されたい。

経営管理のための分析は、自社を内部から分析（内部分析）する。決算書だけでなく内部の資料を利用し、会社の経営状態を判断する。インベスターによる分析（外部分析）の場合は資料の入手に限界がある。よって会社が公表した決算書の分析（財務諸表分析）が中心となる。経営分析は経営状態を知るため会社の数値を分析することであり、財務諸表分析は経営分析の中心で、会社の決算書を分析することである。経営分析の目的は主に２つあり、経営管理は会社の経営者、管理者が経営活動の改善すべき項目を見つける手がかりとする。投資については、金融機関、インベスター、アナリスト、取引先などが投資や取引をするかどうか決める手がかりとしている[(1)]。ベンチャー企業を分析する時はベンチャー年鑑、会社発行の決算報告書、日経経営指針、有価証券報告書などを利用する。経営分析の定義は染谷・小川［1976］によると経営分析(Betriedsanalyse）とは、会計資料を中心とした計数的データにもとづき、企業の収益性、生産性、成長性および安定性（流動性）を評価し、これらに影響する諸要因を見極め、あるいはその潜在的な能力を測定するものである。

２．経営分析データの入手方法

経営分析に必要な会社データは１でも述べたように、各種年鑑のほか、有価証券報告書（財務諸表、連結財務諸表、会社概況など）を会社（本社）および主要な支店、財務省券閲覧室、上場証券取引所（上場会社)、日本証券協会(店頭登録会社）などで入手する。有価証券報告書総覧は、政府刊行物サービスセンターなどで入手する。さらに、日経経営指標などの出版物（経営分析結果や会社概要など）は、主要書店で販売されている。さらに直接に各企業より入手できる。

商法計算書類等（貸借対照表、損益計算書、利益処分案、営業報告書に添付されている。(但し、附属明細書を除く）会社本支店で株主、債権者が閲覧またはコピーができる。決算公告（貸借対照表、損益計算書の要旨）は、日本経済新聞、官報等の公告掲載紙に定時株主総会終了後、掲載される[(2)]。

(1) 損益計算書の見方

企業が決算の時に作成する損益計算書（P／L：Profit and Loss Statement)は、企業とその会計期間における営業成績を表している。計算方法は以下の通りである。

期首商品＋仕入高－期末商品＝売上原価

売上高－売上原価＝売上総利益

売上総利益－販売費・管理費＝営業利益

これまでの数字が営業成績を同業他社と比較するのに適した金額である。その他の数字は、各企業の事情によって異なってくる。

経常利益は、以下の式である。

営業利益＋営業外収益－営業外費用＝経常利益

増収減益とは、売上が増加したのに経常利益が減ったことを指している。売上高が増加しても売上原価が高くなったり、経費が多く、さらに支払利息等が増加すれば増収減益となる。

当期利益、税引後当期利益は、以下の式となる。

経常利益±特別損益＝当期利益

当期利益－税充当＝税引後当期利益

特別損益とは、臨時巨額の損失とか、資産の評価損や評価益が主である。

(2) 損益計算書の科目・項目の説明

① 売上高

多くの場合、値引き、戻り高などを引いた純売上高で示している。決算書である損益計算書では、売上高については純売上高ではなく売上高で良い。

② 売上原価

売上原価を表す式のうち、期首とは会計期間の初めという意味である。仕入高は純仕入高のことである。単数×数量で期末商品をそれぞれの品目ごとに求め、それらをまとめて期末棚卸商品とする。また、単価をいくらに評価するかは難しい問題である。最終仕入減価法では、決算日に近い商品の仕入日の価格で評価する。

③ 人件費

従業者に直接かかった費用を言う。通常の損益計算書の様式には人件費という科目はなく、給料手当、福利厚生費、賄費等の合計額をさす。

④　その他の経費

その他の経費という項目はなく、分析の時に使用している。これは、販売費の旅費・交通費、公告宣伝費、それから管理費の貸借料、光熱水道費、修繕費、減価償却費、消耗品費、公租公課等の科目をまとめたものである。

貸借対照表の数字について

アントレプレナー、イントラプレナーによって起業されたベンチャー企業、中小企業は当初は営業に力を入れるが、財務管理に力を入れるのが遅いと感じる。企業がシード期、そしてグロース期に達するには厳密な財務管理が必要となる。その中心に位置するのが決算書による財務分析である。決算書には企業の多くの情報が詰まっており、それを分析することにより、企業の優良な箇所、劣悪な箇所の判定ができる。

長島［1979］によると、貸借対照表（B/S：Balance Sheet）は、資産とは負債と資本との合計に等しいという貸借対照表等式からバランスという意味があると述べた。日本では、貸方と借方を対照するという意味で貸借対照表という。

貸借対照表では、T字型の型式を使い、左の方を借方とし資産を計上する。右の方を貸方といって負債と資本を計上している。

自己資本比率で安全性を測る

〔公式〕

$$自己資本比率＝\frac{自己資本}{負債・資本合計}$$

貸借対照表は、企業の財政状態を表している。経営者は企業の資本、資金を経営の政策のもとに運用する。これらが、貸借対照表に表れている。この貸借対照表の数字から、経営基盤の強さ、言い換えれば経済変動に耐える強さを測るのが、自己資本比率である。

損益分岐点売上高について

損益分岐点とは

損益分岐点とは、利益も損失も生じない売上高あるいは生産数量をいう。損益分岐点があるのは、費用の中に売上高の上下に比例しないで、かかる固定費という決まった支出があるからである。固定費とは、売上高上下に関係なくかかる費用である。経費といっているものの多くは固定費である。給料手当は、歩合給でない限り固定給であり、修繕費も、売上高が増加すれば修繕も多くなると考えられるが、故障が必ず発生するとは言えないので、通常は固定費である。これに対し変動費とは、売上高の上下に比例して増減する費用である。原材料費、補助材料費、包装材料費等が変動費である(3)。

損益分岐点売上高の求め方

損益計算書を損益分岐点売上高経算用に書き換える。営業外収益と費用についてはその差額を固定費にする。どのくらい発生するかわからないものは、概略の金額にするか、計算に入れない。特別損益のなかで価格変動引当金繰戻益等については、繰入損があるのでその差額を固定費にする。売上高が上がることは在庫が同じで売上高が増加する場合がある。

〔公式〕

$$損益分岐点売上高＝固定費÷\left(1-\frac{変動数}{売上高}\right)$$

例

損益計算書
(単位：万円)

売上高	10,000
売上原価	7,500
売上総利益	2,500
経費	2,100
利益	400

→

損益分岐点売上高計算用
(単位：万円)

売上高	10,000
変動費	7,540
限界利益	2,460
固定費	2,060
利益	400

$$2{,}060万円 \div \left(1 - \frac{7{,}540万円}{1億} \right) = 8{,}374万円$$

8,374万円以下では赤字になる。これ以上では利益がでる。検算をしてみる。

損益分岐売上高8,374万円×限界利益率0,246＝2,060万円

これはちょうど固定費と同じである[(4)]。

3．収益性分析の意義と売上高利益率

収益性は「収益力」ともいわれ、利益稼得効率を意味する。効率の視点を資本に置くと資本利益率が指標となる。収益性は、資本の増殖効率を示すことを基本的特質とする概念である。すなわち、資本ないし資本提供者の立場に立って、利益追求を図ることを理念とする概念である。

資本収益性は資本利益率 $\left(\frac{利益}{資本} \right)$ によって

取引収益性は売上高利益率 $\left(\frac{利益}{売上高} \right)$ によって

とらえられる。

資本利益率は、以下に示すように、売上高利益率と資本回転率の積である。これから明らかなように、売上高利益率は資本利益率の構成要因あるいは下位指標であり、取引の採算性を示す。したがって、売上高利益率は取引収益性とは言わないで、採算性と言ったほうが適切である[(5)]。

$$資本利益率（\%）=\left(\frac{利益}{資本}\right)$$

$$=\frac{利益}{\underset{(採算性)}{売上高}}\times\frac{売上高}{\underset{(活動性)}{資本}}$$

倉田らは、売上高利益率の分析は、企業の経営成績を表す財務表である損益計算書を中心に、企業の売上高に対する利益の関係を分析し、企業の利益稼得効率および収益力を評価、判断するものであると述べた。さらに、この売上高利益率の分析は、損益計算書上の損益計算過程に表示されているいかなる利益を使用するかにより、次のような複数の売上高利益率の分析がある。それは、売上高に対する売上総利益を用いる売上高営業利益率、営業利益を用いる売上高経営利益率、当期利益を用いる売上高当期利益率などの分析である。

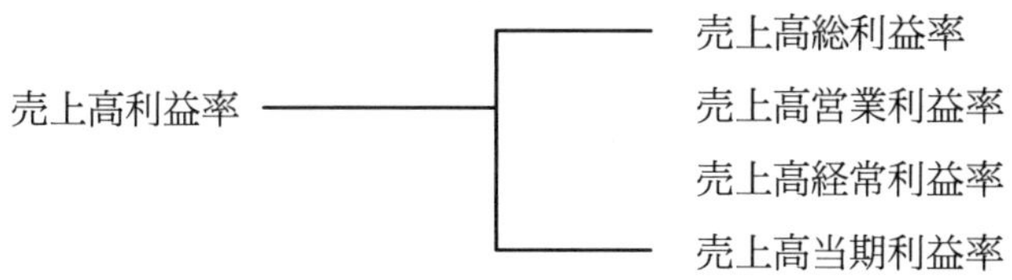

企業は、経営目的を達成するために必要な資本を調達し、その資本を投下し、資本の投下額を費用によって測定し、そしてその投下資本を収益によって回収する。その収益の中心となるものは、売上高である。この売上高を上げるために費やされた費用を控除したものが利益である。

売上高総利益率

売上高総利益率は、売上高と売上総利益との比率で、売上総利益を売上高で割って求められる。売上総利益は、「粗利」「荒利」とも言われ、購買活動、製造活動の結果を評価、判断するための資料として役立つものである。また売上高総利益は、売上高から売上原価を控除して算出されたもので、売上によって最初にもたらされる利益である。売上原価は、販売した商品や製品の仕入れや、販売した製品の製造のために費やした費用（仕入原価、製造原価）のことである。

売上高総利益率の高い場合は、売上高に対して売上原価が低い場合である。したがって、売上高総利益率は、独創的な製品を製造、販売している企業や販売政策の優れている企業、購買管理や生産管理の優れている企業では比率が高くなる(6)。

4．資本回転率の分析ならびに付加価値

資本回転率と資本回転期間について古川［1980］は、比率体系からいえば、資本利益率を頂点として、その構成要素となっている売上高利益率と資本回転率とが、経営分析の基本的な重要比率として位置づけられる。企業の経営活動に対する全体的観察のために用いられる資本利益率は、売上高利益率と資本回転率との相乗積に他ならないからである。このため経営分析では、資本回転率は売上利益率と相並んで、その支柱的な意義を有している重要比率であると言うことができる。

経営分析の実施において、そのように重要な意味がある資本回転率は、一方では貸借対照表に示される各種資本と、他方には一定期間の資本の活動量として表示される売上高または生産高との関係から算定される比率である。それは一定期間における資本回収の速度を示している。したがって、他の条件が同一であるならば、この資本回転率が大きいほど、それだけ企業の収益性は大となることを意味している。資本回転率は一般には次の算式によって求められる。

$$\text{資本回転率} = \frac{\text{一定期間の売上高（普通は年間売上高）}}{\text{同期間における資本の平均在高}}$$

次に、資本回転期間は１回転に要する年数として示される。例えば、ある企

業の年間売上高が6,000万円であり、これに用いられる資本の平均在高が1,000万円であった場合、その資本回転率および資本回転期間は、それぞれ次の算式によって計算される。

① $資本回転率 = \dfrac{60,000,000}{10,000,000} = 6回転$

② $資本回転期間 = \dfrac{1}{資本回転率} = \dfrac{1}{6}年$

〃 $= \dfrac{資本の平均在高}{年間売上高} = \dfrac{10,000,000}{60,000,000} = \dfrac{1}{6}年$

付加価値は、以下のようにマクロ経済学および個別経済学の量分野にまたがる概念であり、複数の側面を持っている。第 1 に、付加価値は創造価値、生産価値、加工高などとも言われ、企業が外部から購入した原材料などに加工を加えることによって、新たに付加した価値である。

第 2 に付加価値は、費用性付加価値に利益性付加価値を加えた広義の利益である。創造された付加価値は、賃金、給与などの人件費、支払利子、税金、配当金、経営者報酬、内部留保として分配される。したがって、分配面からみれば、付加価値は損益計算において、人件費、支払利子などの費用と税金、配当金、経営者報酬、内部留保などの利益から成る。前者は、費用性付加価値、後者は利益性付加価値である。

第 3 に、一国の企業付加価値合計は、国民所得と原則的に一致する[(7)]。

付加価値の計算の方式を図表9-1にて提示する。

図表9-1　付加価値計算の方式

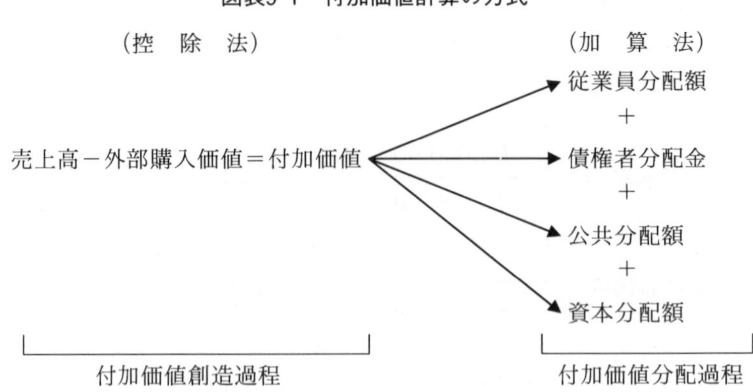

5．企業評価要因としての社会性

人を評価する時、第1段階としてその人の能力を見、第2段階として性格面でのバランスを見る、という考え方がある。これは、一緒に仕事をするには能力だけでは突き合いきれない恐れがあり、それだけでは評価できないためである。これを企業に当てはめれば、第1段階には物をたくさん生産できる能力、第2段階には、企業の社会性ということになる。すなわち、企業の評価要因には、生産高、売上高のほかに、人間性、メセナ度、品格といったものをひっくるめて、社会との適合性という項目が必要になることが予想される。

①　日経産業消費研究所の企業活力ランキング

日経産業消費研究所企業活力評価研究会は企業活力評価を行った。サンプルは国内製造業258社。活力の評価要因は、ｉ．世界構想力［自社の将来像、ビジョン、国際・地域社会との強調、経営参加］ⅱ．戦略行動力［新製品開発、新規事業、 撤退整理、提携・合弁、合併・買収］ⅲ．組織人事力［人間の活用、人事制度］ⅳ．社会行動力［情報公開、消費者ニーズ、社会貢献活動］となっている(8)。図表9-2にて提示する。

図表9-2　企業活力総合ランキングと社会行動力ランキング

企業活力総合ランキング	社会行動力ランキング
1．松下電機産業	1．三洋電機
2．ソニー	2．ソニー
3．三洋電機	3．日本IBM 松下電器産業
4．キヤノン	
5．リコー	5．リコー
6．NEC	6．キヤノン
7．松下電工	7．三菱電機
8．資生堂	8．富士通
9．ローム	9．ゼネラル石油
10．横河電機	10．田辺製薬、富士ゼロックス

出所：岡本［1996］p.195

企業活力総合ランキングにおいて 2 位にベンチャー企業の成功例ソニー、 4 位に同キヤノン、 9 位に同ロームが入っている。日本の企業群の上位10社にベンチャー企業が 3 社入るということは特筆すべきことである。また社会行動力ランキングにおいても 2 位にソニー、 6 位にキヤノンがランクインしている。ベンチャー企業の力の表れといえる。

6．大ベンチャー企業ソニーの経営について

ソニーは2008年にシャープから液晶パネルを調達すると発表した。その液晶をテレビに組込み世界で販売する。これまでは韓国サムスン電子との合弁会社より購入していたが、ここで方針転換し調達先を広げて量の確保とコストダウンを狙っている。液晶パネルを巡っては2007年のパナソニック、日立、キヤノンの三社連合が形成されている。ソニーがシャープと組むことによって液晶テレビとパネルの供給関係の再編がおこなわれる。（日本経済新聞2008年 2 月23日「ソニー、シャープから調達」参照）

ソニーのコアコンピタンスは微小技術であるが、近年の業績悪化にともない提携を加速するものと考えられる。ここで、ベンチャー企業の成功例であるソニーについて経営分析をとおして検討する。

①　固定資産回転率

売上高と固定資産との比率で固定資産の利用効率をみる。

$$固定資産回転率 = \frac{売上高}{固定資産合計（当、前年度末の平均値）}（回）$$

家電２社の比較を図表9-3にて提示する。

図表9-3　固定資産回転率

（億円）

	松下電器	ソニー
売上高	45,501	18,697
固定資産（当年度末）	21,495	14,792
固定資産（前年度末）	21,721	15,027
固定資産回転率	2.11（回）	1.25（回）

出所：佐藤［1994］p.73　1993年３月期である。

②　売上債権回転日数

売上債権の回収に何日かかるかを表す指標である。

$$売上債権回転日数 = \frac{（受取手形＋売掛金＋受取手形割引高）の当・前年度末の平均値}{売上高} \times 365（日）$$

家電メーカー４社の比較を図表9-4にて提示する。

図表9-4　売上債権日数

（億円）

	松下電器	ソニー	三洋	パイオニア
売上高	45,501	10,697	10,810	3,828
売上債権（当年度）	5,946	3,094	2,578	367
同上（前年度）	6,552	2,982	3,084	464
売上債権回転日数	50.13（日）	59.31（日）	95.60（日）	39.58（日）

出所：佐藤［1994］p.77　1993年３月期である。

③　売上高減価償却費比率

製造費用、販売費一般管理費に含まれている有形、無形固定費の減価償却費の経営に対する負担をみるものである。

$$売上高減価償却費比率 = \frac{減価償却実施額}{売上高} \times 100\ (\%)$$

家電２社の比較を図表9-5にて提示する。

図表9-5　売上高減価償却費比率

	松下電器産業	ソニー
減価償却実施額	936億円	946億円
売上高	4兆5,501億円	1兆8,697億円
売上高減価償却費比率	2,06％	5,06％
総資産	4兆156億円	2兆4,736億円
有形固定資産	3,486億円	2,954億円
減価償却累計額	6,312億円	4,121億円

出所：佐藤［1994］p.103　1993年３月期である。

日本を代表するベンチャー企業の成功例ソニーをみると、固定資産回転率においては大企業である松下電器にくらべてソニーは効率が悪い。理由としては設備投資が多いことがいえる。売上債権回転日数では、松下電器とソニーは同じ回転日数である。売上高減価償却費比率では、ソニーが設備投資が多いことがいえる。今回すべての経営分析を述べることはできなかったが、果敢に挑戦するソニーの一面を検討できた。

企業のブランドイメージのみでインベスターは投資するのではなく詳細なデータをもって投資する場合が多い。詳細なデータのもとになっているのが経営分析である。ベンチャー企業どうしの比較検討だけでなく、大企業と大ベンチャー企業の比較検討をおこなうことにより健全なベンチャー企業の発展が見込まれる。つぎに近年注目されているキャッシュフロー計算書についてとりあげる。

7．キャッシュフロー計算書

企業活動の実体を見抜くためにキャッシュフロー計算書が重要になってくる。キャッシュフロー計算書は、損益計算書と同様に企業活動をフローの概念からとらえている。損益計算書との違いは、その活動がどの時点で捉えられているかであり、損益計算書では売上高、売上原価、各費用、収益という表現で企業活動を表している。損益計算書のなかでは、あくまでもその事実が発生したという観点で数字が計算されて、企業の経営成績を利益という形で表現している。

キャッシュフロー計算書はその名のとおり、現金の流れをさしている。よって損益計算書とは異なり企業が獲得したキャッシュと支払ったキャッシュを計算し、その差額によってどれだけキャッシュを得られているかで評価した。企業が黒字であるのに、なぜ倒産するのかという問題があるが、これを防ぐ手段としてキャッシュフロー計算書の活用が広まったのである。キャッシュフロー計算書の項目としては、①営業活動によるキャッシュフロー、②投資活動によるキャッシュフロー、③財務活動によるキャッシュフローがある。

キャッシュフロー計算書では当期純利益に減価償却費をはじめ、さまざまな項目の足し引きによって計算される。損益計算書の利益をキャッシュという観点から計算していくことである。①〜③のなかで重要視されているのが①の営業活動によるキャッシュフローである。企業が獲得したキャッシュが一目瞭然で見れ、他の企業との優劣の判定が簡単にできるのである。

キャッシュフロー比率は営業活動によるキャッシュフローを長期負債で割った数字である。企業が返済しなければならない負債に対して、キャッシュがどのくらい獲得できたかを表している。長期負債とは社債、新株予約権付社債、長期借入金であり、会計上は１年を超えて返済しているものをさしている。(日経BP社［2002]「日経情報ストラテジー９」198-201頁を参照)

図表9-6　キャッシュフローの概念

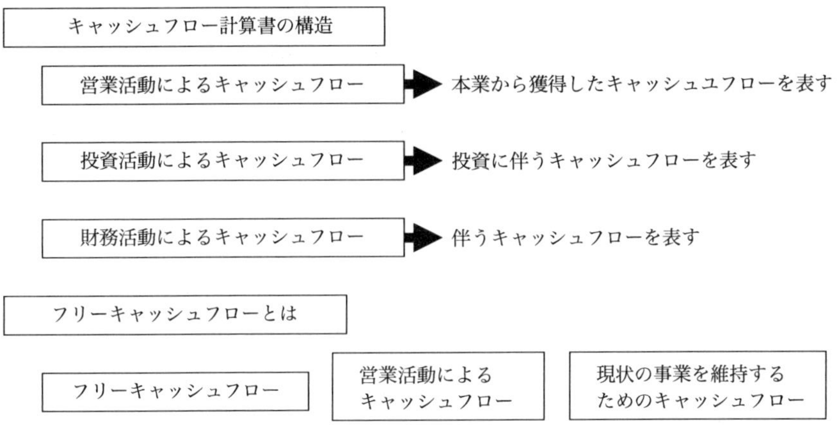

出所：日経BP社［2002］「日経情報ストラテジー9」200頁

経営分析があって、はじめて経営戦略が策定される。経営分析の結果によっては、ビジョン設定の変更が必要になる場合が考えられる。今回は経営分析の基本的な部分しか、とりあげられなかったが今後はベンチャー企業の経営分析の手法を計算式によって検討したいと考える。

注

(1)　佐藤［1994］pp.10-11
(2)　同掲書　p.15　表より
(3)　長島［1979］p.63
(4)　同掲書　p.65
(5)　倉田・藤永・石崎・坂下［1996］pp.61-62
(6)　同掲書　pp.72-73
(7)　同掲書　pp.101-102
(8)　岡本［1996］pp.194-196

第10章　東大阪市における先端技術、経営戦略を使った環境機器の開発可能性研究

1．現代の環境の状況と問題意識

地球環境問題は、これまでに人類によって産業革命以降発生させたさまざまな問題蓄積によって大きな問題を引き起こしている。20世紀の100年間だけでも地球平均気温は0.6度上昇している。それによって地球温暖化をまねき、現在は異常気象、海面上昇、干ばつ、砂漠化、森林減少、氷河融解が発生している。そのほかにも河川汚染、資源枯渇、環境ホルモン、産業廃棄物問題など問題山積の状態になっている。これは世界の南北問題とともに人類共通の大問題である。

これらの多くの問題を解決するために、国や地方自治体はさまざまな環境関連法を制定してきた。大きく分けて３つになるが、①地球環境化対策、②環境汚染防止、③循環型社会形成である。まず、地球温暖化対策においては、1997年新エネ法、1997年京都議定書採択、2002年京都議定書批准、同年地球温暖化対策大綱、2004年都市緑地保全法の制定がなされた。環境汚染防止では、1996年大気汚染防止法、1999年ダイオキシン類対策特別措置法、2001年フロン回収破壊法、2002年土壌汚染対策法が制定され、さらに循環型社会形成では、1995年容器包装リサイクル法、1998年家電リサイクル法、1999年家畜糞尿リサイクル法、2000年食品リサイクル法、建設リサイクル法、資源有効利用促進法、2002年自動車リサイクル法が制定された。

これらの法制定により、地球環境問題の対策が活発化している。地球温暖化対策は人類の悲願であり、その環境政策が確実に履行されることが急がれる。ここで、幾つかの対策を提示する。①地球温暖化対策では二酸化炭素排出に対する新装置開発、新エネルギー開発、②環境汚染防止では未然防止対策のリス

ク管理、ヒートアイランド対策、自動車排ガス装置開発、③循環型社会形成では廃棄物削減対応、リサイクル方法などが検討されることが重要である。

2．環境対応ビジネスの現状と本研究目的

地球温暖化のさまざまな対応によって、中小企業、ベンチャー企業に新ビジネスのチャンスが発生している。本研究は東大阪市の企業群が新たな環境対応機器の開発が可能かというテーマに沿った調査に基づいている。今回は東大阪市の成長している企業500社を対象にアンケート調査をおこなった。調査分析のまえに環境政策の分野について提示したいと考える。

環境対応機器を新たに開発するためには、どの分野、どのレベルに特化するかが成功のきめてとなる。１項で３つに分けた分野で検討する。①地球温暖化対策では新エネルギー、新省エネ、緑化、メタン・フロン対策新技術、交通対策、ライフスタイルイノベーションが考えられる。②環境汚染対策では有害大気汚染物質対策、光化学スモッグ、低NOX型燃焼機器、新ディーゼル、新交通システム、オゾン層保護対策、酸性雨対策、河川環境保全、海洋環境、地下水汚染対応、ダイオキシン対応機器、PCB無害化機器などが考えられる。③循環型社会形成では新資源循環システム、廃棄物ロジスティクス、広域情報管理システム、廃棄物発生防止システムなどが考えられる。

その他の開発可能な環境対応機器分野としては、森林整備、都市緑化、水産資源、希少野生動物保護、自然ふれあい施設、里山整備、エコツーリズム、農山魚村交流、景観管理、環境経営推進、グリーン購入、食品安全機器などがあげられる。ここで、環境省、経済産業省、エコビジネスネットワークによる環境対応機器の可能性分野を提示する。環境省は環境汚染防止（装置、資材、サービス、建設、機器の取付)、産業廃棄物処理関連装置（製造、サービス)、資源有効活用（装置、資材、サービス、建設)、環境負荷低減技術製造を提案している。(1997年環境庁ビジョン、1999年エコビジネス推進ビジョン）経済産業省は環境支援関連分野（公害防止装置、環境コンサルティング)、廃棄物

処理リサイクル関連分野、環境調和型関連分野、環境修復、環境創造分野、環境関連サービスを提案している。エコビジネスネットワークは廃棄物適正処理、再生可能エネルギー、自然修復・復元、環境コンサルティング、環境影響評価、環境ロジスティクス、環境教育である。(中小企業金融公庫総合研究所「中小企業レポート［2005年2月22日］」p.8、図表6参照)

本研究目的は、東大阪市経営企画部政策推進室平成19年度東大阪市地域研究助成金制度による「東大阪市の企業が先端技術により、環境対応製品を創出するための研究」である。

本研究は東大阪市の製造業企業が新しい分野で成長著しい環境対応製品を創出することができるのかということを本題として仮説、検証、結果を骨子とした。仮説は東大阪市の企業が先端技術により、環境対応製品を創出できるとする。検証は東大阪市の製造業の中から500社を抽出し、分析した。500社の抽出方法は、東大阪市東大阪商工会議所［2007］『もうかりメッセ東大阪第7版』東大阪市経済部より1社置きのランダムにした。

東大阪市の製造業500社に対して2007年11月22日に郵送法によるアンケート調査をおこない同年12月12日までに102社の有効回答を得た。期日後の3社の回答はこれに含まない。結果はグラフ化して提示する。またアンケート用紙レイアウトは最終項において資料として提示する。

3．中小企業・ベンチャー企業における環境ビジネス

環境対応機器分野のビジネスについて可能性分野については2項に提示したが、本項では具体的なビジネスを提示する。地球温暖化に対しては、新エネルギー導入、燃料転換、エコカー導入があげられる。たとえばエコカーの販売やレンタルがある。中小企業・ベンチャー企業においては、新技術開発力、資金調達が重要な成長要因であるので、技術開発分野、ファイナンス分野も考えられる。環境汚染防止では大気汚染防止装置の新技術開発、排水処理装置、クリーンルーム施設、メンテナンス技術、環境機器に対する消耗品開発があげら

れる。循環型社会形成においては、廃棄物削減技術、副産物の利用、リサイクル技術、中古品再生技術がある。

その他に可能な環境ビジネスは、太陽光発電新技術、バイオ燃料開発販売、自動車排ガス削減装置開発販売、化学物質測定装置開発販売、生ゴミ処理装置開発販売、環境管理の情報システム開発販売、グリーン調達システム開発販売、スローフード関連製品開発、アウトドア関連製品開発、再生文具開発、ケナフ製品開発などが考えられる。

これらの環境ビジネス製品開発には、中小企業・ベンチャー企業ともに経営戦略論、起業論、マーケティング論を駆使することが製品開発の原点となる。

4．ベンチャー企業、中小企業の経営戦略

ベンチャー企業、中小企業の成長パターンは、それぞれシード期、スタートアップ期、アーリーステージ期、グロース期に分けられる。中小企業とベンチャー企業の比較検討は、これまでにもおこなわれてきたが本項においてはアーリーステージ期からの方向が違うということで示したいと考える。中小企業はアーリーステージ期から急成長を一般には望まず地域の安定企業として成長する。ベンチャー企業はアーリーステージ期からハイリスクハイリターンをもとめて出口経営戦略（IPO、M&A）に向かう違いが存在している。どちらを選択するかはその企業の意思決定者の決断によるところが大きい。よって環境分野に参入するかしないかは、その会社の意思決定者による。

一般に企業の経営資源は「ヒト、モノ、カネ、情報」といわれているが、すべては人の問題に帰属している。中小企業・ベンチャー企業の意思決定者の特徴としては、一人または少数で決定権をもち、意思決定者の能力がその企業の成長限度をきめている。さらに経営行動の資質に欠ける意思決定者は企業を倒産させることもある。そこで、企業を成功に導くためにアメリカ型の専門経営者に経営を託す意思決定者も現れている。中小企業・ベンチャー企業の経営者は経営戦略におけるイノベーション、ドメイン、コアコンピタンス、ビジョン、

ミッション、ナレッジマネジメントなどを駆使し、果敢に環境対応製品開発に挑戦し新ビジネスモデルを花開かせていただきたいと考える。

経営戦略とは、企業がその目的を達成するための基本的手段についての言明である。それは、限られた資源を用いて行動を起こすための言明であるとともに同時に、組織の環境との相互作用についての言明でもある。経営戦略は、自社にとって事業はなにか、誰のために、何をするのかというミッション、ビジョンとドメインの設定から始めなければならない。次にコアコンピタンスの開発をナレッジマネジメントを活用しておこなうのである。経営戦略の階層は、３つに分けられる。①全社戦略、②事業戦略、③機能戦略であり、まず全社戦略はドメインと事業ごとの資源配分である。次に事業戦略は産業、製品と市場セグメントの選択、製品ライフサイクルに重点をおいている。機能戦略は資源生産を最大に向かわせることである。

経営戦略を駆使する中小企業・ベンチャー企業が増加している。企業は売上げが落ちた時や、ライバル企業に引き離された時に企業はイノベーションを起こし技術革新をおこなうのである。しかし、現実には企業はこの時点で後退する行動にでることがある。それは、原価低減、人員削減、不採算部門の縮小などである。こうした短期的対応では企業存続ができなく恐れが発生する。現代的企業は経営戦略を駆使し、自社製品と市場を再編することによって再度成長に転換している。

中小企業・ベンチャー企業の成長ステージには、経営戦略が重要な位置を占めている。成長や変化、変革をおこなう時に経営戦略を筆頭にマーケティング戦略、競争戦略が必要不可欠となる。特にマーケティング戦略は製品計画、価格政策、チャネル、プロモーションの４Ｐのマーケティングミックスが企業経営の根幹を形成すると考えられる。

5．新製品開発にはアントレプレナーシップが必要とされる

企業をなにもないところから発生させる人物をアントレプレナー（起業家）

という。アントレプレナーは新技術開発型、新ビジネスモデル型の企業を起こすことに意義がある。新しい企業が誕生することによって、その地域の産業振興、新雇用創出に貢献し、派生する新産業をさらに創出することになる。そして地域行政の予算増加や失業問題の解決にも繋がる。

アントレプレナーを多く輩出するためには、アントレプレナーシップ（起業家精神）の活用、変化、変革が必要とされるが、それはイノベーションが重要と言われている。アントレプレナーがどこから発生するかというと、ベンチャー企業のクラスター地域が多いことは分かっているが、クラスター地域のみに期待するのは、連続性が希薄になると考えられる。アントレプレナーを輩出できる部分としては人的資源があげられる。それは人的資源の企業における豊富な経験、コミュニケーション能力、業界の理解をもとに安定成長できることによる。

6．アントレプレナーの出現

アントレプレナーの出現は、東大阪市の今後の発展のために必要不可欠である。アントレプレナーを多く排出させるためには、どのような要因が必要か検討することが重要である。今回の調査によりアントレプレナーの状況を把握したいと考える。アントレプレナーの出現は、社会に挑戦、社会に必要とされる時におこなわれる。アントレプレナーの起業動機はさまざまであるが、中小企業庁［1999］のデータによると、自己実現を図る、自己の能力を発揮したいが上位3位に位置付けられている。次に、より多くの収入を得たい、事業化できるシーズがあった、社会貢献を図りたい、技術力を有していたが続いた。これらの意思決定要因を獲得したものがアントレプレナーとして出現するのである。

図表10-1　ドラッカーのアントレプレナー育成

アントレプレナーの育成	①イノベーションとアントレプレナーは体系的であり、学習、実践できる
	②ナレッジは不可欠であるが、アントレプレナーシップは科学、芸術ではなく実践である
	③さまざまな意思決定にも直面できる性格の人は、学習によってアントレプレナーになれる

出所：筆者作成

アントレプレナーは、何もないところから発生するが、それは起業意識、起業知識、起業実践を備えた果敢に挑戦するハイリスクハイリターン型の人間によって発生させられる。バイグレイブは、1994年に起業家発生を「引き金を引く」ということばで表現した。これは「爆発」ということばと同じ意味をもっている。アントレプレナーが起業の意思決定をどのようにおこなうのか疑問であるが、意外と単純な理由が多いと考える。たとえば「高級車がほしい」、「豪邸に住みたい」、「異性に興味をもってほしい」、「人を動かしたい」などである。また外部要因としては、「地域」、「家庭」、「学校」、「社会」などがあげられる。

アントレプレナー誕生のメカニズムは、大きく四つのステージが存在している。第一に発案であるが、ここには環境、機会、創造がある。次に爆発的な意思決定があり、競争、経営資源、インキュベーション、国の政策が影響する。さらに、事業を始める段階に入り、熱意、展望が大きく左右する。そして成長がはじまり、組織、経営戦略、製品計画、価格政策が登場するのである。アントレプレナーの能力には、判断力、統率力、先見性、調整力、さらに説得力がある。アントレプレナーは、その器量によって自己脱皮し、企業を急成長させ出口経営戦略へと展開させる。

図表10-2　起業プロセスの段階

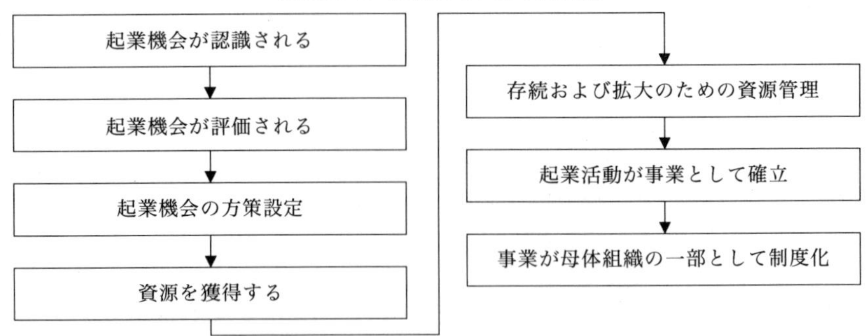

出所：筆者作成

図表10-3　アントレプレナーのフロー

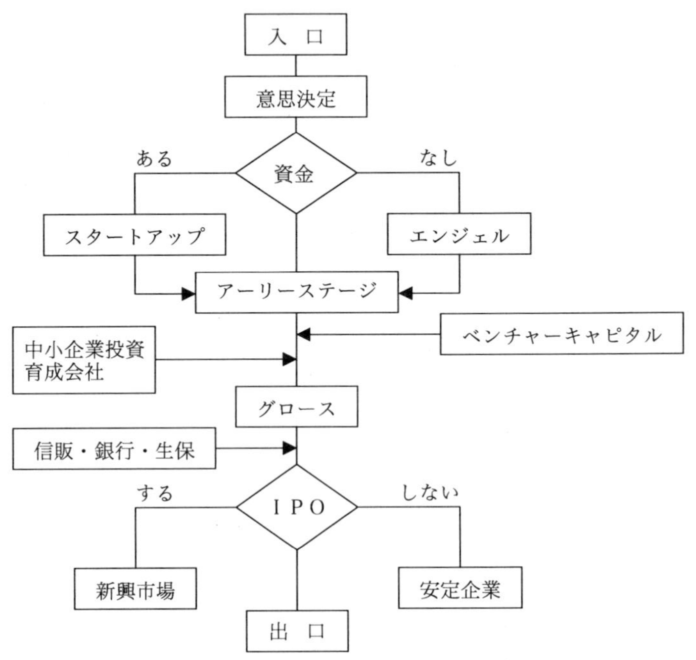

出所：筆者作成

図表10-4　東大阪市のアントレプレナー

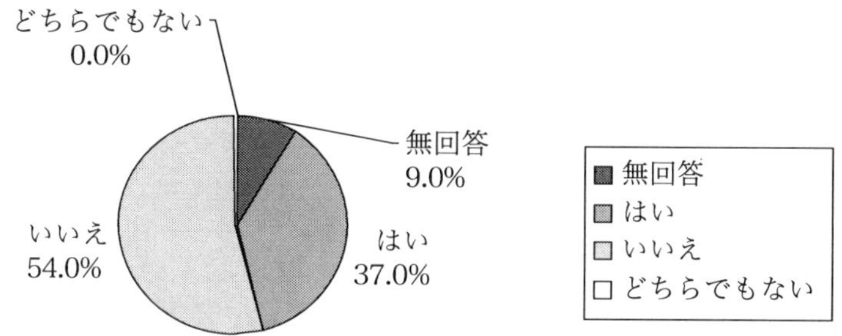

東大阪市の企業における起業家についての調査結果を図表10-4にて提示した。回答企業102社の代表者は起業家自身が37%であり、強力なリーダーシップによって経営戦略がおこなわれている。現代表者が起業家でないのは、54%であるがこれは歴史ある企業が多いからである。起業家が多く発生する地域は発展する可能性が高くなる。今回の調査は環境対応製品の新規開発が可能かというのが主題であるが、新規参入の意思決定には起業家の決断力が大いに期待できる。起業家でなくても意思決定者のリーダーシップ力によっては、新規参入は可能と考える。

図表10-5　起業家へのプロセス

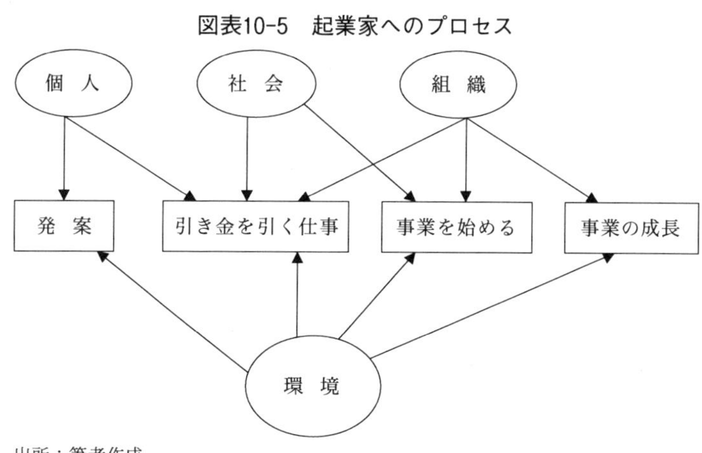

出所：筆者作成

図表10-6　ベンチャー企業・中小企業の成長ステージ

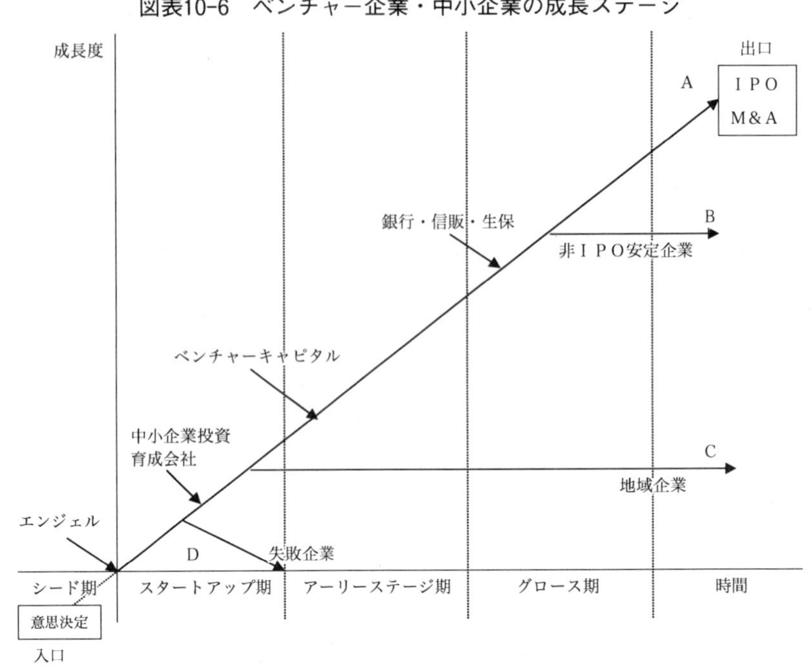

出所：筆者作成

7．東大阪市の産業状況

東大阪市の今回調査によると、業態としてはさまざまな企業があることが判明した。これまでのネジ、ボルト、ナット、鉄工具製造会社から、半導体、自動車部品、歯科技工用機器、金属プレス金型、シリコン、メッキ薬品、放電加工、アルミニウム、プラスチィク、産業機械向搬送設備、鋳造用木型製作、電着塗料、メカニカルシール、給湯器、自転車部品、自動制御装置、厚み測定装置、印刷物箱押加工、金属表面処理、精密切削加工部品、アクアテンバー炉(熱水による焼却炉)、フォークリフト部品、アパレル物流センター向搬送設備、面状発熱体、液状型圧力計、生分解性樹脂製品、空気環境改善機器など多岐に亘っていることが見て取れた。産業を底支えしている業態が多いことが明らかになった。また一般産業としては、婦人物ケミカルシューズ、サンダル、プラスチックハンガー、金物製品、財布、バック、排水パイプ、船舶用ボイラノズル、水切り、車止め、安全ベルト、紙加工、産業用ブラシ、事務用デスクマット、ゴム製麻雀マット、カー用品、動物用医薬品外品、モーニング、ホルダー、リング、手すり、コーヒーミル、ビデオ、コイルハンガー、作業工具などがある。これらは我々の生活を豊かにしてくれる製品群である。

東大阪市の企業が成長ステージのどの部分に存在しているかは、図表10-7にて提示した。ベンチャー企業、中小企業の成長ステージを今回調査においては四段階とし、シード期（種まき期）、スタートアップ期（起業期）、アーリーステージ期（急成長期）、グロース期（安定成長期）に分けて回答を得た。回答企業102社の各ステージはシード期13社、スタートアップ期０社、アーリーステージ期４社、グロース期39社、どちらでもない42社、無回答４社である。102社の多くが成長ステージ（43社）と認識していることが明らかになっている。企業の成長ステージの認識は、今後のイノベーションによる環境対応製品開発に果敢に挑戦するかどうかの分水嶺になると考える。

図表10-7　東大阪市の企業の成長ステージ

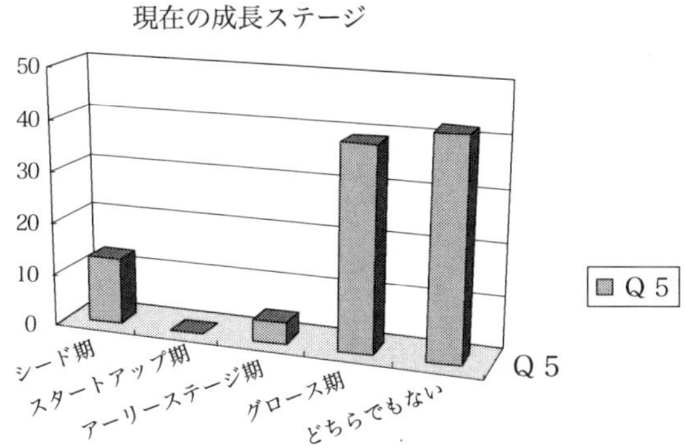

現在の成長ステージ

シード期 13（12.7%）、スタートアップ期０（０%）、アーリーステージ期４（3.9%）、グロース期 39（38.3%）、どちらでもない 42（41.2%）、無回答４（3.9%）

8．東大阪市の企業における成長ステージ

東大阪市の企業が将来、株式上場を目指しているかの調査では、図表10-8の結果となった。企業が株式上場を目指した場合と目指してない場合は成長ステージの罫線の方向が違ってくる。株式上場を目指した場合は出口経営戦略により右肩上がりの線となり、上場を目指さなく地域企業として安定させる場合はスタートアップ期後に横一直線になるのである。今回の調査では、株式上場を目指しているのが１社、目指していない79社、すでに上場している０社、どちらでもない11社、無回答11社であった。ということは東大阪市の企業は地域で安定した企業を目指していることが明らかになった。

安定企業のイノベーションは意思決定者の決断によることが多いが、環境対応新製品開発には適している可能性がある。株式上場を目指す企業は早い結果を求める傾向があるので、新規開発の時間が不足することが推定される。

図表10-8　東大阪市の企業が株式上場を目指しているか

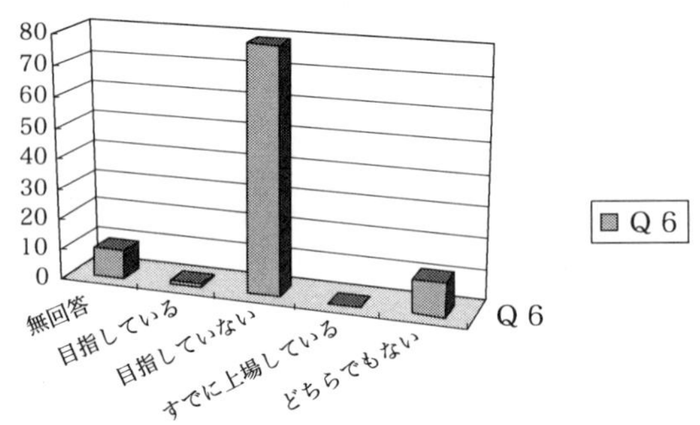

目指している１社（0.9%）、目指していない79社（77.5%）、すでに上場している０社（０%）、どちらでもない11社（10.8%）、無回答11社（10.8%）

9．ベンチャー企業、中小企業の強みと参入可能環境分野

ベンチャー企業、中小企業が環境ビジネスに参入する際、大企業にはない独自の強みを活かして参入することが重要である。B to B（対事業者）ビジネスにおけるベンチャー企業、中小企業の強みは、①専門性の高い技術力、②高いコストパフォーマンス、③地域密着性、④組織の柔軟性の４点である。単独の企業が製品製造、技術開発をすべておこなうのは非効率である。大手企業は、ベンチャー企業、中小企業を含めた他企業の製品、技術を統合、コーディネートすることでビジネス展開している。ベンチャー企業、中小企業は大手企業が着手していない部品加工、リサイクル技術などのニッチ分野が強みとなっている。

ベンチャー企業、中小企業は特定部品製造などにおいて専門家、機器などを所有しており、大企業よりも低コストで製造することができる。さらに地域密着では大手企業が地方で建設工事、機器設置をする場合はベンチャー企業、中小企業のネットワーク活用が強みとなる。

ベンチャー企業、中小企業の参入可能環境分野は、①温暖化防止、省エネ分野、②環境汚染防止分野、③循環型社会形成分野、④緑化、自然修復分野である。温暖化防止関係では省エネ関連機器、新エネルギー関連機器、関連サービスが考えられる。環境汚染防止分野ではニッチ分野の排水、排ガスの処理装置の製造、販売、土壌汚染調査などが考えられる。循環型社会形成分野ではリサイクル関連機器、リサイクル支援サービスが考えられる。緑化、自然修復では都市緑化、森林保全などが考えられる。（中小企業金融公庫総合研究所［2004］「中小公庫レポートNo.2004-2中小企業のエコビジネスチャンス」17頁参照）

東大阪市の企業は自社をどのように分析しているかを見ることにした。それは自社のコアコンピタンス（中核能力）についてである。図表10-9における自社の製品は先端技術であるかの質問により明らかにした。コアコンピタンスについては図表10-13においても検討しているので参照されたい。自社の技術が先端技術であると回答したのは８社、一般技術であるが64社、どちらでもない16社、無回答14社であった。環境対応製品には先端技術が欠かせないと考える

が、一般技術のイノベーションにより捕捉はできると考える。

新分野へ企業が参入する場合にその地域で収集できる情報は、①市場の方向性についての情報、②技術開発のヒントとなる情報、③販売先についての情報、④協力企業の情報、⑤新たな設備機器購入情報、⑥施策、支援に関する情報、⑦人的資源確保情報、⑧資金手当に関する情報などである。さらに新分野参入の情報収集の場としては、取引先、外注先、異業種交流会、商工会議所、組合等業種団体、私的な仲間企業交流会、金融機関、地域経営者団体、講演会、イベント、大学、技術研修会などがあげられる。(中小企業庁［2006］『中小企業白書』149頁図表参照)

10. 環境対応技術開発の先端技術

環境対応技術開発は環境問題の解決を図るために極めて重要である。これまでの環境対応製品開発は社会の要請を受けて研究開発されてきた。それは、環境基準や規制基準の設定に伴う対策の行動計画の提示などによって技術開発、技術の実用化がおこなわれてきたのである。ベンチャー企業、中小企業が環境対応製品開発に取り組む場合に身近に起こっている現象に対応する機器開発が望まれる。

具体的には自動車排ガス対策製品、生活系排水処理製品、交通騒音低減化製品、廃棄物処理製品などがあげられる。さらに先端技術開発では、イオン交換膜、分離膜を利用した水処理製品、バイオを利用した水処理製品、エレクトロニクス技術による情報処理製品などが考えられる。また既存技術の再構築も重要であると考えられる。例えば、廃棄物の再資源化、有効利用の技術開発などがあげられる。(旧環境庁［1987］環境保全長期構想59頁参照)

東大阪市の企業における製品についての「貴社の製品は先端技術か」調査によると図表10-9のような結果となった。先端技術である8社、一般技術である64社、どちらでもない16社、無回答14社である。この結果先端技術と認識している企業が7.8%であり、一般技術との認識企業は62.8%となり、二つをたすと

70.6%となる。まえに述べたように既存技術の再構築をおこなえば約７割の企業が先端技術に転換できる可能性があると考えられる。

図表10-9　東大阪市の企業における技術力

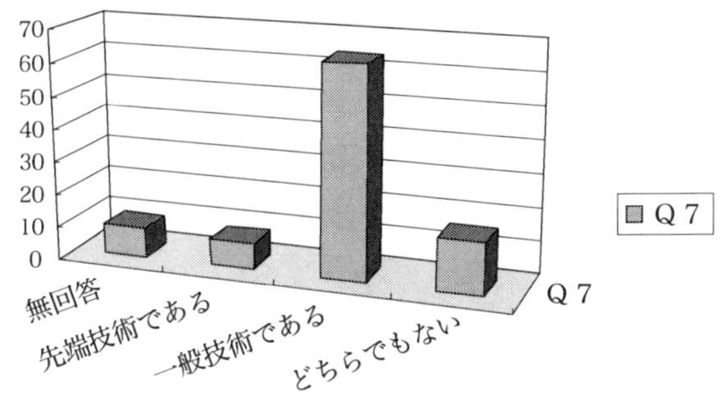

先端技術である８社（7.8%）、一般技術である 64 社（62.8%）、どちらでもない 16 社（15.7%）、無回答 14 社（13.7%）

11. 東大阪市の企業におけるイノベーション

18世紀以降の世界は急速な経済成長を遂げてきた。その原動力はイノベーションであり、特徴としては、①企業の競争が新しい技術や製品を競う寡占的な競争、②多くの企業で技術開発、製品開発が日常的活動、③法制度が整備され技術のただ乗りを防ぐとともに技術開発誘因が高まるなどがある。（日本経済新聞2005年５月26日「技術革新と市場経済」参照）

シュンペーターのイノベーションは、産業革命により蒸気機関と郵便馬車の連結との関係で「新結合」と述べた。いままでの技術をまったく違う技術によって変化、変革させることを指している。さらにドラッカーは、『断絶の時代』において、これまでの時代を断ち切り、まったく新しい時代に突入することを示唆した。つまり技術革新の重要性を提示したのである。

イノベーションは技術革新といわれるが、ここで東大阪市の企業の現状を図表10-10において提示する。イノベーション企業と答えた企業は14社、一般企業は67社、どちらでもない９社、無回答12社であった。イノベーション型企業はいつも技術革新を目指していると考えられるので環境対応新製品開発に取り組める可能性は高いと推測される。

図表10-10　東大阪市の企業におけるイノベーション

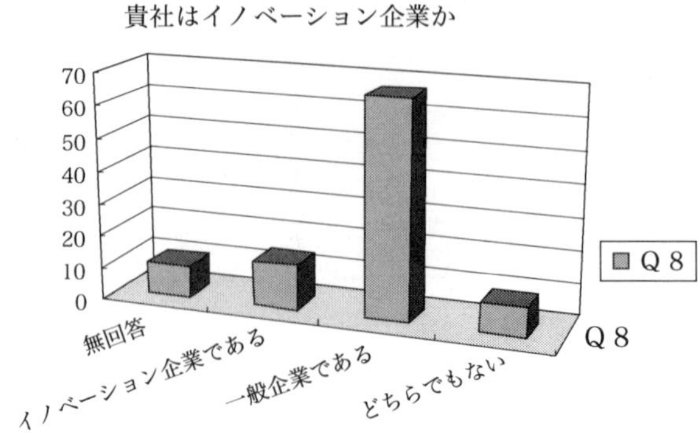

貴社はイノベーション企業か

70
60
50
40
30
20
10
0
無回答
イノベーション企業である
一般企業である
どちらでもない
Q８
■Q８

イノベーション企業である 14 社（13.7%）、一般企業である 67 社（65.7%）、
どちらでもない 9 社（8.8%）、無回答 12 社（11.8%）

図表10-11　政府によるイノベーションの促進

１．中小企業技術革新制度 　新事業創出促進法に基づき、関係省庁が連携し、新産業の創出につながる新技術開発のための補助金・委託費等を特定補助金等として指定し、中小企業者等に対する特定補助金等交付に関する支出の目標等を策定し、中小企業者等への支出の機会の増大を図る。
２．中小企業・ベンチャー挑戦支援事業 　高い新規性を有する事業化リスクを伴う中小企業の技術シーズ、ビジネスアイデアを市場につなげるため、中小企業等が行う実用化研究開発に要する経費や事業化に向けた販路開拓等に要する経費の一部を補助する。
３．戦略的基盤技術力強化事業 　特に戦略的に支援すべき技術テーマを選定し、中小企業とそのユーザー企業、大学等からなる共同研究体に中小企業基盤機構から委託する。
４．創造技術研究開発事業・地域活性化創造技術研究開発事業 　中小企業等が自ら行う新製品、新技術等に関する研究開発を促進し、中小企業製品の高付加価値化等を図るため、研究開発等に要する原材料費、機械装置費、技術指導受入費等の経費について、国から直接の場合二分の一及び都道府県を通じた場合三分の二の補助を行う。
５．課題対応技術革新促進事業 　新規事業・雇用の創出を促進し、活力ある我が国経済を実現するには、産業の核となる新たな技術を生み出すことが不可欠であり、技術開発を一層強力に進めることが必要である

出所：中小企業庁［2004］『中小企業白書』309-310頁参照、図表筆者作成

図表10-12　中小企業・ベンチャー企業の経営戦略

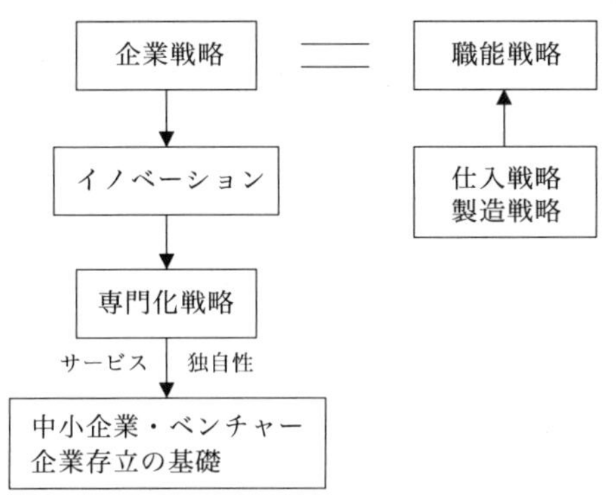

出所：筆者作成

12. 東大阪市の企業におけるコアコンピタンス

ハメルとプラハラードによるとコアコンピタンスとは、顧客に対して他社のまねのできない自社ならではの価値を提供する企業の中核能力である。長期的で継続的に競争優位を確立するために自社の経営資源のうち中核となっているものが何なのかを明確にする必要がある。コアコンピタンスは、技術、コスト競争、ブランド戦略、チャネル戦略と言った市場戦略論の要点にいる。(日経BP社［2000］「最新経営イノベーション手法50」を参照)

コアコンピタンスはイノベーションとともに経営戦略の要点といわれるが、新しい産業分野に参入するためにも重要である。図表10-9においてもコアコンピタンスをとりあげているが、コアコンピタンスはその企業の中核能力であり、他社のまねのできない技術といえる。図表10-13において東大阪市の企業におけるコアコンピタンスの有無が明らかになった。これまでの図表10-9での先端技術がある８社、図表10-10におけるイノベーションがある14社と比較してコアコンピタンスをもっている割合が約2.5倍になっている。このことは東大阪市の企業が高い技術力をもっていることが明らかになったことを証明している。

図表10-13　東大阪市の企業におけるコアコンピタンス

コアコンピタンスの有無

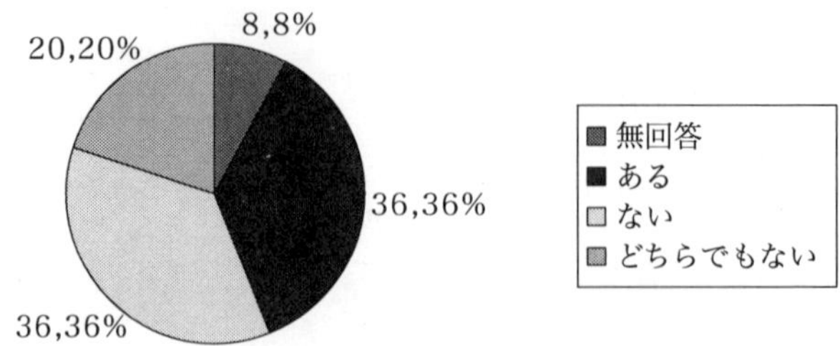

ある 36.36%、ない 36.36%、どちらでもない 20.20%、無回答 8.8%

図表10-14　経営戦略概要図

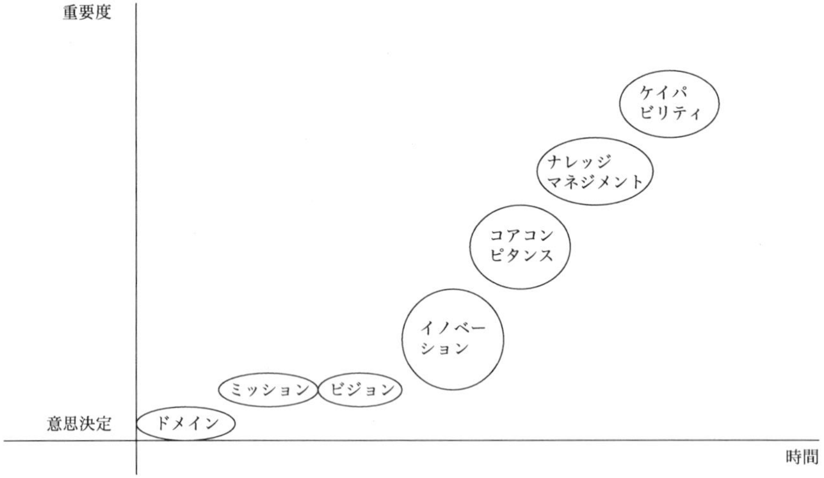

重要度

ケイパビリティ

ナレッジマネジメント

コアコンピタンス

イノベーション

ミッション　ビジョン

意思決定　ドメイン

時間

出所：筆者作成

13. 企業成長のための経営戦略

企業が成長するためには、経営戦略が必要とされるが今回の調査ではミッション、ビジョン、イノベーション、コアコンピタンスをとりあげている。この項ではミッションとビジョンの調査結果を提示する。ミッションとは不確実な荒波を乗り切るために従業員に共有された価値観であり指針である。ただ指針だけでは、この経営環境を乗り切って目標の地までたどり着くことはできない。ミッションに向かって事業を進めるためには、達成可能で、測定と評価も可能な具体的な経営目的を策定することが必要である。

経営戦略とは、企業がその目的を達成するための基本的手段についての言明である。それは、限られた資源を用いて行動をおこすための言明であるとともに組織の環境との相互作用についての言明である。したがって、経営戦略は、自社にとって事業とは何か、誰のために、何をするのか、というミッションやドメインの定義から始める必要がある。次にどのような資源展開をして、どのような自社の組織能力やコアコンピタンスを使って、競合他社に対する比較優位を確立していくかを計画するのである。経営戦略の階層は、全社戦略、事業戦略、機能戦略のレベルがある。

東大阪市の企業102社のうち自社のミッションを述べていただいたのは76社であった。図表10-15にてミッションを提示する。

図表10-15　東大阪市の企業が掲げるミッション

ミッション	件　数
社員の生活安定	7
社会貢献	18
顧客にニーズに答える	27
自分、家族のため	1
環境のため	5
技術発展のため	10
企業生き残りのため	2
地域のため	1
廃業中のため答えられない	1

有効回答102社のうち76社がミッションについて回答、1社2つ以上の回答
出所：筆者作成

つぎに企業経営に重要な指針になるビジョンについてとりあげる。企業はアントレプレナーによって起業され、成長するがアントレプレナーのビジョン設

定が的確でなければ、その企業の行く方向が確定せずに迷走してしまう。経営戦略論の第一段階のドメイン設定の後にミッション、ビジョンが第二段階で設定されなければならない。東大阪市の企業102社のうち66社が回答をした。

図表10-16　東大阪市の企業がもつビジョン

ビジョン	件　数
ミッションと同じ	9
世界企業になる	8
会社を大きくする	9
オンリーワン企業になる	5
ニッチ産業にする	1
お客様の満足度をもとめる	3
社会のためになる	5
技術発展のため	13
特にない	3
共生	1
現状維持	3
社会のため	3
環境のため	1

有効回答102社のうち66社が回答、１社２つ以上の回答あり
出所：筆者作成

図表10-17　ベンチャー企業・中小企業の技術力以外の強み

内部的強み	①意見調整型意思決定プロセスから生まれる強さ
	②社会貢献型の経営理念を有することから生じる強さ
	③技術力だけに頼らない、市場に適応する力から生じる強さ

出所：筆者作成

14. 企業成長に重要な位置を占めるベンチャーキャピタル

ベンチャーキャピタルは1971年に京都で設立されたのが最初であり、その後第一次ベンチャーキャピタルブーム、1980年代に二次ブーム、1990年代の第三

次ブームを経て今日に至っている。ベンチャーキャピタルは果敢に挑戦するファイナンス企業と定義する。ベンチャー企業、中小企業にとっては、資金調達の救世主である。ベンチャーキャピタルに所属するベンチャーキャピタリストによって果敢にインベストしている。新しい産業に対するインベスト活動には積極的である。

ベンチャーキャピタルおよびファンド、エンジェルおよびエンジェルファンドは、ベンチャー企業、中小企業に資金を提供するだけでなく、さまざまなサポートをおこなう。ベンチャー企業、中小企業はベンチャーキャピタル以外にどのようなところから資金を調達しているか。それは、都市銀行、地方銀行、自己資金、国民生活金融公庫、信用金庫である。ベンチャーキャピタルと同じ行動をおこなっている中小企業投資育成会社は1963年に国策会社としてスタートしている。ベンチャーキャピタルが登場する８年前であった。

今回の東大阪市における調査では、ベンチャーキャピタルからの投資を受けている企業２社、受けてない80社、どちらでもない４社、無回答16社であった。

図表10-18　東大阪市の企業におけるベンチャーキャピタル出資

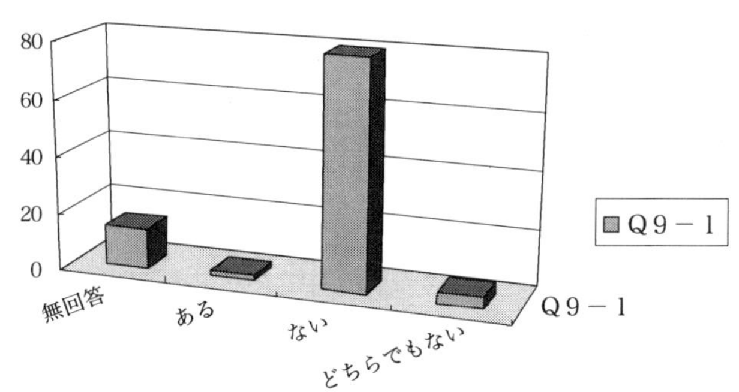

無回答 16 社（15.7%）、ある２社（２%）、ない 80 社（78.4%）、
どちらでもない４社（3.9%）

図表10-19　東大阪市の企業がベンチャーキャピタルから出資を受けているか

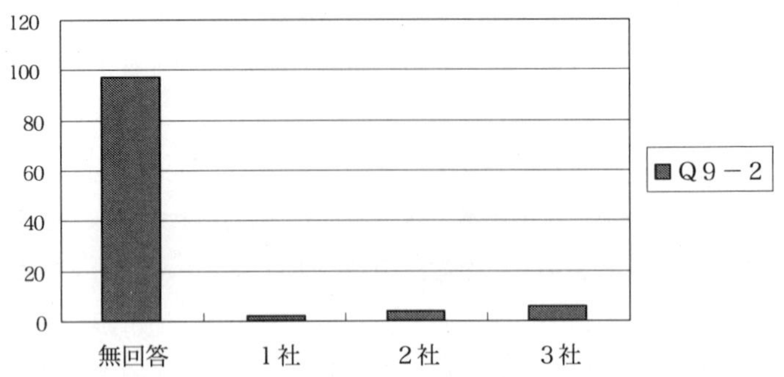

ベンチャーキャピタル1社から0社、2社から2社、3社から1社、無回答99社

15. ベンチャーキャピタルおよびファンド活動

民間のベンチャーキャピタルおよびファンドでは、起業金融に積極的なのは、大手よりも独立系ベースで事業をおこなっているところである。ベンチャーキャピタルおよびファンドは、従来上場を間近に控えた未公開企業の株式を取得することが多かった。現在では起業の初期に経営陣と同じ条件で投資したうえで、経営に参画し高い投資利回りを目指すベンチャーキャピタルおよびファンドが増加している。

ベンチャーキャピタルおよびファンドが強化したいベンチャー企業への支援内容は①財務内容の改善指導、②支援、M&A仲介、③経営手法の指導、④人材仲介、⑤追加出資、⑥人材派遣、⑦技術紹介などがあり、ファイナンス関係の支援を希望することが多い。ベンチャーキャピタルおよびファンドは、ベンチャー企業、中小企業が作成した事業計画を分析し、その成長性を予測したうえで成功確立を判断する。その具体的な過程は投資先のベンチャー企業、中小企業に対する経営支援により成長を計画通りに達成させ、企業価値を高めることにある。このような支援がなければハイリターンを得ることはむずかしい。経営支援は相当な経験と素質と努力を要する仕事である。メンターに必要なことは、その対象となる業界を熟知していることが重要である。さらに企業経営のベテランであることが求められる。

ベンチャーキャピタルおよびファンドの役割については、主なものとして資金提供があげられ、つぎにコンサルタント業務があげられる。ベンチャー企業、中小企業の成長ステージの視点からみると、スタートアップ期、アーリーステージ期にかけて多くのベンチャーキャピタルおよびファンドが参加している。

図表10-20　ベンチャーキャピタルの投資プロセス

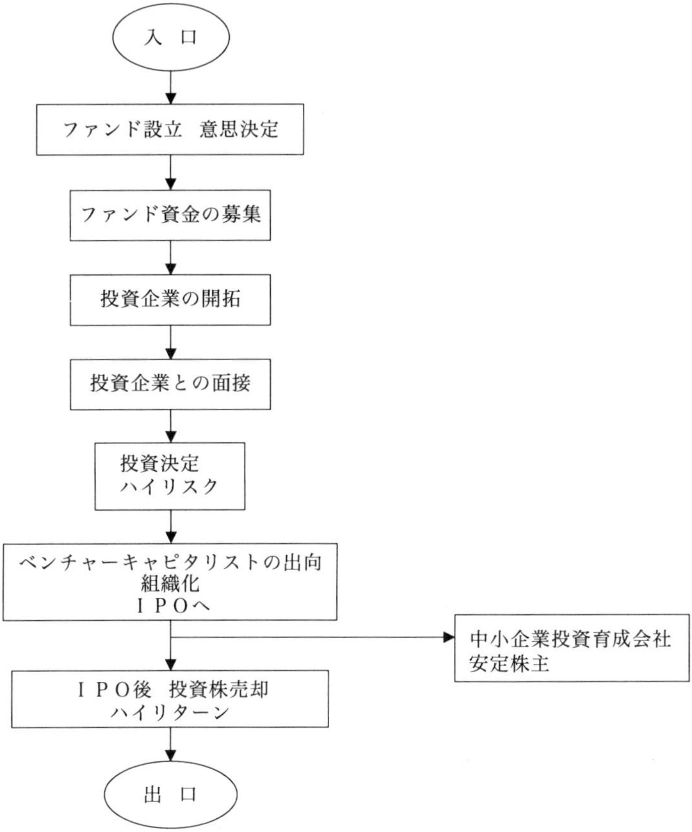

入　口
↓
ファンド設立　意思決定
↓
ファンド資金の募集
↓
投資企業の開拓
↓
投資企業との面接
↓
投資決定
ハイリスク
↓
ベンチャーキャピタリストの出向
組織化
ＩＰＯへ
↓ → 中小企業投資育成会社
安定株主
ＩＰＯ後　投資株売却
ハイリターン
↓
出　口

出所：筆者作成

図表10-21　東大阪市の企業がベンチャーキャピタル出資を受けている場合のベンチャーキャピタルの経営母体

出資を受けているベンチャーキャピタル上位３社の経営母体

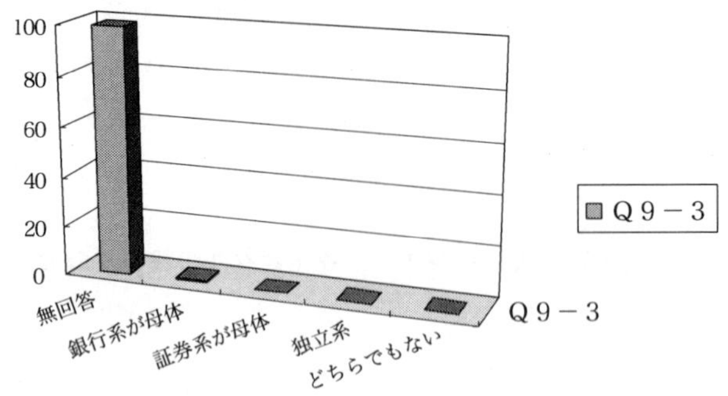

銀行系１社、証券系０社、独立系０社、どちらでもない０社、無回答 101 社

これまでに２つの項目においてコアコンピタンスについて、ふれてきたが、ここにおいて東大阪市の企業において、なにがコアコンピタンスと認識しているのかをみてみる。図表10-22では複数回答方式により、散布図で提示した。技術である36社、開発力16社、品質１社、人的資源６社、コスト３社、サービス４社、価格政策０社、営業力６社、販売ノウハウ２社、優良チャネル０社、製品11社、その他１社となっている。

図表10-22　東大阪市の企業におけるコアコンピタンス

コアコンピタンスは何か

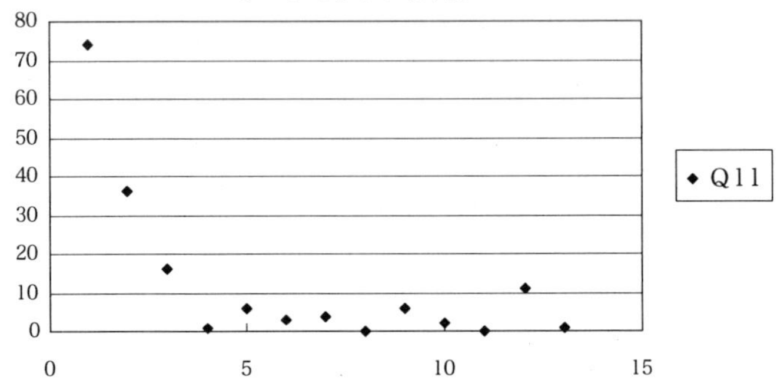

縦線は件数、横線は無回答、技術、開発力、品質、人的資源、コスト、サービス、価格政策、営業力、販売ノウハウ、優良チャネル、製品、その他である。

16. 東大阪市の中小企業・ベンチャー企業の環境製品開発の要点

東大阪市の中小企業・ベンチャー企業が環境対応製品開発を目指す場合に着目する要因はエコデザインにあると考えられる。製品開発に取り掛かる場合に地球環境問題を重要な位置に置きデザインする必要がある。エコロジー的視点でデザインされた製品は、被害を後から回避したり、除去したりする技術よりも生物圏に対する負荷が少ない。製品開発にとって重要なのは①製造、②消費、③一次利用後である。以下の図表を参照。

エコデザインの戦略ステージは八つに分けられる。①新しい概念の開発、②環境にやさしい材料の選択、③量的縮小、④生産技術の最適化、⑤包装とロジスティクス最適化、⑥その寿命の間における製品環境改善、⑦製品の耐久性最適化、⑧製品ライフサイクルの終末の最適化である。（中井透［2004］『日本型価値想像経営のモデル構築』57頁図表-２参照）

図表10-23　環境対応新製品開発の特性

①製造	原料、生産工程、建物、設備の物質集約度 原料、生産工程、建物、設備のエネルギー集約度 再生可能資源の利用 廃棄物集約度 粗悪品の割合 輸送集約度 包装集約度
②消費	物質使用量 入力エネルギー 出力エネルギー 重量 自動制御と自動最適化 多機能性 再利用の可能性 多数の利用者による共同利用の可能性 耐久性
③一次利用後	製品の耐久性 可燃性ないし燃焼によって回収可能なエネルギーの量

出所：中井透［2004］『日本型価値創造経営のモデル構築』55頁を参照、筆者作成

東大阪市の企業において環境対応新製品開発が可能かという本題調査の結果をみてみると、可能企業19社、いいえ41社、すでに環境対応製品を開発６社、どちらでもない24社、無回答12社である。可能企業19社とすでに開発している６社で合計25社となっている。調査企業102社の四分の一を占めている。すると東大阪市の企業すべての割合で考えると、四分の一の企業が環境対応新製品開発が可能と推定できる。図表10-24にて提示した。

図表10-24　東大阪市の企業における環境対応製品開発の可能性

新たな環境対応製品開発は可能か

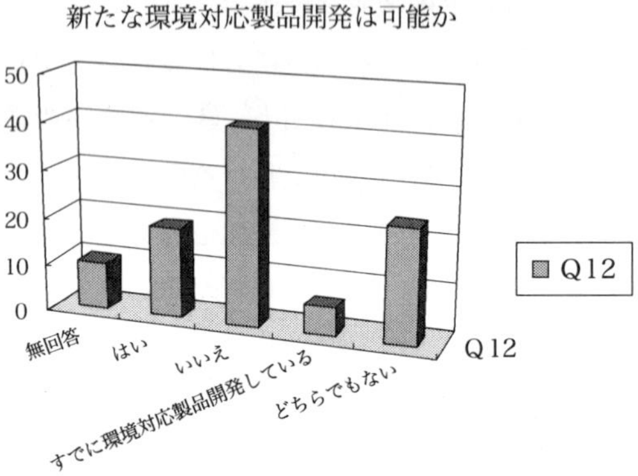

無回答 12（11.8%）社、はい 19 社（18.6%）、いいえ 41 社（40.2%）、
すでに環境対応製品開発している６社（5.9%）、どちらでもない 24 社（23.5%）

17. 東大阪市の企業における環境対応製品開発の可能性

今回の調査によると積極的な企業はすでにさまざまな環境対応製品のアイデアを秘めていることが明らかになった。たとえばオイルを使用した焼き戻し処理を水に転換する。低摩擦コーティング技術、油圧機器から水圧機器へ転換、リサイクル素材での生産、新しいプレス機械の導入、省エネヒーター、クロムフリーの薬品開発、再生PET製品開発、環境対応分析装置開発、メッキ環境対応製品などがあげられている。当然企業秘密ということで２社が具体的には答えられないとしている。また、すでに６社が環境対応製品を製造していることが判明した。東大阪市の企業において存在している多くのコアコンピタンス

の活用が求められるところである。たとえば人口500万人のデンマークに世界中に風力発電機器を販売しているメーカーがあるが、東大阪市から世界中を相手にするグローバル環境対応製品メーカーが育つ可能性は無限大であると考える。ひとえに企業経営陣による意思決定によると考える。

18. 東大阪市の企業が環境対応製品を開発するのに資金はいくら必要か

環境対応新製品開発には時間、資金、人的資源などが多く必要となるが、図表10-25において東大阪市の企業における資金需要予測を提示した。図表の横線の順序にそってみると無回答、1,000万円以内、1,001万円から2,000万円、2,001万円から3,000万円、3,001万円から4,000万円、4,001万円から5,000万円、5,001万円から6,000万円、6,001万円から7,000万円、7,001万円から8,000万円、8,001万円～9,000万円、9,001万円から1億円、１億円以上、その他になる。

図表10-25　東大阪市の企業が環境対応製品を開発する際に必要な資金

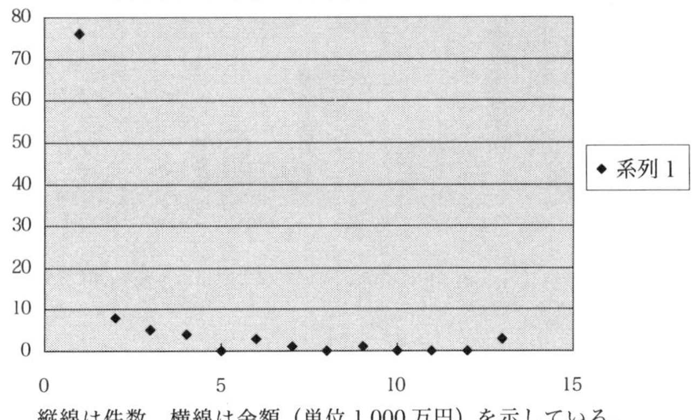

縦線は件数、横線は金額（単位 1,000 万円）を示している。

図表10-26　東大阪市の企業で環境対応製品開発できるときに必要となる社員数

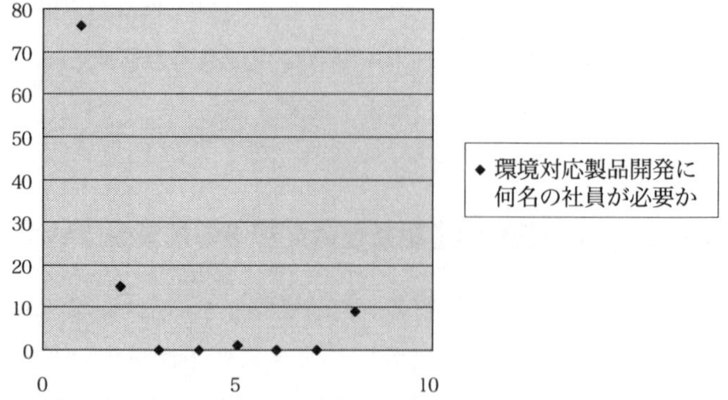

縦軸は会社数、横軸は必要人員数、1から無回答77社（75.4%）、
50名以下15社（14.7%）、51～100名0社（0%）、
101名～150名0社（0%）、151名～200名1社（0.9%）、
201名～300名0社（0%）、300名以上0社（0%）、その他9社（9%）

図表10-27　東大阪市の企業が北九州市のロボット産業と提携が可能か

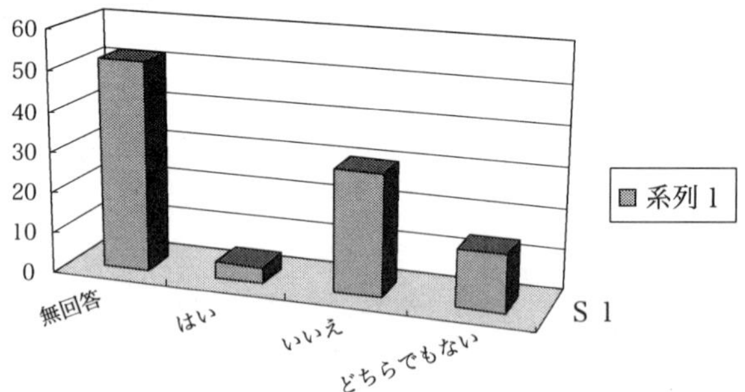

無回答54社（53%）、はい4社（3.9%）、いいえ30社（29.4%）、
どちらでもない14社（13.7%）

19. 経営戦略におけるシナジー

シナジー効果は相乗効果であるが、二つのものが一つになることで大きな効果を発生させることである。地域、会社によって得意な分野があるが、それらが結びついて、さらなる発展が見込まれる。つまり「1＋1が2ではなく、5

にも 7 にもなる」ということである。たとえば半導体メーカーが、台湾、韓国、中国の追い上げを受けたときに、合併することによって業績を回復させたことが代表例である。

よって東大阪市の「人工衛星を飛ばす」技術と北九州市のロボット産業技術との連携によるシナジー効果が可能と考えられる。まだ川崎市、浜松市などとの提携の可能性も大いにある。今回の調査では5%の企業が提携可能と回答している。個別の企業同士では提携がむずかしいので産官学連携センターや地域共同センターなどを設置して望むことが重要である。

日本におけるベンチャー企業、中小企業では、高度な製品、高品質な部材を提供するために、ものづくりに必要不可欠な技術を現場レベルで所有していることが多い。こうした技術は、他の地域企業との連携でさらなる飛躍が見込まれている。事業連携は単なるコスト削減だけではなく、経営資源の相互補完ができる。中小企業庁によると事業連携に期待する効果としては図表10-28にて提示する。（中小企業庁［2005］『中小企業白書』67頁参照）

図表10-28　事業連携に期待する効果

1．新商品開発力、製品企画力、技術開発力の向上
2．販路の拡大、市場開拓能力の拡大
3．売上、付加価値の拡大
4．技術、生産管理等の面での相乗効果
5．得意分野が更に磨かれる
6．産学連携の拡大、実現
7．革新的取組が可能とな
8．受注への即日対応能力の向上
9．設備投資等の投資のリスク分散
10．交渉力、信用力の強化
11．ブランドの向上
12．効率的生産方式が採用できる
13．参加企業の下請け体質からの脱却

出所：中小企業庁［2005］『中小企業白書』ぎょうせい67頁参照、筆者作成

図表10-29　東大阪市の企業が北九州市のロボット産業企業と提携したときにシナジー効果があるか

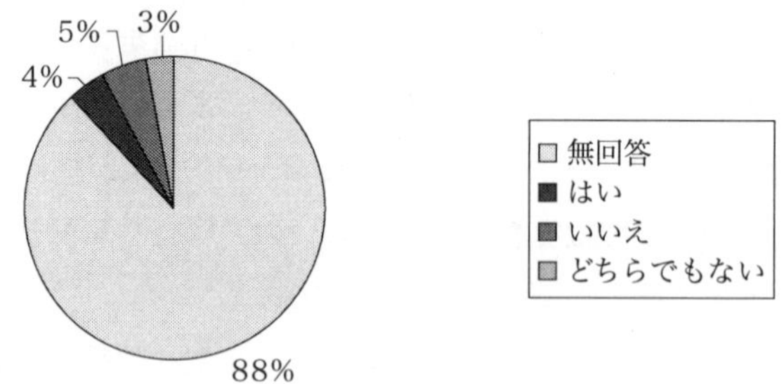

20. 東大阪市の企業による他地域との連携について

近年はグローバル化の時代を迎えて事業環境の大きな変化、変革が加速度的に早まっている。ベンチャー企業、中小企業の各クラスター地域では、特定の企業、産業に依存することなく、絶えず経営革新を図り、そのクラスター地域を越えての企業連携が必要となっている。他方でベンチャー企業、中小企業は経営資源に限りがあるので単独での経営革新は難しいといえる。しかし、ベンチャー企業、中小企業が、各クラスター地域に存在する経営資源を活用することは有効な経営手段と考えられる。そのためには地域間の連携を模索することが重要である。

中小企業庁［2006］の調査では、新連携の相手先の約60％が複数都道府県にまたがる、約40％が同一都道府県内での連携であった。このような環境のなかでの地域産業連携は、今後のベンチャー企業、中小企業の成長にとって必要不可欠である。

21. 政府による中小企業金融施策

中小企業・ベンチャー企業における新製品開発に対する政府の金融施策を見

ると導入可能な支援が多くある。政府は「やる気と能力を有する」中小企業が資金繰り悪化による倒産を回避するためにセーフティネット貸付・保証、資金繰り円滑化借款保証制度を運用している。さらに担保や個人保証に過度に依存しない融資を促進するために、売掛債権を担保とした借入や、中小企業向け貸出債権の証券化支援業務を推進するほか、担保の全部または一部を不要とする制度、経営者の個人保証を免除する制度を幅広く導入している。

中小企業新事業活動促進法に基づき、関係各省庁が連携して新産業の創出に繋がる新技術開発に補助金、委託費等を提供している。技術開発の成果を事業化するために特許料の減免措置、特別貸付、信用保証の特例などの支援をおこなっている。イノベーション促進のために、これまで説明した①中小企業技術革新制度、ならびに②中小企業・ベンチャー企業挑戦支援事業、③中小企業技術革新成果事業化促進事業を施策として実施している。(中小企業庁［2006］『中小企業白書』304、306頁参照)

東大阪市の中小企業・ベンチャー企業が新技術を開発した場合は、政府によるこれらの施策を積極的に導入する必要があると考える。

22. 本章研究の結論と課題

環境問題の深刻化は先進国、移行国、発展途上国を問わず、さまざまな形で進行している。環境問題には、固有の問題と政策課題があり、解決をせまられる緊急度も一様ではないが、そのなかでも地球温暖化は規模、時間的視野、生態系への影響の複雑さ、利害関係の対立、関係する人々の広がりなど、あらゆる面からみて最大級の環境問題である。地球環境問題は、オゾン、気候、大気、公害、土壌汚染、産廃、科学物質、酸性雨、ごみ、河川、湖沼、さらに騒音、臭気、浮遊粒子とさまざまである。

環境省の環境にやさしい企業行動調査では、「環境の取り組みは社会貢献の一つである」という問いに上場企業33.2％、非上場51.5％がイエスと答えている。「環境への取り組みを企業の最も重要な戦略の一つと位置づけ事業活動のなかに取り込んでいる」の回答をいれると上場、非上場ともに80%近くになっている。

環境への認識の深まりが環境保全行動につながる。従来の環境問題は、環境汚染、生態系破壊などの問題がそれぞれ個別の問題として認識されているだけであったが、テレビ、パソコンなどの情報機器やマスコミ、インターネットなどの媒体といったものの普遍化にともなって、多くの地域で共通して起こっている問題であるという認識が広まっている。

このような時代に存在する企業は、社会的責任、地域貢献を果たすとともに、ビジネスチャンス到来と考えることができる。環境問題に対応し、そのうえに利益追求ができる環境対応新製品開発は時代が求めていると考える。東大阪市の企業は「人工衛星を打ち上げる」という地域全体のビジョン設定により、全国から注目されている。また、それを支えることができるオンリーワン企業、ニッチ企業、歴史ある企業のクラスター地域であるので新産業創造の基盤が存在する地域である。

東大阪市の企業がもっているすぐれた技術のイノベーション、シナジーによって、環境対応新製品開発は可能である。しかし今回の調査に、北九州市のロボット産業との提携について質問したが、提携可能企業４社、どちらでもない14社があり、18社は必要な情報があれば検討できると判断した。また提携可能企業４社すべてがシナジー効果があると回答した。このように新しい製品開発には創造的破壊が必要であり、地域の特性を生かした地域間提携を提案したい。

東大阪市の企業が環境対応製品を開発するための課題としては、企業の経営戦略導入が不可欠であると考える。先端技術をさらに先端に向かわせるのは、技術力に経営戦略が加わった時である。なにも無いところから果敢に挑戦するのがベンチャー企業であるが、東大阪市には多くの挑戦する企業が存在している。これまでの高い技術力を、東大阪市という日本の中心に位置するすばらしい条件を最大に活用し発展させるには、高度な経営学の修得が求められる。それには、東大阪市企業大学校のような市民講座開設が急務であると考える。

資料１．アンケート調査表

東大阪市地域研究助成金による「東大阪市の企業が先端技術により、環境対応製品を創出するための研究」に関する調査です。お忙しいところ申しわけありませんが、ご協力、宜しくお願いいたします。

2007年11月22日

大阪経済法科大学准教授　宮脇敏哉

Ｑ１．貴社の概要についてお尋ねします。

１－１　貴社の創業はいつですか。[　　　　　　] 年 [　　] 月

※法人登記ではなく、事業をはじめられた年月で、ご記入ください。

１－２　下記項目をご記入ください。

貴社名 [　　　　　　　　　　　　　　　　　　]

代表者 [　　　　　　　　　　　　　　　　]

法人設立 [　　　　　　] 年 [　　　] 月

従業員数 [　　　　　　　　] 名

取締役数 [　　　　　　　　] 名

資本金　[　　　　　　　　　　　　　] 円

主な製品（商品）名 [　　　　　　　　　　　　　　　　　]

[　　　　　　　　　　　　　　　　　]

Ｑ２．貴社は現代表者の起業により設立されましたか。○をおつけ下さい。

１．はい

２．いいえ

３．どちらでもない

Ｑ３．貴社のミッション（使命）は、なんですか。ご記入ください。

Ｑ４．貴社のビジョン（未来図、目的）は、なんですか。ご記入ください。

Ｑ５．現在の成長ステージは、どちらですか。○をおつけください。

０．シード期（計画段階）

１．スタートアップ期（起業して間がない）

２．アーリーステージ期（急成長期）

３．グロース期（安定成長期）

４．どちらでもない。

Ｑ６．貴社は、将来株式上場をめざしていますか。○をおつけください。

１．めざしている。

２．めざしていない。

３．すでに上場している。

４．どちらでもない。

Q７．貴社の製品（商品）は、先端技術ですか。○をおつけください。

１．先端技術である。

２．一般技術である。

３．どちらでもない。

Q８．貴社はイノベーション（技術革新）企業ですか。○をおつけください。

１．イノベーション企業である。

２．一般企業である。

３．どちらでもない。

Q９．貴社はベンチャーキャピタルからの出資がある。○をおつけください。

１．ある。

２．ない。

３．どちらでもない。

９－２　Q９．において、「ある」とお答えの方にうかがいます。

ベンチャーキャピタルの何社から出資を受けていますか。

［　　　　　　］社

９－３　Q９．において、「ある」とお答えの方にうかがいます。

出資を受けているベンチャーキャピタルの上位３社の経営母体はどちらですか。○をおつけください。

１．銀行系が母体

２．証券系が母体

３．独立系

４．どちらでもない

Q10. 貴社の製品（商品）は、他社がまねのすることができないコアコンピタンス（中核能力）がありますか。○をおつけください。

1．ある。

2．ない。

3．どちらでもない。

Q11. Q10において「はい」とお答の方にうかがいます。

他社と比較して、貴社のコアコンピタンス（中核能力）は、何であると思われますか。（複数回答可）○をおつけください。

1．技術　2．開発力　3．品質　4．人的資源　5．コスト

6．サービス　7．価格政策　8．営業力　9．販売ノウハウ

10. 優良チャネル　11. 製品　12. その他［　　　　　　　　］

Q12. 貴社の技術力で、新しい環境対応製品の開発は可能ですか。○をおつけください。

1．はい

2．いいえ

3．すでに、環境対応製品を開発している

4．どちらでもない

Q13. Q12において「はい」とお答の方にうかがいます。

13－1　どのような、環境対応製品の開発が可能ですか。ご記入ください。

13－2　開発期間は、どのぐらい必要ですか。ご記入ください。

[　　　　] 年、[　　　　] ヶ月、不明 [　　　]

不明の時は○を、ご記入ください。

13－3　貴社が環境対応製品を開発する時は、資金はいくら必要となりますか。○でお答えください。

1．1,000万円以内
2．1,001万円～2,000万円
3．2,001万円～3,000万円
4．3,001万円～4,000万円
5．4,001万円～5,000万円
6．5,001万円～6,000万円
7．6,001万円～7,000万円
8．7,001万円～8,000万円
9．8,001万円～9,000万円
10．9,001万円～1億円
11．1億円以上
12．その他

13－4　環境対応製品開発には、何名の社員が必要となりますか。○でお答えください。

1．50名以下
2．51名～100名
3．101名～150名
4．151名～200名
5．201名～300名
6．300名以上
7．その他

Q14．Q13.にお答えの方にうかがいます。

北九州市のロボット産業技術（制御、センサー）などとの提携が可能ですか。○でお答えください。

1．はい
2．いいえ
3．どちらでもない

Q15. Q14.の「はい」の方にうかがいます。

提携により、シナジー（相乗）効果は、あると考えますか。○でお答えください。

1．はい

2．いいえ

3．どちらでもない

Q16. ご意見を、ご自由にご記入下さい。

貴社のご協力に心より感謝申し上げます。

この調査結果は、東大阪市と研究学会、出版物にて使用致します。なお個々の会社名は、一切提示致しません。いただいた資料は、分析後に破棄いたします。

お手数ですが、返信用封筒にて、12月12日までにご返送ください。

よろしくお願いいたします。

第11章－1　アドバンテスト

1. アドバンテストの起業と歴史

ベンチャー企業のアドバンテストを本項で取り上げる。アドバンテストは、1954年にタケダ理研として東京において起業された。ビジョンは「先端技術を先端で支える」である。アドバンテスト［2005］によると、世の中の技術の一歩先を見据え研究、開発を積極的に推進し、独自性に溢れた製品をいち早く提供し、「夢のある未来社会の実現」をミッションとしている。また、社会の根源にあるものを探求し、解決し、環境経営では「地球環境を次世代へ着実に伝える」とした。

ベンチャー企業の成長事例としてアドバンテストの財務を要点にし、検討したい。起業後の成長過程を通して今後のベンチャー企業発展のエンジンを見つけたいと考える。タケダ理研工業として起業、同年マイクロ、マイクロ・アンメーターを発売し、先端技術開発型として始動した。1957年にエレクトロニック・カウンターを発表、1968年にはIC産業に参入し、半導体試験装置研究に着手した。1971年、日本ミニコンピュータ㈱の設立に参加しミニコンを国産化し、1976年には富士通、第一勧業銀行の支援を受ける。1982年にアメリカに進出、Takeda Systems, Inc.（現Adnantest America. Inc.）を設立した。さらに、1983年には東京証券取引所第二部にIPOした。1985年に社名をアドバンテストに変更、同年ICテストシステムの世界トップメーカーとなる。1986年には、オランダ、フランス、シンガポール、イギリスへ進出し、グローバル化を推進した。1992年には、事業部制を導入し、キャッシュフロー経営を取り入れ、翌年には環境経営において地球環境保全委員会の設置と地球環境憲章の制定を行った。

1996年にはアジア地区の統括会社Advantesut Asia Pte. Ltd. を設立、同年韓国にAdvantest Korea Co., Ltd. 設立、1997年北アメリカの統括会社Advantesut America Corporation設立と世界を視野に入れた経営を行った。

2000年には経営指標としてAVA（Advantest Value Added：アドバンテスト流経済付加価値）を導入、同年経営管理手法であるABCM（Activity Based Costing and Management）を導入した。

2002年では成果指標としてAPI（Advantest Activity Performance Indicator）を導入、2003年には環境経営推進の環境推進センターと環境対策統括委員会を設置するに至った。2004年事業区分を半導体、部品テストシステム、メカトロニクス関連事業、サービス他に変更した。

2．アドバンテストの方向性とテクノロジー

計測と試験における世界のリーディング・カンパニーのアドバンテストとして大いなる飛躍への道を進んでいる。20世紀の終焉と共に、欧米も日本と共にネットバブルが一転してIT不況に変わった。景気見通しが不透明なまま、21世紀を迎える。2002年には景況感がさらに悪化し、世界同時不況と表現された。金融機関の相次ぐ大型M&Aにより、金融ビッグバンが現実のものとなった。

また、我国インターネットのブロードバンド化が急激に進み、2003年にはADSL加入者数が1,000万を突破した(1)。アドバンテストはドメイン戦略を「計測」とし、「先端技術を先端で支える」とビジョン設定している。アドバンテストは、超最先端のナノテクノロジーにより半導体生産、電子部品測定ニーズに応えるため、電子ビーム露光装置や電子ビーム測長機の開発を進めている。さらに高精度測定技術の開発を行い電子ビーム露光装置F5113、SAWフィルタ用パターン測長システムE3401Cを世に送り出した。(SAW: Surface Accousitic Wave）上記の超最先端技術によって半導体生産や電子部品の測定に大きく貢献している(2)。

3．アドバンテストのソリューション

アドバンテストは、トータル・ソリューション・サービス「GET solution」を提供し、コスト削減、開発TAT短縮、歩留まり向上、技術者の育成など、ユーザーが抱える様々なテストの問題の解決をしている。

「GET solution」では、24時間、365日の製品サポートや、最先端LSIの設計評価やテスト技術開発から量産段階でのスループットや設備稼働率の向上など、多彩なエンジニアリングサービスを与えている。(GET: Globally Enabled Total)

図表11-1-1にてGET solutionを提示する。

図表11-1-1

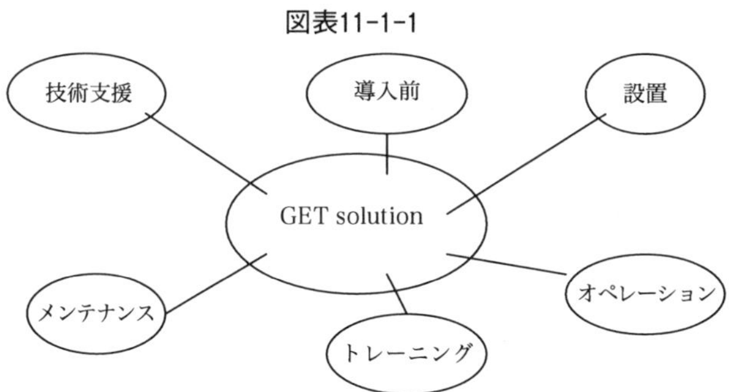

出所：ADVANTEST［2005］Corporate Profile, p.16

4．アドバンテストの環境経営とCSR

アドバンテスト［2005］によると、環境経営への取り組みとして環境活動と経済活動が共存し、社会の持続的な発展に貢献する環境経営を推進している。例えば部材のグリーン調達や省エネルギーリサイクル性向上、有害物質排除に適応した製品の開発、省資源で効率の良い生産活動、環境負荷の少ない物流などにおいて環境に配慮している。図表11-1-2にてアドバンテストの環境経営を提示する。

図表11-1-2　アドバンテストの環境経営

出所：ADVANTEST［2005］Corporate Profile, p.21

また、アドバンテストは企業の社会的責任（CSR: Corporate Social Responsibility）に対する関心が高まる中、2003年にワールドワイドにCSR活動を推進するため「経済」「環境」「社会」を柱とするCSR委員会を設置した。コンプライアンスや環境保全、社会貢献活動、人権問題への対応や顧客満足度の向上などの方向性を決定し、その遵守、推進をしている。図表11-1-3にてアドバンテストのCSRを提示する。

図表11-1-3　アドバンテストのCSR

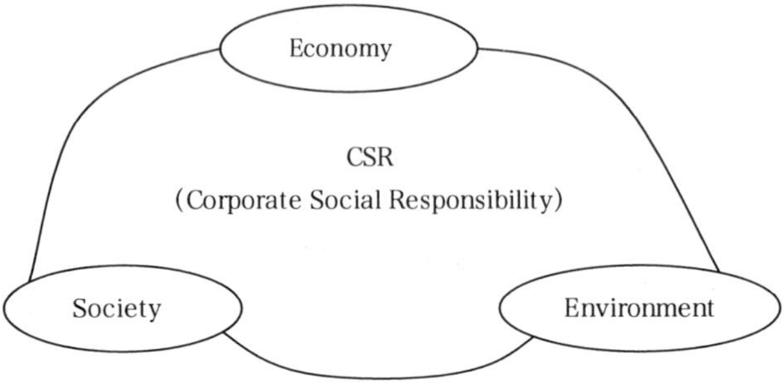

出所：アドバンテスト［2005］Corporate Profile, p.23

5．アドバンテストのコーポレートガバナンス

アドバンテストは執行役員制を執り、現在21名の執行役員によって資本金323億円6300万円（2005年３月31日現在）、社員1,433名（単独）、3,565名（連結）（2005年３月31日現在）の成長会社の舵取りを行っている。図表11-1-4にて組織図を、図表11-1-5にて業績推移を、図表11-1-6にて2004年度の売上構成を提示する。

図表11-1-4　アドバンテストのコーポレートガバナンス

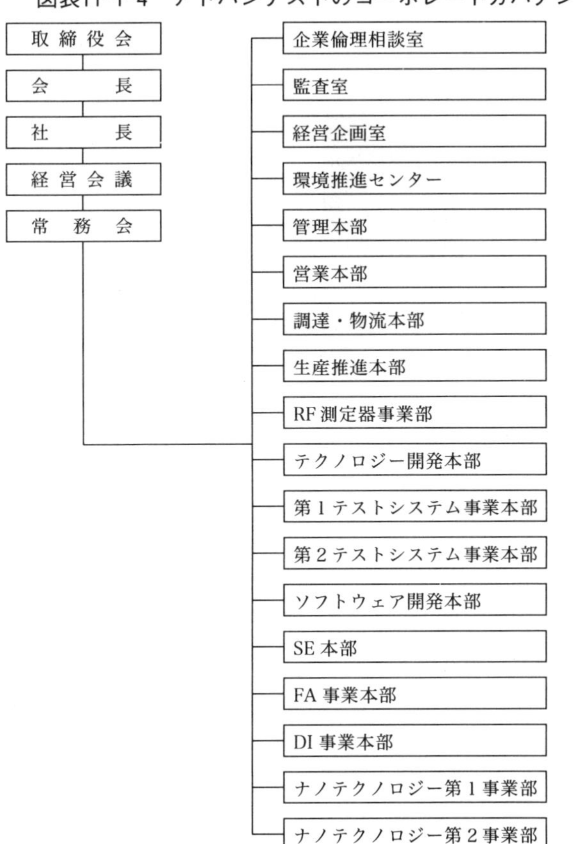

出所：ADVANTEST［2005］「Corporate Profile」, p.25

図表11-1-5　アドバンテストの業績推移（連結）

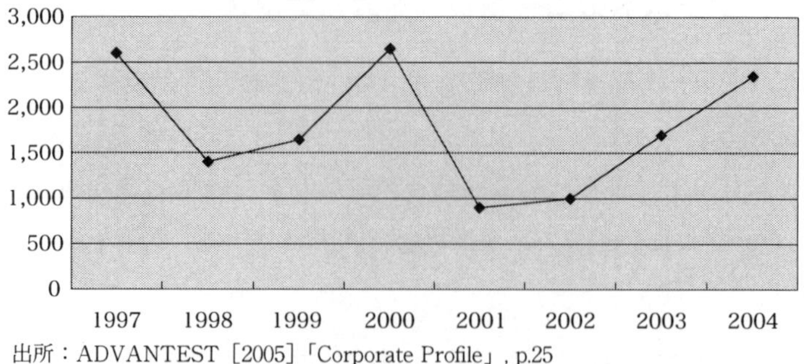

出所：ADVANTEST［2005］「Corporate Profile」, p.25

図表11-1-6　アドバンテストの2004年度売上構成

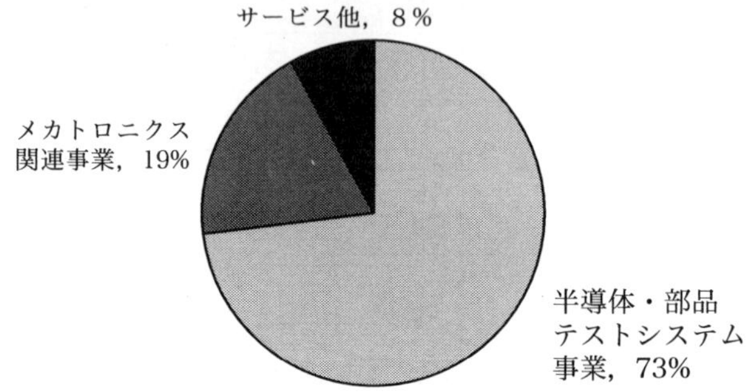

出所：ADVANTEST［2005］「Corporate Profile」, p.25

6．アドバンテストの財務について

U. S. GAAP Selected Consolidated Financial Data

The following selected financial data have been derived from Advantest's audited consolidated financial statememts. These consolidated financial statements were prepared under accounting principles generally accepted in the United States, or U. S. GAAP. Advantest's U. S. GAAP audited consolidated financial statements for fiscal 2002, fiscal 2003 and fiscal 2004 were included in its Japanese Securities Reports filed with the Director of the Kanto Local Finance Bureau.

Year ended March 31,

図表11-1-7	2001	2002	2003	2004	2005	2005
Consolidated Statement of Income Data:	(in millions, except per share data)					(thousands, except per share and share data)
Net sales………………	¥276,512	¥95,244	¥97,740	¥174,218	¥239,439	$2,229,621
Operating income (loss)………………	84,905	(37,105)	(16,743)	30,960	60,719	565,406
Income (loss) before Income taxes…………	86,333	(38,480)	(18,688)	28,878	61,808	575,547
Net income (loss)………	53,121	(23,906)	(12,994)	17,329	38,078	354,577
Net income (loss) per Share:						
Basic………………	534.44	(240.38)	(131.99)	176.37	389.54	3.63
Diluted………………	533.24	(240.38)	(131.99)	176.02	388.51	3.62
Basic weighted average shares outstanding……………	99,394,909	99,453,203	98,445,111	98,250,830	97,750,345	97,750,345
Diluted weighted average shares outstanding…………	99,618,561	99,453,203	98,445,111	98,446,136	98,010,739	98,010,739

As of March 31,

図表11-1-8	2001	2002	2003	2004	2005	2005
Consolidated Balance Sheet Data:						
Assets…………………	¥407,431	¥307,562	¥281,224	¥330,808	¥296,769	$2,763,470
Current installments of long-term debt…………	4,343	43	2,243	4,543	20,043	186,637
Long-term debt, less Current installments.	26,911	26,868	24,626	20,083	40	373
stockholders' equity………	267,929	240,716	210,663	221,768	206,749	1,925,217

Year ended March 31,

図表11-1-9	2001	2002	2003	2004	2005	2005
Other Data:	(in millions, except percentages)					
Capital expenditures……	¥12,280	¥13,254	¥7,564	¥5,621	¥9,348	$87,047
Research and development Expenses………………	28,541	26,674	23,615	21,637	26,280	244,716
Cash flows provided by operating Activities………………	29,597	9,009	4,967	28,215	90,327	841,112
Cash flows used in investing Activities………………	(16,130)	(18,573)	(8,419)	(5,070)	(8,250)	(76,823)
Cash flows used in financing Activities……	(10,266)	(9,463)	(14,488)	(6,376)	(63,036)	(586,982)
Operating margin(1)………	30.71%	(38.96)%	(17.13)%	17.77%	25.36%	
Net income margin(2)………	19.21%	(25.10)%	(13.29)%	9.95%	15.90%	

出所：ADVANTEST［2005］「ANNUAL REPORT 2005 Financial」ADVANTEST, p.5

7．アドバンテストのインカムゲイン

図表11-1-10 ADVANTEST CORPORATION AND SUBSIDIARIES

Consolidated Statements of Stockholders' Equity Years ended March 31, 2003, 2004 and 2005

	2003	2004	2005	2005
		Yen		U.S.Dollars
Common stock:		(millions)		(Thousands)
Balance at end of year……	¥32,363	32,363	32,363	$301,360
Balance at end of year……	32,363	32,363	32,363	301,360
Capital surplus:				
Balance at beginning of year……	32,973	32,973	32,973	307,040
Stock option compensation expense……	−	−	2,290	21,324
Balance at end of year……	32,973	32,973	35,263	328,364
Retained earnings:				
Balance at beginning of year……	178,998	162,547	177,404	1,651,960
Net income (loss)……	(12,994)	17,329	38,078	354,577
Cash dividends……	(3,457)	(2,456)	(4,915)	(45,768)
Loss on disposal of freasury stock……	−	(16)	(446)	(4,153)
Balance at end of year……	162,547	177,404	210,121	1,956,616
Accumulated other comprehensive income (loss):				
Balance at beginning of year……	(1,184)	(4,055)	(8,061)	(75,063)
Other comprehensive income (loss), net of tax…	(2,871)	(4,006)	(3,183)	29,640
Balance at end of year……	(4,055)	(8,061)	(4,878)	(45,423)
Treasury stock:				
Balance at beginning of year……	(2,434)	(13,165)	(12,911)	(120,225)
Treasury stock purchased……	(10,731)	(32)	(54,513)	(507,617)
Exercise of stock options……	−	180	1,302	12,124
Decrease in treasury stock upon Share exchange……	−	105	−	−
Treasury stock sold……	−	1	2	18
Balance at end of year……	(13,165)	(12,911)	(66,120)	(615,700)
Total stockholders' equity……	¥210,663	221,768	206,749	$1,925,217
Disclosure of comprehensive income (loss):				
Net income (loss)……	¥(12,994)	17,329	38,078	$354,577
Other comprehensive income (loss), net of tax				
Foreign currency translation adjustments……	(2,915)	(3,976)	1,635	15,225
Net unrealized gains on securities……	44	1,366	152	1,416
Minimum pension liability adjustments……	−	(1,396)	1,396	12,999
Total other comprehensive income (loss)…	(2,871)	(4,006)	3,183	29,640
Total comprehensive Income (loss)……	¥(15,865)	13,323	41,261	$384,217

See accompanying notes to consolidated financial statements.

出所：ADVANTEST［2005］「ANNUAL REPORT 2005 Financial」ADVANTEST, p.10

8．アドバンテストのキャッシュフロー経営

図表11-1-11　ADVABTEST CORPORATION AND SUBSIDIARIES

Consolidated Statements of Cash Flows Years ended March 31, 2003, 2004 and 2005

	2003	2004	2005	2005
		Yen (Millions)		U.S.Dollars (Thousands)
Cash flows from operating activities:				
Net income (loss)	¥ (12,994)	17,329	38,078	$ 354,577
Adjustments to reconcile net income (loss) to net cash provided by operating activities:				
Depreciation and amoetization	10,942	9,328	8,285	77,149
Deferred income taxes	(8,012)	6,703	13,540	126,083
Impairment loss on long-lived assets	—	3,030	—	—
Stock option compensation expense	—	—	2,290	21,324
Changes in assets and liabilities:				
Trade receivables	(10,927)	(35,285)	20,953	195,111
Inventories	17,415	(14,570)	20,218	188,267
Accrued expenses	(2,264)	2,536	4,445	41,391
Accrued warranty expenses	(440)	709	969	9,023
Deferred revenue	489	3,441	(2,456)	(22,870)
Accrued pension and severance cost	1,022	2,639	(3,409)	(31,744)
Other	895	1,168	478	4,451
Net cash provided by operating activities	4,967	28,215	90,327	841,112
Cash flow from investing activities:				
Proceeds from sale of available-for-sale Marketable securities	—	323	1,428	13,297
Proceeds from sale of non-marketable securities	7	387	50	466
Purchases of non-marketable securities	(1,000)	(1,288)	—	—
Proceeds from sale of property, plant and equipment	583	435	132	1,229
Purchases of intangible assets	(947)	(358)	(470)	(4,377)
Purchases of property, Plant and equipment	(6,827)	(5,068)	(8,738)	(81,367)
Other	(235)	499	(652)	(6,071)
Net cash provided by operating activities	4,967	28,215	90,327	841,112
Cash flows from investing activities:				
Proceeds from sale of available-for-sale marketable securities	—	323	1,428	13,297
Proceeds from sale of non-marketable securities	7	387	50	466
Purchases of non-marketable securities	(1,000)	(1,288)	—	—
Proceeds from sale of property, plant and equipment	583	435	132	1,229
Purchases of property, plant and equipment	(6,827)	(5,068)	(8,738)	(81,367)
Other	(235)	499	(652)	(6,071)
Net cash used in investing activities	(8,419)	(5,070)	(8,250)	(76,823)
Cash flows from financing activities:				
Principal payments on long-term debt	(42)	(3,811)	(4,543)	(42,304)
Proceeds from sale of treasury stock	—	90	939	8,744
Payments to acquire treasury stock	(10,733)	(31)	(54,511)	(507,598)

Dividends paid	(3,453)	(2,462)	(4,907)	(45,693)
Other	(260)	(162)	(14)	(131)
Net cash used in financing activities	(14,488)	(6,376)	(63,036)	(586,982)
Net effect of exchange rate changes on Cash and cash equivalents	(654)	(2,961)	799	7,440
Net change in cash and cash equivalents	(18,594)	13,808	19,840	184,747
Cash and cash equivalents at beginning of year	105,932	87,338	101,146	941,857
Cash and cash equivalents at end of year	¥87,338	101,146	120,986	$1,126,604
Supplemental data:				
Cash paid during the year for:				
Income taxes	¥507	1,936	6,740	$62,762
Interest	490	473	447	4,162

See accompanying notes to consolidated financial statements.

出所：ADVANTEST［2005］「ANNUAL REPORT 2005 Financial」ADVANTEST, p.11

9．アドバンテストのグローバル化

〔海外拠点〕（2004年10月1日現在）

ヨーロッパ

アイルランド　Ireland Branch（Dubrin）
イギリス　UK Branch（Scotland）
●Advantest Finance UK Limited（London）
オランダ　●Advantest International Europe B. V.（Amsterdam）
ドイツ　●Advantest（Europe）GmbH
Head Office（Munich）
Dresden Support Office（Dresden）
イタリア　Italy Branch（Miian）
フランス　France Branch（Meylan）
●Advantest Europe R & D S. A. R. L（Cedex）
ポルトガル　Portugal Branch（Vila du Conde）
マルタ　Malta Office（Malta）

アジア

イスラエル　Israel Branch（Ramat-Gan）
中国　●Advantest（Suzhou）Co., Ltd.
Head Office（蘇州）
Beijing Branch Office（北京分公司）
Shanghai Branch Office（上海分公司）
●Advantest Shanghai Co., Ltd.（上海）
韓国　●Advantest Korea Co., Ltd.
Head Office（Seoul）
Cheonan Factory（Cheonan）
Icheon Office（Icheon）

台湾	●Advantest Taiwan Inc.
	Head Office（Hsinchu）
	Kaohsiung Office（Kaohsiung）
フィリピン	●Advantest Philippines, Inc.（Muntinlupa City）
シンガポール	●Advantest（Singapore）Pte. Ltd.（Singapore）
マレーシア	●Advantest（Malaysia）Snd. Bhd.
	Head Office（Kuala Lumpur）
	Penang Office（Penang）
	●Advantest Engineering（M）Snd. Bhd.（Penang）
アメリカ	
アメリカ	●Advantest America Corporation（Santa Clara, CA）
	●Advantest America, Inc.
	Head Office（Santa Clara, CA）
	Burington Office（Williston, VT）
	Portland Office（Portland, OR）
	Richmond Office（Mechanicsville, VA）
	Allentown Office（Bethlehem, PA）
	Chicago Office（Buffalo Grove, IL）
	Boise Office（Boice, ID）
	Austin Office（Austin, TX）
	Foisom Office（Foisom, CA）
	Boston Office（Lexington, MA）
	New Jersey Office（Edison, NJ）
	●Advantest America R&D Center, Inc.（Santa Clara, CA）
コスタリカ	●Advantest Costa Rica Sociedad Anonima（San Jose）

出所：ADVANTEST［2004］「ADVANTEST 50th anniversary」、p.30より筆者作成

今回、ベンチャー企業の成長事例としてアドバンテストを取り上げた。起業以来、50年を越えてなお発展する要因は何であるのかを考えてみた。まず、大企業となってなおベンチャー企業の定義である「果敢に挑戦する先端技術開発型企業」に値し、さらにその先端技術開発型企業の先端を行くというビジョン設定にあると考えられる。従業員３名で起業したベンチャー企業が経て従業員3,500名の世界的企業へと成長した。注目したいのは、1990年のバブル経済崩壊を早く察知し、1990年12月に大浦による社内への警告が発せられたのには驚く。その時に「ADVANTEST 50th」によると大浦は「無駄な経費を省き、利益を増やそう」と全社に訴えている。そして早い段階でキャッシュフロー経営を取り入れ、実施している。結果1998年にはアドバンテストの最高益を出して

いる。先端技術開発型企業でありながら、日本的経営の側面も持ち、1996年には役員が全グループ社員を接待するというパーティーを開催している。

アドバンテストの2008年３月決算では、売上高2,400億円前後になる予想である。連結営業利益は前年比１％減の560億円前後になる見通しである。原因としてはフラッシュメモリテスターの低価格が一番にあげられる。つぎに大口取引会社のアメリカ・インテルの設備投資の減少があげられる。

さらにアドバンテストは、グローバル化を推進し、ヨーロッパ、アジア、アメリカと海外拠点を多く展開している。これからもベンチャー企業の成功会社として注目していきたいと考える。

第11章－2　イマジニア

1．イマジニアの成立と成長

イノベーション型成長会社イマジニアを本項では取り上げる。優れたイノベーションを興し、パッケージソフトメーカーからモバイルコンテンツへ転換した実績は高い評価を受けている。それには、これまでのマーケティングの成果が出ていると考えられる。テストマーケティングとしてマーケティングリサーチを行い、高付加価値サービスの導入とモバイルによる各種情報の提供が、成長の要因と考えられる。イマジニアは、これらのイノベーションをさらに繰り返すケイパビリティによって、新事業に取り組んでいる。ゴルフサービス会社や教育サービスへの参入を含め、アクティブに行動している。また、ロケットカンパニー、モバイルゴルフオンラインの２社を子会社化し、今後の業態拡大に必要なノウハウを外部から吸収している。ジャスダックにIPOした成功ベンチャー企業として、財務を中心に検討したい。

アントレプレナー神蔵孝之により、1986年にイマジニアは東京に起業された。2005年の資本金は26億6,900万円、従業員数40名である。事業内容は、イマジニア［2005］によると①電気通信システムを利用した画像及び情報等の配信サービス、並びにそのコンサルティング及びマーケティング業務、②レジャー施設、美容施設及び冠婚葬祭施設の予約及び集客代行業務、③工業所有権、著作権等の知的所有権の取得及び使用許諾に関する業務、並びにキャラクターの版権取得及び販売、④インターネット上のオークション及びショッピングモールの開設並びに商品の売買システムの設計、開発、運営及び保守、⑤コンピュータソフトウェアの企画、開発、製造、販売及び輸出入、⑥日用品雑貨、健康食品、飲料水、美容用品等の企画、開発、製造、卸売、販売及び輸出入である。2005年の主な事業内容は、電気通信システムを利用した画像及び情報の配信サービス・コンサルティングである。

2．イマジニアの経営戦略と経営方針

イマジニアは、パッケージソフト会社として起業し、現在のモバイルコンテンツへ事業転換を行った。イマジニア［2005］によると、この事業転換は予想以上の急激かつ大きな変化であるため、新しい事業戦略に沿って新たな企業DNAをデザインし、会社運営方法のほとんど全てを変革した。その変革、イノベーションの内容は①組織（事業部制から機能別制へ）、②スキル、ノウハウ（会員の獲得メカニズム、因果関係の究明）、③人事（常に旬な人材が先頭に立つ、逆転、再送転あり）、④評価基準（顧客満足、社会正義、倫理観、半期俸制、通勤手当、退職金廃止）、⑥人材配置（年功序列撤廃、スペック重視登用）、⑦決済制度（稟議書削減）である。まさにイノベーション型ベンチャー企業と言える。

その結果としてモバイルコンテンツ売上高は、2002年度にはパッケージソフト売上高を抜き、完全に主力事業化、2005年度は、パッケージソフト中心であった2000年度全体売上高を越えて成長した。

イマジニアとは、「Imagination」と「Engineer」を組み合わせた造語で、「創造を形に変える者」を意味している。これは経営スタンスであり、全てのステークホルダーとの「共創」による新たな価値の創造に「誠実」に取り組み、高いコストパフォーマンスによる顧客満足を追求した企業活動によって、豊かな社会の実現に向けた貢献を目指している。

利益配分に関する基本方針としては、株主への利益還元を重要な経営政策の一つとしており、株主へ企業価値の最大化と安定した配当による利益還元を、基本方針としている。配当についても、業績の推移や経営環境、今後の設備等の投資計画、キャッシュフロー等を勘案の上、安定配当を基本としている[(1)]。

3．イマジニアの経営成績及び財務状態

イマジニアを取り巻く事業環境については、社団法人電気通信事業協会の統計データによると、インターネット接続サービス携帯電話端末の国内累計契約数は、2005年９月末現在で76百万台に達し、携帯電話契約数全体の86.3%を占めるまでに拡大している。また、第三世代携帯の急速な普及や、定額料金制の浸透を背景として、モバイルインターネットサービスの生活ツール化がより一層進行し、ユーザーの利用機会増加により、従来の課金型コンテンツビジネス以外の市場も急速に拡大している。イマジニアの連結売上高1,920,877千円、連結経営利益392,879千円、中間連結純利益591,458千円となった。事業別としては、①モバイルインターネット事業の売上高1,615,892千円、営業利益512,091千円、②ゴルフサービス事業は売上高171,215千円、営業損失8,321千円、③パッケージソフトウェア事業の売上高133,798千円、営業利益20,191千円であった(2)。

イマジニアの2005年中間連結会計期間における連結ベースの現金及び現金同等物は、1,039,642千円と前事業年度末より132,826千円減少となった。尚、中間連結会計期間に、モバイルゴルフオンラインを連結の範囲に含めたことにより、資金の期首残高が85,143千円増加している。①営業活動によるキャッシュフローは資金の増加228,052千円であった。これは主に、税金等調整前中間純利益583,538千円を計上した一方で、投資有価証券売却益203,768千円、売上債権の増加額90,557千円、未払金の減少額27,866千円、役員賞与の支払額32,400千円等の減少要因を計上したことにより相殺されたものである。②投資活動によるキャッシュフローは中間連結会計期間において、資金の増加は390,971千円となった。これは主に資金運用を目的とした有価証券償還による収入100,000千円と、投資有価証券の売却による収入1,551,062千円が投資有価証券の取得による支出1,213,889千円により相殺されたものである。③財務活動によるキャッシュフローは、年間連結会計期間において財務活動による資金の減少は、757,239千円となった。これは主に短期借入金の返済による支出2,000,000

千円、担保に供した預金の預け入れによる支出213,686千円、配当金の支払い128,702千円が、短期の借入れによる収入15,000,000千円、ストックオプション行使による収入77,549千円により相殺されたものである[(3)]。

〔財務資料〕

中間連結財務諸表等

(1) 中間連結貸借対照表

		当中間連結会計期末 (平成17年9月30日)		
区分	注記番号	金額(千円)		構成比(%)
(資産の部)				
I 流動資産				
1．現金及び預金	＊2		1,253,329	
2．受取手形及び売掛金			946,835	
3．たな卸資産			16,294	
4．未収入金			854,072	
5．その他			318,932	
6．貸倒引当金			△44,947	
流動資産合計			3,344,516	37.1
II 固定資産				
1．有形固定資産	＊1			
(1)土地				
(2)その他		561,278	756,408	8.4
2．無形固定資産		195,129		
(1)その他			89,530	1.0
3．投資その他の資産		89,530		
(1)投資有価証券	＊2			
(2)その他		4,443,295		
(3)貸倒引当金		469,302	4,834,838	53.5
固定資産合計		△77,759	5,680,777	62.9
資産合計			9,025,293	100.0

		当中間連結会計期間末（平成17年９月30日）	
区分	注記番号	金額（千円）	構成比（%）
(負債の部)		11,329	
I 流動負債		1,500,000	
1．買掛金		601,233	
2．短期借入金	＊2	487,304	
3．未払金		18,900	
4．営業未払金		97,361	
5．賞与引当金		2,716,129	30.1
6．その他			
流動負債合計		4,700	
II 固定負債		4,700	0.1
1．その他		2,720,829	30.2
固定負債合計			
負債合計			
(少数株主持株)			
少数株主持分		55,568	0.6
(資本の部)			
I 資本金		2,669,000	29.6
II 資本余剰金		3,101,918	34.4
III 利益余剰金		1,496,910	16.6
IV その他有価証券評価差額金		△319,961	△3.6
V 自己株式		△698,971	△7.8
資本合計		6,248,895	69.2
負債、少数株主持分及び資本合計		9,025,293	100.0

(2) 中間連結損益計算書

区分	注記番号	当中間連結会計期間 (自　平成17年４月１日 至　平成17年９月30日)・・・		
		金額（千円）		百分比（％）
Ⅰ　売上高			1,920,877	100.0
Ⅱ　売上原価			1,027,279	53.5
売上総利益			893,597	46.5
Ⅲ　販売費及び一般管理費	＊1		530,368	27.6
営業利益			363,229	18.9
Ⅳ　営業外収益				
１．受取利息		1,231		
２．有価証券利息		1,109		
３．受取配当金		31,353		
４．為替差益		6,065		
５．その他		6,460	46,221	2.4
Ⅴ　営業外費用				
１．支払利息		7,164		
２．組合出資金運用損		9,301		
３．その他		105	16,570	0.8
経常利益			392,879	20.5
Ⅵ　特別利益				
１．投資有価証券売却益		203,768	203,768	10.6
Ⅶ　特別損失				
１．投資有価証券売却益		8,108		
２．固定資産除却損	＊2	5,001	13,109	0.7
税金等調整前中間純利益			583,538	
法人税、住民税及び事業税		2,080		
法人税等調整額		△4,467	△2,387	△0.1
少数株主損失			5,532	0.3
中間純利益			591,458	30.8

(3)　中間連結余剰金計算書

		当中間連結会計期間 (自　平成17年４月１日 至　平成17年９月31日)	
区分	注記番号	金額（千円）	
(資本余剰金の部)			
Ⅰ　資本剰余金期首残高			3,163,492
Ⅱ　資本剰余金減少高			
１．自己株式処分差損		61,574	61,574
Ⅳ　資本剰余金中間期末残高			3,101,918
(利益余剰金の部)			
Ⅰ　利益剰余金期首残高			1,090,408
Ⅱ　利益剰余金増加高			
１．中間純利益		591,458	591,458
Ⅲ　利益剰余金現象高			
１．配当金		152,556	
２．役員賞与		32,400	184,956
Ⅳ　利益剰余金中間期末残高			1,496,910

(4) 中間連結キャッシュ・フロー計算書

		当中間連結会計期間 (自　平成17年４月１日 至　平成17年９月30日)
区分	注記番号	金額（千円）
Ⅰ　営業活動によるキャッシュ・フロー		
税金等調整前中間純利益		583,538
減価償却費		19,082
連結調整勘定償却額		7,398
貸倒引当金の減少額		△7,209
賞与引当金の増加額		18,900
受取利息及び受取配当金		△33,090
支払利息		7,164
為替差益		△5,388
投資有価証券売却益		△203,768
投資有価証券評価額		8,108
組合出資金運用損		9,301
固定資産除却損		5,001
租税公課		9,753
売上債権の増加額		△90,557
たな卸資産の増加額		△8,010
前渡金の増加額		△9,566
未収入金の増加額		△9,357
仕入債務の減少額		△10,118
未払金の減少額		△27,866
営業未払金の減少額		△9,278
預り金の減少額		△24,855
仮受金の増加額		7,350
前受金の増加額		23,310
役員賞与の支払額		△32,400
未払消費税等の増加額		7,502
その他		△819
小計		234,123
利息及び配当金の受取額		33,093
利息の支払額		△7,014
法人税等の支払額		△32,150
営業活動によるキャッシュ・フロー		228,052

II　投資活動によるキャッシュ・フロー		
有形固定資産購入による支出		△27,961
無形固定資産購入による支出		△13,389
有価証券償還による収入		100,000
投資有価証券取得による支出		△1,213,889
投資有価証券売却による収入		1,551,062
組合出資金の出資による支出	＊2	△6,761
新規連結子会社の取得による支出		33,356
会員権償還による収入		△58,612
敷金保証金の預入による支出		△16,015
短期貸付金回収による収入		2,000
その他		3,682
投資活動によるキャッシュ・フロー		390,971
III　財務活動によるキャッシュ・フロー		
短期活動によるキャッシュ・フロー		
短期借入による収入		1,500,000
短期借入金返済による支出		△2,000,000
担保に供した預金の預入による支出	＊1	△213,686
少数株主に対する株式発行による収入		14,000
ストックオプション行使による収入		77,549
長期借入金返済による支出		△6,400
配当金の支払		△128,702
財務活動によるキャッシュ・フロー		△757,239
IV　現金及び現金同等物に係る換算差額		5,388
V　現金及び現金同等物の減少額		△132,826
VI　現金及び現金同等額の期首残高	＊1	1,087,326
VII　連結範囲変更に伴う現金及び現金同等物の増加額		85,143
VIII　現金及び現金同等物の中間期末残高		1,039,642

中間連結財務諸表作成のための基本となる重要な事項

項目	当中間連結会計期間 （自　平成17年４月１日 至　平成17年９月30日）
１．連結の範囲に関する事項	(1)　連結子会社の数　　２社 主要な連結子会社名 モバイルゴルフオンライン㈱ ロケットカンパニー㈱ モバイルゴルフオンライン㈱及びロケットカンパニー㈱については、新たに株式を取得したことから、当中間連結会計期間より連結の範囲に含めている。 (2)　非連結子会社の名称等 Imagineer STD（HK）Limited. （連結の範囲から除いた理由） 非連結子会社は、いずれも小規模であり、合計の総資産、売上高、中間純損益（持分に見合う額）及び利益剰余金（持分に見合う額）等は、いずれも中間連結財務諸表に重要なえ影響を及ぼしていないためである。
２．持分法の適用に関する事項	持分法を適用していない比連結子会社（Imagineer STD（HK）Limited.）は、中間純損益（持分に見合う額）及び利益剰余金（持分に見合う額）等からみて、持分法の対象から除いても中間連結財務諸表に及ぼす影響が軽微であり、かつ、全体としても除外している。
３．連結子会社の中間決算日等に関する事項	すべての連結子会社の中間期の末日は、中間連結決算日と一致している。
４．会計処理基準に関する事項	(イ)　重要な資産の評価基準及び評価方法 ①　有価証券 その他有価証券 時価のあるもの 中間決算日の市場価格等に基づく時価法 （評価差額は全部資本直入法により処理し、売却原価は移動平均法により算定） 時価のないもの 移動平均法による原価法 ②　たな卸資産 総平均法による原価法 (ロ)　重要な減価償却資産の減価償却の方法 ①　有形固定資産 定率法 ただし、平成10年４月１日以降に取得した建物（附属設備を除く）については、定額法なお、主な耐用年数は次のとおりである。 建物　７～42年 構築物　２～30年 車輌　４年 工具器具備品　２～15年 定額法 自社利用ソフトウェア 社内における利用可能期間（５年）に基づく定額法

	③　長期前払費用 定額法 (ハ)　重要な引当金の計上基準 ①　貸倒引当金 債権の貸倒れによる損失に備えるため、一般債権については貸倒実績率による計算額を、貸倒懸念債権等特定の債権については、個別に回収可能性を検討し、回収不能見込額を計上している。 ②　賞与引当金 従業員への業績連動型賞与の支給に備えるため、支給見込額に基づき計上している。 (追加情報) 賞与引当金 当期において業績連動型賞与について、将来の見込額を新たに賞与引当金として計上した。 (ニ)　重要なリース取引の処理方法 リース物件の所有権が借主に移転すると認められるもの以外のファイナンス・リース取引については、通常の賃貸借取引に係る方法に準じた会計処理によっている。 (ホ)　その他中間連結財務諸表作成のための基本とな重要な事項 消費税等の会計処理方法 消費税等の会計処理は、税抜方式を採用している。
5．中間連結キャッシュ・フロー計算書における資金の範囲	中間連結キャッシュ・フロー計算書における資金（現金及び現金同等物）は、手許現金、随時引き出し可能な預金及び容易に換金可能であり、かつ、価値の変動について僅少なリスクしか負わない取得日から３ヶ月以内に償還期限の到来する短期投資からなっている。

出所：イマジニア［2005］「中間決算短信（連結）」、pp.8-16

モバイルコンテンツにおいて180万人の会員を持ち、さらにKDDIとのコラボによって教育サービス産業にも進出しているイマジニアを、今回は取り上げた。中間事業報告書（第29期）によると、連結中間売上高1,920百万円、同中間経常利益392百万円、同中間純利益591百万円、同中間経常利益は前年同期の2.7倍となる461百万円、同中間純利益は前年同期の3.1倍となる653百万円と大幅増益を達成している。イマジニアは2007年10月に株価が高騰している。さらに営業利益は過去最高を更新し、全体の利益は66％増の13億9,200万円、売上は2008年３月期予想連結で70億円（前期比12％増）であった。好調の原因は、任天堂向けゲームソフトの拡大とイギリスにおけるプライベートエクイティファンドの運用であると考えられる。

また、コンテンツ開発においてもゴルフサービス、教育サービスを次期の主力として力を入れている。アントレプレナー神藏孝之に率いられ、次の高いステージへと進んでゆくと考えられる。出口経営戦略を達成したベンチャー企業がどのような経営戦略を駆使するか注目していきたいと考える。

2007年には、財団法人日本漢字能力検定協会よりライセンスを受けて企画、開発した「漢検」のオフシャルサイトを開始した。漢検の検定試験の過去問題を約２万収録し復習機能や成績管理などの学習サポート機能を、多数アプリに移植した。このようにイマジニアは、モバイルやITを活用した独自の教育事業の確立を目指している。モバイル公式サイトにおいても、この動きに連動して「ケータイ検定シリーズ」を充実させ、パッケージソフトウェア事業とモバイルコンテンツ事業のシナジーの加速をおこなっている。

4.（要約）四半期連結財務諸表

(1)（要約）四半期連結貸借対照表

（単位：千円、％）

科　目	前年同四半期（平成19年３月期第１四半期末）	当四半期（平成20年３月期第１四半期末）	増　減		（参考）平成19年３月期末
	金額	金額	金額	増減率	金額
（資産の部）					
Ⅰ流動資産					
現金及び預金	642,918	5,370,749			4,885,637
受取手形及び売掛金	1,108,982	1,250,698			1,318,716
たな卸資産	23,776	24,382			27,085
その他	102,528	181,474			957,742
貸倒引当金	△51,521	△51,898			△43,138
流動資産合計	1,826,685	6,775,406	4,948,721	270.9	7,146,043

Ⅱ固定資産					
1．有形傾固定資産					
土地	562,201	−			−
その他	181,286	93,796			75,453
有形固定資産合計	743,488	93,796	△649,692	△87.4	75,453
2．無形固定資産	64,490	60,355	△4,135	△6.4	64,649
3．投資その他の資産					
投資有価証券	5,670,555	2,086,171			2,288,115
繰延税金資産	488,355	145,678			187,290
その他	175,862	168,442			170,527
貸倒引当金	△72,359	△65,159			△66,959
投資その他の資産合計	6,262,414	2,335,133	△3,927,280	△62.7	2,578,974
固定資産合計	7,070,392	2,489,285	△4,581,107	△64.8	2,719,077
資産合計	8,897,078	9,264,692	367,613	4.1	9,865,120
（負債の部）					
Ⅰ流動負債					
買掛金	11,883	38,275			112,076
短期借入金	1,700,000	−			−
営業未払金	590,752	787,564			878,414
役員賞与引当金	12,225	−			−
賞与引当金	8,750	8,950			−
その他	472,728	770,019			1,476,344
流動負債合計	2,796,340	1,604,808	△1,191,531	△42.6	2,466,836
Ⅱ固定負債	2,350	−	△2,350	△100.0	−
負債合計	2,798,690	1,604,808	△1,193,881	△42.7	2,466,836

（単位：千円、％）

科　目	前年同四半期（平成19年３月期第１四半期末）	当四半期（平成20年３月期第１四半期末）	増　減		（参考）平成19年３月期末
	金額	金額	金額	増減率	金額
（純資産の部）					
Ⅰ株主資本					
資本金	2,669,000	2,669,000	−	−	2,669,000
資本剰余金	3,091,469	2,483,730	△ 607,738	△ 19.7	3,091,167
利益剰余金	1,624,808	2,537,255	912,447	56.2	2,355,234
自己株式	△ 674,258	△ 44,311	629,947	△ 93.4	△ 672,682
Ⅱ評価・換算差額等	6,711,019	7,645,675	934,655	13.9	7,442,719
その他有価証券評価差額金	△ 654,548	△ 17,423	637,124	△ 97.3	△ 78,077
評価・換算差額等合計	△ 654,548	△ 17,423	637,124	△ 97.3	△ 78,077
Ⅲ少数株主持分	41,916	31,631	△ 10,284	△ 24.5	33,642
純資産合計	6,098,387	7,659,883	1,561,495	25.6	7,398,284
負債、純資産合計	8,897,078	9,264,692	367,613	4.1	9,865,120

⑵ （要約）四半期連結損益計算書

（単位：千円、％）

科　目	前年同四半期（平成19年３月期第１四半期）	当四半期（平成20年３月期第１四半期）	増　減		（参考）平成19年３月期
	金額	金額	金額	増減率	金額
Ⅰ売上高	1,101,328	1,406,114	304,785	27.7	6,264,586
Ⅱ売上原価	592,967	658,798	65,830	11.1	3,198,551
売上総利益	508,360	747,215	238,955	47.0	3,066,035
Ⅲ販売費及び一般管理費	320,207	326,933	6,725	2.1	1,673,902
営業利益	188,152	420,381	232,229	123.4	1,392,132
Ⅳ営業外収益	14,533	210,918	196,384	－	74,210
Ⅴ営業外費用	17,352	4,803	△12,549	△72.3	36,122
経常利益	185,333	626,496	441,163	238.0	1,430,221
Ⅵ特別利益	－	－	－	－	1,631,315
Ⅶ特別損失	－	93,414	93,414	－	1,325,023
税金等調整前四半期（当期）純利益	185333	533,081	347,748	187.6	1,736,513
税金費用	90,601	226,995	136,393	150.5	814,596
少数株主損失	2,046	2,011	△35	△1.7	10,320
四半期（当期）純利益	96,778	308,097	211,319	218.4	932,236

注

⑴　イマジニア［2005］「中間決算短信（連結）」、p.3
内部留保金については、将来的な企業価値の向上を図るための投資に活用する。モバイル中核企業としてのポジションのさらなる確立を目指している。

⑵　イマジニア［2005］同掲書、p.4
ロケットカンパニーとモバイルゴルフオンラインの２社を子会社化し、今後の業容拡大を見据え、必要となるアセットやノウハウを積極的に外部から取得した。

⑶　イマジニア［2005］同掲書、p.6

第11章－３　メガチップス

１．メガチップスの起業

ベンチャー企業を起業し、IPOまで到る会社は1,000に１つと言われている。それだけ厳しい環境の中で今回取り上げるメガチップスは起業以来、わずか８年で株式店頭公開へ達している。メガチップスは先端技術開発型の最先端を走るベンチャー企業であり、コアコンピタンスはデジタル技術とブロードバンドの融合である。起業後、わずか７年で台湾に進出し、人口13億人の中国市場への取り掛かりを持った。そして、10年経って東京証券取引所市場第一部に上場するに至り、ベンチャー企業の出口経営戦略の成功を手に入れた。

LSI事業をコアに成長させ、2004年にはライブカメラ「Surfeel mloli」をコンシューマー製品の第一号として世に出した。メガチップスの2005年以降のビジョン改定は、画像、音声、通信などの基本技術を活用し、シナジーを期待できる分野への進出である。

メガチップスは、日本のベンチャー企業であるソニー、ホンダ、キヤノン、オムロン、フェローテック、ジャストシステムに並び今後それを越えていく可能性を秘めていると考えられる。メガチップスの経営スタイルは、ファブレスメーカーとして一貫して自社工場を持たず、生産を委託する型である。これは、巨額の設備投資、固定費の大幅な削減に成功する経営戦略と考えられる。メガチップスはファブレスメーカーとして、ナレッジマネジメントにより成長を続けている。メガチップスはCSR（企業の社会的責任）の一環としてインキュベーション活動を東京都内で行っている。まさに成功したベンチャー企業によるアントレプレナー、ベンチャー企業に対するエンジェル、メンター活動である。

Mega Chips Corporation Investor Relations［2005］によると、メガチップ

スアントレプレナーである進藤晶弘は1990年に大阪でメガチップスを起業した。メガチップスは、システムLSIの分野で創造的な技術開発力を競争力とする研究開発型ファブレスハイテク企業を目指して起業した。1991年にはコンシューマーのニーズに合わせた顧客LSI（ASIC）事業を開始した。1995年には、自社ブランドの特定用途向上LSI（ASSP）事業を開始した。

進藤晶弘は、三菱電機、リコーを経ての起業であり、特にリコーにおいては、半導体研究所長など半導体のプロとして活躍した経験を持っていた。シリコンバレーのベンチャー企業の経営スタイルを参考にし、台湾マクロニクス社へ製造を委託した。

メガチップスは起業当初、オフィスが借りられず、パソコンを抱えて公民館を転々としたり、銀行口座開設を断られたりと苦労も味わった。出口経営戦略として1998年に株式店頭公開し、2000年には東京証券取引所市場第一部にIPOした。

2．メガチップスのビジョンと起業活動

メガチップスのグループ戦略は、松岡茂樹・肥川哲士・鵜飼幸弘［2005］によると、ビジョンは「画像、音声、通信分野での技術力を強みに、10年、20年先も成長を継続できる企業グループを目指す」である。グローバル化の中で、メガチップスは2005年、拡大が見込まれる中国市場を中心としたアジア太平洋地域に於ける事業拡大に向け、台湾のMacronix International Co., Ltdに資本参加するとともに、戦略的な業務提携を結んだ。13億の人口を擁する中国では、ブロードバンドの普及をはじめとするインターネット環境の整備が進む一方で、2004年には携帯電話の加入者数が３億３千万人を越えるなど、デジタル家電や情報機器の需要が年々増加している。

中長期的戦略では、経営資源配分を最適化し、各事業会社に事業執行の権限を全面的に委ねることで責任の明確化を行い、グループ全体のスピーディで効率的な経営を実現するために、2004年４月より純粋持株会社体制に移行した。

2004年10月にグループのシナジー効果の薄れてきたオディオ・オーサリング事業会社を売却し、グループの強みを活かせるコア事業領域に経営資源を集中させた。中長期経営戦略におけるグループ目標を、図表11-3-1にて提示する。

図表11-3-1　新中期経営計画におけるグループ目標
（2006年３月期～2008年３月期）

2008年３月期　目標
　連結売上高……………570億円
　営業利益……………… 60億円
　売上高営業利益率…… 10.5％

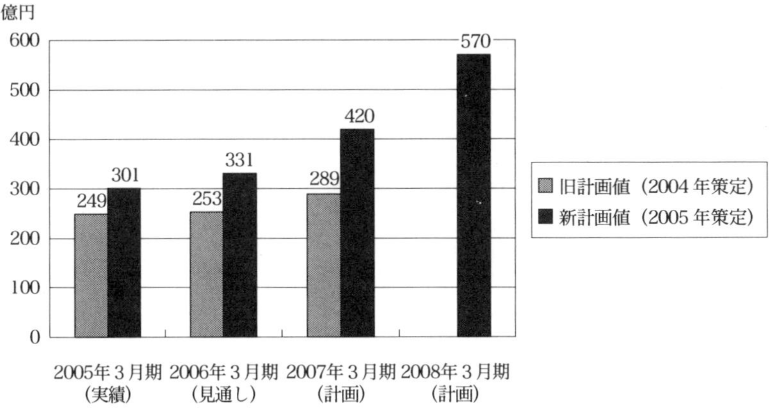

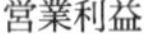

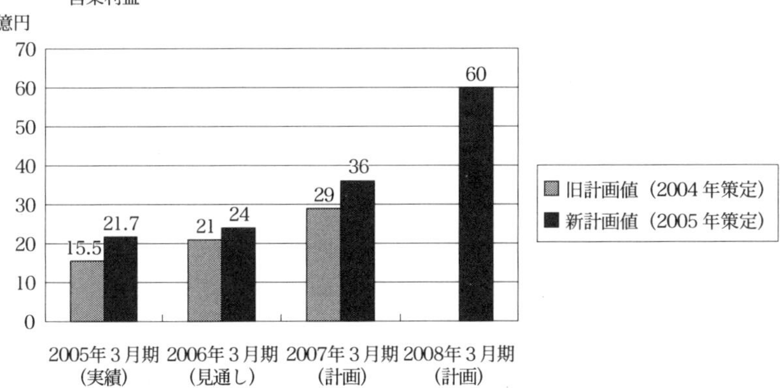

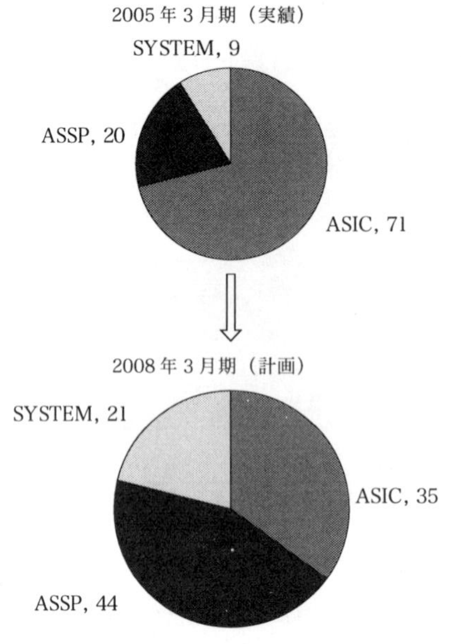

事業別売上高構成比

事業バランスの適正化

ASIC、ASSP、システムを収益の3つの柱として経営環境の変化に左右されない継続成長の事業基盤を確立する。

CSRの推進

全てのステークホルダーに対して社会的責任を果たしていく。

出所：メガチップス［2005］「ANNUAL REPORT」、p.5

3．メガチップスの財務について

メガチップスは松岡に率いられている。さらに、メガチップスシステムソリューションは肥川、メガチップスLSIソリューションズは鵜飼に率いられている。メガチップスグループは、純粋持株会社制へと移行し、「選択と集中」を進めると同時に、成長が見込めると判断した重点領域で成長戦略を再構築し推進した。また、オーディオ・オーサリング事業会社を売却して、LSI事業とシステム事業の2事業に特化したグループ組織とした。

LSI事業では、顧客専用LSI（ASIC）については、従来の携帯型ゲーム機向けLSIに加え、新携帯型ゲーム機向けLSIを製品化することで需要の増加に対応することができた。特定用途向けLSI（ASSP）については、デジタルカメラ向けLSIは堅調であったものの、携帯電話向けLSIが主要供給先である韓国の景気が急速に冷え込んだことによる在庫調整から下期（2005年３月期）の出荷が伸び悩み、売上高は前年より減少した。結果、LSI事業の売上高は270億５千７百万円（前期比18.5％増）、営業利益26億６千９百万円（同24.5％減）となった。

システム事業ではセキュリティ・モニタリング分野をコアビジネスと位置付け、顧客専用画像機器の開発と市場投入を進めると共に、この分野に特化した高性能画像圧縮エンジン（SRVC）の開発と同エンジンを搭載したシステム製品の市場投入などを図った。コンシューマ向け製品であるネットワークカメラを市場に投入し、さらに経営効率化の効果もあり、システム事業の売上高は、25億4千8百万円（前期比40.3％増）、営業損失は、４億５千７百万円（前期は９億４千７百万円の営業損失）となり、2007年３月期の黒字に向け損益改善を進めた。その結果、メガチップスグループの2005年３月期の業績は、売上高301億２千２百万円（前期比16.4％増）、営業利益21億７千３百万円（同44.0％増）、当期純利益11億７千５百万円（同318.9％増）と増収増益となった。

財務の概況は、2005年３月期段階で現金及び現金同等物は、税金等調整前当期純利益が20億１千８百万円（前年同期比141.7％増）となった。前期実施した売掛債権の流動化を当期も行い、売上債権が前年同期より59億２千５百万円増加したことにより、前期末に比べ37億１千９百万円減少し、80億１千５百万円となった。

流動資産は、前期末に比べ19億９千９百万円増加し188億７千２百万円となり、主な増減項目は、受取手形及び売掛金の58億１千９百万円の増加と、現金及び預金の37億１千９百万円の減少となった。これらの増減は、前期に持株会社の手元流動性を高めるために実施した売掛債権流動化を当期は実施しなかったことにより、前期末に比べ売掛金残高が増加する一方で、現金及び預金残高が減少したことが主因である。

固定資産は、長期定期預金の預入等の増加により、４億１千５百万円増加し、17億２千６百万円となった。総資産は、前期末と比べて24億１千４百万円増加し、205億９千８百万円となった。流動負債は、未払法人税等の増加により、前期末に比べ約15億7千1百万円増加し、42億8千8百万円となった。営業キャッシュフローは、税金等調整前当期純利益が20億1千8百万円と前期と比較して増加したが、売掛債権の増加により、30億6千8百万円の支出であった。投資キャッシュフローは、連結子会社売却による収入があるが、定期預金の預入による支出、有形固定資産、無形固定資産の取得及び長期前払費用の取得等があり、4億円の支払いにより、2億5千2百万円の支出となった[(1)]。

売上高については映像、音楽等のメディアのデジタル化とブロードバンドネットワークや第三世代携帯電話網の普及により、情報通信分野におけるメガチップスの活躍の場が拡大している。この成長分野に向けて高機能のデジタルカメラ向けシステムLSIの開発と販売、またセキュリティ・モニタリング用途に利用されるデジタル映像伝送、記録を中心にしたシステム製品の開発と販売に力を入れてきた。2005年3月期の連結売上高は、301億2千2百万円（前期比16.4％増）となった[(2)]。2001年から2005年までの財務データを図表11-3-2にて提示した。

図表11-3-2　5カ年の主要財務データ

株式会社メガチップスおよび連結子会社

3月31日に終了した5年間

単位：百万円（1株当たり情報を除く）単位：千米ドル（注1）							
	2001	2002	2003	2004 (注Ⅲ)	2004 (注Ⅳ)	2005	2005
会計年度							
売上高……………	¥53,851	¥36,899	¥29,056	¥25,879	¥25,879	¥30,122	$280,495
顧客専用LSI (ASIC)…………	43,323	28,899	19,351	16,184	16,184	21,033	195,854
特定用途向LSI (ASSP)…………	4,107	3,715	6,047	6,640	6,640	6,021	56,070
その他LSI………	615	0	39	3	3	3	27
産業用システム……	2,232	2,351	1,593	1,614	1,614	2,379	22,154
民生用システム……	1,114	70	447	42	42	94	878
その他システム (注Ⅱ)…………	2,460	2,012	1,57	1,396	160	74	692
オーディオ・オーサリング（注Ⅱ）‥	–	–	–	–	–	–	–
売上原価…………	47,226	30,164	23,312	20,219	20,219	24,070	224,143

販管費及び一般							
管理費……………	3,319	3,891	4,003	4,151	4,151	3,879	36,117
営業利益…………	3,306	3,891	4,003	4,151	4,151	3,879	36,117
当期純利益………	1,866	1,647	192	280	280	1,175	10,939
研究開発費………	1,115	1,602	1,235	1,629	1,629	1,704	15,868
LSI事業…………	553	729	738	1,197	1,197	1,487	13,849
システム事業……	562	873	497	432	432	217	2,019
会計年度末							
総資産……………	¥21,639	¥20,713	¥19,996	¥18,183	¥18,183	¥20,598	$191,803
株主資本…………	14,625	16,053	15,430	15,372	15,372	16,262	151,434
従業員数…………	193	245	255	199	199	175	175
			単位：円			単位：米ドル（注Ⅰ）	
1株当たり情報							
当期純利益………	¥75.87	¥67.02	¥7.85	¥10.09	¥10.09	¥44.73	$0.42
当期純利益－希薄化後							
…………………	－	－	－	－	－	－	－
株主資本…………	595.04	653.14	632.95	607.49	607.49	642.13	5.98
配当金……………	10.00	10.00	10.00	10.00	10.00	15.00	0.14
			単位：株				単位：株
期末発行済株式総数‥	24,661,017	24,661,017	24,661,017	25,939,217	25,939,217	25,939,217	25,939,217

注Ⅰ：米ドル金額は便宜上、2005年３月31日現在の１米ドル＝107.39円で換算している。
注Ⅱ：従来、「LSI事業」、「システム事業」の区分によっていたが、2004年４月、株式会社メガチップスシステムソリューションズの「オーディオ・オーサリング事業」セグメント（その他システム）から切り離し、「オーディオ・オーサリング事業」セグメントを新設した。2004年10月29日付、株式会社カメオインタラクティブをイーフロンティアグループへ売却した。このため、当期オーディオ・オーサリング事業の上半期業績のみを報告範囲に含めている。
注Ⅲ：変更前の事業区分による数値
注Ⅳ：変更後の事業区分組み替えた数値

出所：メガチップス［2005］ANNUAL REPORT」、p.20

連結売上原価は、240億７千万円となり、原価率は原価率の低い特定用途向けLSI（ASSP）の需要が減少したことにより、前期と比較して1.8ポイント悪化し、79.9％となった。しかし売上高が増加した結果、売上総利益は60億５千２百万円（前期比6.9％増）となった。販売費及び一般管理費は、2004年より移行した純粋持株会社体制の下、経営資源の効率的な配分と各事業の効率化による収益力の強化を行い、２億７千３百万円（6.6％）減少となった。図表11-3-3にてメガチップスの財務状況を提示する。また図表11-3-4にて同連結貸借対照表を提示した。

図表11-3-3　メガチップスの財務状況

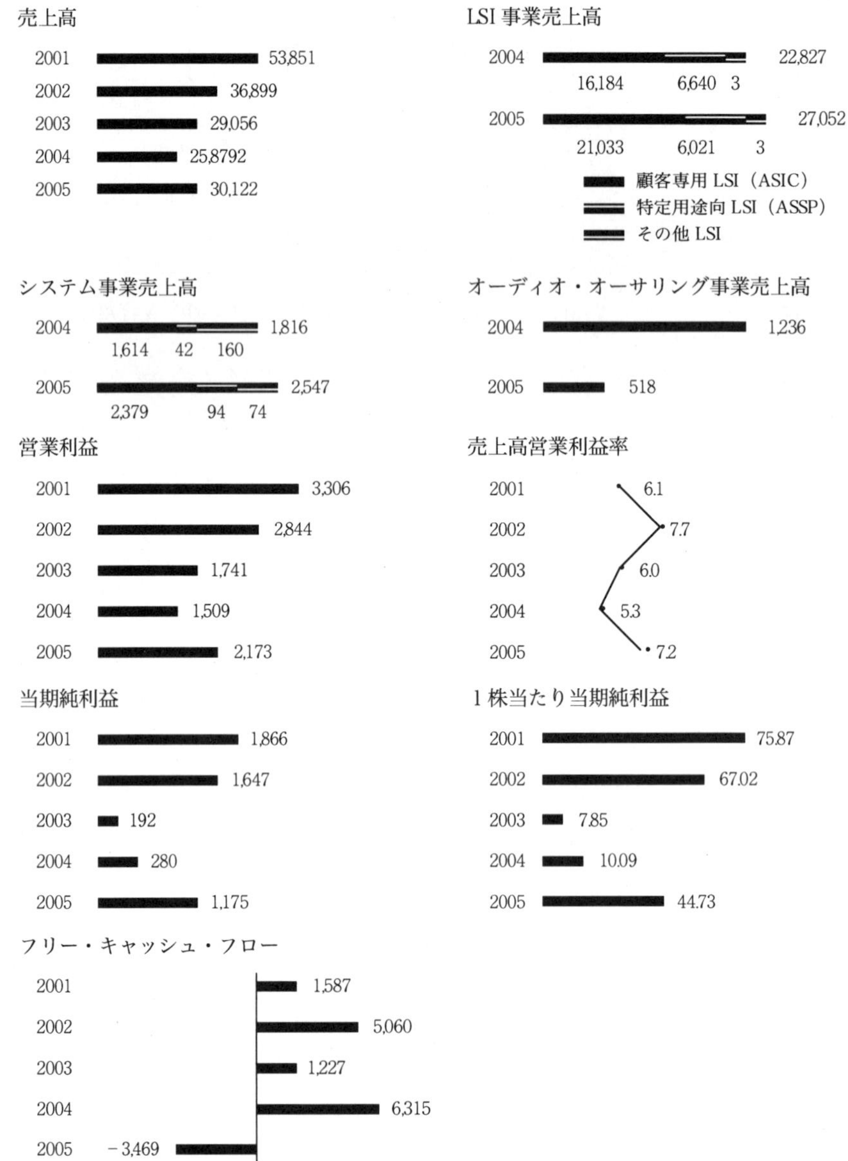

出所：メガチップス［2005］ANNUAL REPORT 、pp.21-23

図表11-3-4　メガチップスの連結貸借対照表

株式会社メガチップスおよび連結子会社
2004年および2005年の３月31日現在

	単位：千円		単位：千米ドル(注１)
資産	2005	2004	2005
流動資産			
現金及び預金……………	¥8,015,261	¥11,734,447	$74,637
債権			
営業債権			
受取手形……………	88,047	65,265	820
売掛金………………	9,369,968	3,573,813	87,252
その他の債権……………	12,258	60,253	114
貸倒引当金………………	(1,627)	(1,805)	(15)
たな卸資産（注５）………	628,318	1,203,521	5,851
繰延税金資産（注９）……	262,027	61,885	2,440
その他の流動資産…………	497,390	175,132	4,631
流動資産合計…………	18,871,642	16,872,511	175,730
投資その他の資産			
投資有価証券（注３）……	168,688	194,241	1,571
関係会社投資（注３）……	28,488	58,536	265
長期前払費用……………	134,585	170,506	1,253
長期性預金………………	500,000	－	4,656
差入保証金………………	263,656	265,623	2,455
繰延税金資産（注９）……	28,185,420,346	－	2,625
その他の投資……………		36,201	189
貸倒引当金………………	(2,846)	(18,691)	(26)
投資その他の資産合計…………………	1,394,771	706,416	12,988
有形固定資産			
土地……………………	－	104,677	－
建物……………………	175,896	430,030	1,638
工具器具備品……………	135,864	131,949	1,265
	311,760	666,656	2,903
減価償却累計額……………	(149,986)	(285,871)	(1,396)
有形固定資産合計……	161,774	380,785	1,507
無形固定資産（注６）………	169,502	223,483	1,578
資産合計……………	¥20,597,689	¥18,183,195	$191,803

添付の注記は、これらの連結財務諸表の一部である。

負債及び資本	単位：千円 2005	2004	単位：千米ドル(注１) 2005
流動負債			
債務			
買掛金・・・・・・・・・・・・・・・・・	¥2,240,761	¥2,013,337	$20,866
設備未払金・・・・・・・・・・・・・・	8,950	4,494	83
その他の未払金・・・・・・・・・	345,691	458,075	3,219
未払費用・・・・・・・・・・・・・・・・・	235,467	208,561	2,193
未払法人税等（注９）・・・・・	1,385,469	6,055	12,901
前受金・・・・・・・・・・・・・・・・・・・	9,975	887	93
その他の流動負債・・・・・・・・・	61,740	25,405	575
流動負債合計	4,288,053	2,716,814	39,930
固定負債			
繰延税金負債（注９）・・・・・	−	24,609	−
その他の固定負債・・・・・・・・・	47,157	70,086	439
負債合計・・・・・・・・・・・・・	4,335,210	2,811,509	40,369
資本（注10）			
資本金			
授権株式数−40,000,000株			
発行済株式数 −25,939,217株・・・	4,840,313	4,840,313	45,072
資本余剰金・・・・・・・・・・・・・・・	6,181,300	6,181,300	57,559
利益余剰金・・・・・・・・・・・・・・・	6,543,168	5,650,019	60,929
その他有価証券評価差額金・・・	819	2,835	8
自己株式			
(2004年３月末　683,176株　2005年３月末　683,493株) ・・・・・・・・・・・・・・・	(1,303,121)	(1,302,781)	(12,134)
資本合計・・・・・・・・・・・・・	16,262,479	15,371,686	151,4343
負債及び資本合計・・・・・	¥20,597,689	¥18,183,195	$191,803

添付の注記は、これらの連結財務諸表の一部である。
出所：メガチップス［2005］ANNUAL REPORT、 pp.28、29

図表11-3-5　メガチップスの連結損益計算書

株式会社メガチップスおよび連結子会社
2004年３月31日および2005年３月31日に終了する連結会計年度

	単位：千円		単位：千米ドル(注１)
	2005	2004	2005
売上高	¥30,122,391	¥25,878,984	$280,495
売上原価	24,070,739	20,218,952	224,143
売上総利益	6,051,652	5,660,032	56,352
販売費及び一般管理費（注８）	3,878,621	4,151,454	36,117
営業利益	2,173,031	1,508,578	20,235
その他の収益（費用）			
受取利息及び受取配当金	2,260	202	21
支払利息	－	(2,195)	－
その他（注13）	(157,152)	(671,772)	(1,463)
	(154,892)	(673,765)	(1,442)
税金等調整前当期純利益	2,018,139	834,813	18,793
法人税等（注９）			
当年度分	1,348,685	145,567	12,559
調整額	(505,306)	731,594	(4,705)
法人税等合計	843,379	877,161	7,854
少数株主損益	－	(322,778)	－
当期純利益	¥1,174,760	¥280,430	$10,939

	単位：円		単位：米ドル（注１）
１株当たり当期純利益	¥44.73	¥10.09	$0.42
１株当たり配当金	15.00	10.00	0.14

添付の注記は、これらの連結財務諸表の一部である。
出所：メガチップス［2005］ANNUAL REPORT、p.30

図表11-3-6　メガチップスの連結キャッシュ・フロー計算書

株式会社メガチップスおよび連結子会社
2004年３月31日および2005年３月31日に終了する連結会計年度

	単位：千円		単位：千米ドル（注１）
	2005	2004	2005
営業活動によるキャッシュ･フロー			
税金等調整前当期純利益･･･	￥2,018,139	￥834,813	$18,793
税金活動による純キャッシュ・フローへの調整：			
減価償却費･･････････････	224,194	277,522	2,088
固定資産除却費･･････････	1,468	46,511	14
固定資産売却費･･････････	30,340	2,788	283
固定資産売却益･･････････	(11,132)	－	(104)
貸倒引当金の増加額（減少額）･･････････････	(6,224)	20,372	(58)
従業員賞与引当金の増加額（減少額）･･････････････	30,297	(6,794)	282
受取利息及び受取配当金･･･	(2,260)	(202)	(21)
投資事業組合損失･････････	7,533	22,882	70
支払利息････････････････	－	2,195	－
関係会社投資評価損･･･････	－	32,511	－
投資有価証券売却益･･･････	(17,731)	(30,648)	(165)
関係会社生産差益･････････	－	(11,307)	－
システム製品処分損･･･････	13,445	212,630	125
資産及び負債の変動			
減少（増加）			
売上債権･････････････	(5,924,757)	4,363,965	(55,171)
たな卸資産･･･････････	468,098	1,500,172	4,359
その他の流動資産･････	(224,394)	190,620	(2,090)
役員賞与の支払額･････････	(29,000)	－	(270)
その他･･････････････････	62,135	18,936	579
	(3,119,472)	6,178,603	(29,04)
利息及び配当金の受取額･････	1,809	202	17
利息の支払額･･････････････	－	(2,195)	－
法人税等の還付額（支払額）･･････････････････････	49,326	(542,303)	459
営業活動による純キャッシュ・フロー･･･	(3,068,337)	6,174,307	(28,572)
投資活動によるキャッシュ・フロー			
定期預金の預入による支出･･･	(500,000)	－	(4,656)
投資有価証券の取得による支出･･･	(15,000)	－	(140)
投資有価証券の売却による収入･･･	36,231	106,255	337
関係会社投資の取得による支出･･･	－	(20,048)	－
関係会社の精算による収入･･･	－	130,905	－
連結子会社売却による収入･･･	207,692	－	1,934
出資金の分配による収入･･･	12,611	2,332	118

有形固定資産の取得による支出・・・	(40,778)	(22,968)	(380)
有形固定資産の売却による収入・・・	1,300	1,180	12
無形固定資産の取得による支出・・・	(50,700)	(82,685)	(472)
無形固定資産の売却による収入・・・	11,372	40	106
長期前払費用の取得による支出・・・	(88,795)	(74,678)	(827)
保証金の支出・・・・・・・・・・・・・	(1,367)	(3,552)	(13)
保証金の返還による収入・・・	1,767	104,161	17
貸付による支出・・・・・・・・・・・	(377,250)	−	(3,513)
貸付金回収による収入・・・・・	402,601	−	3,749
投資活動による 純キャッシュ・フロー・・・	(400,316)	140,942	(3,728)
財務活動によるキャッシュ・フロー			
短期借入金の純減少額・・・・・	−	(50,000)	−
自己株式の純増加額・・・・・・・	(390)	(415,443)	(3)
配当金の支払額・・・・・・・・・・・	(251,158)	(242,436)	(2,339)
財務活動による 純キャッシュ・フロー・・・	(251,548)	(707,879)	(2,342)
現金及び現金同等物の換算差額・・・	1,015	(10,088)	10
現金及び現金同等物の 純増減額（減少額）・・・・・・・	(3,719,186)	5,597,282	(34,632)
現金及び現金同等物の期首残高・・・	11,734,447	6,337,127	109,269
連結子会社減少による献金及び現金 同等物の減少額・・・・・・・・・・・・・・	−	(199,962)	−
現金及び現金同等物の期末残高・・・	￥8,015,261	￥11,734,447	$74,637

添付の注記は、これらの連結財務諸表の一部である。
出所：メガチップス［2005］ANNUAL REPORT、p.32

4．キャッシュフローについて

2005年3月期のメガチップスにおける連結ベースの現金及び現金同等物は税金調整前当期純利益が20億1千8百万円（前期比141.7％増）となった。売上債権が前年同期より59億245百万円増加したこと等により、前期末に比べ37億1千9百万円減少し、80億1千5百万円となっている。営業活動によるキャッシュフローは、30億6千8百万円の使用となった。投資活動によるキャッシュフローは、4億円の使用（前期は1億4千1百万円）となり、これは定期預金の預入による支出が5億円、連結子会社売却による収入が2億8百万円あったことによる。よって、営業活動によるキャッシュフローと投資活動によるキャッシュフローを合算したフリーキャッシュフローは、34億6千9百万円であった[3]。

2008年の営業キャッシュフローは、6億1千6百万円の使用となった。投資活動によるキャッシュフローは、2億3千万となり、合算したキャッシュフローは8億4千6百万円であった。メガチップスは2007年3月期において増収増益となり、2005年からスタートした持株会社体制の3年間で、LSI事業においてはモバイル機器向けの先端技術分野に特化した。またイノベーションをキードライバーとして、本格的成長路線へと変化している。アントレプレナー進藤晶弘［2005］は1990年4月4日に「株式会社メガチップス」として、システムLSIの分野で創造的な技術開発力を競争力とする研究開発型ファブレスハイテク企業を目指して起業した。メガチップスは、ベンチャー企業の定義である果敢に挑戦する先端技術開発型企業として、出口経営戦略であるIPOを達成し、現在も急成長している。

進藤によるリーダーシップとアントレプレナーシップで、ベンチャー企業の代表的成功例として今後も注目される企業になると考えられる。IPO会社として社会に貢献するCSR活動、地球環境保全活動を行っている。特に注目したい活動の中に、インキュベーション活動がある。東京に一番町インキュベーションセンターを置き、成功したベンチャー企業が、次を担う新しいアントレプレナー、ベンチャー企業を育てる活動をしている。これは、アメリカ、シリコンバレー型ベンチャー企業と言える。今後もメガチップスのエンジェル、メンター活動に注目し、成長し世界的大企業になるのを見届けたいと考える。

（以下、株式会社メガチップス（6875）平成20年３月期　第１四半期財務・業績の概況より）

（要約）四半期連結財務諸表

(1)（要約）四半期連結貸借対照表

科目	注記番号	前第1四半期末（平成18年６月30日現在）	当第1四半期末（平成19年６月30日現在）	増減		前連結会計年度（平成19年３月31日現在）
		金額（千円）	金額（千円）	金額（千円）	増減率(%)	金額（千円）
（資産の部）						
Ⅰ流動資産						
1．現金及び預金		5,238,573	2,472,975	△2,765,598	△52.8	4,737,569
2．受取手形及び預金		11,358,826	17,227,008	5,868,182	51.7	18,316,089
3．たな卸資産		1,252,050	3,127,522	1,875,471	149.8	2,357,514
4．その他		836,673	702,633	△134,039	△16.0	630,501
貸倒引当金		△910	△403	506	△55.6	△1,448
流動資産合計		18,685,213	23,529,735	4,844,521	25.9	26,040,227
Ⅱ固定資産						
1．有形固定資産	＊1	156,251	171,865	15,614	10.0	160,709
2．無形固定資産		208,146	192,021	△16,124	△7.7	154,356
3．投資有価証券						
(1)投資有価証券		2,110,643	4,446,608	2,335,965	110.7	4,643,485
(2)その他	＊2	1,062,331	1,449,602	387,270	36.5	1,343,439
投資その他の資産合計		3,172,974	5,896,210	2,723,235	85.8	5,986,924
固定資産合計		3,537,372	6,260,097	2,722,725	77.0	6,301,989
資産合計		22,222,585	29,789,832	7,567,247	34.1	32,342,216
（負債の部）						
Ⅰ流動負債						
1．買掛金		1,960,140	4,084,112	2,123,972	108.4	4,640,965
2．短期借入金		3,000,000	3,000,000	－	－	4,000,000
3．未払法人税等		183,796	105,793	△78,003	△42.4	968,980
4．その他		1,066,592	1,049,417	△17,175	△1.6	836,239
流動負債合計		6,210,528	8,239,323	2,028,794	32.7	10,446,184
Ⅱ固定負債						
1．長期借入金		－	2,000,000	2,000,000	－	2,000,000
2．その他		40,591	182,407	141,816	349.4	202,464
固定負債合計		40,591	2,182,407	2,141,816	5,276.6	2,202,464
負債合計		6,251,120	10,421,730	4,170,610	66.7	12,648,648
（資本の部）						
Ⅰ資本金		4,840,313	－	△4,840,313	－	－
Ⅱ資本剰余金		6,181,300	－	△6,181,300	－	－
Ⅲ利益剰余金		7,065,801	－	△7,065,801	－	－
Ⅳその他有価証券評価差額金		△346,905	－	346,905	－	－
Ⅴ為替換算調整勘定		148,891	－	△148,891	－	－
Ⅵ自己株式		△1,917,936	－	1,917,936	－	－
資本合計		15,971,465	－	△15,971,465	－	－
負債及び資本合計		22,222,585	－	△22,222,585	－	－
（純資産の部）						
Ⅰ株主資本						
1．資本金		－	4,840,313			
2．資本剰余金		－	6,181,300			
3．利益剰余金		－	8,362,197			
4．自己株式		－	△1,875,273			
株主資本合計		－	17,508,537	17,508,537	－	17,635,616
Ⅱ評価・換算差額等						
1．その他有価証券評価差額金		－	1,747,419	1,747,419	－	1,889,059
2．為替換算調整勘定		－	112,144	112,144	－	168,892
評価・換算差額等合計		－	1,859,564	1,859,564	－	2,057,951
純資産合計		－	19,368,102	19,368,102	－	19,693,567
負債及び純資産合計		－	29,789,832	29,789,832	－	32,342,216

(2) （要約）四半期連結損益計算書

科目	注記番号	前第１四半期（自平成18年４月１日 至平成18年６月30日）	当第１四半期（自平成19年４月１日 至平成19年６月30日）	増減		前連結会計年度（自平成18年４月１日 至平成19年３月31日）
		金額（千円）	金額（千円）	金額（千円）	増減率(%)	金額（千円）
Ⅰ売上高		6,857,323	10,311,545	3,454,222	50.4	44,696,215
Ⅱ売上原価		5,700,955	8,754,470	3,053,515	53.6	37,897,342
売上総利益		1,156,367	1,557,074	400,707	34.7	6,828,872
Ⅲ販売費及び一般管理費	＊1	901,250	1,102,917	201,666	22.4	3,908,054
営業利益		255,117	454,157	199,040	78.0	2,920,818
Ⅳ営業外収益		4,411	7,979	3,568	80.9	13,541
Ⅴ営業外費用		7,976	41,033	33,057	414.4	65,158
経常利益		251,551	421,103	169,551	67.4	2,869,201
Ⅵ特別利益		—	—	—	—	36,258
Ⅶ特別損失		—	15,417	15,417	—	50,000
税金等調整前四半期（当期）純利益		251,551	405,686	154,134	61.3	2,855,460
税金費用		171,195	92,906	△ 78,289	△45.7	1,336,287
四半期（当期）純利益		80,356	312,779	232,423	289.2	1,519,172

(3) （要約）四半期連結剰余金計算書及び（要約）四半期連結株主資本等変動計算書
（要約）四半期連結剰余金計算書

科目＼期別	前第１四半期（自 平成18年４月１日 至 平成18年６月30日）	
(巣本状預金の部)		
Ⅰ資本剰余金期首残高		6,181,300
Ⅱ資本剰余金四半期末残高		6,181,300
(利益剰余金の部)		
Ⅰ利益剰余金期首残高		7,441,028
Ⅱ利益剰余金増加高		
1.四半期純利益	80,356	80,356
Ⅲ利益剰余金減少高		
1.配当金	396,083	
2.役員賞与	59,500	455,583
Ⅳ利益剰余金四半期末残高		7,065,801

注

(1) メガチップス［2005］、pp.8-9
(2) 同上書、p.21
(3) 同掲書、p.23

第11章－4　フェローテック

1．フェローテックの起業について

磁性流体テクノロジーのベンチャー企業フェローテックを本項において検討したいと考える。フェローテックは、ベンチャー企業としてスタートし、すでに25年経過している。今回ケーススタディとして取り上げたのは、アントレプレナーによって起業され、MBOによりアメリカ本社買収、さらにIPO、M&Aとベンチャー企業成功例と言える。フェローテックがどのように起業され、事業展開しているか、また業績、ストックオプション、財務、コーポレートガバナンスを検討したいと考える。フェローテックは、ベンチャーキャピタルのインベストをあまり受けていない珍しいケースと言える。これまでのベンチャー企業にはベンチャーキャピタルが必要不可欠である、と言う仮説が成り立たないケースであると考えられる。成功したベンチャー企業をケーススタディとして、その要素を明らかにしたいと考える。

アントレプレナー山村章により、1980年に東京においてコンピュータシール、真空シール、磁性流体の輸入販売を目的として起業したフェローテックを、本項で取り上げる。

先端技術開発型のフェローテックは、1980年の創業より2005年までにベンチャー企業として急成長した。絶えずイノベーションを繰り返すベンチャー企業として、すでにグローバル化した経営体制を敷いている。1982年に千葉工場、1989年釜石工場、1991年にはアメリカ・マサチューセッツにニッポン・フェローフルイディクス・アメリカ社を設立し、さらに1992年に中国杭州市に杭州大和熱磁電子有限公司を設立、1995年には、中国上海市に上海申和熱磁電子有限公司を設立し、グローバル経営を推進している。

IPO出口経営戦略では、1996年に日本証券業協会に店頭登録を果たしている。

グローバル経営においては、その後シンガポール、ルーマニアに子会社を設立した。2005年（2004年３月期）時点での資本金は58億円、売上高単体73億円、連結150億円と成長している。

2．フェローテックの事業展開

フェローテックのビジョンは、モノづくりにこだわり、モノづくりに帰るである。モノづくりの拠点として中国を捉え、現在は中国の杭州市に２工場、上海市に２工場が稼動している。日本やアメリカで受注した真空シール、コンピュータシール、サーモモジュールを製造している。中国工場の優位性は、CMS（コントラクト・マニュファクチュアリング・サービス：受託生産）である。フェローテックの新ビジネスモデルとして力を入れている。(1)

先端技術開発型ベンチャー企業の成功例としてフェローテックを捉えている。コアコンピタンスを形成しているのは、半導体、液晶、メカトロ、HDD、バイオ、光、である。フェローテックのマーケティングは、何かを重要視することである。地道なモノづくりを基本とし、人々の暮らしを豊かにするために、５年～10年先を見据えて研究開発をしている。フェローテックの技術の進化は、1960年代の磁性流体の開発からスタートした。1970年代からスピーカー用磁性流体、真空シール、コンピュータシール、三次元ダンパなど、様々な磁性流体応用製品を開発した。

3．フェローテックの業績について

フェローテックのドメインであるエレクトロニクス産業において、カメラ付携帯電話、薄型テレビ、DVDレコーダなどのデジタル分野で部品需要が旺盛であり、業績は順調に伸びている。収益改善のため、国内子会社の石英製造を一部中国へ移管した。よって、2004年３月期の連結会計で売上高は15,000百万円（前連結会計年度比16.8％増）となり、営業利益は、615百万円（前連結会計年度比452.6％増）である。経常損失は、円高による海外子会社保有の円建債務に係る為替差損の発生により177百万円となり、当期純損失は、国内石英子会社の一部工場閉鎖による。費用及び投資有価証券評価損などの発生により645百万円となった。(2)

次に、事業別の業績を検討する。有価証券報告書［2004］によると、①装置関連事業は主製品として真空シール、石英製品、シリコン製品などである。半導体および液晶パネル製造装置関連品である真空シールは、製造装置の設備投資が年末から再開でき、売上を大きく回復できている。中国へ生産移管した石英製品が増収へ繋がった。シリコン製品は、上期の市況の厳しさから若干計画を下回っている。よって売上高は7,921百万円（前年同期比15.6％増）、営業利益は374百万円（前年同期比461百万円増）となった。②電子デバイス事業においては主製品がコンピュータシール、サーモモジュール、磁性流体である。企業向けサーバーに使用するHDD向け部品であるコンピュータシールは、計画通りに推移した。

また、サーモモジュールは自動車温調シート向けが伸びている。オーディオスピーカー向け磁性流体は計画通り推移している。よって売上高は3,623百万円（前年同期比15.2％減）、営業利益は479百万円（前年同期比4.4％減）となった。③CMS事業は、主製品は他社製品を製造することである。シリコンウェーハ加工、工作機械製造、装置洗浄などを主としている。売上高は、3,458百万円（前年同期比100.8%増）、営業損失は221百万円（前年同期比45百万円減）となった。生産、受注及び販売の状況を図表11-4-1にて生産実績、図表11-4-2において受注状況、図表11-4-3にて販売実績を提示する。

図表11-4-1　フェローテックの生産実績

当連結会計年度の生産実績を事業の種類別セグメントごとに示すと、次の通りである。

事業の種類別セグメントの名称	生産高（千円）	前年同期比（%）
装置関連事業	6,653,684	113.0
電子デバイス事業	3,587,869	94.3
CMS事業	3,300,474	201.9
合計	13,542,027	119.6

(注) 1．金額は販売価格で表示している。
2．上記の金額には消費税は含まれていない。
出所：フェローテック、p.11

図表11-4-2　フェローテックの受注状況

当連結会計年度の受注状況を事業の種類別セグメントごとに示すと、次の通りである。

事業の種類別セグメントの名称	受注高（千円）	前年同期比（%）	受注残高（千円）	前年同期比（%）
装置関連事業	8,220,913	118.4	1,516,523	138.9
電子デバイス事業の内受注生産品目	2,134,233	83.5	273,300	150.6
CMS事業	3,524,868	226.1	103,000	63.2

(注) 1．電子デバイス事業のサーモモジュールは見込み生産を行っている。
2．上記の金額には消費税は含まれていない。
出所：フェローテック、p.11

図表11-4-3　フェローテックの販売実績

当連結会計年度の販売実績を事業の種類別セグメントごとに示すと、次の通りである。

事業の種類別セグメントの名称	販売高（千円）	前年同期比（%）
装置関連事業	7,921,820	115.6
電子デバイス事業	3,619,716	84.8
CMS事業	3,458,901	200.8
合計	15,000,439	116.8

(注) 上記の金額には消費税は含まれていない。
出所：フェローテック、p.11

4．フェローテックの研究開発

フェローテックの研究開発は、技術革新と市場環境変化の激しいコンピュータ業界、半導体製造装置業界において、各ユーザーとの情報交換、技術交流を通して、技術研究開発を進めてきた。研究開発は、技術担当部門が国内、アメリカ、ヨーロッパ、アジアの各地区で推進している。2004年３月期連結会計期間の研究開発は、188百万円であった。

①装置関連事業の中で、真空シールは次世代の半導体製膜装置ALDで使用する磁性流体シールや超高真空用磁性流体シールの開発を進めている。②電子デバイス事業では、ハードディスク装置の面記録密度向上、スピンドルモータ用磁性流体動圧軸受の性能改善を行っている。また、医療分析用途のための磁性粒子を開発した。さらに、放熱を主目的とした光ピックアップ用磁性流体、磁性流体動圧軸受用磁性流体の開発を進めている。サーモモジュールに関しても、さらなる高性能化を進めている。(3) 研究開発のための設備投資の状況を図表11-4-4、11-4-5、11-4-6、11-4-7、11-4-8で提示する。

図表11-4-4　フェローテックの主要な設備の状況

事業所（所在地）	事業の種類別セグメントの名称	設備又は業務内容	帳簿価額					従業員数（人）
			建物及び構築物（千円）	機械装置及び運搬具（千円）	工具器具備品（千円）	土地（千円）（面積m²）	合計（千円）	
本社（東京都中央区）	装置関連事業、電子デバイス事業、管理業務	販売及び管理業務	204,693	2,265	22,646	1,919,980（510.32）	2149586	51
千葉テクニカルセンター（千葉県八日市場市）	装置関連事業、電子デバイス事業	製造及び研究開発	313,160	100,343	56,929	88,739（6,270.11）	559,172	73

（注）1．金額は帳簿価額であり、建設仮勘定は含んでいない。
　　　2．㈱フェローテック精密に貸与中の金額は含めず、図表１－５の国内子会社の㈱フェローテック精密に記載している。
出所：フェローテック、p.14

図表11-4-5　フェローテックの国内子会社の主要な設備状況

会社名（所在地）	事業の種類別セグメントの名称	設備の内容	帳簿価額					従業員数（人）
			建物及び構築物（千円）	機械装置及び運搬具（千円）	工具器具備品（千円）	土地（千円）（面積m²）	合計（千円）	
㈱フェローテック精密（岩手県釜石市）	装置関連事業	製造設備	66,413	13,985	7,194	19,607（5,612.48）	107,202	52
㈱フェローテッククオーツ（大阪市中央区）	装置関連事業	製造設備	262,427	90,590	22,689	80,835（8254.00）	456,543	94

（注）1．金額は帳簿価額であり、建設仮勘定は含んでいない。
　　　2．㈱フェローテック精密の帳簿価額として記載している金額は、提出会社から賃借しているものを含む。
出所：フェローテック、p.14

図表11-4-6 フェローテックの在外子会社の主要な設備状況

会社名 (所在地)	事業の種類別セグメントの名称	設備の内容	帳簿価額 建物及び構築物(千円)	機械装置及び運搬具(千円)	工具器具備品(千円)	土地(千円)(面積m²)	合計(千円)	従業員数(人)
Ferrotec (USA) Corporation (米国ニューハンプシャー州)	装置関連事業、電子デバイス事業	製造設備	655,951	107,135	97,849	130,834 (22,080.55)	991,770	133
杭州大和熱磁電子有限公司(中国浙江省)	装置関連事業、電子デバイス事業、CMS事業	製造設備	681,677	1,152,142	597,931	236,259 (89,099.27)	2,668,010	1,694
上海申和熱磁電子有限公司(中国上海市)	電子デバイス事業	製造設備	910,153	1,852,788	148,037	147,654 (41,890.00)	3,058,634	733

(注) 1．金額は帳簿価額であり、建設仮勘定は含んでいない。
2．杭州大和熱磁電子有限公司の土地等に記載した金額は、国から建物及び土地を賃借し、賃借料を全額支払い済みで投資その他の資産「その他」に計上しているものと、土地使用権の残高で無形固定資産の「その他」に計上しているものの合計である。
3．上海申和熱磁電子有限公司の土地等に記載した金額は、土地使用権の残高で無形固定資産の「その他」に計上している。

出所：フェローテック、p.15

図表11-4-7 フェローテックのリースによる設備状況

提出会社及び国内子会社は、リースによる設備があり、主要なリースによる設備は、次のとおりである。

	期末残高相当額（千円）
機械装置及び運搬具	73,397
工具器具備品	26,735
その他（主にソフトウェア）	58,096

出所：フェローテック、p.15

図表11-4-8 フェローテックの設備の新設、除却等の計画

当連結会計年度後１年間の設備投資計画（新設・拡充）は、1,800百万円であり、事業の種類別セグメントごとの内訳は次のとおりである。

事業の種類別セグメントの名称	平成16年３月末計画金額（百万円）	設備等の主な内容・目的	資金地調達方法
装置関連事業	500	増産	自己資金及び借入金
電子デバイス事業	600	同上	同上
CMS事業	700	同上	同上
合計	1,800	—	—

出所：フェローテック、p.15

5．フェローテックのストックオプション

ベンチャー企業急成長の源であるストックオプションを、フェローテックは早くから導入している。ストックオプションは、新株予約権付社債及び新株の発行を請求できる権利である。フェローテックのストックオプション発行について、図表11-4-9にて2004年３月期の状況（新株予約権）を提示する。

図表11-4-9　フェローテックの新株予約権等の状況

旧商法第280条ノ19の規定に基づく新株引受権（ストックオプション）に関する事項は、次のとおりである。

平成11年６月24日開催の定時株主総会決議に基づくもの

	事業年度末現在 （平成16年３月31日）	提出日の前月末現在 （平成16年５月31日）
新株予約権の数（個）	—	—
新株予約権の目的となる株式の種類	普通株式	同左
新株予約権の目的となる株式の数（株）	75,000	75,000
新株予約権の行使時の払込金額（円）	（注）1　1,921	（注）1　1,921
新株予約権の行使期間	平成11.9.2～平成16.9.1	同左
新株予約権の行使により株式を発行する場合の株式価格及び資本組入額（円）	発行価格　1,921 資本組入額　961	発行価格　1,921 資本組入額　961
新株予約権の行使の条件	（注）2	同左
新株予約権の譲渡に関する事項	新株引受権の譲渡、質入その他処分は認めない。	同左

（注）１．発行価格

権利付与日以降、時価を下回る価額で新株を発行（転換社債の転換、新株引受権証券及び商法第280条ノ19の規定に基づく新株引受権の権利行使の場合を除く）するときは、次の算定により発行価額を調整し、調整により生じる１円未満の端数は切り上げる。

$$\text{調整後発行価額} = \text{調整前発行価額} \times \frac{\text{既発行株式数} + \dfrac{\text{新規発行株式数} \times 1\text{株あたり払込金額}}{\text{新規発行前の株価}}}{\text{既発行株式数} + \text{新規発行による増加株式数}}$$

また、権利付与日以降株式の分割または併合が行われる場合、発行価額は分割または併合の比率に応じ比例的に調整されるものとし、調整の結果生じる１円未満の端数は切り上げる。

２．権利行使についての条件

⑴　対象者として新株引受権を付与された者は、新株引受権行使時においても、当社の取締役または従業員であることを要する。また、権利を付与された者が死亡した場合は、相続人がこれを行使することはできない。

⑵　新株引受権に関するその他の細目については、当社第19期株主総会の特別決議および平成11年８月16日開催の当社取締役会の決議に基づき、当社と対象取締役および従業員との間で締結する新株引受権付与契約に定めるところによる。

出所：フェローテック、p.17

ベンチャー企業成功ケーススタディであるフェローテックのストックオプションについては、すべての年度分を今回提示する。すぐれたストックオプションシステムが、急成長を続ける過程を検討できると考える。2005年でのストックオプションの課税について、最高裁にて一時所得でなく給与とした判決が出ているが、ベンチャー企業が急成長するためには必要不可欠であると考える。但し、アメリカのエンロン事件の影響で、マイクロソフトがストックオプション制度を取止めるなどの変化が出ている。

フェローテックは図表11-4-9の1999年以降もストックオプションを導入しており2002年株主総会決議により、2004年３月事業年度においてのストックオプションを1849件とし、目的となる株式の種類を普通株式とした。株式数は184,900であった。また、2003年株主総会決議により、2004年３月事業年度において同3,950件、同普通株式、同395,000とした。なお、転換社債型新株予約権付社債は、残高で1,870,150（千円）、新株予約権は460件、目的となる株式の種類は普通株式とした。

６．フェローテックの大株主

フェローテックは日本でこれまで例のなかった日本の子会社が、アメリカの親会社を買収して成立している成長会社である。図表11-4-10、11-4-11で提示するが、1999年においては筆頭株主のクボタ、次にアントレプレナーの山村章が登場する。５、７番目にベンチャーキャピタルのジャフコ、ジャフコ・プロパティーズが登場しIPOに至ったと考えられた。しかし、フェローテック若木啓男によると、同社におけるベンチャーキャピタルは、単にIPOをするためではなかった。アメリカ親会社からの買収が目的であったと述べた。

今までの例になかったベンチャーキャピタルの導入方法であったと言える。IPOは1996年に達成している。現在の大株主は、三井物産、小松製作所、クボタである。これだけでもフェローテックの先端技術開発力のレベルの高さが推測できる。

図表11-4-10　フェローテックの1999年度の大株主

氏名又は名称	住所	所有株式数（千株）	発行済株式総数に対する所有株式数の割合（%）
㈱クボタ	大阪府大阪市浪速区敷津東１丁目２番47号	1,800	19.78
山村　章	東京都中央区入船２丁目１番１号−1309	760	8.35
住友信託銀行㈱	大阪府大阪市中央区北浜４丁目５番33号	755	8.30
㈱東京三菱銀行	東京都千代田区丸の内２丁目７番１号	420	4.62
㈱ジャフコ	東京都千代田区丸の内１丁目８番２号	400	4.40
安田信託銀行㈱	東京都中央区八重洲１丁目２番１号	281	3.09
㈱ジャフコ・プロパティーズ	東京都千代田区丸の内１丁目８番２号	250	2.75
ザ チェース マンハッタン バンク エヌエイ ロンドン	WOOLGATE HOUSE. COLEMAN STREET LONDON ES2P 2HD ENGLAND	216	2.37
第一生命保険（相）	東京都千代田区有楽町１丁目13番１号	193	2.12
㈱北日本銀行	岩手県盛岡市中央通１丁目６番７号	190	2.09
計		5,265	57.86

（注）上記住友信託銀行株の所有株式数にうち、信託業務にかかる株式数は、335千株である。
出所：フェローテック、p.6

図表11-4-11　フェローテックの2004年度の大株主

氏名又は名称	住所	所有株式数（千株）	発行済株式総数に対する所有株式数の割合（%）
三井物産㈱	東京都千代田区大手町１丁目２番１号	2,800	16.23
㈱小松製作所	東京都港区赤坂２丁目３番６号	1,820	10.55
㈱クボタ	大阪府大阪市浪速区敷津東１丁目２番47号	1,200	6.96
日本マスタートラスト信託銀行株式会社（信託口）	東京都港区赤坂２丁目３番６号	883	5.12
山村　章	東京都港区赤坂８丁目11番11号	803	4.66
日本トラスティ・サービス信託銀行株式会社（信託口）	東京都中央区晴海１丁目８番11号	576	3.34
㈱東京三菱銀行	東京都千代田区丸の内２丁目７番１号	420	2.43
バンク　オブニューヨークロッパー リミテッド ルクセンブルグ131800（常任代理人：㈱みずほコーポレート銀行兜町証券業務部）	6D ROUTE TREVES L-2633 SENNINGERBERG（東京都中央区日本橋兜町６番７号）	411	2.38
住友信託銀行㈱	大阪府大阪市中央区北浜４丁目５番33号	400	2.32
㈱北日本銀行	岩手県盛岡市中央通１丁目６番７号	205	1.19
計	−	9,519	55.18

（注）１．当社は、自己株式240,119株を保有しているが、当該株式には議決権がないため上記大株主から除外している。
　　　２．上記の所有株式数のうち、信託業務にかかる株式数は次のとおりである。
　　　　日本マスタートラスト信託銀行㈱（信託口）　883千株
　　　　日本トラスティ・サービス信託銀行㈱（信託口）　576千株
出所：フェローテック、p.24

7．フェローテックの財務状況

フェローテックの近年５年の経営指標では、第20期から第24期までに急成長していることが見て取れる。特に、第20期から第21期で売上高で２倍以上と他の会社では考えられない成長を遂げている。しかし、経常利益又は経常損失が第22期より増加傾向である。１株当りの純資産額は713.84円から833.44円、899.99円そして738.06円と安定している。また、従業員数は第20期の1,205人から第24期は2,944人と３倍以上の伸びを占めている。総合的な内容は、図表11-4-12を参照されたい。

図表11-4-12　フェローテックの連結経営指標

回次	第20期	第21期	第22期	第23期	第24期
決算年月	平成12年３月	平成13年３月	平成14年３月	平成15年３月	平成16年３月
売上高(千円)	7,988,025	16,435,979	14,775,891	12,845,187	15,000,439
経常利益又は経常損失(△)(千円)	629,244	2,561,588	984,874	△626,559	△177,980
当期純利益又は当期純損失(△)(千円)	288,110	1,644,139	△357,005	△899,140	△645,234
純資産額(千円)	9,044,460	10,719,632	15,523,322	13,824,332	12,555,217
総資産額(千円)	17,346,540	22,191,623	27,034,216	28,279,213	28,934,988
１株当たり純資産額(円)	713.84	833.44	899.99	806.82	738.06
１株当たり当期純利益又は当期純損失(△)(円)	24.85	129.31	△26.85	△52.23	△37.89
潜在株式調整後１株当たり当期純利益(円)	24.56	128.04	—	—	—
自己資本率(％)	52.1	48.3	57.4	48.9	43.4
自己資本利益率(％)	4.4	16.6	△2.7	△6.1	△4.9
株価収益率(倍)	66.40	18.64	—	—	—
営業活動によるキャッシュ・フロー(千円)	19,210	1,943,809	2,580,331	△321,386	1,126,169
投資活動によるキャッシュ・フロー(千円)	△3,892,649	△2,431,142	△6,745,136	△3,494,016	△2,229,362
財務活動によるキャッシュ・フロー(千円)	5,338,733	242,271	5,050,235	2,827,027	1,366,799
現金及び現金同等物の期末残高(千円)	2,968,733	2,812,788	3,657,192	2,812,004	3,123,532
従業員数(人)	1,205	2,170	2,114	2,722	2,944

(注)　１．売上高には、消費税は含まれていない。
　　　２．第22期、第23期及び第24期の潜在株式調整後１株当たり当期純利益、株価収益率については、

当期純損失が計上されているため記載はしない。
3．第23期より「1株当たり当期純利益に関する会計基準」（企業会計基準第2号）及び「1株当たり当期純利益に関する会計基準の適用指針」（企業会計基準適用指針4号）を適用している。なお、同会計基準の適用による影響はない。
出所：フェローテック、p.1

8．フェローテックのコーポレートガバナンス

フェローテックは、経営の意思決定、監督、業務執行の分担を明確化し、迅速、公正な経営を行うことを基本方針としている。①会社の経営上の意思決定、執行及び監督に係る経営管理組織、その他のコーポレートガバナンス体制では、監査役設置をしており、取締役会は取締役6名で構成し、月1回の定時取締役会、また臨時取締役会を開催している。業務執行は、執行役員制度を導入している。監査役会は、社外監査役3名で構成され、取締役の業務に厳正に対処している。②会社のコーポレートガバナンスの実施は、取締役、執行役員及び子会社代表者により経営戦略委員会を設置し、業務の基本方針策定、その他の重要事項を討議し管理している。[4] フェローテックの経営組織体制を図表11-4-13にて提示する。

図表11-4-13　フェローテックの経営組織図

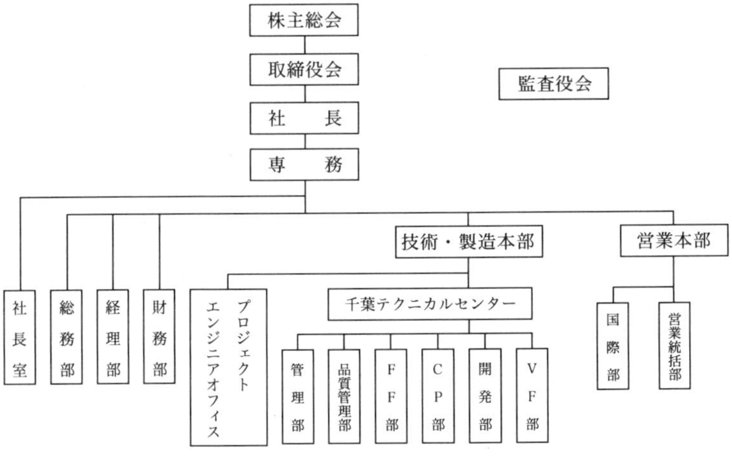

株主総会
取締役会
監査役会
社　長
専　務
社長室
総務部
経理部
財務部
技術・製造本部
プロジェクトエンジニアオフィス
千葉テクニカルセンター
管理部
品質管理部
FF部
CP部
開発部
VF部
営業本部
国際部
営業統括部

出所：フェローテック、p.12

1980年に起業したベンチャー企業がわずか16年でIPOに至ったケーススタディとして、本項においてフェローテックを取り上げた。20世紀のテクノロジーの象徴であるNASAで生まれた磁性流体の応用テクノロジーをコアコンピタンスに21世紀へのドメインは、エネルギー、バイオ、ITとしている。アントレプレナー山村章の経営戦略は、絶え間なくグローバル化している。中国、ルーマニア、シンガポールと展開を続け、ベンチャー企業として成功した大ベンチャー企業となった。ベンチャー企業の出口経営戦略であるIPO、M&A共に駆使し、更なる飛躍が見込まれる。MBOにてアメリカ本社を買収し、M&Aにて旧胆沢通信を買収した。ベンチャー企業の出口経営戦略のケーススタディとして、今後も注目したいと考える。

5．中間連結財務諸表等

(1) 中間連結貸借対照表

期別／科目	前中間連結会計期間末（平成17年９月30日現在）		当中間連結会計期間末（平成18年９月30日現在）		前連結会計年度の要約連結貸借対照表（平成18年３月31日現在）	
	金額	構成比	金額	構成比	金額	構成比
（資産の部）		%		%		%
Ⅰ流動資産						
現金及び預金	3,759,958		4,995,435		4,108,656	
受取手形及び売掛金＊4	4,879,575		6,342,079		5,067,014	
有価証券	－		449,905		299,000	
たな卸資産	3,383,873		3,428,664		3,504,918	
その他	2,364,658		1,145,496		1,626,904	
貸倒引当金	△111,128		△149,400		△140,587	
流動資産合計	14,276,938	43.4	16,212,180	44.4	14,465,906	41.3
Ⅱ固定資産						
(1)有形固定資産＊1						
建物及び構築物＊2	4,011,718		4,767,182		4,091,685	
機械装置及び運搬具	4,088,978		4,823,908		4,602,930	
工具器具備品	1,052,511		1,252,261		1,175,330	
土地＊2	2,548,251		2,603,486		2,552,077	
建設仮勘定	348,991		816,755		1,397,328	
有形固定資産合計	12,050,451	36.7	14,263,594	39.0	13,819,353	39.4
(2)無形固定資産						
営業権	2,019,015		－		2,154,992	
連結調整勘定	520,064		－		463,113	
のれん	－		2,389,279		－	
その他＊2	703,803		1,042,994		785,234	
無形固定資産合計	3,242,884	9.9	3,432,273	9.4	3,403,339	9.7
(3)投資その他の資産						
投資有価証券	1,376,004		1,015,320		1,591,142	
その他	2,290,384		2,349,704		2,440,661	
貸倒引当金	△377,497		△740,829		△680,856	
投資その他の資産合計	3,288,891	10.0	2,624,196	7.2	3,350,947	9.6
固定資産合計	18,582,227	56.6	20,320,065	55.6	20,573,640	58.7
資産合計	32,859,165	100.0	36,532,245	100.0	35,039,546	100.0

科目＼期別	前中間連結会計期間末（平成17年９月30日現在）		当中間連結会計期間末（平成18年９月30日現在）		前連結会計年度の要約連結貸借対照表（平成18年３月31日現在）	
	金額	構成比	金額	構成比	金額	構成比
（負債の部）		%				
Ⅰ流動負債						
支払手形及び買掛金＊4	2,042,337		2,858,609		3,086,786	
短期借入金＊2	3,248,974		3,425,632		3,255,706	
一年内返済予定長期借入金＊2	2,781,284		2,218,399		2,549,855	
賞与引当金	138,272		240,590		149,863	
その他	2,885,406	33.8	3,229,412		2,479,206	
流動負債合計	11,096,275		11,972,644	32.8	11,521,418	32.9
Ⅱ固定負債						
転換社債型新株予約権付社債	1,776,643		1,776,643		1,776,643	
長期借入金＊2	3,916,613		4,770,659		3,913,381	
退職給付引当金	29,993		26,965		22,635	
役員退職慰労引当金	113,699		119,600		118,900	
その他	183,385		393,782		537,219	
固定負債合計	6,020,336	18.3	7,087,650	19.4	6,368,779	18.1
負債合計	17,116,611	52.1	19,060,294	52.2	17,890,198	51.0
（少数株主持分）						
少数株主持分	60,153	0.2	－	－	64,770	0.2
（資本の部）						
Ⅰ資本金	6,910,461	21.0	－	－	6,910,461	19.7
Ⅱ資本剰余金	7,784,251	23.7	－	－	7,784,251	22.2
Ⅲ利益剰余金	1,009,755	3.1	－	－	1,300,643	3.7
Ⅳその他有価証券評価差額金	308,993	0.9	－	－	500,617	1.5
Ⅴ為替換算調整勘定	△170,948	△0.5	－	－	748,717	2.2
Ⅵ自己株式	△160,112	△0.5	－	－	△160,112	△0.5
資本合計	15,682,400					48.8
負債、少数株主持分及び資本合計	32,859,165					
（純資産の部）						
Ⅰ株主資本						
資本金	－	－	6,910,461	18.9	－	－
資本剰余金	－	－	7,784,251	21.3	－	－
利益剰余金	－	－	1,801,584	4.9	－	－
自己株式	－	－	△160,112	△0.4	－	－
株主資本合計	－	－	16,336,184	44.7	－	－
Ⅱ評価・換算差額等						
その他有価証券評価差額金	－	－	290,161	0.8	－	－
為替換算調整勘定	－	－	676,717	1.8	－	－
評価・換算差額等合計	－	－	966,878	2.6	－	－
Ⅲ少数株主持分	－	－	168,887	0.5	－	－
純資産合計	－	－	17,471,951	47.8	－	－
負債純資産合計	－	－	36,532,245	100.0	－	－

(2) 中間連結損益計算書

科目 ＼ 期別	前中間連結会計期間 (自 平成17年４月１日 至 平成17年９月30日)		当中間連結会計期間 (自 平成18年４月１日 至 平成18年９月30日)		前連結会計年度の 要約連結損益計算書	
	金額	百分比%	金額	百分比%	金額	百分比%
Ⅰ売上高	10,725,952	100.0	14,819,125	100.0	23,946,131	100.0
Ⅱ売上原価	7,805,895	72.8	10,877,480	73.4	17,022,507	71.1
売上総利益	2,920,057	27.2	3,941,644	26.6	6,923,623	28.9
Ⅲ販売費及び一般管理費＊1	2,627,102	24.5	2,968,403	20.0	5,712,831	23.9
営業利益	292,954	2.7	973,241	6.6	1,210,791	5.0
Ⅳ営業外収益						
受取利息	32,793		36,211		81,361	
賃貸収入	33,266		41,708		63,434	
為替差益	130,732		－		227,656	
その他	78,511		90,578		101,473	
営業外収益合計	275,304	2.6	168,498	1.1	473,925	2.0
Ⅴ営業外費用						
支払利息	146,696		183,692		338,426	
為替差益	－		37,505		－	
たな卸資産評価損	－		－		76,512	
たな卸資産処分損	93,238		－		－	
持分法による投資損失	10,124		8,308		79,512	
その他	64,256		118,567		149,180	
営業外費用合計	314,316	2.9	348,073	2.3	643,835	2.7
経常利益	253,942	2.4	793,666	5.4	1,040,881	4.3
Ⅵ特別利益						
投資有価証券売却益	149,180		426,606		149,180	
固定資産売却益＊3	28,303		38,809		97,663	
貸倒引当金戻入益	4,364		－		79,130	
補償金収入	600,000		－		600,000	
その他	3,052		－		3,041	
特別利益合計	784,901	2.6	465,415	3.1	929,015	3.9
Ⅶ特別損失		7.1				
固定資産処分損＊4	1,582	3.5	75,128		3,930	
貸倒引当繰入額	220,000	0.0	60,000		541,357	
減損損失＊5	43,360	△ 0.2	72,055		44,010	
その他	7,148	3.8	30,000		61,697	
特別損失合計	272,092		237,183	1.6	650,996	2.7
税金等調整前中間（当期）純利益	766,751		1,021,898	6.9	1,318,900	5.5
法人税、住民税及び事業税＊2	376,898		357,791	2.4	502,585	2.1
法人税等調整額＊2	4,556		△ 20,502	△ 0.1	112,743	0.5
少数株主利益又は損失（△）	△ 24,870		21,221	0.1	△ 5,193	△ 0.0
中間（当期）純利益	410,166		663,387	4.5	708,764	2.9

(3) 中間連結剰余金計算書

	前中間連結会計年度 (自 平成17年４月１日 至 平成17年９月30日)		前連結会計年度の連結剰余金計算書 (自 平成17年４月１日 至 平成18年３月31日)	
	金額		金額	
(資本剰余金の部)				
Ⅰ資本剰余金期首残高		7,784,251		7,784,251
Ⅱ資本剰余金中間期末（期末）残高		7,784,251		7,784,251
(利益剰余金の部)				
Ⅰ利益剰余金期首残高		762,141		762,141
Ⅱ利益剰余金増加高				
中間（当期）純利益	410,166	410,166	708,764	708,764
Ⅲ利益剰余金減少高				
配当金	159,331		159,331	
役員賞与	3,220		3,220	
その他	－	162,552	7,710	170,262
Ⅳ利益剰余金中間期末（期末）残高		1,009,755		1,300,643

(注) 利益剰余金減少高の「その他」は、中国子会社における財務管理規定37条に基づく従業員奨励および福利基金繰入額である。

中間連結株主資本等変動計算書

当中間連結会計期間（自平成18年４月１日　至平成18年９月30日）

（単位：千円）

	株主資本				
	資本金	資本剰余金	利益剰余金	自己株式	株主資本合計
平成18年３月31日　残高	6,910,461	7,784,251	1,300,643	△160,112	15,835,243
中間連結会計期間中の変動額					
剰余金の配当			△159,331		△159,331
役員賞与			△3,115		△3,115
中間純利益			663,387		663,387
株主資本以外の項目の中間連結会計期間中の変動額（純額）					
中間連結会計期間中の変動額合計	－	－	500,941	－	500,941
平成18年９月30日　残高	6,910,461	7,784,251	1,801,584	△160,112	16,336,184

	評価・換算差額等			少数株主持分	純資産合計
	その他有価証券評価差額金	為替換算調整勘定	評価・換算差額等合計		
平成18年３月31日　残高	500,617	748,717	1,249,334	64,770	17,149,348
中間連結会計期間中の変動額					
剰余金の配当					△159,331
役員賞与					△3,115
中間純利益					663,387
株主資本以外の項目の中間連結会計期間中の変動額（純額）	△210,455	△71,999	△282,455	104,117	△178,338
中間連結会計期間中の変動額合計	△210,455	△71,999	△282,455	104,117	322,602
平成18年９月30日　残高	290,161	676,717	966,878	168,887	17,471,951

(4) 中間連結キャッシュ・フロー計算書

期別 科目	前中間連結会計期間 (自 平成17年4月1日 至 平成17年9月30日)	当中間連結会計期間 (自 平成18年4月1日 至 平成18年9月30日)	前連結会計年度の要約 連結キャッシュ・フロー計算書 (自 平成17年4月1日 至 平成18年3月31日)
	金額	金額	金額
い Ⅰ営業活動によるキャッシュ・フロー	766,751	1,021,898	1,318,900
税金等調整前中間(当期)純利益	690,493	809,784	1,670,405
減価償却費	—	43,603	—
のれん償却額	20,611	—	81,382
連結調整勘定償却額	43,360	72,055	44,010
減損損失	△121	4,329	△7,479
退職給付引当金の増減額(減少:△)	△800	700	4,400
役員退職慰労引当金の増減額(減少:△)	1,802	91,911	10,811
賞与引当金の増減額(減少:△)	171,148	70,930	499,113
貸倒引当金の増減額(減少:△)	△38,224	△37,217	△87,422
支払利息	146,696	183,692	338,426
為替差損益	△77,266	21,419	△247,307
持分法による投資損失	10,124	8,308	79,716
出資金評価損益	—	△14,360	—
有形固定資産売却損益	△28,303	△38,809	△97,662
固定資産処分損	1,582	75,128	3,930
投資有価証券売却益	△149,180	△426,606	△149,180
売上債権の増減額(増加:△)	396,777	△1,336,045	519,587
たな卸資産の増減額(増加:△)	△256,544	40,112	△194,143
その他資産の増減額(増加:△)	△412,285	627,196	3,903
仕入債務の増減額(減少:△)	69,223	△174,166	899,224
その他負債の増減額(減少:△)	158,178	511,659	△50,162
役員賞与の支払額	△7,320	△7,080	△7,320
その他	△13,824	1,2820	1,488
小計	1,492,881	1,549,726	4,634,623
利息及び配当金の受取額	39,383	39,113	80,467
利息の支払額	△144,271	△183,538	△337,390
法人税等の支払額	△146,351	△519,591	△243,999
営業活動によるキャッシュ・フロー	1,241,640	885,710	4,133,700
Ⅱ投資活動によるキャッシュ・フロー			
有形固定資産の取得による支出	△900,416	△1,153,684	△3,138,710
有形固定資産の売却による収入	43,600	126,445	266,511
投資有価証券の取得による支出	△20,600	△5,865	△20,600
投資有価証券の売却による収入	335,648	633,209	401,093
連結の範囲の変更を伴う子会社株式の取得による支出	△498,564	—	△498,564
関係会社株式の取得による支出	—	—	△50,000
貸付による支出	△150	—	△35,150
貸付金の回収による収入	600	75,480	1,170
その他投資活動による収入	7,419	263,894	84,613
その他投資活動による支出	△297,219	△293,058	△552,288
投資活動によるキャッシュ・フロー	△1,329,682	△353,579	△3,541,924
Ⅲ財務活動によるキャッシュ・フロー			
短期借入金の純増減額	36,266	208,481	△146,622
長期借入れによる収入	2,112,169	2,253,885	3,162,147
長期借入金の返済による支出	△1,344,728	△1,715,737	△2,683,420
少数株主への株式の発行による収入	—	92,281	—
配当金の支払額	△158,243	△158,401	△159,612
少数株主への配当金の支払額	△6,097	△2,604	△9,591
財務活動によるキャッシュ・フロー	639,366	677,906	162,799
Ⅳ現金及び現金同等物に係る換算差額	19,819	76,647	185,946
Ⅴ現金及び現金同等物の増減額(減少:△)	571,143	1,286,684	940,521
Ⅵ現金及び現金同等物の期首残高	3,188,815	4,108,656	3,188,815
Ⅶ連結子会社減少に伴う現金及び現金同等物の減少額	—	—	△20,680
Ⅷ現金及び現金同等物の中間期末(期末)残高＊1	3,759,958	5,395,340	4,108,656

注

(1)　フェローテック、p.3
(2)　フェローテック、p.9
(3)　フェローテック、p.13
(4)　フェローテック、p.34

第11章－5　アプリックス

1．アプリックスの誕生と形成

アプリックスはソフトウェア開発企業としてスタートアップし、2003年に東証マザーズに上場したベンチャー企業である。出口経営戦略であるIPO（東証マザーズ：3727）を達成した急成長会社アプリックスをとりあげる。アプリックスは携帯電話向けJavaを駆使し、新ソフトウェアを次々と発表している。アプリックスグループの組み込み向けJavaプラットフォームを搭載した機器の年間出荷台数は、2003年の2,000万台、2004年5,600万台、2005年7,600万台と大幅に拡大し、累計出荷台数は2005年12月末時点で約１億7,000万台となった。アプリックスは、2005年11月にNTTドコモと業務、資本提携をおこない、同社に15,000株の第三者割当増資をおこなった。アプリックスのコアコンピタンスであるJava技術と大手企業のサポートを受け、今後さらに成長を続けると考える。今回はアプリックスの業務、財務を中心にとりあげた。

アプリックス［2005］によると、1986年、ソフトウェアの開発を目的として資本金1.000万円にて、アントレプレナー郡山龍によって東京に設立された。1996年、Sun Microsystems, lncよりJava OS, JAEのライセンスを取得、2001年、アメリカ、サンフランシスコにAplix Corporation of Americaを設立した。同年、資本金を4億8,820万円に増資、2002年資本金11億2,500万円に増資、2003年にISO9001の認証を取得、資本金16億9,250万円に増資、同年、資本金18億7,250万円に増資、ドイツにAplix Europe GmbHを開設、同年東証マザーズにIPO、資本金を33億3,875万円とした。さらに2004年には資本金67億1,010万円に増資した。

アプリックスの事業沿革は、1990年、ソニー株式会社のCD書き込み装置に対応した業務用のCDプリマスタリングシステム「CDwriter」を発表、1993

年ロジテック株式会社のパソコン用CDレコーダーに対応したCD-Rライティングソフトのの OEM出荷を開始、1997年TRON Projectに参加、ITRONとJavaを融合したJTRON仕様対応「JBlend」を発表した。さらに「JBlend」を三洋電機株式会社の家庭用デジタル画像保存、再生ツールデジタルフォトアルバム「DMA-100」に搭載した。また2000年に「JBlend」はJフォン株式会社の次世代携帯電話プラットフォームに全面採用される。2001年にはNTTドコモ、KDDI、三洋電機、ソニーに「JBlend」を提供する。その後、順調に成長し、2004年にJBlendシリーズ搭載製品の累計出荷が9,200万台を突破した。

2．アプリックスの経営戦略

アプリックス［2005］によると、日本中の携帯電話を便利に楽しくしてきた。欧米においても携帯電話のJavaサービスがはじまったことに対応し、アメリカとドイツを拠点に、北米モトローラ社など世界的メーカーにJBlendを提供し、欧州ボーダフォン社などの通信事業者を通じて欧米の人々にも携帯電話の新しい使い方を広げている。とくに、携帯電話を持つ人が増大している中国は広大な未開拓の地と考える。

台湾のiaSolution社を統合して中国、台湾、韓国の様々なメーカーと結んできた密接な関係に、VL社の最先端技術が加われば、計り知れない相乗効果が望まれる。

isSolution社は2000年の設立以来、アジアでまたたく間に注目されるようになった携帯電話向けソフトウェア企業である。中国、台湾、韓国の大手携帯電話メーカーにJavaプラットフォームiaJETを供給して破竹の勢いで成長している。当初から力を入れてきたのが中国展開である。中国最大の通信事業者チャイナモバイル仕様のiaJETを提供している。

アプリックスが思い描いているのは、このjaJETとJBlendの融合である。携帯電話の最先端である日本で育った技術と、アジア大手メーカーへの対応力が合わされば、その可能性は何倍にも広がる。Javaという同じ技術から生まれた二つのソフトウェアは、融合させるのに長い時間は必要ない、isSolution社との統合は近い将来、欧米からアジアまでのマーケットの融合をもたらすと考える。

アプリックスのソフトウェア開発は夢をカタチにしていく仕事とした。ソフトウェアは作曲家にとっての楽譜のようなものと述べた。また作曲家は、みんなを楽しませるために頭の中のメロディを楽譜に書き連ね、その通りに演奏させることで音楽が人々の耳に届く、私たちも同じように、人々の生活をもっと便利に楽しくしたいと頭の中で思い描いてソフトウェアをつくり、それに従ってシステムが動作することでその思いは実現する。それは、言わば夢をカタチにする作業なのだと考える。Dream Enablerつまり「夢をかなえるもの」。アプリックスは、この言葉を目標に、日夜ソフトウェアを開発している。

偉大な作曲家も、自分の曲を少しでも多くの人々に聞かせたいと考える。アプリックスが業務用でなく生活者向けのソフトウェアを中心に開発しているのも、できるだけ多くの人々に使ってもらいたいから、世界中で口ずさまれている名曲のようにアプリックスのソフトウェアも、国境や時代を越えて人々の生活を便利にできればいいと考える。Manufacturer of Software for Consumer Electronics、世界中のConsumer、つまりすべての人々の幸福のために、私たちはソフトウェアを開発していると述べた。

アプリックスの関野は、市場の拡大が見込める組み込みソフトウェア業界において中心的存在として成長を遂げてきた。組み込みソフト業界の認知とポジションの得る業界確立を目指している。その核になり、強く柔軟な資質を持った企業として成長する戦略を実践すると宣言したのである。

3．アプリックスの対処すべき課題

アプリックスの2006年２月の決算短信によると、会社の対処すべき課題として以下がある。

① ソリューションとしての製品提供体制について

米国、欧州においては、引き続き当社の現地子会社が現地顧客へのソリューションを提供し、中国を含むアジア地域においては、isSolution Inc.と同社の地域子会社及び拠点（上海、北京）が中心となって事業展開をしており、その地域とりわけ北欧および韓国においてはさらなる顧客サポート強化が必要と考えられる。

② ソリューションとしての製品提供体制について

アプリックスの顧客である携帯電話機メーカーは、製品ラインアップを充実させるために多くの機種では、短いサイクルで製品を出荷していくために実装工数が少ないインテグレーションが容易なプラットフォームを採用している。それらの機種では、短いサイクルで製品を出荷していくために実装工数が少なくインテグレーションが容易なプラットフォームに対応したソリューションが求められる。

③ 顧客との共同開発機構について

アプリックスが事業を展開していく上で顧客とりわけ移動体通信者や携帯電話機メーカーとの緊密な関係を如何に維持しさらに向上させていけるかが重要な鍵となる。

④ 携帯電話におけるJava実行環境の用途拡大

現在、携帯電話におけるJava実行環境の利用は、ゲームなどのコンテンツをダウンロードして実行するコンテンツプレイヤー（コンテンツ実行環境）形態が主体となっており、Java実行環境を限定的に活用しているにすぎない。携帯電話の多くの機能はJava以外のプログラミング言語を使う従来の方法で作成され、最初から機器に組み込まれて提供されている。

ユーザーは携帯電話を購入して即座にさまざまな機能を利用することができるが、現在は新しい機能を追加、更新したり、不要な機能の入れ換えをすることはできない。

⑤ ソフトウェア基盤技術や応用製品を含むあらゆる先端技術は、一般的に技術が普及して市場が安定することによって付加価値が低減し、収益性が悪化

する。

こういった状況において事業を安定的に継続させるためには、新たなソフトウェア基盤技術の研究開発を積極的に行い、既存事業の収益の伸びが鈍化する前にその成果を基にして新たな事業を立ち上げ、付加価値の高い製品群を維持する必要がある。

⑥ 携帯電話などの製品には機能ごとに数多くのソフトウェアが組み合わされており、アプリックスの顧客は、そのソフトウェアをひとつに継ぎあわせる実装作業に多くの工数を費やしている。携帯電話に必要な様々なソフトウェアを容易に組み合わせることができる形態で顧客に提供することによって実装作業の工数削減に貢献することが可能である。そのためには、独自の技術を開発するだけでなく他のソフトウェアベンダーとの協力関係を強化する必要がある。

アプリックスは①〜⑥のように、今後会社が対処すべき課題を述べた。先端技術開発型ベンチャー企業としてJavaを駆使した先端技術により、世界中のコンシューマーに対して、新しいソフトウェアを次々に提供すると考えられる。

4．アプリックスのコーポレートガバナンス

アプリックスのコーポレートガバナンスは経営の健全性、透明性を確保し、グループ全体の企業価値を向上させることを基本としている。監査役制度を採用しており、取締役会を構成する取締役は４名で、内１名は社外取締役である。また監査役会の構成員は３名で、常勤監査役１名を含む全員が社外監査役である。さらに監査役制度の下、業務執行を迅速化し、かつ権限と責任を明確化するために執行役員制度を導入している。

また新たに諮問機関として社外の有識者をアドバイザリーボードとし、適時、経営に関する専門的助言を取り込める体制とした。

アプリックスのコーポレートガバナンスを図表11-5-1にて提示する。

図表11-5-1　アプリックスのコーポレートガバナンス

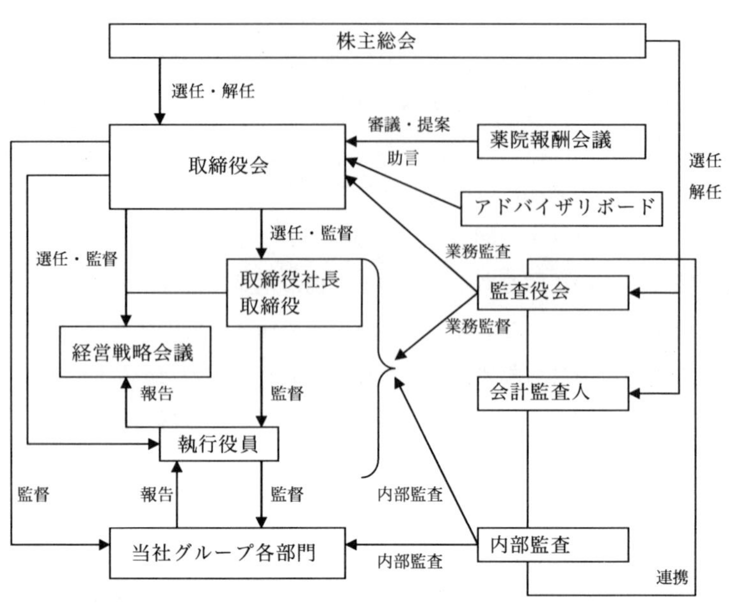

出所：アプリックス［2006］「決算短信（連結）」、p.8

アプリックスによると内部監査室は、独立した組織として監査によって得られたリスク情報をもとに年間監査計画の監査項目を選定し、内部監査を実施するほか、内部統制構築に向けて、モニタリング機能を高める努力を続けている。当連結会計年度においては、海外拠点内部監査としてiaSolutionへの監査を実施した。

取締役会は3ヶ月に一度もしくは必要に応じて随時開催され、監査方針、年間監査計画に基づき監査を実施しており、監査役は取締役会に出席して役員の業務執行を監督している。当連結会計年度においては、海外拠点の監査も実施している。

会計監査は、監査方針、年間監査計画に基づき、半期、期末会計監査を実施しているほか、四半期ごとのレビューを実施している。アプリックスは監査法人トーマツと監査契約を結び会計監査を受けている。監査結果会議においては、経理財務部門はもとより、監査役会、内部監査室も同席し、会計監査人と相互に連携している。図表11-5-2にてアプリックスの監査について提示する。

図表11-5-2　アプリックスの監査

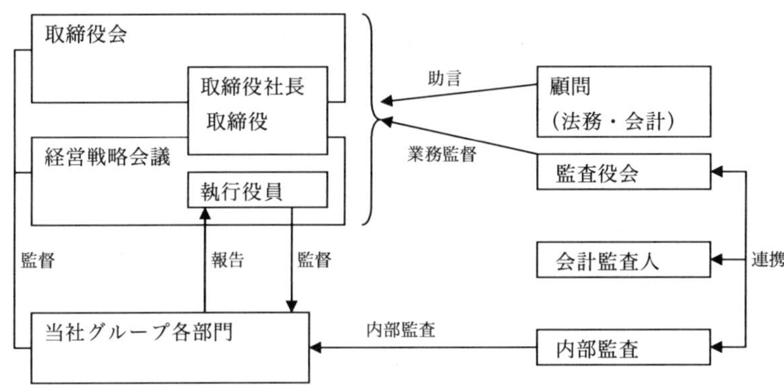

出所：アプリックス［2006］「決算短信（連結）」、p.9

5．キャッシュフローの状況

2005年1月1日〜同年12月31日における、当連結会計年度末における現金及び現金同等物（以下「資金」という）は、危機管理体制や内部管理の強化に向けたシステム構築や、移動体通信事業者や他の組み込みソフトウェア開発企業との連携強化に伴う先行投資が発生し、17,108,276千円（前連結会計年度末4,425,416千円）となった。当連結会計年度における各キャッシュフローの状況とそれらの主な要因は次の通りである。

①　営業活動におけるキャッシュフロー

当連結会計年度において営業活動の結果得られた資金は1,002,725千円（前連結会計年度263,190千円）となった。これは、isSolution Inc.の子会社化に伴う連結調整勘定償却額の影響により税金等調整前当期純損失が2,961,056千円となった。連結調整勘定償却額3,692,724千円などを非現金支出として認識したことによるものである。

② 投資活動によるキャッシュフロー

当連結会計年度において投資活動の結果使用した資金は1,076,040千円（前連結会計年度8,425,860千円）となった。これは株式取得等による支出178,125千円、無形固定資産の取得による支出として認識したことによるものである。

③ 財務活動によるキャッシュフロー

当連結会計年度において財務活動の結果得られた資金は12,803,813千円（前連結会計年度6,723,708千円）となった。アプリックスは2005年11月30日に株式会社NTTドコモとの業務、資本提携を発表し、同年12月21日をもって同社に対し１株あたり865千円で15,000株の第三者割当増資をおこなっており、この第三者割当増資により総額12,975,000千円の資金を調達している。

図表11-5-3において自己資本比率、債務償還年数およびインタレストカバレッジレシオを提示する。

図表11-5-3

	前々連結会計年度	前連結会計年度	当連結会計年度
	自 平成15年１月１日 至 平成15年12月31日	自 平成16年１月１日 至 平成16年12月31日	自 平成17年１月１日 至 平成17年12月31日
自己資本比率（%）	85.1	92.5	92.7
時価ベースの自己資本比率（%）	692.8	419.5	614.4
債務償還年数（年）	0.7	2.0	0.4
インタレスト・カバレッジ・レシオ	42.1	20.8	115.7

（注）１．各指標は、いずれも連結の財務数値を用いて、以下の計算式により算出している。
自己資本比率：(自己資本／総資産)×100
時価ベースの株主資本比率：(自己時価総額／総資産)×100
債務償還年数：有利子負債／営業活動によるキャッシュ・フロー
インタレスト・カバレッジ・レシオ：営業活動によるキャッシュ・フロー／利息の支払額
２．株式時価総額は、当期期末株価終値×期末発行済み株式総数により算出している。
３．有利子負債とは、連結貸借対照表に計上されている負債のうち、利子を支払っている全ての負債が対象となる。
４．営業活動によるキャッシュ・フローおよび利息の支払額は、連結キャッシュ・フロー計算書に計上されている。

出所：アプリックス［2006］「決算短信（連結）」、p.14

6．アプリックスが技術等を受け入れている契約

アプリックスが技術等を受け入れている重要な契約は以下の図表11-5-4にて提示する。

図表11-5-4

相手方の名称	国/地域	契約品目	契約内容	契約期間
Sun Microsystems, Inc.	米国	Technology License and Distribution Agreement (技術ライセンス及び頒布契約)	当社がSun Microsystems, Inc. のJavaテクノロジー（eJava、pJavaなど）を当社製品（JBlend）に組み込んで、販売（階層的な販売形態またはサブライセンス等による間接的な形態を含む。）することを目的とする契約。	平成８年９月30日から５年間。但し、契約期間満了の30日前までに当社からの解約の申出がない限り、最長５年間自動継続される。
		Commercial Use License（CLDC）(商業使用ライセンス)	当社がSun Microsystems, Inc. のJavaテクノロジーであるCLDCを当社製品（JBlend）に組み込んで、販売（階層的な販売形態またはサブライセンス等による間接的な形態を含む。）することを目的とする契約。なお、本契約はSCSL(注）version 2.5の付属書であり、CLDCテクノロジーの使用にあたっては同契約の条件も適用される。	平成12年12月22日から４年間。但し、契約期間満了の60日前までに申出がない限り１年間自動継続され、以降も同様とする。
		CLDC HotSpot Supplement (商業使用ライセンス)	当社がSun Microsystems, Inc. のJavaテクノロジーであるCLDC HotSpotを当社製品（JBlend）に組み込んで、販売（階層的な販売形態またはサブライセンス等による間接的な形態を含む。）することを目的とする契約。なお、本契約は上記契約『Commercial Use License（CLDC)』の付属書であり、CLDC HotSpotテクノロジーの使用にあたっては、同契約の条件も適用される。	平成14年９月27日から上記契約『Commercial Use License（CLDC)』が終了するまで。
		Commercial Use License（MIDP）(商業使用ライセンス)	当社がSun Microsystems, Inc. のJavaテクノロジーであるMIDPを当社製品（JBlend）に組み込んで、販売（階層的な販売形態またはサブライセンス等による間接的な形態を含む。）することを目的とする契約。なお、本契約はSCSL（注）version 2.7の付属書であり、MIDPテクノロジーの使用にあたっては同契約の条件も適用される。	平成12年12月22日から３年間。但し、契約期間満了の60日前までに双方いずれからも申出がない限り、１年間自動継続され、以降も同様とする。
		Commercial Use License（MMAPI）(商業使用ライセンス)	当社がSun Microsystems, Inc. のJavaテクノロジーであるMMAPIを当社製品（JBlend）に組み込んで、販売（階層的な販売形態またはサブライセンス等による間接的な形態を含む。）することを目的とする契約。なお、本契約はSCSL（注）version 2.24の付属書であり、MMAPIテクノロジーの使用にあたっては同契約の条件も適用される。	平成15年２月18日から３年間。但し、契約期間満了の60日前までに双方いずれからも申出がない限り、１年間自動継続され、以降も同様とする。

Sun Mictosystems, Inc.	米国	Commercial Use License（WMA）（商業使用ライセンス）	当社が Sun Microsystems, Inc. のJavaテクノロジーであるWMAを当社製品（JBlend）に組み込んで、販売（階層的な販売形態またはサブライセンス等による間接的な形態を含む。）することを目的とする契約。 なお、本契約はSCSL（注）version 2.29の付属書であり、WMAテクノロジーの使用にあたっては同契約の条件も適用される。	平成15年2月18日から3年間。但し、契約期間満了の60日前までに双方がいずれからも申出がない限り、1年間自動継続され、以降も同様とする。
		Commercial Use License（CDC/FP）（商業使用ライセンス）	当社が Sun Microsystems, Inc. のJavaテクノロジーであるCDC/FPを当社製品（JBlend）に組み込んで、販売（階層的な販売形態またはサブライセンス等による間接的な形態を含む。）することを目的とする契約。 なお、本契約はSCSL（注）version 2.8の付属書であり、CDC/FPテクノロジーの使用にあたっては同契約の条件も適用される。	平成15年4月4日から3年間。但し、契約期間満了の60日前までに双方いずれからも申出がない限り、1年間自動継続され、以降も同様とする。
		CDC HotSpot Supplement to the Sun Community Source License（商業使用ライセンス）	当社が Sun Microsystems, Inc. のJavaテクノロジーであるCDC Hot Spotを当社製品（JBlend）に組み込んで、販売（階層的な販売形態またはサブライセンス等による間接的な形態を含む。） なお、本契約は上記契約『Commercial Use License（CDC/FP）』の付属書であり、CDC HotSpotテクノロジーの使用にあたっては、同契約の条件も適用される。	平成15年9月26日から上記契約『Commercial Use License（CDC/FP）が終了するまで。但し、当社は、契約発行日から1年ごとの更新を望まない場合には、当該期間満了日の60日前までに通知を相手方に与えることにより、同契約を更新しないことができる。
		Commercial Use License（PP）（商業使用ライセンス）	当社が Sun Microsystems, Inc. のJavaテクノロジーであるPPを当社製品（JBlend）に組み込んで、販売（階層的な販売形態またはサブライセンス等による間接的な形態を含む。）することを目的とする契約。 なお、本契約はSCSL（注）version 2.21の付属書であり、PPテクノロジーの使用にあたっては同契約の条件も適用される。	平成15年4月4日から3年間。但し、契約期間満了の60日前までに双方いずれからも申出がない限り、1年間自動継続され、以降も同様とする。
		Commercial Use License（PBP）（商業使用ライセンス）	当社が Sun Microsystems, Inc. のJavaテクノロジーであるPBPを当社製品（JBlend）に組み込んで、販売（階層的な販売形態またはサブライセンス等による間接的な形態を含む。）することを目的とする契約。 なお、本契約はSCSL（注）version 2.17の付属書であり、PBPテクノロジーの使用にあたっては同契約の条件も適用される。	平成15年4月4日から3年間。但し、契約期間満了の60日前までに双方いずれからも申出がない限り、1年間自動継続され、以降も同様とする。
		Commercial Use License（RMI）（商業ライセンス）	当社が Sun Microsystems, Inc. のJavaテクノロジーであるRMIを当社製品（JBlend）に組み込んで、販売（階層的な販売形態またはサブライセンス等による間接的な形態を含む。）することを目的とする契約。 なお、本契約はSCSL（注）version 2.23付属書であり、RMIテクノロジーの使用にあたっては同契約の条件も適用される。	平成15年4月4日から3年間。但し、契約期間満了の60日前までに双方いずれからも申出がない限り、1年間自動継続され、以降も同様とする。

Sun Mictosystems, Inc.	米国	Performance Park Supplement	当社が Sun Microsystems, Inc. のJavaテクノロジーであるJTWIを当社製品（JBlend）に組み込んで、販売（階層的な販売形態またはサブライセンス等による間接的な形態を含む。）すること、並びに、(1)CLDC、MIDP、WMA、MMAPI及びJTWIテクノロジーの年間サポート費並びにCLDCHIの年間ライセンス費、(2)CLDC、MIDP、WMA及 びMMAPIのロイヤリティを、従来の一技術毎の支払いではなく、これらすべての技術をまとめて1パックとして支払うことを目的とする契約。 JTWIとは、CLDC.0/1.1、MIDP2.0、WMA及びMMAPIにより構成された技術をいう。	平成15年9月24日から、3年間、または、上記契約書（SCSL（注）を含む。）が終了するまで。
ARM Limited	英国	JTEK License Agreement	ARM Limitedの製品「Jazelleテクノロジー」を当社製品（JBlend）に組み込んで、販売（階層的な販売形態またはサブライセンス等による間説的な形態を含む。）することを目的とする契約。	平成13年8月20日から契約上の義務の不履行等の事由により解除されるまで有効。

（注）SCSLとは、Sun Community Source Licenseの略であり、米国Sun Microsystems,Inc.のJava2テクノロジーを取得するためのライセンス方式である。同社のWebサイトにて登録し、〔agree〕ボタンをクリックするだけで、研究開発ライセンスを受けることができる。商業使用ライセンスに関しては、Commercial Use Licenseを同社と別途締結する必要がある。上記の同社のすべてのCommercial Use Licenseに同契約が適用される。

出所：アプリックス［2006］「決算短信（連結）」、pp.18-20

7．アプリックスが技術援助等を与えている契約

アプリックスが技術援助等を与えている重要な契約は図表11-5-5にて提示する。

図表11-5-5

相手方の名称	国/地域	契約品目	契約内容	契約期間
ボーダフォン株式会社	日本	「アプリックス製品」に関するライセンス契約書	当社製品（JBlend）を、ボーダフォン株式会社が発売するJava対応携帯電話に組み込んで販売することを許諾することを目的とする契約。	平成13年6月1日から3年間とする。但し、契約期間満了の2ヶ月前までに双方いずれからも申出がない限り、1年間自動継続され、以降も同様とする。
シャープ株式会社	日本	「アプリックス製品」に関するライセンス契約書	当社製品（JBlend）を、シャープ株式会社が製造する製品に組み込んで販売する権利を許諾することを目的とする契約。	平成14年7月1日から2年間とする。但し、契約期間満了の2ヶ月前までに双方いずれからも申出がない限り、1年間自動継続され、以降も同様とする。
三洋電機株式会社	日本	「アプリックス製品」に関するライセンス契約書	当社製品（JBlend）を、三洋電機株式会社が製造する製品に組み込んで販売する権利を許諾することを目的とする契約	平成14年3月1日から2年間とする。但し、契約期間満了の2ヶ月前までに双方いずれからも申出がない限り、1年間自動継続され、以降も同様とする。
Motorola,Inc.	米国	Technology License Agreement	当社製品（JBlend）を、Motorola社が製造する製品に組み込んで販売する権利を許諾することを目的とする契約	平成15年3月28日から3年間。その後、自動継続される。但し、平成18年3月28日以降は、180日前までに相手方当事者に通知することにより、いつでも解約できる。
TCL & Alcatel Mobile Phones SAS	フランス	Technology License Agreement	当社製品（JBlend）を、Alcatel社が製造する製品に組み込んで販売する権利を許諾することを目的とする契約。	平成14年9月17日から3年間。その後、自動継続される。但し、平成17年9月17日以降は、120日前までに相手方当事者に通知することにより、いつでも解約できる。

出所：アプリックス［2006］「決算短信（連結）」、p.21

8．アプリックスの財務について

アプリックスの連結財務諸表、連結損益計算書、連結余剰金計算書、連結キャッシュフロー計算書を資料１として提示する。

資料1-1　連結財務諸表等

(1)　連結貸借対照表

区分	注記番号	前連結会計年度（平成16年12月31日現在）金額（千円）		構成比（%）	当連結会計年度（平成17年12月31日現在）金額（千円）		構成比（%）
（資産の部）							
Ⅰ流動資産							
1．現金及び預金			4,425,416			17,283,808	
2．売掛金			1,497,906			2,114,748	
3．たな卸資産			377			211,440	
4．繰延税金試算			58,856			70,849	
5．その他			268,851			308,600	
6．貸倒引当金			△1,613			△21,881	
流動資産合計			6,249,794	47.0		19,967,565	83.7
Ⅱ固定資産							
1．有形固定資産							
(1)建物		108,980			117,294		
減価償却累計額		50,284	58,695		62,362	54,932	
(2)器具備品		367,389			366,664		
減価償却累計額		269,510	97,879		281,581	85,083	
有形固定資産合計			156,575	1.2		140,015	0.6
2．無形固定資産							
(1)ソフトウェア			623,988			1,022,602	
(2)ソフトウェア仮勘定			446,623			416,590	
(3)連結調整勘定			5,539,086			1,846,362	
(4)その他			25,449			20,132	
無形固定資産勘定			6,635,148	49.8		3,305,687	13.8
3．投資その他の資産							
(1)投資有価証券			98,555			277,347	
(2)繰延税金資産			60,051			48,007	
(3)敷金・保証金			104,170			118,441	
(4)その他			3,781			2,387	
投資その他の資産合計			266,559	2.0		446,184	1.9
固定資産合計			7,058,282	53.0		3,891,887	16.3
資産合計			13,308,077	100.0		23,859,453	100.0

(負債の部)							
Ⅰ流動負債							
1．支払手形及び買掛金			21,759			483,441	
2．短期借入金			455,000			340,000	
3．1年内返済予定長期借入金	＊1		34,800			30,700	
4．未払金			286,572			339,506	
5．未払法人税等			3,800			380,737	
6．賞与引当金			21,569			22,330	
7．その他			130,779			151,909	
流動負債合計			954,281	7.2		1,748,625	7.3
Ⅱ固定負債							
1．長期借入金	＊1		30,700			—	
2．長期未払金			1,555			867	
3．退職給付引当金			5,705			—	
4．繰延税金負債			1,082			1,887	
固定負債合計			39,043	0.3		2,755	0.0
負債合計			993,325	7.5		1,751,380	7.3
(資本の部)							
Ⅰ資本金			6,713,100	50.4		13,232,127	55.4
Ⅱ資本剰余金			7,628,738	57.3		14,147,764	59.3
Ⅲ利益剰余金			△2,017,830	△15.1		△5,331,728	△22.3
Ⅳその他有価証券評価差額金			166	0.0		3,791	0.0
Ⅴ為替換算調整勘定			△9,421	△0.1		64,095	0.3
Ⅵ自己株式		＊2	—	—		△7,977	△0.0
資本合計			12,314,751	92.5		22,108,072	92.7
負債及び資本合計			13,308,077	100.0		23,859,453	100.0

(2) 連結損益計算書

		前連結会計年度 (自 平成16年1月1日 至 平成16年12月31日)			当連結会計年度 (自 平成17年1月1日 至 平成17年12月31日)		
区分	注記番号	金額(千円)		百分比(%)	金額(千円)		百分比(%)
Ⅰ売上高			3,678,665	100.0		5,028,328	100.0
Ⅱ売上原価			1,749,047	47.5		2,295,821	45.7
売上総利益			1,749,047	52.5		2,732,506	54.3
Ⅲ販売費及び一般管理費	＊1、2		1,929,618	89.2		5,734,112	114.0
営業損失			3,279,505	36.7		3,001,605	59.7
Ⅳ営業外収益			1,349,886				
1．受取利息		660			2,546		
2．受取配当金		30			60		
3．為替差益		—			123,413		
4．その他		151	841	0.0	553	126,573	2.5
Ⅴ営業外費用							
1．支払利息		13,306			8,719		
2．為替差損		1,296			—		
3．新株発行費		46,337			76,462		
4．その他		1,792	62,732	1.7	426	85,608	1.7
経常損失			1,411,778	38.4		2,960,640	58.9
Ⅵ特別利益							
1．賞与引当金戻入益		140			—		
2．固定資産売却益	＊3	—			8		
3．投資有価証券売却益		—	140	0.0	32,109	32,117	0.6
Ⅶ特別損失							
1．固定資産売却損	＊4	3,224			687		
2．固定資産除却損	＊5	4,892			31,844		
3．投資有価証券売却損		109	8,227	0.2	—	32,532	0.6
税金等調整前当期純損失			1,419,865	38.6		2,961,056	58.9
法人税、住民税及び事業税		12,381			346,831		
法人税等調整額		163,594	175,975	4.7	6,010	352,841	7.0
少数株主損失			1,402	0.0		—	—
当期純損失			1,594,439	43.3		3,313,897	65.9

(3)　連結剰余金計算書

区分	注記番号	前連結会計年度 (自 平成16年1月1日 至 平成16年12月31日) 金額（千円）		当連結会計年度 (自 平成17年1月1日 至 平成17年12月31日) 金額（千円）	
(資本剰余金の部)					
Ⅰ資本剰余金期首残高			4,032,208		7,628,738
Ⅱ資本剰余金増加高					
1．増資による増加		3,578,980		6,487,500	
2．ストックオプションの行使による増加		17,550	3,596,530	31,526	6,519,026
Ⅲ資本剰余金期末残高			7,628,738		14,147,764
(利益剰余金の部)					
Ⅰ利益剰余金期首残高			△423,391		△2,017,830
Ⅱ利益剰余金減少高					
1．当期純損失		1,594,439	1,594,439	3,313,897	3,313,897
Ⅲ利益剰余金期末残高			△2,017,830		△5,331,728

(4) 連結キャッシュ・フロー計算書

区分	注記番号	前連結会計年度 (自 平成16年1月1日 至 平成16年12月31日) 金額（千円）	当連結会計年度 (自 平成17年1月1日 至 平成17年12月31日) 金額（千円）
Ⅰ営業活動によるキャッシュ・フロー			
税金等調整前当期純損失		△1,419,865	△2,961,056
原価償却費		463,616	551,996
新株発行費		46,337	76,462
連結調整勘定償却費		1,846,362	3,692,724
賞与引当金の増加額		1,044	760
貸倒引当金の増加額		1,614	19,069
退職給付引当金の増加額（△減少額）		1,161	△6,029
受取利息及び受取配当金		△690	△2,606
支払利息		13,306	8,719
固定資産売却損		3,224	687
固定資産除却損		4,892	31,844
投資有価証券売却益		—	△32,109
売上債権の増加額		△542,004	△620,879
たな卸資産の減少額（△増加額）		6,359	△211,062
仕入債務の増加額（△減少額）		△5,944	308,409
未払金の増加額（△減少額）		△141,807	34,885
未払消費税等の増加額（△減少額）		△54,797	378
その他		65,010	166,480
小計		287,820	1,058,675
利息及び配当金の受取額		701	2,606
利息の支払額		△12,659	△8,667
法人税等の支払額		△12,671	△49,889
営業活動によるキャッシュ・フロー		263,190	1,002,725
Ⅱ投資活動によるキャッシュ・フロー			
定期預金の払い戻しによる収入		3,458	—
定期預金の預入による支出		—	△166,655
投資有価証券の取得による支出		△88,064	△178,125
投資有価証券の売却による収入		—	37,555
有形固定資産の取得による支出		△28,028	△30,663
有形固定資産の売却による収入		680	243
無形固定資産の取得による支出		△713,735	△726,956
無形固定資産の売却による収入		121	—
連結範囲の変更を伴う子会社株式の取得による支出		△7,603,632	—
その他		3,339	△11,439
投資活動によるキャッシュ・フロー		△8,425,860	△1,076,040
Ⅲ財務活動によるキャッシュ・フロー			
短期借入れによる収入		3,735,000	595,000
短期借入金の返済による支出		△3,867,500	△710,000
長期借入金の返済による支出		△36,400	△34,800
株式の発行による収入		6,894,477	12,961,591
自己株式の取得による支出		—	△7,977
少数株主への生産配当金の支払額		△1,869	—
財務活動によるキャッシュ・フロー		6,723,708	12,803,813
Ⅳ現金及び現金同等物に係る換算差額		2,374	△47,637
Ⅴ現金及び現金同等物の増加額（△減少額）		△1,436,587	12,682,860
Ⅵ現金及び現金同等物の期首残高		5,862,004	4,425,416
Ⅶ現金及び現金同等物の期末残高	＊	4,425,416	17,108,276

出所：アプリックス［2006］「決算短信（連結）」、pp.23-28

現在のアプリックスの携帯Javaは過渡期にあると考える。Javaの搭載端末の急速な普及と次世代Javaの本格的な開発を開始している。基本経営戦略として、短期は、既存製品による展開、中期は、既存顧客への展開、製品ポートフォリオの拡張、長期は既存技術による展開、参入分野の拡張を展開している。1986年設立し、17年で東証マザーズIPOに達している。世界の通信事業者の仕様に対応したJavaテクノロジーを提供している。

アプリックスが世界に羽ばたくことによって日本ベンチャー企業の底上げに繋がると考える。新しいビジネスモデル型企業は、後に続くアントレプレナーの目標になりうると考える。

連結損益計算書（要旨）

単位：千円	第20期 FY2004	第21期 FY2005	第22期 FY2006
売上高	3,678,665	5,028,328	6,587,605
売上原価	1,749,047	2,295,821	3,456,163
売上総利益	1,929,618	2,732,506	3,131,441
販売費及び一般管理費	3,279,505	5,734,112	4,582,012
営業損失	1,349,886	3,001,605	1,450,571
営業外収益	841	126,573	199,149
営業外費用	62,732	85,608	16,868
経常損失	1,411,778	2,960,640	1,268,290
特別利益	140	32,117	105
特別損失	8,227	32,532	81,462
税金等調整前当期純損失	1,419,865	2,961,056	1,349,647
法人税、住民税及び事業税	12,381	346,831	282,512
法人税等調整額	163,594	6,010	△23,494
少数株主損失	1,402	−	−
当期純損失	1,594,439	3,313,897	1,608,665

連結キャッシュ・フロー計算書（要旨）

単位：千円	第20期 FY2004	第21期 FY2005	第22期 FY2006
営業活動によるキャッシュ・フロー	263,190	1,002,725	633,956
投資活動によるキャッシュ・フロー	△8,425,860	△1,076,040	△9,920,894
財務活動によるキャッシュ・フロー	6,723,708	12,803,913	△333,981
現金及び現金同等物に係る換算差額	2,374	△47,637	73,948
現金及び現金同等物の増加額（△減少額）	△1,436,587	12,682,860	△9,546,971
現金及び現金同等物の期首残高	5,862,004	4,425,416	17,108,276
現金及び現金同等物の期末残高	4,425,416	17,108,276	7,561,305

	評価・換算差額等			新株予約権	純資産合計
株主資本合計	その他有価証券評価差額金	為替換算調整勘定	評価・換算差額等合計		
22,040,185	3,791	64,095	67,886	―	22,108,072
39,318					39,318
△1,608,665					△1,608,665
△644					△644
	385,180	40,994	426,175	2,060	428,236
△1,569,991	385,180	40,994	426,175	2,060	△1,141,755
20,470,194	388,972	105,090	494,062	2,060	20,966,317

連結貸借対照表（要旨）

単位：千円	第20期 FY2004 as of Dec. 31, 2004	第21期 FY2005 as of Dec. 31, 2005	第22期 FY2006 as of Dec. 31, 2006
資産の部			
流動資産	6,249,794	19,967,565	11,693,432
固定資産	7,058,282	3,891,887	12,034,118
有形固定資産	156,575	140,015	166,174
無形固定資産	6,635,148	3,305,687	5,745,855
投資その他の資産	266,559	446,184	6,122,088
資産合計	13,308,077	23,859,453	23,727,550
負債の部			
流動負債	954,281	1,748,625	2,539,230
固定負債	39,043	2,755	222,003
負債合計	993,325	1,751,380	2,761,233
資本の部			
資本金	6,713,100	13,232,127	−
資本剰余金	7,628,738	14,147,764	−
利益剰余金	△2,017,830	△5,331,728	−
その他有価証券評価差額金	166	3,791	−
為替換算調整勘定	△9,421	64,095	−
自己株式	−	△7,977	−
資本合計	12,314,751	22,108,072	−
負債及び資本合計	13,308,077	22,859,453	−
純資産の部			
株主資本			
資本金	−	−	13,251,786
資本剰余金	−	−	14,167,423
利益剰余金	−	−	△6,940,393
自己株式	−	−	△8,621
株主資本合計	−	−	20,470,194
評価・換算差額等			
その他有価証券評価差額金	−	−	388,972
為替換算調整勘定	−	−	105,090
評価・換算差額等合計	−	−	494,062
新株予約権	−	−	2,060
純資産合計	−	−	20,966,317
負債純資産合計	−	−	23,727,550

第11章－6　ジェネシステクノロジー

1．ジェネシステクノロジーの誕生

高周波ICプローブカード製造ベンチャー企業のIPO成功例としてジェネシステクノロジー㈱をとりあげる。兵庫県に本社を置き急成長を続けている。事業分野は半導体分野でのアウトソーシングニーズに対応した検査サービスであり、半導体テスト事業、半導体アセンブリ事業、半導体設計事業、LSI組み込みソフト開発事業に分けられる。主力の半導体設計事業は半導体設計における論理設計、回路設計、レイアウト設計、テスト設計をおこなっている。ハードウェア、ソフトウェアの両方の事業をおこなっている。さらに半導体LSI事業テストおよびアセンブリ装置を備え、最高頻度の品質管理、高効率工程によって、低コストを実現したのである。まさに先端技術開発型企業である。

ビジョンは「最先端の技術、トップクラスのサービス」であり、環境経営にも力を入れ、2004年にISO14001を取得した。主要株主は、㈱神戸製鋼所、日興プリンシパル・インベストメンツ㈱であり、主取引先は沖電気工業㈱、シャープ㈱、セイコーエプソン㈱、ソニー㈱、㈱東芝セミコンダクター社等である。日本の半導体企業トップグループとの取引があり、急成長を続けている。注目されるベンチャー企業と言える。

ジェネシス・テクノロジー［2006］によると、1987年にアメリカ・メガテスト社製の半導体検査装置（テスター）の日本国内での販売およびテスターを利用した半導体検査（テスト）の受託サービスを目的として設立された。その後、テスターを利用した半導体検査の受託サービスに注力し、1994年には液晶駆動用ICのアセンブリ（組み立て）を開始し、2004年半導体設計事業に進出し、テスター販売事業は、1994年に撤退した。

現在のジェネシステクノロジーは、検査とアセンブリを併せた半導体テストハウス事業を持ち、半導体テストハウス事業では、西脇工場、所沢工場、九州工場を事業拠点としている。

2．半導体テストハウス事業とは

ジェネシステクノロジーの主たる事業である半導体テストハウス事業は、半導体製造工程のうち電気特性検査をはじめとする各種検査の受託サービスを事業とするもので、半導体メーカーを顧客とする。検査工程は製造工程の一部でもあり、これまでは顧客である半導体メーカー自身が多くの場合、自社に保有してきた。しかし半導体は技術進歩が激しく、開発投資や設備投資負担が非常に大きくなってきている。

最近、半導体メーカーの経営資源がICの設計開発やウェハー処理工程へ重点投入され、検査工程およびアセンブリ等については、アウトソーシングするケースが増加している。ジェネシステクノロジーはこの検査工程およびアセンブリのアウトソーシング市場をドメインとしている。

ジェネシステクノロジーの半導体テストハウス事業の対象となる半導体は、ロジックIC、アナログIC、Mixed IC、メモリー、FPD駆動用IC、撮像素子である。そして主なるICはマイコン、増幅用IC、電源用IC、ロジック・アナログ混在IC、DRAM、液晶駆動用IC、CCDである。

ドメインは、設計工程として論理設計、回路設計、レイアウト設計、テスト設計を経て、フォトマスク製作工程、ウェハー処理工程へ進む。さらにウェハーテスト工程に入り、電気特性検査、マーキング、イング乾燥となる。これまでが前工程であり、後工程としてアセンブリ工程のダイジング、ボンディング樹脂封止、マーキング、ファイナルテスト工程の電気特性検査、バーンイン検査、外観検査、梱包出荷工程を行う。

3．ジェネシステクノロジーの事業の特徴

テストハウス事業の特徴として①顧客販売ルート：国内の多くの半導体メーカーと取引を行っている。②事業規模：2005年12月末で315台のテスターを保有している。独立系テストハウスとしては、国内で最大規模である。③工場配置：関東、関西、九州の３ヶ所に工場を持っている。④テスト対象品：特定タイプの半導体のみでなく、多岐に渉る半導体製品のテストを行っている。⑤テスト構成：ウェハーテストがテストの売上高の68.7％（平成17年３月期）を占めている。⑥テスト開発：半導体の電気特性検査を行う際にテスト項目などを提示するテストプログラムの作成を行っている。⑦一貫対応サービス：液晶駆動用ICおよびPDP駆動用ICについてウェハーテストからアセンブリ、ファイナルテストまで一貫受託体制を整えている。

ジェネシステクノロジー［2006］によると、業績の概要としてわが国経済は景気回復の基調が強まる中、輸出の増加などにより企業業績の改善が進み、個人消費の持ち直しが見られるなど、総じて堅調に推移した。国内半導体業界においては、上半期は半導体の主用途であるパソコンや携帯電話およびデジタル関連機器を中心に需要は堅調に推移した。しかし、デジタル家電製品向け半導体などの在庫が膨らんだことから、下半期に入ると半導体メーカーは生産調整を余儀なくされた。

このような状況のもと、ジェネシステクノロジーは事業拡大に向け、半導体テストハウス事業においては成長分野への取り組みを行った。結果、当時業年度（平成16年４月１日〜平成17年３月31日）の売上高は前事業年度に比べ、166,942千円減収（前年同期比1.5％減）の11,261,370千円となり、利益面では営業利益が前事業年度に比べ、1,081,455千円減益（前年同期比51.9％減）の1,002,222千円、経常利益が前事業年度に比べ、869,969千円減益（前年同期比47.9％減）の946,845千円となった。また、当期純利益が前事業年度に比べ、1,256,877千円減益（前年同期比70.0％減）の539,330千円となった。

4．キャッシュフロー経営と生産、受注販売状況

ジェネシステクノロジー［2006］の第19期中間会計期間（平成17年４月１日～平成17年９月30日）における現金同等物は以下の通りである。営業活動によるキャッシュ・フローが1,483,089千円の支出、また投資活動によるキャッシュ・フローも344,051千円の支出となり、財務活動によるキャッシュ・フローは1,083,265千円の資金を確保した結果、前事業年度末に比べ743,875千円減少し、当中間会計期末には286,749千円となった。

⑴　営業活動によるキャッシュフロー

売上債権が主として販売経路の変更（一部の顧客について商社経由の販売を直接取引に切り替え）のため増加したことなどにより、当中間会計期間の営業活動によるキャッシュ・フローは1,483,089千円の支出となった。

⑵　投資活動によるキャッシュフロー

固定資産の取得による支出の減少などにより、当中間会計期間の投資活動によるキャッシュフローは344,051千円の支出となった。

⑶　財務活動によるキャッシュフロー

短期借入金の増加などにより、当中間会計期間の財務活動によるキャッシュフローは、1,083,265千円の収入となった。

図表11-6-1にて生産、受注の状況を提示する。

図表11-6-1　生産、受注の状況

⑴生産実績

第18期および第19期中間会計期間の生産実績は次のとおりである。

事業部門	第18期 （自 平成16年４月１日 至 平成17年３月31日）	前年同期比 （%）	第19期中間会計期間 （自 平成17年４月１日 至 平成17年９月30日）
半導体設計事業 （千円）	599,695	－	203,524

（注）１．上記の金額には、消費税等は含まれていない。
　　　２．金額は製造原価による。
　　　３．半導体設計事業は平成16年４月より事業を開始したので、前年同期比の記載はない。
　　　４．半導体テストハウス事業は、サービスの提供にあたり製品の生産を行っていないため、生産実績について記載すべき事項はない。

⑵受注状況

第18期および第19期中間会計期間の受注状況は次のとおりである。

事業部門	第18期 （自 平成16年４月１日 至 平成17年３月31日）				第19期中間会計期間 （自 平成17年４月１日 至 平成17年９月30日）	
	受注高 （千円）	前年同期比 （%）	受注残高 （千円）	前年同期比 （%）	受注高 （千円）	受注残高 （千円）
半導体設計事業	608,127	－	11,634	－	252,427	45,795

（注）１．上記の金額には、消費税等は含まれていない。
　　　２．金額は販売価格による。
　　　３．半導体設計事業は平成16年４月より事業を開始したので、前年同期比の記載はない。
　　　４．半導体テストハウス事業は、概ね受注から納品までの機関が短く、受注管理を行う必要が乏しいため、受注高および受注残高についての記載を省略している。

出所：ジェネシステクノロジー［2006］「新株式発行並びに株式売出届出目論見書」、p.25

さらに図表11-6-2にて販売実績を提示する。

図表11-6-2　販売実績

第18期および第19期中間会計期間の販売実績を事業部門別に示すと、次のとおりである。

事業部門		第18期 （自 平成16年４月１日 至 平成17年３月31日）	前年同期比 （%）	第19期中間会計期間 （自 平成17年４月１日 至 平成17年９月30日）
半導体 テストハウス 事業	テスト（千円）	9,128,233	89.6	4,651,114
	アセンブリ（千円）	1,536,644	124.3	1,348,806
	小計	10,664,878	93.3	5,999,921
半導体設計事業（千円）		596,492	－	218,266
合計		11,261,370	98.5	6,218,187

（注）１．半導体設計事業は平成16年４月より事業を開始したので、前年同期比はない。
　　　２．最近２事業年度および第19期中間会計期間の主な相手先別の販売実績及び当該販売実績に対する割合は、次のとおりである。

相手先	第17期		第18期		第19期中間会計期間	
	金額（千円）	割合（%）	金額（千円）	割合（%）	金額（千円）	割合（%）
神鋼商事株式会社	5,295,863	46.3	4,231,410	37.6	888,485	14.3
日本テキサス・インスツルメンツ株式会社	1,604,926	14.0	2,089,060	18.6	−	−
株式会社東芝	1,228,770	10.8	1,815,275	16.1	1,173,965	18.9
沖電気工業株式会社	−	−	−	−	1,065,249	17.1
ソニーセミコンダクター九州株式会社	−	−	−	−	968,834	15.6

（注）1．神鋼商事株式会社は商社であり同社向けの販売については、最終顧客は全て半導体メーカーである。なお、第19期中間会計期間において、同社向け販売が大幅に減少しており、一部の顧客について直接取引へと変更したためである。
2．第17期、第18期の沖電気工業株式会社および第17期のソニーセミコンダクタ九州株式の販売実績及び総販売実績に対する割合については、販売実績がないので記載していない。
3．第18期のソニーセミコンダクター九州株式会社および第19期中間会計期間の日本テキサス・インスツルメンツ株式会社の販売実績及び総販売実績に対する割合については、総販売実績に対する割合が10％未満であるため、記載を省略している。
3．上記の金額には、消費税は含まれていない。

出所：ジェネシステクノロジー［2006］「新株式発行並びに株式売出届出目論見書」、p.26

5．ジェネシステクノロジーの事業リスク

半導体産業は、パソコン、携帯電話、デジタル家電等の成長および自動車のエレクトロニクス化などにより、今後とも着実な成長が期待される。一方でシリコンサイクルと言われる特有の景気変動があり、需要の変動は激しく、テストおよびアセンブリのビジネスについても、その影響を受ける。

一方、半導体メーカーによるテストおよびアセンブリのアウトソーシング化については半導体メーカーの経営資源がICの設計開発やウェハー処理工程へ重点投入されて、テストやアセンブリはアウトソーシングする傾向が続くと認識しているがアウトソーシング化が進展しなかった場合は、半導体メーカーの生産量が減少し、自社内のテストおよびアセンブリを優先した時は、業績に影響がでると考える。

これまでのジェネシステクノロジーの業績を図表11-6-3にて提示する。

図表11-6-3　過去の業績推移

	第14期 (平成13年３月期)	第15期 (平成14年３月期)	第16期 (平成15年３月期)	第17期 (平成16年３月期)	第18期 (平成17年３月期)
売上高 (千円)	15,373,118	7,654,034	10,540,736	11,428,313	11,261,370
経常利益 (千円)	1,617,192	△3,113,191	1,338,174	1,816,814	946,845
当期純損益 (千円)	753,331	△3,427,285	1,194,235	1,796,207	539,330

出所：ジェネシステクノロジー［2006］「新株式発行並びに株式売出届出目論見書」、p.29

ジェネシステクノロジー［2006］によると、設備の状況は、第18期において半導体テストハウス事業は設備拡充を中心に総額945,469千円の設備投資を実施した。同事業において、テスターの導入とそれに伴う工場関連施設の整備などに897,622千円の設備投資をした。また半導体設計事業においては、受注活動のためのデモ機の製作などに47,846千円の設備投資を行った。図表11-6-4にて主要な設備の状況、図表11-6-5にて設備の新設、除却等の計画を提示する。

図表11-6-4　主要な設備の状況

当社における主要な設備は、次のとおりである。

事業部門	事業所名 (所在地)	設備の 内　容	帳簿価額（千円）					従業 員数 (人)
			建物	機械及 び装置	土地 (面積m^2)	その他	合計	
本社部門・ 半導体テスト ハウス事業	本社・西脇工場 (兵庫県西脇市)	検　査 設備他	1,054,387	561,902	— (12,644.72)	145,606	1,761,896	257 (13)
半導体テスト ハウス事業	所沢工場 (埼玉県入間郡三芳町)	検　査 設備他	440,623	595,954	— (4,464.43)	135,461	1,172,039	116 (8)
半導体テスト ハウス事業	九州工場 (大分県速見郡日出町)	検　査 設　備	648,011	447,470	— (9,060.66)	231,224	1,326,706	124 (8)
半導体設計 事業	神戸事業所 (神戸市中央区)	デモ用 機器他	3,495	—	—	36,526	40,022	44 (8)

(注) 1．帳簿価額のうち「その他」は、構築物、工具器具および建設仮勘定の合計である。
2．各工場の土地及び建物を賃借しており、土地の面積については（　）で記載している。
3．従業員数は就業人員数である。なお臨時雇用者数は最近１年間の平均人員を（　）外数で記載している。
4．リース契約による主な賃貸設備は、次のとおりである。

設備の内容	数量（件）	リース期間（年）
検査設備他 (所有権移転外ファイナンス・リース)	190	4～8

出所：ジェネシステクノロジー［2006］「新株式発行並びに株式売出届出目論見書」、p.40

図表11-6-5　設備の新設、除却等の計画

平成17年12月31日現在における重要な設備の新設は次のとおりである。

年度	事業部門	事業所名（所在地）	設備の内容	投資予定金額（千円）		資金調達方法	着手および完了予定	
				総額	既支払額		着手	完了
平成18年3月期・計画	半導体テストハウス事業（テスト）	西脇工場（兵庫県西脇市）所沢工場（埼玉県入間郡三芳町）九州工場（大分県速見郡日出町）	検査設備	341,039	210,227	自己資金および借入金	平成17年4月	平成18年3月
	半導体テストハウス事業（アセンブリ）	西脇工場（兵庫県西脇市）	アセンブリ設備	71,062	—	自己資金および借入金	平成17年7月	平成18年3月
	半導体設計事業	神戸事業所（神戸市中央区）	ソフトウェアおよび設計ツール	24,493	4,300	自己資金および借入金	平成17年7月	平成18年3月
	共通部門	全社	クリーンルーム増改築およびサーバー増設他	231,181	13,135	自己資金および借入金	平成17年4月	平成18年3月
	合計	—	—	667,775	227,662	—	—	—
平成19年3月期・計画	半導体テストハウス事業（テスト）	西脇工場（兵庫県西脇市）所沢工場（埼玉県入間郡三芳町）九州工場（大分県速見郡日出町）	検査設備	576,000	—	自己資金および借入金	平成18年4月	平成19年3月
	半導体テストハウス事業（アセンブリ）	西脇工場（兵庫県西脇市）	アセンブリ設備	160,000	—	自己資金および借入金	平成18年4月	平成19年3月
	半導体設計事業	西脇工場（兵庫県西脇市）	ソフトウェアおよび設計ツール	43,000	—	自己資金および借入金	平成18年4月	平成19年3月
	共通部門	全社	工場拡張およびテスター改造、システム改善他	745,000	—	自己資金および借入金	平成18年4月	平成19年3月
	合計	—	—	1,524,000	—	—	—	—

(注) 1．上記の金額には消費税は含まれていない。
出所：ジェネシステクノロジー［2006］「新株式発行並びに株式売出届出目論見書」、p.41

除却は該当なしである。

ジェネシステクノロジーの資料を以下へ提示する。経営モデル分析等にて使用して頂きたい。

図表11-6-6　販売実績

8期および第19期中間会計期間の販売実績を事業部門別に示すと、次のとおりである。

事業部門		第18期 (自 平成16年4月1日 至 平成17年3月31日)	前年同期比 (%)	第19期中間会計期間 (自 平成17年4月1日 至 平成17年9月30日)
半導体テストハウス事業	テスト（千円）	9,128,233	89.6	4,651,114
	アセンブリ（千円）	1,536,644	124.3	1,348,806
	小計	10,664,878	93.3	5,999,921
半導体設計事業（千円）		596,492	—	218,266
合計		11,261,370	98.5	6,218,187

(注) 1．半導体設計事業は平成16年4月より事業を開始したので、前年同期比の記載はない。
2．最近2事業年度および第19期中間会計期間の主な相手先別の販売実績及び当該販売実績の総販売実績に対する割合は、次のとおりである。

相手先	第17期		第18期		第19期中間会計期間	
	金額 (千円)	割合 (%)	金額 (千円)	割合 (%)	金額 (千円)	割合 (%)
神鋼商事株式会社	5,295,863	46.3	4,231,410	37.6	888,485	14.3
日本テキサス・インスツルメンツ株式会社	1,604,926	14.0	2,089,060	18.6	—	—
株式会社東芝	1,228,770	10.8	1,815,275	16.1	1,173,955	18.9
沖電気工業株式会社	—	—	—	—	1,065,249	17.1
ソニーセミコンダクター九州株式会社	—	—	—	—	968,834	15.6

(注) 1．神鋼商事株式会社は商社であり同社向けの販売については、最終顧客は全て半導体メーカーである。なお、第19期中間会計期間において、同社向け販売が大幅に減少しており、一部の顧客について直接取引きへと変更したためである。
2．第17期、第18期の沖電気工業株式会社および第17期のソニーセミコンダクター九州株式会社の販売実績及び総販売実績に対する割合については、販売実績がないので記載していない。
3．第18期のソニーセミコンダクター九州株式会社および第19期中間会計期間の日本テキサス・インスツルメンツ株式会社の販売実績及び総販売実績に対する割合については、総販売実績に対する割合が10％未満であるため、記載を省略している。
3．上記の金額には、消費税等は含まれていない。

出所：ジェネシステクノロジー［2006］「新株式発行並びに株式売出届出目論見書」、p.26

【提出会社の状況】

1．株式等の状況

(1)【株式の総数等】

①株式の総数

種類	会社が発行する株式の総数（株）
普通株式	25,600,000
計	25,600,000

②発行済株式

種類	発行数（株）	上場証券取引所名
普通株式	6,400,000	非上場
計	6,400,000	—

（注）完全議決権株式であり、権利内容に何ら限定のない当社における標準となる株式である。

(2)【新株予約権等の状況】

商法第280条ノ20および第280条ノ21の規定に基づき発行した新株予約権は、次のとおりである。

（平成15年12月12日臨時株主総会特別決議）

区分	最近事業年度末現在 （平成17年３月31日）	提出日の前月末現在 （平成18年１月31日）
新株予約権の数（個）	604	602
新株予約権の目的となる株式の種類	普通株式	同左
新株予約権の目的となる株式の数（注）１、６	120,800	120,400
新株予約権の行使時の払込金額（円） （注）２、６	900	900
新株予約権の行使期間	自 平成17年12月13日 至 平成25年12月12日	同左
新株予約権の行使により株式を発行する場合の株式の発行価格及び資本組入額（円）	発行価格 900 資本組入額 450	発行価格 900 資本組入額 450
新株予約権の行使の条件	（注）３	同左
新株予約権の譲渡に関する事項	（注）４	同左

（注）１．新株予約権の目的となる株式の数新株予約権１個当たりの株式数は１株とする。ただし、当社が株式の分割または株式の併合を行う場合には、上記の目的たる株式数は分割または併合の比率に応じ、次の算式により調整されるものとし、調整の結果１株未満の端数が生じた場合はこれを切り捨てるものとする。

調整後株式数＝調整前株式数×分割・併合の比率

2．新株予約権の行使時の払込金額

(1)各新株予約権の行使に際して払い込みをなすべき金額は、各新株予約権の行使により発行または移転する株式1株当たりの払込金額（以下、「行使価額」という。）に付与株式数を乗じた金額とする。

行使価額は、180,000とする。

(2)発行日後、当社が当社普通株式の分割または併合を行う場合には、次の算式により行使価額を調整するものとし、調整により生ずる1円未満の端数は切り上げる。

$$\text{調整後行使価額} = \text{調整前行使価額} \times \frac{1}{\text{分割・併合の比率}}$$

(3)発行日後、当社が時価（ただし、当社の株式の公開前においては、時価をその時点における調整前行使価額に読み替える。）を下回る価額で当社普通株式につき、新株式を発行または自己株式を処分する場合（新株予約権の行使の場合を除く。）は、次の算式により行使価額を調整し、調整により生ずる1円未満の端数は切り上げる。

$$\text{調整後行使価額} = \text{調整前行使価額} \times \frac{\text{既発行株式数} + \dfrac{\text{新規発行株式数} \times 1\text{株当たり振込金額}}{\text{時価}}}{\text{既発行株式数} + \text{新規発行株式数}}$$

上記の算式のおいて、「既発行株式数」とは当社の発行済株式総数から当社が保有する自己株式数を控除した数とし、自己株式の処分を行う場合には、「新規発行株式数」を「処分する自己株式数」に読み替えるものとする。

(4)発行日後、当社が資本の現象、合併または会社分割を行う場合等行使価額を必要とするやむを得ない事由が生じたときは、資本減少、合併または会社分割の条件を勘案の上、合理的な範囲で行使価額を調整するものとする。

3．新株予約権の行使の条件

(1)新株予約権の割り当てを受けた者（以下、「新株予約権者」という。）は、権利行使において当社の取締役、監査役または使用人の地位にあることを要する。また、新株予約権者が当社または当社子会社の取締役、監査役または使用人の地位を有さなくなった場合にも取締役会の承認等があれば新株予約権を行使することができる。ただし、いずれの場合も新株予約権割当契約に定める条件により、行使可能な新株予約権の数および行使可能期間等について制限がなされまたは新株予約権を当社に返還すべきこととなることがある。

(2)新株予約権者が死亡した場合、相続人が新株予約権を承継し、これを行使することができる。

(3)上記のほか、各新株予約権者から当社への新株予約権返還事由、新株予約権の行使の制限その他については、臨時株主総会決議および取締役会決議に基づき、当社と各対象者との間で締結した「新株予約権割当契約」に定めるところによる。

4．新株予約権の譲渡に関する事項

(1)新株予約権の第三者への譲渡、質入れその他一切の処分は認めないものとする。

(2)権利行使期間中に死亡した新株予約権者の相続人は、1名に限り権利を承継することができるが、再承継はできない。

5．決議では1,000個であるが、平成15年12月12日に160個を取締役6名に付与し、平成16年5月14日に30個を取締役1名に、414個を従業員に付与した。

6．平成16年5月27日付開催の取締役会決議に基づき、平成16年6月16日現在の株主名簿に記載された株主に対して、平成16年7月20日をもって普通株式1株を200株に、新株予約権の行使時の払込金額は1株につき180,000円から900円に、それぞれ修正されている。

7．提出日の前月末現在における、最近事業年度末現在からの新株予約権の数の減少は、権利を付与された者の退職によりその権利が無効となったものである。

(3)【発行済株式数、資本金等の推移】

年月日	発行済株式総数増減数（株）	発行済株式総数残高（株）	資本金増減額（千円）	資本金残高（千円）	資本準備金増減額（千円）	資本準備金残高（千円）
平成14年3月28日（注）1	24,000	32,000	1,500,000	1,900,000	1,500,000	1,500,000
平成16年7月20日（注）2	6,368,000	6,400,000	―	1,900,000	―	1,500,000

（注）1．株式会社神戸製鋼所への有償第三者割当増資に伴うものである。（発行価格125,000円、資本組入額62,500円）。
2．平成16年5月27日開催の取締役会決議に基づき、平成16年6月16日現在の株主名簿に記載された株主に対して、平成16年7月20日付で1株を200株に分割している。

(4)【所有者別状況】

平成17年12月31日現在

区分	株式の状況（1単元の株式数100株）								単元未満株式の状況（株）
	政府及び地方公共団体	金融機関	証券会社	その他の法人	外国法人等		個人その他	計	
					個人以外	個人			
株主数（人）	―	1	―	14	1		28	44	―
所有株式数（単元）	―	400	―	56,554	300		6,746	64,000	―
所有株式数の割合（%）	―	0.6	―	88.4	0.5		10.5	100	―

(5)【議決権の状況】

①【発行済株式】

区分	株式数（株）	議決権の数（個）	内容
無議決権株式	―	―	―
議決権制限株式（自己株式等）	―	―	―
議決権制限株式（その他）	―	―	―
完全議決権株式（自己株式等）	―	―	―
完全議決権株式（その他）	普通株式　6,400,000	64,000	権利内容に何ら限定のない当社における標準となる株式
単元未満株式	―	―	―
発行済株式総数	6,400,000	―	―
総株主の議決権	―	64,000	―

②【自己株式等】

平成17年12月31日現在

所有者の氏名又は名称	所有者の住所	自己名義所有株式数（株）	他人名義所有株式数（株）	所有株式数の合計（株）	発行済株式総数に対する所有株式数の割合（％）
―	―	―	―	―	―
計	―	―	―	―	―

(6)【ストックオプション制度の内容】

決議年月日	平成15年12月12日
付与対象者の区分及び人数	取締役　７名、監査役　１名、従業員73名、(注) １、２
新株予約権の目的となる株式の種類	「(2)新株予約権等の状況」に記載している
株式の数	同上
新株予約権の行使時の払込金額	同上
新株予約権の行使期間	同上
新株予約権の行使の条件	同上
新株予約権の譲渡に関する事項	同上

(注) １．付与対象の従業員のうち１名は平成17年３月31日付で定年退職しているが、新株予約権割当契約の定めにより退職後１年間は新株予約権を行使することができる。

２．付与対象者の１名の退職による権利の喪失により、本書の提出日現在の付与対象者の区分および人数ならびに株式の数は、取締役７名（36,000株）、監査役１名（2,000株）、従業員72名（82,400株）、合計120,400株となっている。

(1)【財務諸表】

①【貸借対照表】

		第17期 (平成16年３月31日)			第18期 (平成17年３月31日)		
区分	注記番号	金額（千円）		構成比 (%)	金額（千円）		構成比 (%)
(資産の部)							
Ⅰ流動資産							
1．現金及び預金			1,606,506			1,030,624	
2．受取手形			62,765			10,304	
3．売掛金			2,385,722			2,261,695	
4．原材料			6,185			4,004	
5．仕掛品			40,784			82,007	
6．貯蔵品			57,125			48,793	
7．前払費用			116,006			118,248	
8．繰延税金資産			240,844			227,331	
9．その他			11,029			18,713	
10．貸倒引当金			△2,439			△2,248	
流動資産合計			4,524,530	46.5		3,799,475	41.3
Ⅱ固定資産							
(1)有形固定資産							
1．建物		3,621,972			3,944,225		
減価償却累計額		1,460,625	2,161,347		1,689,881	2,254,343	
2．構築物		500			823		
減価償却累計額		223	276		305		
3．機械及び装置		18,661,581			18,723,190		
減価償却累計額		16,860,545	1,801,036		17,068,459	1,654,730	
4．工具器具備品		1,371,820			1,477,349		
減価償却累計額		864,508	507,311		962,334	515,015	
5．建設仮勘定			75,842			97,660	
有形固定資産合計			4,545,813	47.1		4,522,268	49.2
(2)無形固定資産							
1．営業権			—			80,000	
2．特許権			—			49,743	
3．ソフトウェア			139,983			235,378	
4．その他			4,542			4,631	
無形固定資産合計			144,526	1.5		369,754	4.0
(3)投資その他の資産							
1．長期前払費用			11,163			13,054	
2．差入保証金			160,026			165,109	
3．繰延税金資産			263,280			312,509	
4．その他			11,980			11,980	
投資その他の資産合計			446,450	4.6		502,652	5.5
固定資産合計			5,136,790	53.2		5,394,675	58.7
資産合計			9,661,321	100.0		9,194,151	100.0

		第17期（平成16年3月31日）			第18期（平成17年3月31日）		
区分	注記番号	金額（千円）		構成比（%）	金額（千円）		構成比（%）
(負債の部)							
Ⅰ流動負債							
1．買掛金			146,090			128,924	
2．短期借入金			1,000,000			350,000	
3．1年以内返済予定の長期借入金			502,600			502,600	
4．未払金			581,626			633,888	
5．未払費用			206,590			142,408	
6．未払法人税等			23,000			432,000	
7．未払消費税等			156,486			32,743	
8．預り金			7,602			16,229	
9．賞与引当金			507,876			365,227	
流動負債合計			3,131,872	32.4		2,604,021	28.3
Ⅱ固定負債							
1．長期借入金			991,850			489,250	
2．退職給付引当金			543,278			662,562	
3．役員退職慰労引当金			55,620			70,305	
4．長期未払金			20,336			15,017	
固定負債合計			1,611,085	16.7		1,237,135	13.5
負債合計			4,742,958	49.1		3,841,157	41.8
(資本の部)							
Ⅰ資本金	＊1		1,900,000	19.7		1,900,000	20.7
Ⅱ資本余剰金							
1．資本準備金		1,500,000			1,500,000		
資本剰余金合計			1,500,000	15.5		1,500,000	16.3
Ⅲ利益剰余金							
1．利益準備金		12,000			12,000		
2．当期未処分利益		1,506,363			1,940,994		
利益剰余金合計			1,518,363	15.7		1,952,994	21.2
資本合計			4,918,363	50.9		5,352,994	58.2
負債・資本合計			9,661,321	100.0		9,194,151	100.0

②【損益計算書】

		第17期 (自 平成15年4月1日 至 平成16年3月31日)			第18期 (自 平成16年4月1日 至 平成17年3月31日)		
区分	注記番号	金額（千円）		百分率(%)	金額（千円）		百分率(%)
Ⅰ売上高			11,428,313	100.0		11,261,370	100.0
Ⅱ売上原価			8,534,628	74.7		9,303,483	82.6
売上純利益			2,893,685	25.3		1,957,887	17.4
Ⅲ販売費及び一般管理費	＊1		810,007	7.1		955,663	8.5
営業利益	＊2		2,083,677	18.2		1,002,222	8.9
Ⅳ営業外収益							
1．受取利息		12			3		
2．設備負担金収入		—			1,347		
3．受取補償金等		—			908		
4．その他		0	13	0.0	212	2,473	0.0
Ⅴ営業外費用							
1．支払利息		101,969			32,595		
2．支払手数料		144,134			17,962		
3．その他		20,772	266,876	2.3	7,292	57,850	0.5
経常利益			1,816、814	15.9		946,845	8.4
Ⅵ特別利益							
1．固定資産売却益	＊3	12,512	12,512	0.1	1,452	1,452	0.0
Ⅶ特別損失							
1．退職給付過去勤務債務償却	＊4	173,075			—		
2．固定資産廃棄損	＊5	54,142			20,989		
3．固定資産売却損	＊6	5,949	233,167	2.0	15,366	36,356	0.3
税引前当期純利益			1,596,160	14.0		911,942	8.1
法人税、住民税及び事業税		20,156			408,327		
法人税等調整額		△220,204	△200,047	△1.7	△35,715	372,611	3.3
当期純利益			1,796,207	15.7		539,330	4.8
前期繰越利益			—			1,401,663	
前期繰越損益			289,844			—	
当期末処分利益			1,506,363			1,940,994	

売上原価明細書

		第17期 (自 平成15年4月1日 至 平成16年3月31日)		第18期 (自 平成16年4月1日 至 平成17年3月31日)	
区分	注記番号	金額（千円）	構成比(%)	金額（千円）	構成比(%)
Ⅰ材料費		75,850	0.9	73,595	0.8
Ⅱ労務費	＊2	3,074,381	36.0	3,470,650	37.0
Ⅲ経費	＊3	5,393,538	63.1	5,837,764	62.2
登記総製造費用		8,543,770	100.0	9,382,010	100.0
期首仕掛品たな卸高		31,642		40,784	
他勘定受入高	＊4	—		13,217	
合計		8,575,412		9,436,013	
他勘定振棒高	＊5	—		50,522	
期末仕掛品たな卸高		40,784		82,007	
登記売上原価		8,534,628		9,303,483	

第17期（自 平成15年4月1日 至 平成16年3月31日）	第18期（自 平成16年4月1日 至 平成17年3月31日）
1．原価計算の方法 実際原価による総合原価計算 ＊2．労務費に含まれる引当金繰入額等 賞与引当金繰入額　442,200千円 退職給付費用　61,282千円 ＊3．経費のうち主なもの 賃貸料及びリース料　2,314,831千円 減価償却費　327,132千円 ＊4．―――― ＊5．――――	1．原価計算の方法 半導体テストハウス事業は実際原価による総合原価計算、半導体設計事業は実際原価による個別原価計算 ＊2．労務費に含まれる引当金繰入額等 賞与引当金繰入額　324,592千円 退職給付費用　115,912千円 ＊3．経費のうち主なもの 賃貸料及びリース料　2,454,578千円 減価償却費　922,176千円 外注加工費　685,704千円 ＊4．他勘定受入高の内訳 コベルコ・エルスアイ・デザイン株式会社との事業統合による受入である。 ＊5．他勘定振替高の内訳 建設仮勘定へ振替　49,155千円 その他　1,366千円

③【キャッシュ・フロー計算書】

		第17期 （自 平成15年4月1日 至 平成16年3月31日）	第18期 （自 平成16年4月1日 至 平成17年3月31日）
区分	注記番号	金額（千円）	金額（千円）
Ⅰ営業活動によるキャッシュ・フロー			
税引前当期純利益		1,596,160	911,942
減価償却費		1,149,434	975,449
貸倒引当金の増加額（△減少額）		358	△190
賞与引当金の増加額（△減少額）		188,901	△142,648
退職給付引当金の増加額		230,160	119,283
薬院退職慰労引当金の増加額		13,081	14,685
受取利息		△12	△3
支払利息		101,969	32,595
固定資産廃却損		54,142	20,300
固定資産売却益		5,949	15,366
売上債権の減少額（△増加額）		△12,512	△1,452
たな卸資産の増加額		△367,713	176,488
仕入債務の増加額（△減少額）		△21,728	△17,492
未払消費税等の支払額		78,372	△17,166
薬院賞与の支払額		△30,590	△123,742
その他		―	△8,700
		59,225	227,249
小計		3,045,194	2,181,962
利息の受取額		12	3
利息の支払額		△98,808	△32,928
法人税等の支払額		△4,026	△29,294
営業活動によるキャッシュフロー		2,942,372	2,119,743

ジェネシステクノロジーの2008年における経営成績を分析すると、前年からの半導体市場全般においては、世界市場では前年比９％の成長、日本市場でも前年比約５％の成長となった。このような環境のもと、半導体設計事業においては堅調に推移したが、半導体テストハウス事業においてFDI（フラット・パネル・ディスプレイ）駆動用ICにおいては受託、価格が低迷したことにより、当期売上高116億円（前期比10.2%減）となった。一方、利益は、経常損益5.6億円であった。原因は市場環境の低迷と思われる。ジェネシステクノロジーの対処すべき課題は、①生産体制の見直し、②量産テストの取り込み拡大、③新規顧客の取り込み、④新規メニューの早期立ち上げである。

ベンチャー企業のIPO成功例として、今回ジェネシステクノロジーをとりあげた。設計、テスト、組立の技術を融合し、常にハイエンドな領域で市場ニーズにマッチした事業を展開している。事業主体は半導体テストハウス事業であり、本社西脇工場、所沢工場、九州工場を事業拠点としている。ベンチャー企業に多くみられるストックオプション制度をとりいれ、当社役員、従業員に新株予約権の付与をおこなっている。財務においても貸借対照表、損益計算書以外にキャッシュフロー計算書を作成し、監査を受けており、安定成長を続けている。果敢に挑戦する先端技術開発型ベンチャー企業の日本における代表例と考える。今後の成長を見守りたい。

以下ジェネシス・テクノロジー㈱（2473）平成19年３月期決算短信（非連結）

財務諸表

(1)　貸借対照表

		前事業年度 （平成18年３月31日）			当事業年度 （平成19年３月31日）			対前年比
区分	注記 番号	金額 （千円）		構成比 （%）	金額 （千円）		構成比 （%）	増減 （千円）
（資産の部）								
Ⅰ　流動資産								
1．現金及び預金			1,861,514			1,259,025		△602,488
2．受取手形			6,037			21,018		14,981
3．売掛金			4,709,402			4,338,670		△370,731
4．原材料			19,858			16,209		△3,649
5．仕掛品			153,899			123,707		△30,192
6．貯蔵品			54,921			52,098		△2,823
7．前払費用			124,838			130,794		5,956
8．繰延税金資産			215,743			174,570		△41,173
9．その他			20,830			106,520		85,690
10．貸倒引当金			△4,674			△4,327		346
流動資産合計			7,162,371	57.3		6,218,288	50.2	△944,082
Ⅱ　固定資産								
1．有形固定資産								
(1)建物		3,989,120			4,962,392			
減価償却累計額		1,920,559	2,068,561		2,174,925	2,787,467		718,906
(2)構築物		823			16,007			
減価償却累計額		388	435		1,257	14,750		14,314
(3)機械及び装置		17,959,202			18,052,096			
減価償却累計額		16,372,093	1,587,109		16,424,600	1,627,496		40,387
(4)工具器具備品		1,635,917			1,834,998			
減価償却累計額		1,140,587	495,329		1,295,967	539,031		43,701
(5)建物仮勘定			133,384			61,927		△71,456
有形固定資産合計			4,284,819	34.3		5,030,673	40.6	745,853

		前事業年度 （平成18年３月31日）			当事業年度 （平成19年３月31日）			対前年比
区分	注記 番号	金額 （千円）		構成比 （%）	金額 （千円）		構成比 （%）	増減 （千円）
2．無形固定資産								
(1)営業権			60,000			－		△60,000
(2)のれん			－			40,000		40,000
(3)特許権			43,057			36,370		△6,686
(4)ソフトウェア			381,531			462,520		80,988
(5)その他			4,628			4,628		－
無形固定資産合計			489,216	3.9		543,518	4.4	54,302
3．投資その他の資産								
(1)投資有価証券			5,000			8,000		3,000
(2)長期前払費用			18,694			21,309		2,615
(3)差入保証金			148,377			144,881		△3,495
(4)繰延税金資産			382,501			406,150		23,648
(5)その他			11,980			11,980		－
投資その他の資産合計			566,553	4.5		592,321	4.8	25,768
固定資産合計			5,340,589	42.7		6,166,513	49.8	825,924
資産合計			12,502,961	100.0		12,384,802	100.0	△118,158

区分	注記番号	前事業年度（平成18年３月31日）金額（千円）		構成比（%）	当事業年度（平成19年３月31日）金額（千円）		構成比（%）	対前年比 増減（千円）
(負債の部)								
Ⅰ　流動負債								
1．買掛金			294,502			126,452		△168,050
2．短期借入金			1,340,000			200,000		△1,140,000
3．１年以内返済予定の長期借入金			489,250			307,200		△182,050
4．未払金			811,814			1,249,747		437,932
5．未払費用			146,812			163,183		16,371
6．未払法人税等			277,000			−		△277,000
7．未払消費税等			71,681			23,907		△47,774
8．預り金			20,222			46,995		26,773
9．賞与引当金			387,656			354,794		△32,862
流動負債合計			3,838,940	30.7		2,472,280	19.9	△1,366,660
Ⅱ　固定負債								
1．長期借入金			−			1,155,300		1,155,300
2．退職給付引当金			822,843			951,953		129,110
3．役員退職慰労引当金			84,990			99,675		14,685
4．長期未払金			91,734			710,619		618,884
固定負債合計			999,568	8.0		2,917,548	23.6	1,917,979
負債合計			4,838,508	38.7		5,389,828	43.5	551,319
(資本の部)								
Ⅰ　資本金			2,632,600	21.1		−	−	−
Ⅱ　資本剰余金								
1．資本準備金		2,539,680						
資本剰余金合計			2,539,680	20.3		−	−	−
Ⅲ利益剰余金								
1．利益準備金		12,000			−			
2．当期未処分利益		2,480,343			−			
利益剰余金合計			2,492,343	19.9				

区分	注記番号	前事業年度（平成18年３月31日）金額（千円）		構成比（%）	当事業年度（平成19年３月31日）金額（千円）		構成比（%）	対前年比 増減（千円）
Ⅳ　自己株式			△171	△0.0		−	−	−
資本合計			7,664,452	61.3		−	−	−
負債・資本合計			12,502,961	100.0		−	−	−
(純資産の部)								
Ⅰ　株主資本								
1．資本金			−	−		2,633,950	21.3	−
2．資本剰余金								
(1)資本準備金		−			2,541,030			
資本剰余金合計			−	−		2,541,030	20.5	−
3．利益剰余金								
(1)利益準備金		−			12,000			
(2)その他利益剰余金								
繰越利益剰余金		−			1,808,226			
利益剰余金合計			−	−		1,820,226	14.7	−
4．自己株式			−	−		△232	△0.0	−
株主資本合計			−	−		6,994,974	56.5	−
純資産合計			−	−		6,994,974	56.5	−
負債純資産合計			−	−		12,384,802	100.0	−

(2) 損益計算書

区分	注記番号	前事業年度（自 平成17年4月1日 至 平成18年3月31日）金額（千円）		百分比（%）	当事業年度（自 平成18年4月1日 至 平成19年3月31日）金額（千円）		百分比（%）	対前年比 増減（千円）
Ⅰ売上高			12,973,053	100.0		11,646,014	100.0	△1,327,039
Ⅱ売上原価			10,618,166	81.8		10,896,686	93.6	278,519
売上総利益			2,354,886	18.2		749,327	6.4	△1,605,558
Ⅲ販売費及び一般管理費			1,219,026	9.4		1,280,055	11.0	61,029
営業利益			1,135,860	8.8		△530,727	△4.6	△1,666,587
Ⅳ営業外収益								
1．受取利息		94			478			
2．受取配当金		—			125			
3．受取補償金等		1,682			2,352			
4．受取雇用助成金		2,176			2,185			
5．その他		227	4,180	0.0	1,001	6,143	0.1	1,962
Ⅴ営業外費用								
1．支払利息		30,335			26,916			
2．支払手数料		17,092			8,346			
3．株式上場関連費用		34,150			—			
4．新株発行費		18,447			—			
5．その他		7,908	107,934	0.8	5,764	41,027	0.4	△66,907
経常利益			1,032,106	8.0		△565,611	△1.9	△1,597,718
Ⅵ特別利益								
1．固定資産売却益		727	727	0.0	7,521	7,521	0.1	6,793
Ⅶ特別損失								
1．固定資産廃却損		31,816			9,601			
2．固定資産売却損		10,164	41,980	0.4	503	10,105	0.1	△31,875
税引前当期純利益			990,853	7.6		△568,195	△4.9	△1,559,048
法人税住民税及び事業税		461,908			13,277			
法人税等調整額		△58,404	403,503	3.1	17,524	30,802	0.2	△372,701
当期純利益			587,349	4.5		△598,997	△5.1	△1,186,347
前期繰越利益			1,892,994			—		—
当期未処理利益			2,480,343			—		—

(3) 株主資本等変動計算書

当事業年度（自平成18年４月１日　至平成19年３月31日）

	株主資本								純資産合計
	資本金	資本剰余金		利益剰余金			自己株式	株主資本合計	
		資本準備金	資本剰余金合計	利益準備金	その他利益剰余金 繰越利益剰余金	利益剰余金合計			
平成18年３月31日残高（千円）	2,632,600	2,539,680	2,539,680	12,000	2,480,343	2,492,343	△171	7,664,452	7,664,452
事業年度中の変動額									
新株の発行	1,350	1,350	1,350					2,700	2,700
剰余金の配当（注）					△73,119	△73,119		△73,119	△73,119
当期純利益					△598,997	△598,997		△598,997	△598,997
自己株式の取得							△61	△61	△61
事業年度中の変動額合計（千円）	1,350	1,350	1,350	—	△672,117	△672,117	△61	△669,478	△669,478
平成19年3月31日残高（千円）	2,633,950	2,541,030	2,541,030	12,000	1,808,226	1,820,226	△232	6,994,974	6,994,974

(注) 平成18年６月の定時株主総会における利益処分項目である。

(4) キャッシュ・フロー計算書

		前事業年度 (自 平成17年4月1日 至 平成18年3月31日)	当事業年度 (自 平成18年4月1日 至 平成19年3月31日)	対前年比
区分	注記 番号	金額（千円）	金額（千円）	増減（千円）
Ⅰ営業活動による キャッシュ・フロー				
税引前当期純利益		990,853	△568,195	
減価償却費		938,526	877,142	
貸倒引当金の増加額 (△減少額)		2,426	△346	
賞与引当金の増加額 (△減少額)		22,428	△32,862	
退職給付引当金の増加額		160,280	129,110	
役員退職慰労引当金の 増加額		14,685	14,685	
受取利息及び受取配当金		△94	△603	
支払利息		30,335	26,916	
固定資産廃却損		31,205	9,465	
固定資産売却損		10,164	503	
固定資産売却益		△727	△7,521	
売上債権の減少額 (△増加額)		△2,443,440	355,750	
たな卸資産の減少額 (△増加額)		△93,873	36,664	
仕入債務の増加額 (△減少額)		165,578	△168,050	
未払消費税等の増加額 (△減少額)		38,938	△47,774	
その他		217,270	288,344	
小計		84,557	913,228	828,670
利息及び配当金の受取額		94	603	
利息の支払額		△30,386	△26,894	
法人税等の支払額		△649,757	△380,810	
営業活動によるキャッシュ・フロー		△595,491	506,127	1,101,618

第11章－7　バッファロー

1．バッファローの起業

ブロードバンド時代のリーディングカンパニーをビジョンにするバッファローを取り上げる。2002年11月1日よりバッファローは市場性に合わせ経営戦略を実行できるようドメインの再構築を行っている。具体的には、メモリ、ストレージ、LANカード等パソコン関連事業に特化している。ユビキタスネットワークできる社会に対応できるブロードバンド企業を目指すとANNUALにて提示した。バッファローブランドパソコン周辺機器で急成長するニッチ戦略ベンチャー企業である。ベンチャー企業であるが、すでに成功型の大ベンチャー企業に達したと言える。IPO出口経営戦略も早くも達成し、大ベンチャー企業としてイノベーションを絶えず繰り返し、成長していると考えられる。

1975年にメルコ（現バッファロー）がアントレプレナー牧誠により起業された。起業理由として牧誠は、名古屋に希望する弱電メーカーはなく、自分でやるしかないと考えたことによると述べた。メルコという社名は牧エンジニアリングラボラトリーカンパニーの英語の頭文字による。起業時は自動車関連製品の製造であったが、売上には繋がらなかった。その後事業転換し、ビジョンを、パソコンをもっと使い易くとし、成長が始まった。[(1)]

2004年までの約30年間にメルコは新技術開発型のベンチャー企業として成長を続け、絶えずイノベーションを繰り返している。

2．バッファローの経営戦略と事業展開

ソフトバンクがアメリカのRAMボード最大手のキングストン・テクノロ

ジー社を買収し、日本の市場に参入してくるが、牧誠はそれを脅威とは感じなかった。RAMボードは相場ものでリスクが高いので、経営安定のため、売上を３割にし、パソコンをマザーボード、入力装置、表示装置、記憶装置などに別々に売り、利用者の組み合わせで使えるコンポーネントパソコンを中心にした。(2)

アントレプレナー牧誠は、メルコの経営戦略を以下のように述べた。メルコは、自社に工場を持っていない、実際の製造は外部の協力会社に委託し、メルコ自身は研究開発と協力会社の管理に専念するという起業以来の戦略をとっている。メルコ躍進の最大の要因は付加価値の高い製品と戦略的な価格設定にある。メルコのビジョン設定は、優れた製品をより安く、画期的な周辺機器の提案を通して、より豊かなパソコン文化の創造に貢献する。(3)

ブロードバンド回線は急速に普及し、家庭内の複数のパソコンからインターネットを利用するためのホームネットワークが利用されている。このホームネットワークにおいては、無線LANが今後主流となっていくと考えられている。ネットワーク普及のための条件として、混信や盗聴を防ぐ高度な暗号化技術と機器の設定、操作が簡単に誰でも扱えるようにする必要がでてくる。これに対応しているベンチャー企業バッファローは、無線LANの国内シェアの約60％を占めるリーディングカンパニーとして、セキュリティを施した無線LAN接続を可能にする新技術AOSS（Airstation One-Touch Secure System）を開発している。(4) バッファローは、ドメインの設定をネットワーク家電関連分野とした。

2005年パソコンの増設用記憶装置である外付けハードディスク装置の売上高は前年比25％以上の伸びを達成した。さらに、フロッピーディスクに代わる新しい記憶メディアとしてUSBフラッシュメモリの売上高も前年比37％の増加をしている。BUFFALOブランドの構築を目指す。ホームネットワークは、テレビなど家電が加わり、パソコン所有が１台のみの家庭でも、ネットワークが必要になるため、無線LAN市場の拡大が期待できる。(5) メルコ（現バッファロー）の事業構造のフレームワークを図表11-7-1で提示する。

図表11-7-1　事業構造のフレームワーク

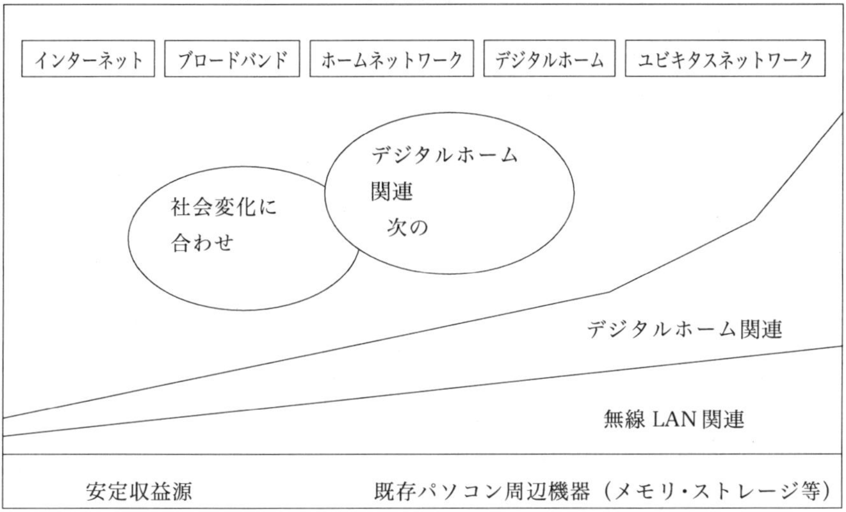

出所：メルコホールディングス、p.2

3．バッファローのIPO出口経営戦略

1978年の音響機器製造より飛躍的に成長したメルコ（現バッファロー）は、1986年の㈲バッファローの設立を経て1991年にベンチャー企業の出口経営戦略であるIPOに達した。同年10月に㈱メルコ（現㈱バッファロー）が日本証券業協会に店頭登録をした。1992年にはグローバル化の第一歩として、台湾に連絡事務所を現地法人化した。1995年1月に㈱メルコが名古屋証券取引所市場第二部にIPOした。さらに、1996年9月には、名古屋証券取引所、東京証券取引所共に第一部IPOとなった。2003年10月には、㈱メルコが㈱バッファローに社名変更し、㈱メルコホールディングスと㈱バッファローが株式交換をし、持株会社体制に移行した。メルコホールディングスが東京証券取引所、名古屋証券取引所の第一部にIPOした。

メルコは、IPO出口経営戦略を達成することにより成功したベンチャー企業、つまり大ベンチャー企業となった。大ベンチャー企業の定義は、ベンチャー企業がIPO出口経営戦略によりIPOを達成し、さらにイノベーションを伴っている企業であるとする。

メルコ（現バッファロー）の財務内容を図表11-7-2にて提示する。大ベンチャー企業と成りえたメルコの売上高を提示した。

図表11-7-2　連結売上高

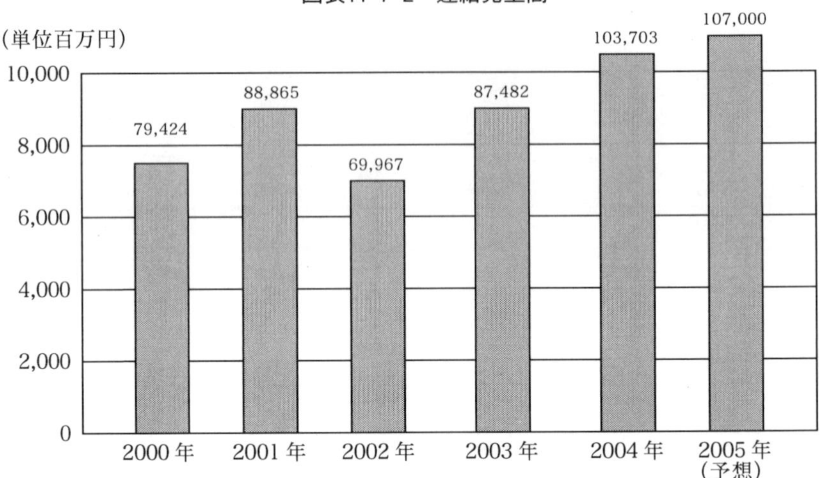

出所：Interim Business Report 2005, p.13

2000年から2004年まで成長を続けているメルコであるが、その売上高に占める内容は2004年度を見ると、約33％をメモリ（特にUSBフラッシュメモリ）、38％がDVD、CD-RWなどであり、約23％がブロードバンドとなっている。

4．バッファローの持株会社体制への移行

大ベンチャー企業メルコグループは、2003年10月に㈱メルコホールディングスと㈱バッファロー（旧社名：㈱メルコ）との間で株式交換を行い、持株会社体制に移行した。その目的は、純粋持株会社体制に移行することにより、市場の変化に対し、これまで以上に迅速に対応できる経営体制を構築し、継続的な成長と収益の拡大を通じて企業価値の増大を図れるグループ経営を目指すこと

である。ブランド戦略として、BUFFALOを社名とし、パソコン周辺機器、ブロードバンド関連機器のブランドと社名の一致を目指している。(6)

株式交換の日程は、2003年5月7日、㈱メルコホールディングスの株式分割取締役決議、同13日、株式交換契約書承認取締役会、同日、株式交換契約書締結、同31日、株式会社メルコホールディングスの株式分割効力発生、同6月27日、株式交換契約書承認株主総会、同10月1日、株式交換が進行終了した。株式交換比率は、株式会社メルコホールディングス（完全親会社）1対株式会社メルコ（完全子会社）1である。なお、株式会社メルコホールディングスが所有する株式会社メルコ株6,967,333株については、新株式を割り当てていない。株式交換比率の算定根拠は、税理士法人トーマツの算定結果を参考として、当事会社間の協議による。株式交換比率は、交換当事会社の1株当たりの株価を算出し、両社の1株当たりの株価の比率に基づき算定してある。

第三者機関による算定結果、算定方法及び算定根拠として、税理士法人トーマツは、株式会社メルコ株式の評価にあたり、市場株価法を採用している。株式会社メルコホールディングス株式の評価にあたっては、同社が非公開会社であり、その市場価格が存在していないこと、及び何ら事業を営んでおらず、株式メルコ株式が同社の資産の大部分を占めることから、時価純資産価額法を採用している。時価純資産価額の算定において、株式会社メルコ株式の時価は、上記基準により決定した単価を基に算出している。株式交換による株式会社メルコホールディングスの発行新株式数は普通株式19,158,603株となった。株式会社メルコホールディングスは2003年5月31日株式分割（1株）を99,531株に分割した。また、株式会社メルコは、同社が保有する自己株式715,226株のうち715、200株を株式交換の日までに消却することに取締役会で決議した。株式交換比率は当該自己株式償却後の発行済株式総数を前提にしていた。株式交換による交付金は支払わない。(7) 株式会社メルコホールディングスと株式会社メルコの株式交換の概要を図表11-7-3にて提示する。さらに、近年3期の決算業績と株式交換後の状況をそれぞれ図表11-7-4、11-7-5にて提示する。

図表11-7-3　株式交換の当事会社の概要

(1)　商号	株式会社メルコホールディングス（完全親会社）		株式会社メルコ（完全子会社）
(2)　事業内容	各種事業を営む会社の株式を所有することによる当該事業会社の支配、管理及び支援		パソコン及びブロードバンド関連製品・サービスの製造及び販売
(3)　設立年月日	1986年7月1日		1978年8月5日
(4)　本店所在地	名古屋市中区大須四丁目11番50号		名古屋市中区大須四丁目11番50号
(5)　代表者	牧　誠		牧　誠
(6)　資本金	10百万円		6,400百万円
(7)　発行済株式総数	70株＊1		26,841,136株
(8)　株主資本	821百万円		27,245百万円
(9)　総資産	953百万円		44,170百万円
(10)　決算期	4月20日		3月31日
(11)　従業員数	該当なし		361名
(12)　主要取引先	該当なし		ダイワボウ情報システム 丸紅インフォテック 巴比禄股份有限公司
(13)　大株主及び持株比率（平成15年3月末現在）	牧　誠　52.9％ 牧　寛之　22.9％ 牧　大介　21.4％ 牧　廣美　2.8％		マキホールディング　28.8％ バッファロー　25.9％＊2 UFJ信託銀行　4.5％ 名古屋銀行　2.5％ デピテシオ　2.0％
(14)　主要取引銀行	UFJ銀行		UFJ、名古屋、伊予、東京三菱
(15)　当時会社の関係	資本関係	株式会社メルコホールディングスは株式会社メルコの大株主である。	
	人的関係	牧誠及び牧廣美は株式会社メルコの取締役である。	
	取引関係	ある。	

＊1　株式会社メルコホールディングスは、取締役会において株式分割（1株を99,531株に分割）を決議し、平成15年5月31日をもって当該株式分割の効力が発生した。なお、株式分割の効力が発生後の株式会社メルコホールディングスの発行済株式数は、6,967,170株となった。

＊2　株式会社バッファローは平成15年5月7日に商号変更し、株式会社メルコホールディングスとなった。

出所：メルコホールディングス、p.3

図表11-7-4　最近3期決算期間の業績

	株式会社メルコホールディングス（完全親会社）			株式会社メルコ（完全子会社）		
決算期	13年4月期	14年4月期	15年4月期	13年3月期	14年3月期	15年3月期
売上高	146	167	156	74,608	63,031	82,635
営業利益	△34	42	86	2,107	1,110	3,841
経常利益	12	151	109	3,351	1,463	3,926
当期純利益	11	135	137	1,544	△409	2,076
1株当たり当期純利益（円）＊	163,504	1,937,751	1,967,092	55.91	△15.28	76.20
1株当たり年間配当金（円）	—	—	—	14	12	14
1株当たり株主資本　（円）＊	7,226,289	9,164,040	11,733,047	1,038.94	996.17	1040.94

＊株式会社メルコホールディングスは、取締役会において株式分割（1株を99,531株に分割）を決議しており、上記の株式会社メルコホールディングスの1株当たり指標の算出に当たっては、当該株式分割の効力発生前における株式メルコホールディングスの発行済株式総数（70株）を用いている。

出所：メルコホールディングス、p.4

図表11-7-5　株式交換後の状況

(1)	商号	株式会社メルコホールディングス
(2)	事業内容	各種事業を営む会社の株式を取得、所有することにより当該会社の事業活動を支配・管理し、その経営を支援する。
(3)	本店所在地	名古屋市中区大須四丁目 11 番 50 号
(4)	代表者	代表取締役社長　牧　誠
(5)	資本金	1,000 百万円
(6)	決算期日	3 月 31 日
(7)	業績に与える影響	本件株式交換の実施に伴う業績への影響は軽微である。

○株式交換後の連結業績見通し（2 期分）（単位：百万円）

	平成 16 年 3 月期	平成 17 年 3 月期
連結売上高	94,500	100,000
連結営業利益	4,100	4,300
連結経常利益	4,100	4,300
連結当期純利益	2,000	2,100

出所：メルコホールディングス、p.4

5．バッファローの環境経営の方針

バッファローは、2001年 1 月に環境マネジメントシステムの国際規格ISO14001を取得し、グリーン購入法に基づくパソコン周辺機器を製品化している。2004年 6 月にはEU圏における法令RoHS指令の鉛使用規制に適合する鉛フリーメモリモジュール47製品の発売をスタートさせた。地球環境への関心の高まりとともに、循環型社会に向けて環境保護、保全の取り組みが世界的に高まっており、バッファローにおいても製品の開発、生産、サービス活動において環境保全に努めて行く方針を持っている。[(8)]

2003年に株式交換により株式会社へ移行したメルコは、メルコホールディングスならびにバッファローとしてパソコン周辺機器のリーディングカンパニーとして成長を続けている。パソコン利用者が何か 1 つは使用していると言われるバッファローであるが、さらに新技術開発により、無線LANを中心としてさらなる成長がある大ベンチャー企業と言える。バッファローは、ドメインとしてインターネットからブロードバンド、ユビキタスをあげている。ベンチャー企業で重要視しているミッション、ビジョン、ドメイン、コアコンピタンスをバッファローは全て備え、新たな成長を続けていると考えられる。

1 【連結財務諸表等】

(1)【連結財務諸表】

①【連結貸借対照表】

		前連結会計年度（平成17年３月31日）			当連結会計年度（平成18年３月31日）		
区分	注記番号	金額（百万円）		構成比（%）	金額（百万円）		構成比（%）
(資産の部)							
Ⅰ流動資産							
1．現金及び預金			18,082			10,235	
2．受取手形及び売掛金			21,386			23,726	
3．たな卸資産			6,128			7,777	
4．繰延税金資産			397			330	
5．その他			908			1,965	
貸倒引当金			△77			△80	
流動資産合計			46,826	84.8		43,953	85.0
Ⅱ固定資産							
1．有形固定資産							
(1)建物及び構築物		775			812		
減価償却累計額		232	543		278	534	
(2)機械装置及び運搬費		521			559		
減価償却累計額		333	188		401	158	
(3)工具器具及び備品		1,960			2,284		
原価償却類型額		1,491	468		1,709	575	
(4)土地			437			457	
(5)建物仮勘定			3			7	
有形固定資産合計			1,640	3.0		1,732	3.4
2．無形固定資産			76	0.1		109	0.2
3．投資その他の資産							
(1)投資有価証券	＊1		6,219			5,527	
(2)繰延税金資産			279			170	
(3)その他			205			213	
貸倒引当金			△15			△9	
投資その他の資産合計			6,690	12.1		5,901	11.4
固定資産合計			8,407	15.2		7,743	15.0
資産合計			55,233	100.0		51,697	100.0

		前連結会計年度 （平成17年３月31日）		当連結会計年度 （平成18年３月31日）	
区分	注記番号	金額（百万円）	構成比 （%）	金額（百万円）	構成比 （%）
（負債の部）					
Ⅰ流動負債					
1．支払手形及び買掛金		18,636		18,901	
2．短期借入金		－		2,300	
3．未払法人税等		1,639		1,693	
4．その他		2,408		2,735	
流動負債合計		22,684	41.1	25,630	49.6
Ⅱ固定負債					
1．繰延税金負債		70		2	
2．退職給付引当金		396		437	
3．役員退職慰労引当金		419		443	
4．リサイクル費用引当金		－		3	
5．その他		42		47	
固定負債合計		928	1.7	935	1.8
負債合計		23,613	42.8	26,565	51.4
（少数株主持分）					
少数株主持分		2	0.0	1	0.0
（資本の部）					
Ⅰ資本金	＊2	1,000	1.8	1,000	1.9
Ⅱ資本剰余金		11,677	21.1	1,927	3.7
Ⅲ利益剰余金		18,834	34.1	21,955	42.5
Ⅳその他有価証券評価差額金		364	0.7	479	0.9
Ⅴ自己株式	＊3	△255	△0.5	△210	△0.4
資本合計		△2	△0.0	△20	△0.0
負債、少数株主持分及び資本合計		31,618	57.2	25,130	48.6
		55,233	100.0	51,697	100.0

②【連結損益計算書】

		前連結会計年度 (自 平成16年４月１日 至 平成17年３月31日)			当連結会計年度 (自 平成17年４月１日 至 平成18年３月31日)		
区分	注記番号	金額（百万円）		百分比(%)	金額（百万円）		百分比(%)
Ｉ売上高			106,353	100.0		115,839	100.0
II売上原価	＊2		91,563	86.1		98,376	84.9
売上総利益			14,790	13.9		17,463	15.1
III販売費及び一般管理費	＊1,3		9,266	8.7		11,153	9.6
営業利益			5,523	5.2		6,309	5.4
IV営業外収益							
１．受取利息		3			8		
２．受取配当金		8			13		
３．仕入割引		21			20		
４．為替差益		38			45		
５．投資事業組合収益		90			62		
６．その他		84	247	0.2	84	236	0.2
Ｖ営業外費用							
１．支払利息		3			4		
２．減価償却費		17			14		
３．投資事業組合損失		75			16		
４．デリバティブ評価損		117			23		
５．その他		37	251	0.2	31	90	0.1
経常利益			5,519	5.2		6,456	5.6
VI特別利益							
１．固定資産売却益	＊4	0			1		
２．投資有価証券売却益		73			18		
３．その他		3	77	0.1	13	33	0.0
VII特別損失							
１．固定資産売却損	＊5	227			－		
２．固定資産除却損	＊6	19			34		
３．投資有価証券売却損		491			254		
４．その他		43	781	0.7	24	312	0.3
税金等調整前当期純利益			4,815	4.5		6,177	5.3
法人税、住民税及び事業税		2,384			2,465		
法人税等調整額		△31	2,353	2.2	34	2,500	2.1
少数株主利益又は少数株主損失（△）			2	0.0		△0	△0.0
当期純利益			2,459	2.3		3,677	3.2

③【連結剰余金計算書】

		前連結会計年度 (自 平成16年４月１日 至 平成17年３月31日)		当連結会計年度 (自 平成17年４月１日 至 平成18年３月31日)	
区分	注記番号	金額（百万円）		金額（百万円）	
(資本剰余金の部)					
Ｉ資本剰余金期首残高			11,677		11,677
II資本剰余金減少高					
１．自己株式消却額		－		9,750	
２．自己株式処分差損		0	0	－	9,750
III資本剰余金期末残高			11,677		1,927
(利益剰余金の部)					
Ｉ利益剰余金期首残高			16,849		18,834
II利益剰余金増加高					
当期純利益		2,459	2,459	3,677	3,677
III利益剰余金減少高					
１．配当金		421		523	
２．役員賞与		53	474	33	556
IV利益剰余金期末残高			18,834		21,955

④【連結キャッシュ・フロー計算書】

		前連結会計年度 (自 平成16年４月１日 至 平成17年３月31日)	当連結会計年度 (自 平成17年４月１日 至 平成18年３月31日)
区分	注記番号	金額（百万円）	金額（百万円）
Ⅰ営業活動によるキャッシュ・フロー		4,815	6,177
税金等調整前当期純利益		495	413
減価償却費		△12	△22
受取利息及び受取配当金		△90	△62
投資事業組合利益		3	4
支払利息		75	16
投資事業組合損失		117	23
デリバティブ評価損		△73	△18
投資有価証券売却損		227	－
有形有価証券売却損		491	254
売上債権の増減額（増加は△）		△2,408	△1,815
たな卸資産の増減額（増加は△）		1,663	△1,484
仕入債務の増減額（減少は△）		1,804	△618
未収入金の増減額（減少は△）		143	△224
未払金の増減額（減少は△）		△180	312
未払消費税等の増減額（減少は△）		146	△125
未収消費税等の増減額（増加は△）		231	△439
役員賞与の支払額		△53	△33
その他		889	257
小計		8,286	2,614
利息及び配当金の受取額		12	22
利息の支払額		△3	△2
法人税等の支払額		△1,730	△2,873
営業活動によるキャッシュ・フロー		6,564	△239
Ⅱ投資活動によるキャッシュ・フロー			
有形固定資産の取得による支出		△364	△ 549
有形固定資産の売却による収入		94	2
無形固定資産の取得による支出		△39	△58
投資有価証券の取得による支出		△8,087	△3,001
投資有価証券の売却による収入		11,182	3,601
その他		113	80
投資活動によるキャッシュ・フロー		2,898	75
Ⅲ財務活動によるキャッシュ・フロー			
短期借入金の純増減額（減少は△）		－	2,300
自己株式の取得による支出		△2	△9,768
自己株式の売却による収入		0	－
配当金の支払額		△421	△523
その他		△0	△0
財務活動によるキャッシュ・フロー		△422	△7,992
Ⅳ現金及び現金同等物に係る換算差額		2	310
Ⅴ現金及び現金同等物の増減額（減少は△）		9,042	△7,846
Ⅵ現金及び現金同等物の期首残高		9,035	18,082
Ⅶ新規連結子会社の現金及び現金同等物の期首残高		4	－
Ⅷ現金及び現金同等物の期末残高	＊1	18,082	10,235

連結財務諸表作成のための基本となる重要な事項

項目	前連結会計年度 (自 平成16年4月1日 至 平成17年3月31日)	当連結会計年度 (自 平成17年4月1日 至 平成18年3月31日)
1．連結の範囲に関する事項	(1)連結子会社数　13社 連結子会社名は、「第1　企業の概況4．関係会社の状況」に記載しているため、省略した。 なお、上記13社のほかに、平成16年8月20日付にて㈱バッファローと合併した㈱メルコファイナンスの損益計算書を連結している。また、㈱エム・ティー・エスについては重要性が増したことにより、当連結会計年度において連結の範囲に含めることにした。 (2)非連結子会社の名称等 非連結子会社はない。	(1)連結子会社数　13社 主要な連結子会社名は、「第1企業の概況4．関係会社の状況」に記載しているため。省略した。 (2)非連結子会社の名称等 非連結子会社はない。
2．持分法の適用に関する事項	(1)持分法を適用した非連結子会社及び関連会社はない。 (2)持分法を適用していない非連結子会社及び関連会社のうち主要な会社の名称 資元科技股份有限公司 (持分法を適用していない理由) 持分法非適用会社は、当期純損益（持分に見合う額）及び利益剰余金（持分に見合う額）等からみて、持分法の対象から除いても連結財務諸表に及ぼす影響が軽微であり、かつ、全体としても重要性がないため、持分法の適用範囲から除外している。	(1)持分法を適用した非連結子会社及び関連会社はない。 (2)持分法を適用していない非連結子会社及び関連会社のうち主要な会社の名称 同左
3．連結子会社の事業年度等に関する事項	連結子会社のうち海外子会社5社の決算日は、12月31日であり、シー・エフ・デー販売㈱の決算日は2月末日である。 連結財務諸表の作成に当たっては、同決算日現在の財務諸表を使用している。ただし、当該子会社の決算日の翌日以降連結決算日までの期間に発生した重要な取引については、連結上必要な調整を行っている。	同左

注

⑴　中日新聞2000.8.16「拓く中部の起業家群像５」
⑵　朝日新聞1996.10.17「うちの戦略」
⑶　MELCO　ANNUAL　REPORT '93, p.7
⑷　メルコグループ〔2003〕、p.1
⑸　メルコグループ、p.2
⑹　メルコホールディングス「持株会社体制への移行について」、p.1-2
⑺　メルコホールディングス「株式交換による株式会社メルコの完全子会社化に関するお知らせ」、p.2
⑻　メルコグループ、p.8

第11章－8　東京エレクトロン

1．東京エレクトロンの歩み

インストラプレナーにより企業内起業され急成長を続ける東京エレクトロンは、コアコンピタンスとして半導体及びFPD製造のためのプロセス技術とメカトロニクス技術を持っている。今回ベンチャー企業（イントラプレナー型）の成長成功ケーススタディとして取り上げた。知的財産権を多く所有しイノベーションを繰り返す、まさに先端技術開発型大ベンチャー企業である。知的財産権に関する規程を持ち、経済産業省の定める知的財産の取得、管理指針とほぼ同じレベルで行動している。社員の発明、考案、創作には実績に応じて報奨金を出している。東京エレクトロンは知的財産権保有が多くあり、アメリカで特許1875件、日本2453件、韓国772件、台湾969件、中国19件、ドイツ103件、フランス57件、その他350件の合計6,598件となっている。〔東京エレクトロンAnnual Report 2004より〕先端技術開発型大ベンチャー企業の代表例として本稿に取り上げた。

ベンチャー企業の成功型東京エレクトロンは、イントラプレナー型大ベンチャー企業である。1963年11月に株式会社東京放送（TBS）の出資により、その関連会社として東京・港区に資本金500万円で株式会社東京エレクトロン研究所として起業した。VTR、カーラジオ等の輸出、電子機器関係の輸入業務を主とした。1967年電子部品、機器の輸入販売会社パネトロン株式会社を起業した。1968年にはアメリカ・サームコ社との合併会社、テル・サーコム株式会社を設立。1978年株式会社東京エレクトロン研究所から東京エレクトロンに社名変更した。ベンチャー企業出口経営戦略であるIPOは、1980年に東京証券取引所等２部IPOにて達成した。1984年には同所第１部にIPOした。1990年には、佐賀、札幌へ子会社を起業、1998年には中国・上海に駐在員事務所を設立。2003年には関連会社の東京エレクトロンデバイス株式会社を東京証券取引所第2部にIPOする。2004年時点で東京エレクトロン株式会社、東京エレクトロンAT株式会社、東京エレクトロン九州株式会社、東京エレクトロンソフトウェア・テクノロジーズ株式会社、東京エレクトロンFE株式会社、東京エレクトロンデバイス株式会社、東京エレクトロンBP株式会社、東京エレクトロンエージェンシー株式会社で国内展開している。

2. 東京エレクトロンのミッションとビジョン、グローバル化

東京エレクトロンのミッションは、高性能、高品質製品の提供を通じて、社会を根底から支えるである。またビジョンは、日本発、最先端テクノロジーとした。東京エレクトロンは、半導体製造装置およびFPD（フラット・パネル・ディスプレイ）製造装置の世界市場において高いシェアを誇っている。東京エレクトロンは、地球環境保護のための活動にも取り組んでいる。東京エレクトロンは起業以来、研究開発に力を入れてきた。世界中に張り巡らされたサービス拠点から、最高のフィールドサポート装置の生産性を最大限に高める様々なサービスプランを提供している。

東京エレクトロンの基本的スタンスは、時代を代表する一流の製品を扱うこと、様々な要望に的確に応える技術力を備えることである。技術力を駆使し、熱処理成膜装置、プラズマ処理装置、枚葉CVD装置、コータノデベロッパー、プラズマエッチング装置、ウェーハプローバ、洗浄装置など、世界トップクラスのオリジナル製品を世界中に販売している。激しい市場競争のもとで、急ピッチの技術革新が求められる半導体産業であるが、東京エレクトロンは次世代の半導体、FPDに照準を合わせた新技術の開発を行っている。

東京エレクトロンは、次世代の半導体製造技術を中心に、基礎から応用までの幅広い研究や、次世代半導体製造のプロセス制御（APC：Advanced Process Control）の導入を進め、時代の一歩先を見据えた技術展開とともに、デモンストレーションや評価実験を通じて、最新最良の製品作りに力を注いで

いる。

グローバルに事業展開しており、アメリカでは、テキサス・オースチンを中心にサービス網を整備し、ニューヨーク・オールバニーに研究・開発拠点を設け、製造拠点とともに開発、製造からサービスまで展開している。ヨーロッパでは、ドイツ、イタリア、オランダ、アイルランド、イスラエル、フランスに関連会社を設立した。イギリス・クローリーを軸に全ヨーロッパをカバーするネットワークを持っている。アジアにおいては、韓国、中国、台湾にサービス体制を敷いた。海外拠点を図表11-8-1にて提示する。

図表11-8-1　東京エレクトロン海外拠点

TOKYO ELECTRON AMERICA,INC.
● 本社：Austin Office
2400 Grove Blvd., Austin Texas 78741 U.S.A.
http://www.telusa.com
● Albuquerque ● Boise ● Burlington ● Colorado Springs
● Dallas ● Fishkill ● Los Angeles ● Manassas ● Marlborough
● Phoenix ● Portland ● Richmond ● Santa Clara

TOKYO ELECTRON MASSACHUSETTS, LLC
● 本社：Boston ES Plant
123 Brimbal Avenue Bevely, Massachusetts 01915 U.S.A.
● Santa Clara ● Portland ● Austin ● Dallas ● Manassas
● Richmond ● Fishkill ● Burlington

TEL TECHNOLOGY CENTER, AMERICA, LLC
251 Fuller Road, Albany, New York 12203 U.S.A.

TIMBRE TECHNOLOGIES, INC.
2953 Bunker Hill Lane Suite 301 Santa Clara California 95054 U.S.A.

SUPERCRITICAL SYSTEMS, INC.
2120 West Guadalupe Rd. Gilbert, Arizona 85233 U.S.A.

TOKYO ELECTRON EUROPE LIMITED
● 本社：Milan Office
Centro Direzionale Colleoni, Palazzo Astrolabio Via Cardano 2
20041 Agrate Brianza, Milan, Italy
● Avezzano ● Catania

TOKYO ELECTRON DEUTSHLAND GmbH
● 本社：Munich Office
Carl-Zeiss-Ring 5,85737 Ismaning, Germany
● Alsdorf ● Dresden

TOKYO ELECTORON NEDERLAND B.V.
Kerkenbos 10-15, Unit C, 6546 BB Nijmegen, The Netherlands

TOKYO ELECTRON IRELAND LIMITED
5 Habarzel St., Gat 2000 Industrial Zone, Kiryat Gat, Israel
● Midgal ● HaEmek

TOKYO ELECTRON FRANCE S.A.R.L.
● 本社：Grenoble Office
Batiment Alicante 1, Chemin de la Dhuy 38240 Meylan, France
● Paris ● Rousset

TOKYO ELECTRON KOREA LIMITED
● 本社：Pundang Office
325-230 Dongchun-ri, Suji-up, Yongin-City Kyonggi-do, 449-840 Korea
http://www.telkorea.co.kv
● Cheonan ● Cheongin ● Gumi ● Icheon ● Kiheung ● Pucheon

TOKYO ELECTRON TAIWAN LIMITED
7Fl. No. 18, Pu-Ding Road, Hsin-chu City, Taiwan 300, R.O.C.

TOKYO ELECTRON（SHANGHAI）LIMITED
Suite 3001, 30Fl, No.28 Xin Jin Quao Road, Pudong, Shanghai 201206, China
● Tian ● Suzhou

TOKYO ELECTRON（SHANGHAI）LOGISTIC CENTER LIMITED
Suite 3001, 30Fl, No.28 Xin Quao Road, Pudong, Shanghai 201206, China
● Tian Jin

（注）東京エレクトロン、p.29

3．東京エレクトロンの事業展開と売り上げ

東京エレクトロンの代表佐藤潔によると、2004年はPC、携帯電話の世代交代に伴う買い替え需要をベースにデジタルスチルチルカメラ、DVDレコーダー、薄型テレビに代表されるデジタル家電の普及が本格化し、関連デバイスの需要を押し上げた。東京エレクトロンの業績は、下半期から回復に向かい、今期の連結売上高は5,297億円となっている。東京エレクトロンは業界最高峰の技術開発力を発揮し、差別化された製品を開発し、サポートサービスとともに最先端デバイス製造に特化している。最先端の研究開発を通じて、半導体製造装置のマルチプロダクトサプライヤとして、テクノロジー、リーダーシップを発揮し、最先端技術に対する求心力を強化し、新製品を積極的に市場投入する。[(1)]

2004年３月末の流動資産は、前期末から465億円増加し4030億円となり、売上増加に伴い受取手形および売掛金が前期末から633億円増加した。現金および預金は運転資金の増加により103億円減少している。[(2)] 図表11-8-2にて財務状況を提示する。

図表11-8-2　東京エレクトロンの財務状況

単位：百万円（総資産に占める割合）　　　　単位：千米ドル

	2002年		2003年		2004年
資産合計	¥561,632	(100.0)	¥524,901	(100.0)	$5,316,467
現金及び預金	42,650	(7.6)	52,982	(10.1)	403,727
受取手形及び売掛金	245,554	(43.7)	182,218	(34.7)	2,324,439
たな卸資産	105,187	(18.7)	111,810	(21.3)	995,712
投資その他の資産	49,869	(8.9)	48,851	(9.3)	472,064
有形固定資産	108,789	(19.4)	119,611	(22.8)	1,029,805
負債合計	281,885	(50.2)	268,402	(51.1)	2,668,356
短期借入金	6,815	(1.2)	8,729	(1.7)	64,514
支払手形及び買掛金	78,009	(13.9)	48,279	(9.2)	738,440
未払法人税等	3,273	(0.6)	3,645	(0.7)	30,983
長期借入金及び社債	98,476	(17.5)	70,230	(13.4)	932,181
株主資本	275,800	(49.1)	252,904	(48.2)	2,610,748

出所：東京エレクトロン、p.25

次に、半導体に関する2003年３月期の東京エレクトロンの部門別売上構成比を図表11-8-3、同半導体製造装置地域別売上構成比を図表11-8-4、同売上高推移を図表11-8-5、同海外売上高推移を図表11-8-6にて提示する。

図表11-8-3　2003年３月期　部門別売上構成比（連結）

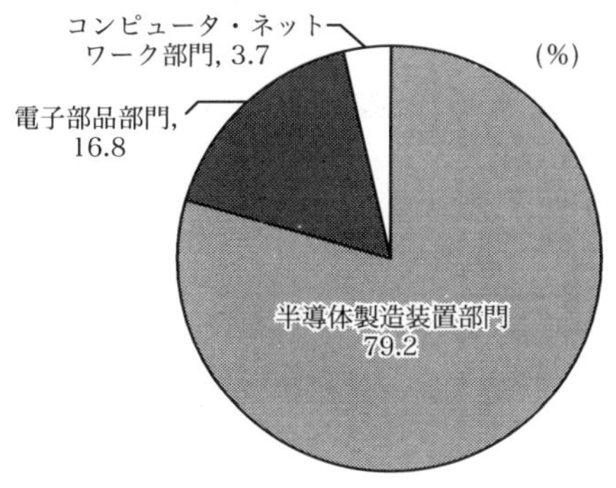

出所：東京エレクトロン、p.3

図表11-8-4　2003年3月期　半導体製造装置　地域別売上構成比（連結）

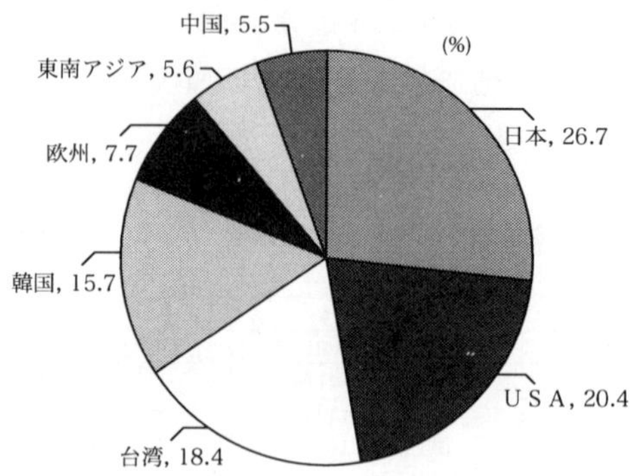

出所：東京エレクトロン、p.3

図表11-8-5　半導体製造装置の売上高推移（連結）

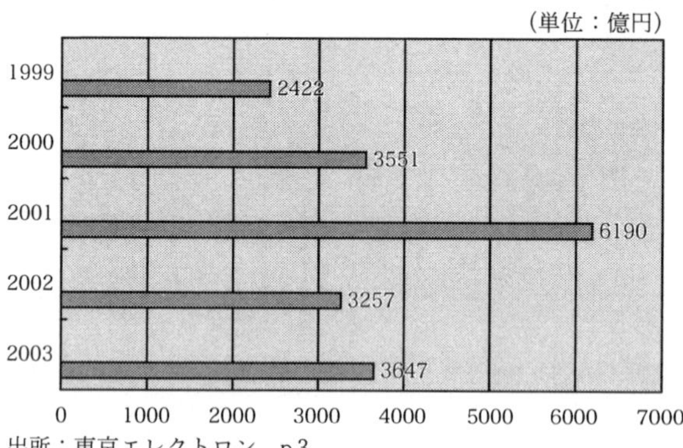

出所：東京エレクトロン、p.3

図表11-8-6　半導体製造装置の海外売上高推移（連結）

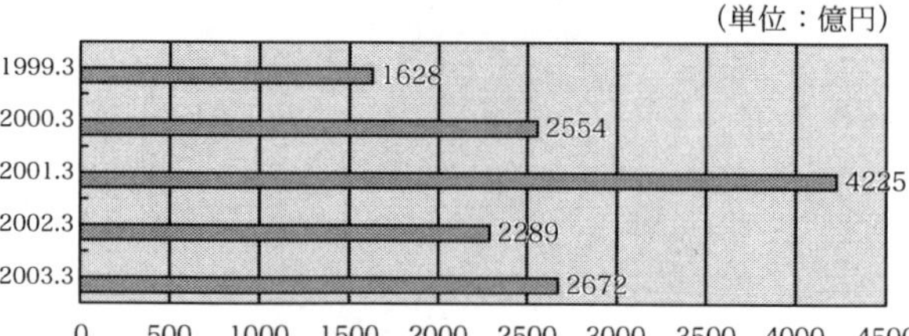

出所：東京エレクトロン、p.3

4．東京エレクトロンのコーポレートガバナンスと環境経営

経営のグローバル化が進行する状況において、株主をはじめとするステークホルダーにとって、企業価値の向上を重視した経営を推進するために、企業倫理と遵守を徹底するとともに、内部統制システムおよびリスク管理システムの整備、強化を推進している。

東京エレクトロンは、取締役会と執行機関との機能を分離し、取締役会と執行機関の役割をより明確化し、2003年より執行役員制を導入した。取締役社長の報酬を決定する報酬委員会と、取締役社長を除く取締役３名により構成し、株主総会で選任する取締役候補の選定および取締役会で選任する取締役社長候補者の選定を行う指名委員会をそれぞれ取締役会の中に設置している。[3] 東京エレクトロンのコーポレートガバナンス体制を図表11-8-7にて提示する。

図表11-8-7　コーポレートガバナンス体制

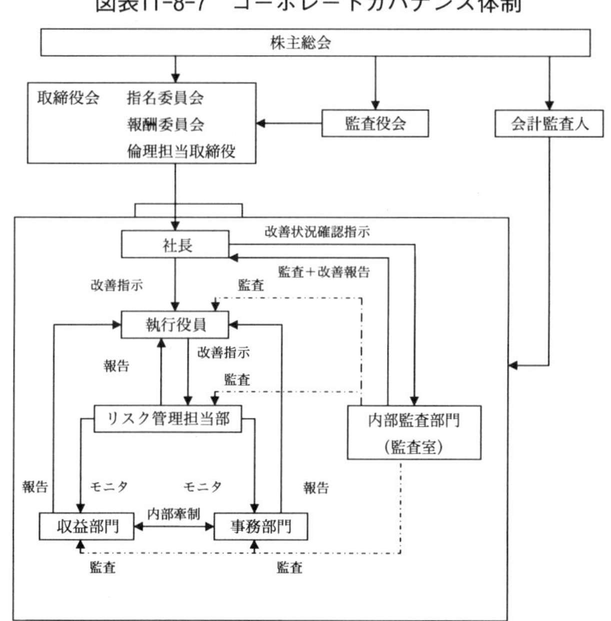

出所：東京エレクトロン、p.18

東京エレクトロンは、地球環境を保全し継続的に改善することが、人類共通の最優先課題であるとした。地球環境との調和を保った繁栄を実現することを常に念頭に置き、ステークホルダーから総合的に信頼を持たれる企業の構築を目指している。

① ライフサイクルアセスメント（LCA）の実施

装置の原材料から製造、装置運搬、装置使用、廃棄までのそれぞれの工程において、環境に対する影響を定量的に評価するライフサイエンス・アセスメントを実施している。

② 鉛フリーはんだ導入推進

EUでは、各種の指令に基づき2006年6月までに水銀、カドミウム、鉛など有害な物質の電気機器への使用が禁止される。半導体製造装置はこれらの指令の対象外だが、東京エレクトロンは自主的に鉛フリーに取り組む。

③ グリーン調達

原材料のグリーン調達に関しては、サプライヤーの環境負荷低減への協力が不可欠である。東京エレクトロンは、グリーン調達ガイドラインを制定し、全国のサプライヤーに配布している。

④ 廃棄物削減、リサイクル

2005年3月期までに、国内製造系事務所において排出する廃棄物を限りなくゼロにする。[(4)] ④については、図表11-8-8にて内容を提示する。

図表11-8-8　廃棄物総量推移とリサイクル率

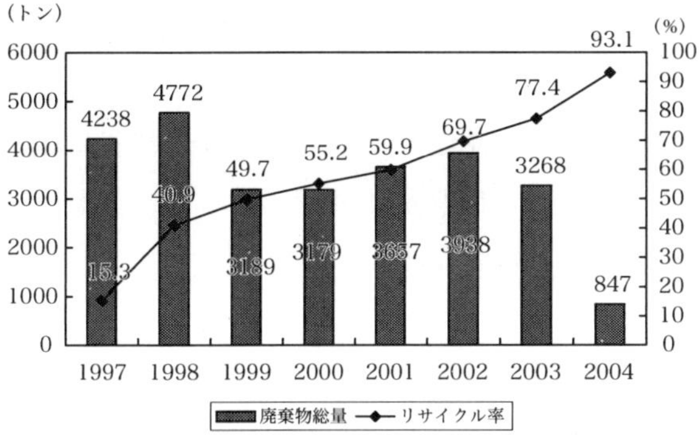

出所：東京エレクトロン、p.15

東京エレクトロンの2008年３月期売上予想が前期比６％増の9,000億円、営業利益が11％増の1,600億円に上る予想である。しかし計画達成ができずになったが、原因は中国のファンドリー（半導体受注生産会社）からの受注が後ろ倒しになったことや、大型液晶パネル用装置の価格交渉の長期化があげられる。東京エレクトロンの国内事業所は全国にわたり、北は宮城県の東京エレクトロンAT株式会社、また横浜に、東京エレクトロンデバイス株式会社、府中市に東京エレクトロンソフトウェア、テクノロジーズ株式会社、東京エレクトロンBP株式会社、東京エレクトロンエージェンシー株式会社、東京エレクトロンFE株式会社、南の佐賀県に東京エレクトロン九州株式会社を展開している。特に半導体市場では急成長を遂げ、様々な産業へと商品を提供している。起業以来半導体を大型コンピューター業界、PC、携帯電話、デジタルコンシューマー製品へ供給している。将来は、半導体の新しいアプリケーションの登場によりさらに発展していくと考えられる。

東京エレクトロンの2008年３月期は、連結純利益が前期比18％増の1,080億円ほどに拡大している。主力の半導体製造装置の生産コスト削減が想定以上に進んでいるため利益が増加している。また売上高は６％増の9,000億円と予想される。営業利益は16％増の1,670億円と予想される。利幅拡大の主な理由は装置の品質向上と利益率の高い新製品の販売拡大にある。問題点はパソコン用の半導体メモリーDRAMの価格下落による半導体メーカーの投資意欲の減退で受注の低下が発生すると考えられる。(日本経済新聞2008年２月14日参照)

2007年のコーポレートガバナンスは取締役13名、うち２名は社外取締役で構成され、取締役会のなかに報酬委員会、指名委員会を設置した。さらに取締役の任期は１年、代表取締役の個別報酬の開示をおこなうことになった。監査役会では監査役４名、うち２名は社外監査役となった。

平成20年３月期　第１四半期財務・業績の概況

平成19年７月27日

上場会社名　東京エレクトロン株式会社　上場取引所　東証一部

コード番号　8035　URL　http://www.tel.com/

代表者　代表取締役社長　佐藤　潔　TEL　(03)5561-7000

問い合わせ責任者　経理部長　佐伯　幸雄

(百万円未満切捨て)

1. 平成20年３月期第１四半期の連結業績（平成19年４月１日～平成19年６月30日）

(1)　連結恵経営成績　((%) 表示は対前年同四半期増減率)

	売上高		営業利益		経常利益		四半期(当期)純利益	
	百万円	%	百万円	%	百万円	%	百万円	%
20年３月期第１四半期	212,494	18.6	43,034	66.4	41,175	54.0	26,192	60.9
19年３月期第１四半期	179,205	12.0	25,864	19.0	26,739	23.1	16,282	23.0
19年３月期	851,975	－	143,940	－	143,940	－	91,262	－

	１株当たり四半期(当期) 純利益		潜在株式調整後１株当たり四半期(当期) 純利益	
	円	銭	円	銭
20年３月期第１四半期	146	45	146	04
19年３月期第１四半期	91	32	91	08
19年３月期	511	27	509	84

(2)連結恵経営成績

	総資産	純資産	自己資本比率	１株当たり純資産	
	百万円	百万円	%	円	銭
20年３月期第１四半期	750,501	486,360	63.6	2,666	84
19年３月期第１四半期	648,590	391,668	59.6	2,167	36
19年３月期	770,513	469,810	59.7	2,573	72

(3)連結キャッシュ・フローの状況

	営業活動によるキャッシュ・フロー	投資活動によるキャッシュ・フロー	財務活動によるキャッシュ・フロー	現役及び現金同等物期末残高
	百万円	百万円	百万円	百万円
20年３月期第１四半期	△129,519	△4,630	△14,277	85,942
19年３月期第１四半期	3,849	△4,269	△9,359	130,241
19年３月期	54,296	△25,293	△34,719	134,389

(要約) 四半期連結貸借対照表

(単位：百万円)

科目 ＼ 期別	前期末（平成19年期末）	当四半期（平成20年３月期第１四半期）	増減		前年同四半期末（平成19年３月期第１四半期）
	金額	金額	金額	増減率	金額
（資産の部）					
流動資産	610,363	588,069	△22,293	△ 3.7	503,597
現金及び預金	134,389	85,942			130,241
受取手形及び売掛金	228,688	234,260			164,066
たな卸資産	194,840	222,390			175,553
その他	52,571	45,615			33,894
貸倒引当金	△127	△139			△158
固定資産	160,150	162,432	2,281	1.4	144,992
有形固定資産	104,930	107,496			95,676
無形固定資産	19,399	18,661			15,902
投資その他の資産	36,118	36,570			33,759
貸倒引当金	△297	△297			346
資産合計	770,513	750,501	△20,012	△2.6	648,590

（単位：百万円）

期別 / 科目	前期末（平成19年３月期末）	当四半期〔平成20年３月期第１四半期末〕	増減		前年同四半期末〔平成19年３月期第１四半期〕
	金額	金額	金額	増減率	金額
（負債の部）				%	
流動資産	225,854	188,068	△37,786	△16.7	182,635
支払手形及び買掛金	83,837	73,084			65,854
一年以内償還予定社債	5,500	—			25,500
未払法人税等	45,657	18,081			10,926
前受金	21,956	32,805			35,701
賞与引当金	14,131	6,345			3,986
製品保証引当金	14,114	14,175	1,224	1.6	12,868
その他	40,658	43,575			27,798
固定負債	74,848	76,072			74,285
社債	30,000	30,000			30,000
退職給付引当金	40,018	40,850			38,275
役員退職慰労引当金	666	644			691
その他	4,162	4,577			5,317
負債合計	300,702	264,140	△36,562	△12.2	256,921
（純資産の部）					
株主資本	449,166	465,093	15,926		378,701
資本金	54,961	54,961			54,961
資本剰余金	78,346	78,413			78,102
利益剰余金	328,026	343,312			260,540
自己株式	△12,167	11,593			△14,902
評価・換算差額等	11,008	11,999	990		7,775
新株予約券	584	156	△427		483
少数株主持分	9,051	9,111	60		4,708
純資産合計	469,810	486,360	16,550		369,668
負債純資産合計	770,513	750,501	△20,012		648,590

（要約）四半期連結損益計算書

（単位：百万円）

科目＼期別	前年同四半期（平成19年３月期 第１四半期）		当四半期（平成20年３月期 第１四半期）		増減		前年同四半期末（平成19年３月期 第１四半期）	
	金額	百分比	金額	百分比	金額	増減率	金額	百分比
		%		%				%
売上高	179,205	100.0	212,494	100.0	32,288	18.6	851,975	100.0
売上原価	124,765	69.6	135,907	64.0	11,142	8.9	579,325	68.0
売上総利益	54,439	30.4	76,586	36.0	22,146	40.7	272,649	32.0
販売費及び一般管理費	28,575	16.0	33,551	15.7	4,976	17.4	128,670	15.1
営業利益	25,864	14.4	43,034	20.3	17,169	66.4	143,978	16.9
営業外収益	1,257		1,061				4,908	
営業外費用	382	14.9	2,920				4,946	
経常利益	26,739		41,175	19.4	14,436	54.0	143,940	16.9
特別利益	597		1,380				2,721	
特別損失	16		72				2,247	
税金等調整前四半期（当期）純利益	27,320	15.2	42,483	20.0	15,163	55.5	144,414	17.0
法人税、住民税及び事業税	10,954	6.1	16,088	7.6			60,132	7.1
法人税等調整額	—	—	—	—			△7,534	△ 0.9
少数株主利益	83	0.0	0.1	202			553	0.1
四半期（当期）純利益	16,282	9.1	12.3	26,192	9,910	60.9	91,262	10.7

注

(1)　東京エレクトロン、p.2-3

(2)　東京エレクトロン、p.24

(3)　東京エレクトロン、p.18

(4)　東京エレクトロン、p.14-15
2000年より環境報告書を発行している。

第11章－9　ローム

1．ロームの成り立ち

ベンチャー企業の研究の中で日本の代表する成功企業ロームを今回取り上げる。2007年ロームは、京都大学、東京エレクトロンとの３者によるSICエピタキシャル膜成長装置による量産技術確立に成功した。そのロームは、1954年に東洋電具製作所として起業し、現在に至っている。様々な新技術開発製品を持ち、グローバル経営を行っている。海外の製品開発拠点はヨーロッパ、東アジア、アメリカ、オーストラリアとなっている。ベンチャークラスター地域の京都より発展し続けるロームは、アントレプレナー佐藤研一郎に率いられ、明確なミッション、ビジョンを持ち、コアコンピタンスを活用し、ドメインの設定も確立している。最先端技術として2003年には無痛真針による採血によって肝機能を診断できるチップの開発にも成功している。本項においては、ロームの成り立ちから、コアコンピタンス、品質保証と研究開発、財務、環境社会の報告を中心に、ベンチャー企業の成功の軌跡をケーススタディとして取り上げる。

大ベンチャー企業ロームは、アントレプレナー佐藤研一郎が1954年に起業した。その後、目覚しい発展を遂げている。1958年に資本金200万円で株式会社東洋電具製作所を設立し、1963年に金属皮膜固定抵抗器を開発した。1969年に半導体の開発に着手し、1971年にアメリカ、シリコンバレーにICの研究、開発拠点を設けた。1979年ハイブリッドICを開発し、1981年には商号を株式会社東洋電具製作所からローム株式会社に変更した。その後リードレス炭素皮膜抵抗器、低ON抵抗高周波トランジスタ、フラッシュメモリ（基本特許アメリカにて成立)、液晶､MTPマイコンなどを次々と開発していった。(1) ベンチャークラスターの京都の中心企業として今なお成長している。国内の営業、研究、製造拠点の他、海外特に東アジア、ヨーロッパ、アメリカに多くの開発、製造拠点を有している。ミッションは、エレクトロニクスで社会に貢献するである。次項において、製造品目別売上比率を取り上げる。

2．ロームのコアコンピタンスとビジョン

アントレプレナー佐藤研一郎が1954年抵抗器に関する実用新案（PAT. NO.422206）を取得後、1969年に半導体の開発に着手し、現在は集積回路と半導体素子の製造がコアコンピタンスとなっている。

2004年現在の品目別売上比率（連結）を図表11-9-1、品目別売上高の推移（連結）を図表11-9-2に提示する。

図表11-9-1　品目別売上比率（連結）

ディスプレイ，10.3
受動部品，6.9
集積回路，43.7
半導体素子，39.1

図表11-9-2　品目別売上高の推移（連結）

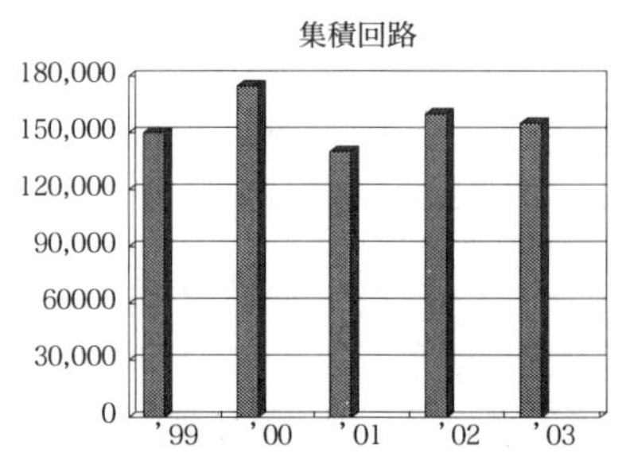

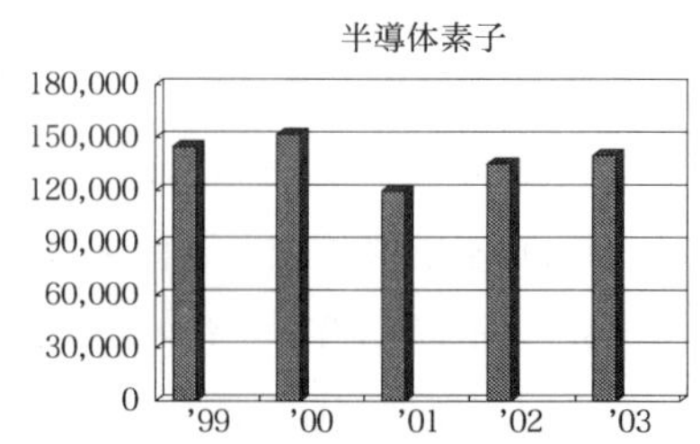

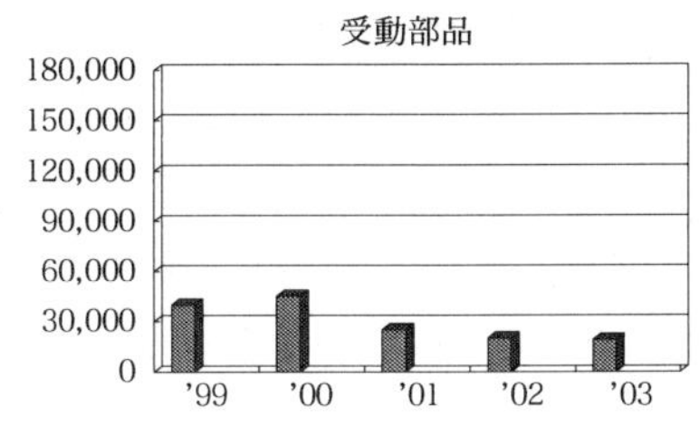

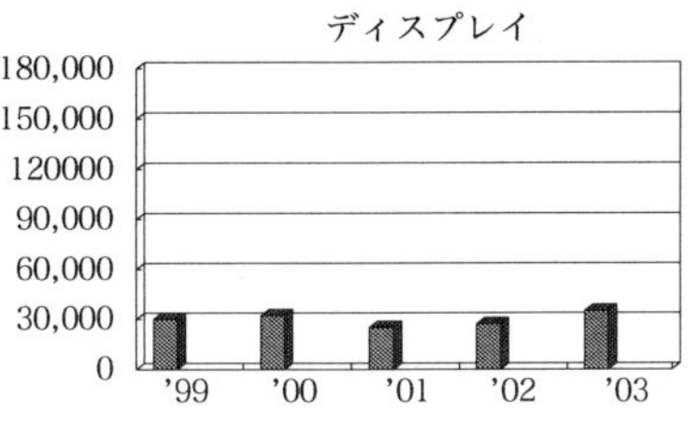

ロームは2000年に入りDVD関連技術を飛躍させ、2001年にはCD-RWに最適な180mw高出力半導体レーザーを開発した。さらに、2002年にはCD-ROM/RW、DVD-ROMコンボドライブ用の静音ディスクドライバを開発した。2003年には、フラットパネルディスプレイ用LVDSインタフェースLSIを開発し、ロームのコアコンピタンスのIC・LSIをドメイン上広げながら進んでいると考えられる。

大ベンチャー企業となったロームのミッションは、われわれは常に品質を第一とする。いかなる困難があろうとも、良い商品を国の内外へ永続的かつ大量に供給し、文化の進歩向上に貢献することを目的とするである。

製造企業として、ビジョンに品質第一をあげている。経営基本方針においても、世界をリードする商品を作るために、あらゆる部門の固有技術を高め、もって企業の発展を期すると掲げている。

ロームがベンチャー企業から大ベンチャー企業に成り得たのは、明確なビジョン設定があったためである。

3．ロームの品質保証と研究開発と財務

ロームのミッション、われわれは常に品質を第一とするを全社に浸透させ、品質作りに反映させている。品質作りの基本要素は４つのM、Man、Machine、Material、Methodとし、その全てが最高の水準が保持できるように、全スタッフへ品質第一を啓蒙している。品質においては、ISO9001を取得済みである。研究開発においては、システムLSIで常にセットメーカーに貢献し続けていく

ために、ロームはプロセスデバイスをはじめとして応用を視野に入れた研究開発を行っている。オプティカルデバイス研究センターでは、ローム独自の技術で開発の完了した青色LEDの製造をはじめ、次世代光ディスク用窒化ガリウム系青紫半導体レーザーの開発を行っている。[(2)] 研究には全自動縦型拡散炉、イオン注入装置、フォトリソグラフィ工程、ウエハ欠陥検査装置を備えて万全の開発環境を持っている。

2004年3月期の半導体市場は、上半期においては国際紛争やSARSの影響などにより、フラッシュメモリなど一部のデジタルAV機器向け電子部品を除いて、総じて低調に推移した。下半期に入り、アメリカでの個人消費の伸びや、アジアでのSARS終息による景気回復などを背景に需要は堅調に推移している。[(3)]

ロームの主製品の売上推移を図表11-9-3にて提示する。

図表11-9-3　ロームの主要製品の売上

集積回路

	売上高（百万円）	構成比	対前年比増減率（%）
2004	155,447	43.7	-2.5
2003	159,424	45.5	9.7
2002	145,349	45.2	-17.2
2001	175,455	42.9	18.3
2000	148,339	41.2	12.0

半導体素子

	売上高（百万円）	構成比	対前年比増減率（%）
2004	139,009	39.1	2.0
2003	136,252	38.9	11.5
2002	122,173	38.0	-22.3
2001	157,237	38.4	9.9
2000	143,114	39.7	10.2

受動部品

	売上高（百万円）	構成比	対前年比増減率（%）
2004	24,601	6.9	-0.4
2003	24,688	7.1	-2.5
2002	25,313	7.9	-40.7
2001	42,691	10.4	17.3
2000	36,401	10.1	-1.3

ディスプレイ

	売上高（百万円）	構成比	対前年比増減率（%）
2004	36,573	10.3	22.3
2003	29,917	8.5	5.2
2002	28,430	8.9	-16.3
2001	33,952	8.3	5.4
2000	32,226	9.0	9.4

出所：ローム、p.9

ロームの財務状況は、当期の売上高は3,556億３千万円（前期比1.5%増）、営業利益は945億７百万円（前期比1.7%減）、当期純利益は637億１千７百万円（前期比20.2%増）となっている。業績の概要を図表11-9-4、売上の推移を図表11-9-5にて提示する。また、財務比率を図表11-9-6にて提示する。

表11-9-4

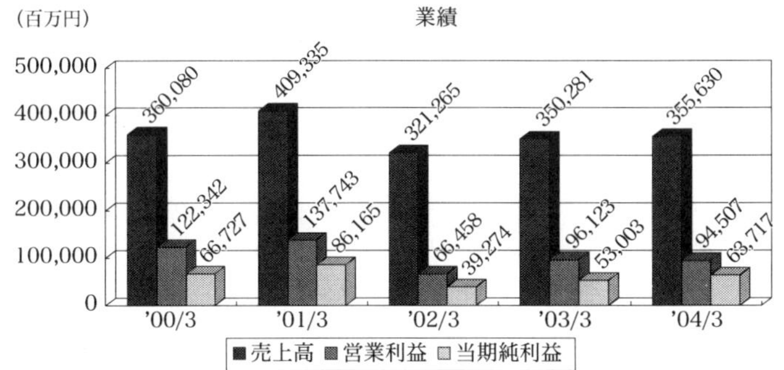

●2004年３月期は上半期は国際紛争やSARSの影響などにより低調に推移したものの、下半期は、SARSの終息による景気の回復、デジタルAV機器の普及に支えられるなど堅調に推移した。

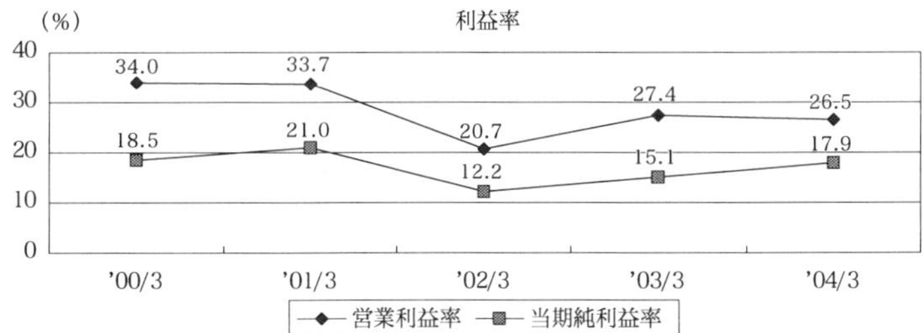

●営業利益率は、円高の影響などにより若干悪化したが、当期純利益率は厚生年金基金代行部分返上益109億円を特別利益に計上したことなどにより上昇した。

出所：ローム、p.14

図表11-9-5

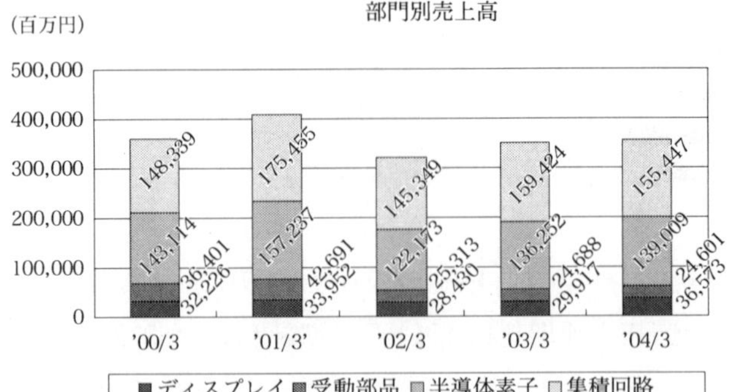

●市場全体としては回復力が弱い中、ディスプレイ部門で携帯電話用LCDモジュールや、イメージセンサヘッド、プリントヘッドが売上を伸ばした。また、半導体素子部門では、青色、白色のLEDが売上を伸ばした。

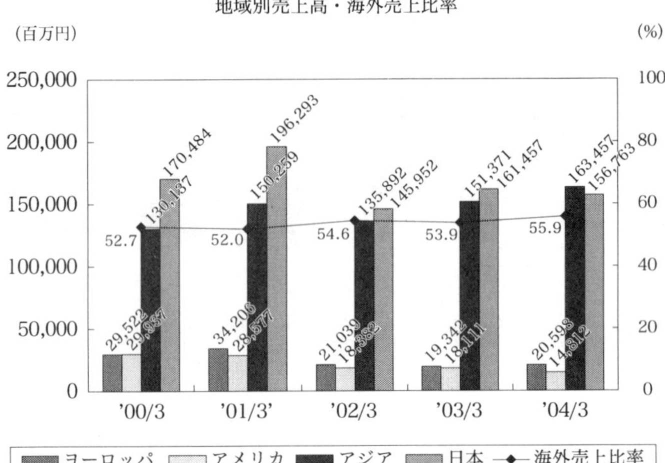

●世界各地からアジア地域へのエレクトロニクス機器の生産シフトが進んでおり、アジア地域での売上が拡大している。また、当社でもアジア地域での生産体制を強化していることから、海外生産比率は2003年３月期50.0%から2004年３月期は52.0%に上昇した。

集積回路　地域別売上高

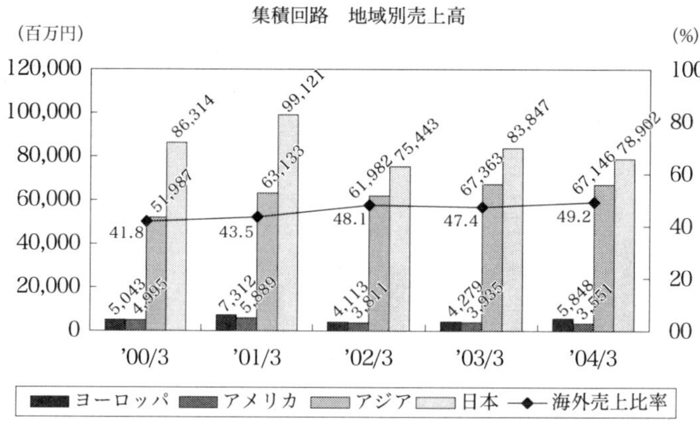

半導体素子　地域別売上高

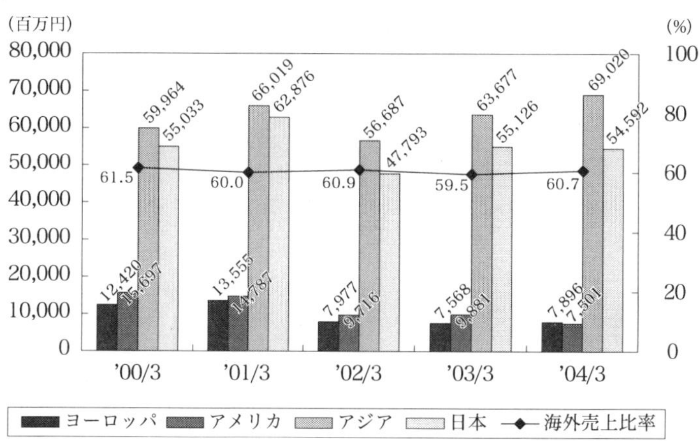

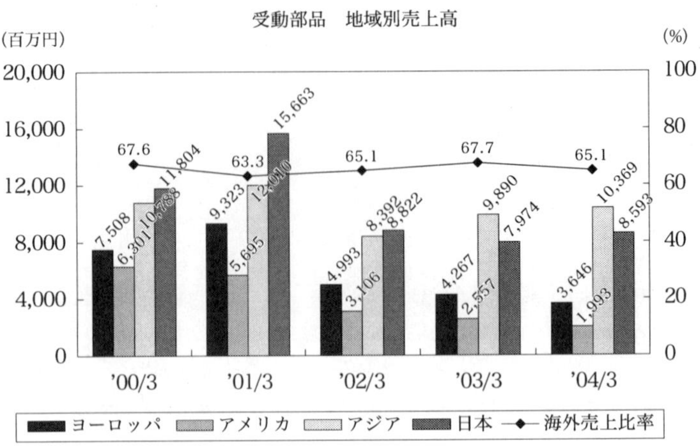
受動部品　地域別売上高
(百万円)
(%)
20,000
16,000
12,000
8,000
4,000
0
100
80
60
40
20
0
67.6
63.3
65.1
67.7
65.1
7,508
6,301
10,788
11,804
9,323
5,695
12,010
15,663
4,993
3,106
8,392
8,822
4,267
2,557
9,890
7,974
3,646
1,993
10,369
8,593
'00/3
'01/3
'02/3
'03/3
'04/3
ヨーロッパ
アメリカ
アジア
日本
海外売上比率

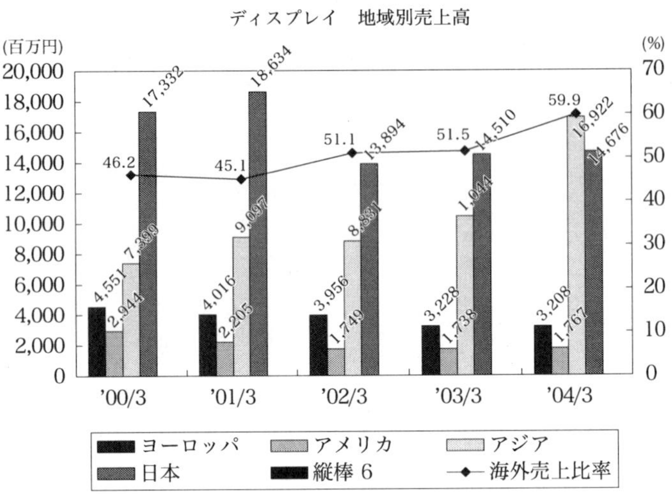
ディスプレイ　地域別売上高
(百万円)
(%)
20,000
18,000
16,000
14,000
12,000
10,000
8,000
6,000
4,000
2,000
0
70
60
50
40
30
20
10
0
46.2
45.1
51.1
51.5
59.9
4,551
2,944
7,399
17,332
4,016
2,205
9,097
18,634
3,956
1,749
8,831
13,894
3,228
1,738
1,044
14,510
3,208
1,767
16,922
14,676
'00/3
'01/3
'02/3
'03/3
'04/3
ヨーロッパ
アメリカ
アジア
日本
縦棒 6
海外売上比率

出所：ローム、p.15

表11-9-6 財務比率

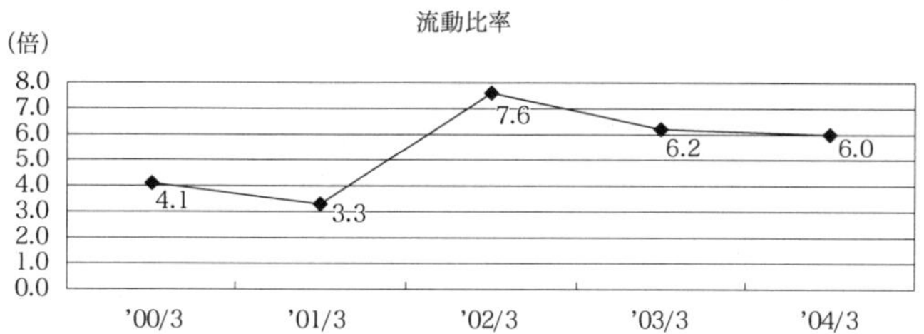

●流動資産、流動負債ともに大きな変動は無く、流動比率は横ばいとなった。

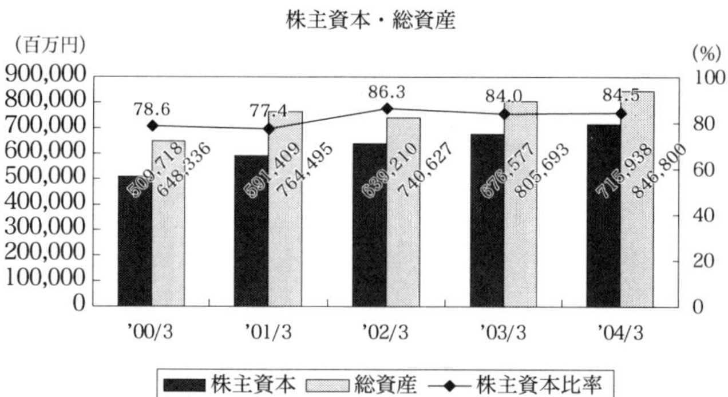

●株主資本、総資産は、利益の増加などにともなって年々増加傾向にある。

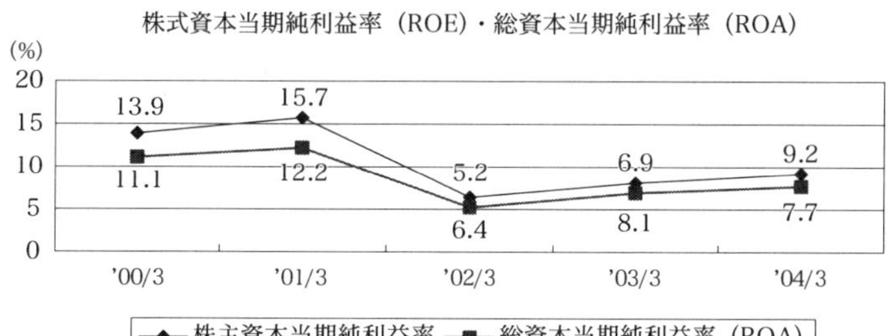

●株主資本当期純利益率（ROE）総資本当期純利益率（ROA）ともに利益が増加したことにより回復した。

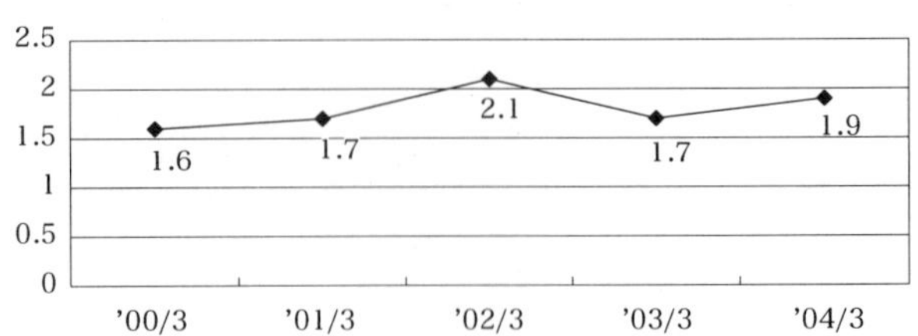

●たな卸しさん回転率月数は、期末時点での受注増にともなうたな卸資産の増加により、1.9ヶ月となった。

株当たり情報

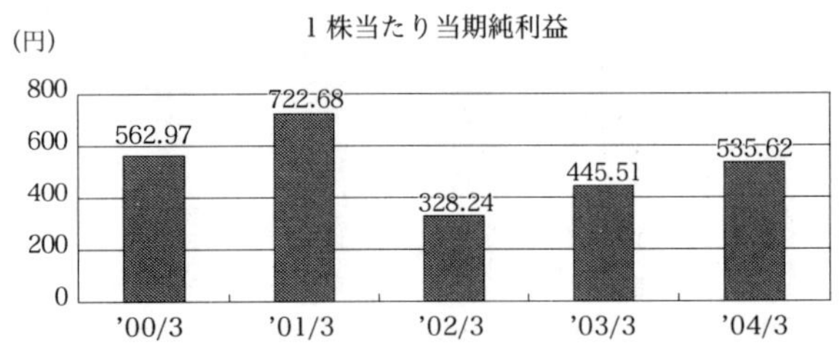

●1株当たり当期純利益は、当期純利益の増加にともない90円増加し、535.62円となった。

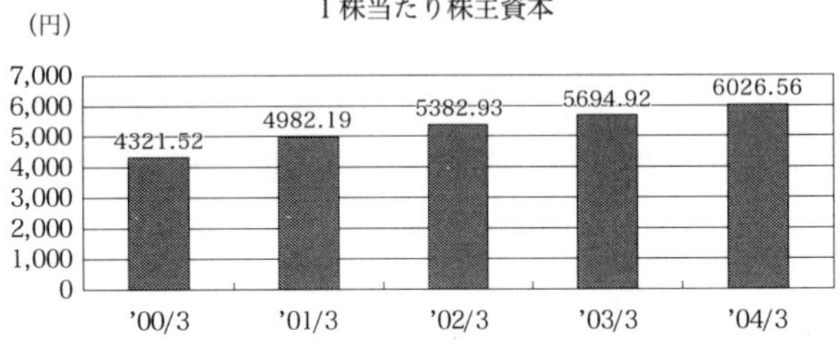

●1株当たり株主資本は、利益の計上により増加し、6026.56円となった。
出所：ローム、p.17

ロームの監査法人トーマツによると日本において一般に公正妥当と認められる監査の基準に準拠して監査を行った。監査の基準は、我々に連結財務諸表に重要な虚偽の表示がないかどうかの合理的な保証を得ることを求めた。監査は試査を基礎として行われ、経営者が採用した会計方針及びその適用方法並びに経営者によって行われた見積もりの評価を含め、全体としての連結財務諸表の表示を検討することを含んだ。監査の結果として意見表明のための合理的な基礎を得たと判断した。[(4)]

2004年のロームの概要は、本社京都市右京区、設立年月日1958年9月17日、株主資本715,938百万円、株式は授権株式数300,000,000株、発行済株式数118,801,388株である。ロームグループ従業員数は、18,591人であり上場証券取引所は東京証券取引所、大阪証券取引所である。また、名義書換代理人は、UFJ信託銀行株式会社である。

4．ロームの海外ネットワーク

エレクトロニクス市場は、中長期的に拡大が期待されているが、一方でアジア地域を始めとしてグローバルな競争が激化しつつある。ロームは国際競争に打ち勝つため、国内外の生産体制を再構築し、市場ニーズに合わせて体制を整えている。

ロームの中核的な生産拠点として、タイ、フィリピンに次いで中国天津の二工場で確立し、世界中のロームグループの生産拠点に水平展開している。[(5)] 主な海外のグループ会社を図表11-9-7にて提示する。

図表11-9-7　ロームの海外拠点

ROHM ELECTRONICS UK SALES DIVISION
ROHM LSI SYSTEMS（FRANCE）S.A.S.
ROHM ELECTRONICS FRANCE SALES DIVISION
ROHM ELECTRONICS GMBH
ROHM ELECTRONICS GERMANY SALES DIVISION

ROHM ELECTRONICS DALIAN CO., LTD.
ROHM ELECTRONICS TRADING（DALIAN）CO., LTD.
ROHM ELECTRONICS WAKO（TIANJIN）CO., LTD.
ROHM ELECTRONICS COMPONENTS（TIANJIN）CO. LTD.
ROHM TECHNOLOGY CENTER（SHANGHAI）CO. LTD.

ROHM ELECTRONICS UK SALES DIVISION
ROHM LSI SYSTEMS（FRANCE）S.A.S.
ROHM ELECTRONICS FRANCE SALES DIVISION
ROHM ELECTRONICS GMBH
ROHM ELECTRONICS GERMANY SALES DIVISION

ROHM ELECTRONICS DALIAN CO., LTD.
ROHM ELECTRONICS TRADING（DALIAN）CO., LTD.
ROHM ELECTRONICS WAKO（TIANJIN）CO., LTD.
ROHM ELECTRONICS COMPONENTS（TIANJIN）CO. LTD.
ROHM TECHNOLOGY CENTER（SHANGHAI）CO. LTD.
ROHM ELECTRONICS（H.K.）CO. LTD.
ROHM TECHNOLOGY CENTER（SHANGHAI）
ROHM ELECTRONICS（H.K.）CO. LTD.
ROHM TECHNOLOGY CENTER（H.K.）
ROHM ELECTRONICS TAIWAN CO. LTD.
ROHM TECHNOLOGY CENTER（TAIWAN）

ROHM APOLLP ELECTRONICS（THAILAND）CO. LTD.
ROHM INTERGRATED SEMICONDUCTOR（THAILAND）CO. LTD.
ROHM MECHATECH（THAILAND）CO. LTD.
ROHM ELECTRONICS（THAILAND）CO. LTD.

ROHM-WAKO ELECTRONICS（MALAYSIA）SDN. BHD.
ROHM ELECTRONICS（MALAYSIA）SDN. BHD.
ROHM ELECTRONICS ASIA PTE.LTD.（RES/REI）

ROHM APOLLO SEMICONDUCTOR PHILIPPINES, INC.
ROHM ELECTRONICS PHILIPPINES, INC.
ROHM MECHATECH PHILIPPINES, INC.
ROHM ELECTRONICS（PHILIPPINES）SALES CORPORATION

出所：ローム、p.44-45

5．大ベンチャー企業ロームの社会的責任と環境経営

ロームは、社会的責任を果たすことを最重要課題としている。コーポレートガバナンス、倫理、コンプライアンスの遵守などの面で公正で透明性の高いマネジメントシステムの構築と環境保全、フィランソロピー活動の強化を図っている。社会的責任を含む企業活動についての説明責任を果たすため、積極的な情報公開に努めている。また､地球環境保全については、あらゆる資源の無駄使いの排除を念頭に置き、重要な方針、政策を審議する環境保全対策委員会を設置し、その傘下の地球温暖化ガス、省エネルギー、環境負荷削減、廃棄

物・再生資源化、環境規制物質、包装資材の6専門部会の活動により、ロームグループの全ての事業拠点で、常に業界をリードする地球環境保全に取り組んでいる。また、環境マネジメントシステムにおいては、国際環境規格ISO14001に基づいて、忠実にかつ効果的な運用を図り、その結果グループ各社ごとの活動ではなく、国内外のロームグループ全社を統括した総合環境マネジメントシステムとして第三者認証の統合認証を取得、グループ一丸となって取り組んでいる。環境保全活動の具体的な内容として、環境を配慮した省資源・省エネルギー商品の開発をはじめ、環境規制物質の全廃、廃棄物のゼロミッション、グリーン調達などを実行している。(6)

ベンチャー企業として成長し、大ベンチャー企業となったロームを今回取り上げた。ベンチャー企業は、新技術開発型でイノベーションを繰り返す企業であるが、まさにロームは当てはまると言える。成長を続け、大ベンチャー企業として今後も社会に必要とされる企業となると考える。コアコンピタンスとしてIC関係の電子部品が挙げられる。製品の中心は、モノリシックIC、パワーモジュール、フォトリンクモジュール、トランジスタ、ダイオード、発光ダイオード（LED）、半導体レーザー、抵抗器、コンデンサ、液晶（LCD）、サーマルヘッド、イメージセンサヘッド、LEDディスプレイであり、ロームのミッションの品質第一が浸透した製品群である。出口経営戦略のIPOは、1983年に大阪証券取引所第二部にIPOすることにより達成し、1989年には東京証券取引所第一部にIPOしている。これからのアントレプレナーにとって目標となるベンチャー企業と言える。

アントレプレナー佐藤研一郎は、2007年に今後の見通しと課題について以下のように述べた。エレクトロニクス業界は、デジタル情報家電の普及や自動車の電子化などにともない、今後も中長期的に成長が続くものと考えられる。一方で部材のコストアップや世界的規模での技術競争や価格競争が激化の一途をたどるものと思われ、常に優れた新製品、新技術の開発を進めるとともに徹底したコストダウンをおこなうと株主へのメッセージを発表したのである。

連結決算業績

連結貸借対照表

（単位：百万円）

期別 科目	当期 （平成19年３月31日）	前期 （平成18年３月31日）
（資産の部）		
流動資産	602,704	568,111
現金及び預金	336,122	310,908
受取手形及び売掛金	102,419	102,048
有価証券	50,538	39,174
たな卸資産	85,059	86,725
前払年金費用	4,417	3,894
繰延税金資産	11,758	17,787
未収還付法人税等	1,174	1,032
その他	11,792	7,257
貸倒引当金	△578	△717
固定資産	359,888	383,329
有形固定資産	275,207	283,462
建物及び構築物	196,505	173,011
機械装置及び運搬具	457,425	431,447
工具器具及び備品	39,396	35,661
土地	61,617	67,541
建設仮勘定	17,994	21,909
減価償却累計	△497,731	△446,109
無形固定資産	2,674	2,546
投資その他の資産	82,015	97,320
投資有価証券	69,763	87,519
繰延税金資産	10,364	8,056
その他	2,284	2,154
貸倒引当金	△397	△410
資産合計	962,602	951,441

（注）記載金額は、百万円未満を切り捨てて表示している。

期別 科目	当期 （平成19年３月31日）	前期 （平成18年３月31日）
（負債の部）		
流動負債	80,382	105,778
支払手形及び買掛金	23,649	27,622
未払金	34,066	47,109
未払法人税等	8,079	16,012
繰延税金負債	780	538
その他	13,807	14,495
固定負債	64,401	58,144
繰延税金負債	61,245	55,041
退職給付引当金	957	989
役員退職慰労引当金	2,159	2,069
その他	39	44
負債合計	144,784	163,923
（純資産の部）		
株主資本	813,722	－
資本金	86,969	－
資本剰余金	102,403	－
利益剰余金	676,749	－
自己株式	△52,400	－
評価・換算差額等	3,746	－
その他有価証券評価差額金	3,614	－
為替換算調整勘定	131	－
少数株主持分	349	－
純資産合計	817,818	－
負債純資産合計	962,602	－
（少数株主持分）		
少数株主持分	－	303

(資本の部)		
資本金	−	86,968
資本剰余金	−	102,403
利益剰余金	−	639,760
その他有価証券評価差額金	−	6,524
為替換算調整勘定	−	△13,074
自己株式	−	△35,369
資本合計	−	787,214
負債、少数株主持分及び資本合計	−	951,441

連結損益計算書

科目＼期別	当期（平成18年4月1日から平成19年3月31日まで）	前期（平成17年4月1日から平成18年3月31日まで）
売上高	395,081	387,790
売上原価	251,516	243,516
売上総利益	143,565	144,273
販売費及び一般管理費	74,067	75,954
営業利益	69,497	68,318
営業外収益	10,889	12,157
営業外費用	2,808	2,039
経常利益	77,578	78,437
特別利益	2,246	248
特別損失	1,951	4,827
税金等調整前当期純利益	77,874	73,857
法人税、住民税及び事業税	17,902	25,297
法人税等調整額	12,497	192
少数株主利益	28	62
当期純利益	47,446	48,304

(注) 1．記載金額は、百万円未満を切り捨てて表示している。
2．営業外収益の主な内訳
受取利息　10,330百万円　6,229百万円
為替差益　−　4,466
3．営業外費用の主な内訳
為替差損　946　−
4．特別利益の主な内訳
固定資産売却益　2,951　−
5．特別損失の主な内訳
固定資産売却損　1,951　2,896

連結株主資本等変動計算書

当期（平成18年４月１日から平成19年３月31日まで）　（単位：百万円）

	株主資本				
	資本金	資本剰余金	利益剰余金	自己株式	株主資本合計
平成18年３月31日残高	86,969	102,403	639,760	△ 35,369	793,764
当期中の変動額					
剰余金の配当（注）2			△5,192		△5,192
剰余金の配当			△5,142		△5,142
役員賞与（注）2			△ 95		△ 95
従業員奨励福利基金積立			△ 26		△ 26
当期純利益			47,446		47,446
自己株式の取得				△17,031	△ 17,031
株主資本以外の項目の当期中の変動額（純額）					
当期中の変動額合計	−	−	36,989	△17,031	19,957
平成19年３月31日残高	86,969	102,403	676,749	△52,400	813,722

	評価・換算差額等			少数株主持分	純資産合計
	その他有価証券評価差額金	為替換算調整勘定	評価・換算差額等合計		
平成18年３月31日残高	6,524	△13,074	△6,550	303	787,517
当期中の変動額					
剰余金の配当（注）2					△5,192
剰余金の配当					△5,142
役員賞与（注）2					△ 95
従業員奨励福利基金積立					△ 26
当期純利益					47,446
自己株式の取得					△17,031
株主資本以外の項目の当期中の変動額	△2,909	13,206	10,296	45	10,342
当期中の変動額合計	△2,909	13,206	10,296	45	30,300
平成19年３月31日残高	3,614	131	3,746	349	817,818

（注）１．記載金額は、百万円未満を切り捨てて表示している。
　　　２．平成18年６月の定時株主総会における利益処分項目である。

連結キャッシュフロー計算書

期別／科目	当　期（平成18年４月１日から平成19年３月31日まで）	前　期（平成17年４月１日から平成18年３月31日まで）
営業活動によるキャッシュ・フロー	103,929	94,548
投資活動によるキャッシュ・フロー	△50,142	△95,332
財務活動によるキャッシュ・フロー	△27,367	△25,310
現金及び現金同等物に係る換算差額	5,293	17,585
現金及び現金同等物の増加（△減少）額	31,713	△8,509
現金及び現金同等物の期首残高	280,465	288,974
現金及び現金同等物の期末残高	312,178	280,465

（注）記載金額は、百万円未満を切り捨てて表示している。

単独決算業績

個別貸借対照表

(単位：百万円)

科目＼期別	当期 (平成19年３月31日)	前期 (平成18年３月31日)
(資産の部)		
流動資産	334,193	339,703
現金及び預金	118,767	120,174
受取手形	1,336	1,501
売掛金	94,220	95,323
有価証券	45,035	32,190
たな卸資産	25,200	29,122
前払年金費用	728	464
繰延税金資産	9,058	12,466
未収入金	26,304	38,599
その他	13,581	9,916
貸倒引当金	△40	△58
固定資産	267,830	291,018
有形固定資産	71,137	84,742
建物	45,894	45,825
機械及び装置	82,718	83,575
土地	39,325	46,093
その他	15,323	20,168
減価償却累計額	△112,125	△110,921
無形固定資産	1,779	1,635
投資その他の資産	194,913	204,640
投資有価証券	55,931	74,290
関係会社株式	59,050	59,050
長期貸付金	74,854	68,515
繰延税金資産	4,140	1,944
その他	1,020	949
貸倒引当金	△83	△111
資産合計	602,024	630,721

科目＼期別	当期 (平成19年３月31日)	前期 (平成18年３月31日)
(負債の部)		
流動負債	87,145	115,727
買掛金	56,075	68,642
未払金	18,643	29,540
未払法人税	5,271	10,445
その他	7,155	7,098
固定負債	1,642	1,560
役員退職慰労引当金	1,618	1,536
その他	23	23
負債合計	88,788	117,287
(純資産の部)		
株主資本	509,478	－
資本金	86,969	－
資本剰余金	97,253	－
資本準備金	97,253	－
利益剰余金	377,655	－
自己株式	△　52,400	－
評価・換算差額等	3,757	－
その他有価証券評価差額金	3,757	－
純資産合計	513,235	－
負債純資産合計	602,024	－

(資本の部)		
資本金	－	86,969
資本剰余金	－	97,253
資本準備金	－	97,253
利益剰余金	－	357,750
利益準備金	－	2,464
任意積立金	－	323,227
当期未処分利益	－	32,058
その他有価証券評価差額金	－	6,830
自己資金	－	△35,369
資本合計	－	513,433
負債資本合計	－	630,721

(注) 記載金額は、百万円未満を切り捨てて表示している。

個別損益計算書

(単位：百万円)

科目 ＼ 期別	当期 (平成18年４月１日から 平成19年３月31日まで)	前期 (平成17年４月１日から 平成18年３月31日まで)
売上高	359,802	360,870
売上原価	272,932	277,506
売上総利益	86,870	83,363
販売費及び一般管理費	54,744	59,234
営業利益	32,125	24,129
営業外収益	12,068	15,601
営業外費用	1,802	1,695
経常利益	42,392	38,035
特別利益	2,275	479
特別損失	1,340	537
税引前当期純利益	43,327	37,977
法人税、住民税及び事業税	9,730	14,956
法人税等調整額	3,312	△4,218
当期純利益	30,284	27,238
前期繰越利益	－	10,034
中間配当額	－	5,214
当期未処分利益	－	32,058

(注) 1．記載金額は、百万円未満を切り捨てて表示している。

2．営業外収益の主な内訳

受取利息・有価証券利息	3,565百万円	2,109百万円
受取配当金	6,755	6,859
為替差益	－	3,919

3．営業外費用の主な内訳

為替差損	277	－

4．特別損失の主な内訳

固定資産売却益	2,255	479

5．特別損失の主な内訳

固定資産廃売却損	1,340	537

個別株主資本等変動計算書

当期（平成18年４月１日から平成19年３月31日まで）

	株主資本				
	資本金	資本剰余金	利益剰余金	自己株式	株主資本合計
平成18年３月31日残高	86,969	97,253	357,750	△35,369	506,603
当期中の変動額					
剰余金の配当（注）2			△5,192		△5,192
剰余金の配当			△5,142		△5,142
役員賞与（注）2			△43		△43
当期純利益			30,284		30,284
自己株式の取得				△17,031	△17,031
株主資本以外の項目の当期中の変動額（純額）					
当期中の変動額合計	−	−	19,905	△17,031	2,874
平成19年３月31日残高	86,969	97,253	377,655	△52,400	509,478

	評価・換算差額等		純資産合計
	その他有価証券評価差額金	評価・換算差額等合計	
平成18年３月31日残高	6,830	6,830	513,433
当期中の変動額			
剰余金の配当（注）2			△5,192
剰余金の配当			△5,142
役員賞与（注）2			△43
当期純利益			30,284
自己株式の取得			△17,031
株主資本以外の項目の当期中の変動額（純額）	△3,072	△3,072	△3,072
当期中の変動額合計	△3,072	△3,072	△198
平成19年３月31日残高	3,757	3,757	513,235

（注）１．記載金額は、百万円未満を切り捨てて表示している。
　　　２．平成18年６月の定時株主総会における利益処分項目である。

株式の状況（平成19年３月31日現在）

＊発行可能株式総数　300,000,000株
＊発行済株式総数　118,801,388株
＊株主数　25,384名

＊大株主

株主名	持株数	議決権比率
日本マスタートラスト信託銀行株式会社（信託口）	8,014千株	7.04％
財団法人ロームミュージックファンデーション	8,000	7.03
日本トラスティ・サービス信託銀行株式会社（信託口）	7,350	6.46
ザチェースマンハッタンバンクエヌエイロンドン	6,845	6.01
インベスターバンク	5,275	4.63
ステートストリートバンクアンドトラストカンパニー	4,604	4.04
ステートストリートバンクアンドトラストカンパニー505103	3,265	2.87
株式会社京都銀行	2,606	2.29
佐藤研一郎	2,405	2.11
メロンバンクエヌエーアスエージェントフォーイッツクライアントメロンオムニバスユーエスペンション	2,194	1.93

（注）当社は自己株式4,989千株を保有しており、上表から除外している。

＊所有者別株式分布状況

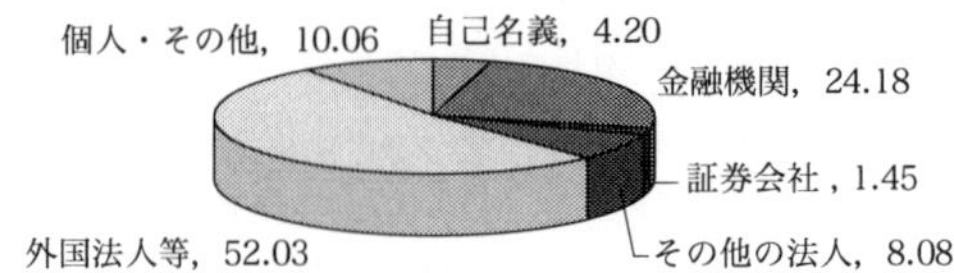

＊株価と出来高

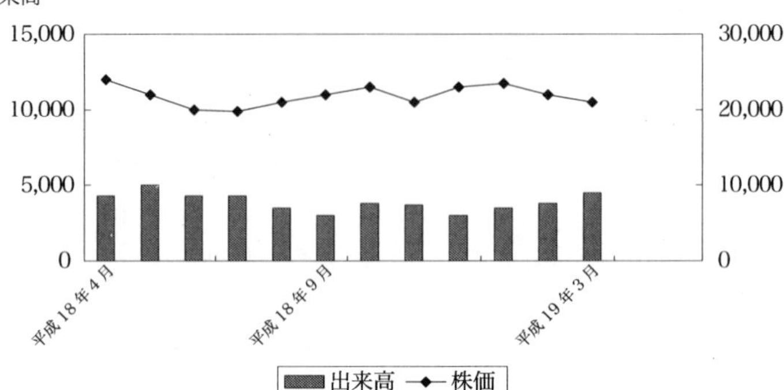

（注） 1．株価は、大阪証券取引所における各月の取引日の終値の単純平均を表示している。
2．出来高は、大阪証券取引所における月間の推移を表示している。

＊配当金の推移 （単位：円）

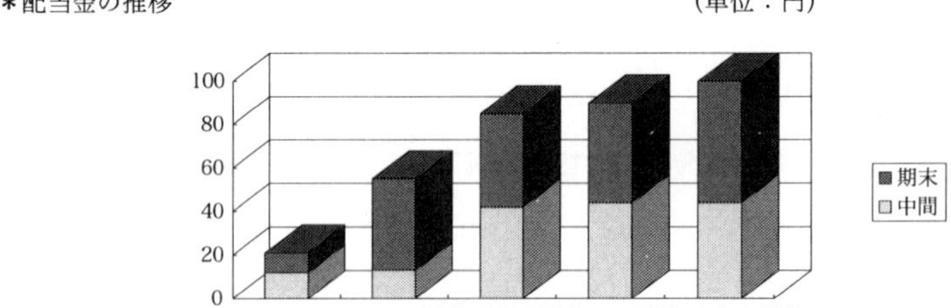

注

(1) ローム、p.5-6
(2) ローム、p.6-7
(3) ローム、p.2
(4) ローム、p.40 監査法人トーマツの独立監査法人の監査報告書による。
(5) ローム、p.4
(6) ローム、p.5 オーストラリア南部でロームの森と名づけてユーカリ植林を進め、2008年までにその面積を1000万m^{2}とする計画である。2003年には493万m^{2}となっている。

第11章－10　キヤノン

1．ベンチャー企業の完成例、キヤノンの成り立ちについて

アントレプレナー御手洗毅が、1933年東京に高級小型写真機の研究を目的とする精機光学研究所を起業した。1934年には、国産初の35ミリフォーカスプレーンシャッターカメラ「KWANON（カンノン）」試作に成功、翌年「ハンザキヤノン」発表、同時に商標CANONを出願した。1937年精機光学工業株式会社として起業し、1942年御手洗毅が同社の社長に就任した。1947年キヤノンカメラ株式会社に社名変更、1949年IPOへ到達する。1955年アメリカ・ニューヨーク支店開設、1962年第一次五ヵ年計画を策定、事務機分野への本格的取り組みを開始した。1966年キヤノンUSA起業、1969年キヤノン株式会社に社名変更した。1978年カラーコピーサービスを開始し、1985年アメリカ・ヒューレットパッカード社とコンピュータ分野における業務協力関係を結ぶ。ヒューレットパッカード社は、アメリカを代表するアントレプレナー型ベンチャー企業である。1986年には、ドイツ・シーメンスとISDN用ファクシミリのインターフェース技術の業務協力を行った。さらに、アメリカ・イーストマンコダックと最先端医療機器分野の業務協力関係を結んだ。1991年には、テキサスインスツルメンツ、ヒューレットパッカード、シンガポール政府と共同で半導体製造合併会社テックセミコンダクターシンガポールを設立。まさに、アメリカ、日本のベンチャー企業の融合といえる。

1944年には、アメリカIBMとパワーPC小型コンピュータの開発、生産で提携した。1995年には、イギリスの環境管理企画であるBS7750の認証を日本企業で初めて阿見、上野両工場が取得した。また、1997年には環境に配慮した部品部材を優先購入するためのグリーン調達規準書を作成し、ベンチャー企業のイノベーション型企業として環境経営にも早くから取り組んだ。2000年には

ニューヨーク証券取引所に上場を果たした。

2．キヤノンのミッションとビジョン

キヤノンのミッションは「共生」である。共生は文化、習慣、言語、民族などの違いを問わずに全ての人類が末永く共に生き、共に働いて幸せに暮らしていける社会を目指している。地球上には共生を阻むさまざまなインバランスが存在しているが、特に貿易インバランス、所得インバランス、地球環境のインバランスは解決しなければならない。キヤノンは共生の実践により、これらのインバランス解消に取り組んでいる。

キヤノン御手洗冨士夫によると、キヤノンはこれまで培ってきたモメンタムと開発、生産、販売の総合力で成長してきたが、グローバル優良企業グループ構想の実現に向かっている。ITを活用した開発と生産が一体となったコストダウンや効率的なサプライチェーンの構築など、開発、生産流通、販売の構造改革などのイノベーションを求めている。

また、ビジョンとして「2010年ビジョン」を掲げている。環境経営において、欧州連合の有害物質規制RoHS指令をはじめとする環境基準への対応を着実に実現している。2010年ビジョンの実現へ向けてキヤノンの金ナレッジマネジメントを提供し、豊かな地球環境保全に貢献する。キヤノンはグローバルエクセレントカンパニーを目指して邁進している。(1)

3．キヤノンのイノベーションおよび新多角化

ベンチャー企業が成功するのに欠かせないイノベーションを大ベンチャー企業となった時点でもキヤノンは掲げている。キヤノンのイノベーション状況を以下で取り上げた。デジタルカメラ拡販の源泉となったCMOSセンサーやデジタル複合機の心臓ネットワークコントローラーなどのキヤノンの高成長を支える原動力である。また、キーデバイス、キーコンポーネントの内製によって差

別化を図っている。イノベーションの中心点を生産技術とし、開発、生産、販売においてもイノベーションを実現進行中である。新多角化として既存事業のリソースを活用した新しい展開を目指している。自主事業の育成(2)、つまりイントラプレナーの発生を求めていると考える。

キヤノンが大ベンチャー企業に到達した現在においてもベンチャー企業が急成長している時のマインドを忘れていないといえる。まさに、イノベーション型ベンチャー企業成功型である。

4．キヤノンのグローバル化経営戦略と研究開発

キヤノンは、世界三極体制の確立を目指し、研究開発から生産、販売を地域に密着したグローバル化を推進している。毎年強化しているアメリカ、ヨーロッパの両本社機能を中心にグローバル化を進めている。2003年度末のグループ総売上約3兆1,980億円（海外の比率75％）に達し、198のグループ会社、10万2,567人のグループ会社社員が在籍している。南北アメリカ地域では、売上高1兆451億円であり、キヤノンUSAは両アメリカを統括する本社として、付加価値の高いソリューションから耐久性の高い製品まで、域内でも細分化したニーズに応えている。ヨーロッパ地域では、2001年よりのイノベーションによりヨーロッパキヤノングループの2003年の売上高は9,690億円まで到達している。

また、ロシア、中近東、アメリカなどへ市場開拓を進めている。アジア、オセアニア地域では中国の国内販売を強化し、開発、販売をアジア市場に合わせて展開している。イノベーションを進めるキヤノンオーストラリアはソリューションビジネスを開拓している。(3)

イノベーション企業キヤノンは、撮像素子、電子写真、バブルジェット、半導体露光装置、ディスプレイのテクノロジードメインを5大エンジンとし、技術開発を推進している。世界中に基礎研究から商品開発までできる拠点を配している。アメリカにおける特許登録件数は、1992年より常に3倍以内に入っている。キヤノンは常にテクノロジーの原点から差別化に取り組み、次代のイ

ノベーションを求めている。日本での開発はディスプレイ、ナノテクノロジー、インジェット、半導体微細加工におよび、基礎研究から先駆性、独自性のあるテクノロジー開発へ取り組んでいる。

アメリカでの開発は、キヤノンデベロップメントアメリカス（CDA）は、アメリカ地域に根ざすテーマを中心に基礎研究と製品開発を担当している。キヤノン製品のデジタル化、ネットワーク化を合わせたソリューション開発を中心としている。[(4)] その他の地域、ヨーロッパをはじめオーストラリア、アジアにおいても開発を行っている。

5．キヤノンのマーケティングと組織、財務

キヤノンのマーケティングは、世界中をエリアとしている。南北アメリカには、キヤノンUSA、ヨーロッパ全域およびロシア、アメリカ、中近東をキヤノン、ヨーロッパ、アジアではキヤノン（中国）とキヤノン香港、キヤノンシンガポールの３拠点、オセアニア地域はキヤノンオーストラリア、そして日本のキヤノン販売と世界各地に販売拠点がある。

図表11-10-1にてグローバルマーケティングを提示した。

図表11-10-1　キヤノンのグローバルマーケティング

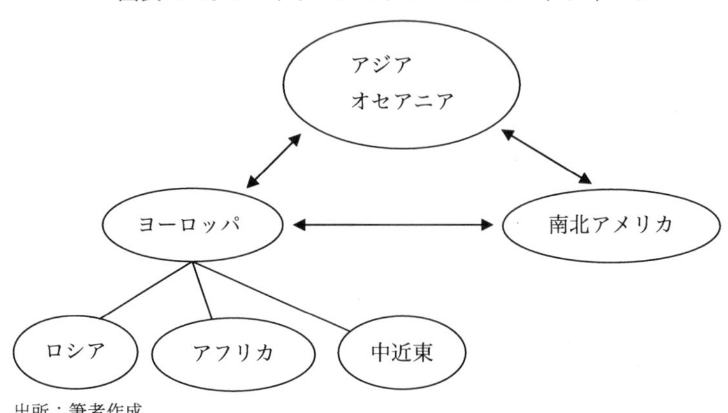

出所：筆者作成

キヤノンはデジタルとネットワークの進展により、コンシューマとの結びつきをよりダイレクトな関係に変化させつつある。コンシューマの満足をマーケティングテーマに掲げ、世界中のマーケティングチャネルの総力をあげて、サポートシステムを構築中である。(5)

キヤノンは、ベンチャー企業として誕生して、2005年には大ベンチャー企業となっている。組織としては事業部制をとっている。経営会議を中心とし、経営戦略委員会、事業審議委員会、企業倫理委員会、内部統制委員会を組織し、グローバル製品法務推進委員会、グローバルマーケティング推進委員会でコーポレートガバナンスを実行している。各委員会の傘下に各事業本部が配置されている。各事業本部については図表11-10-2にて提示する。

図表11-10-2　キヤノンのコーポレートガバナンス

監査役会

取締役会

社長

経営会議

経営戦略委員会

事業審議委員会

企業倫理委員会

内部統制委員会

グローバル製品
法務推進委員会

グローバルマーケティング
推進委員会

研究系本部
グローバル環境推進本部
レプリンタ事業推進本部
調達本部
SED 開発本部
CE 本部
デバイス開発本部
品質本部
プラットフォーム開発本部
生産本部
先端技術研究本部
知的
財産法務本部

本部
企画
総務
人事
経理
情報システム
ロジスティック

事業本部
イメージコミュニケーション
映像事務機
周辺機器
インクジェット
化成品
光学機器
医療機器

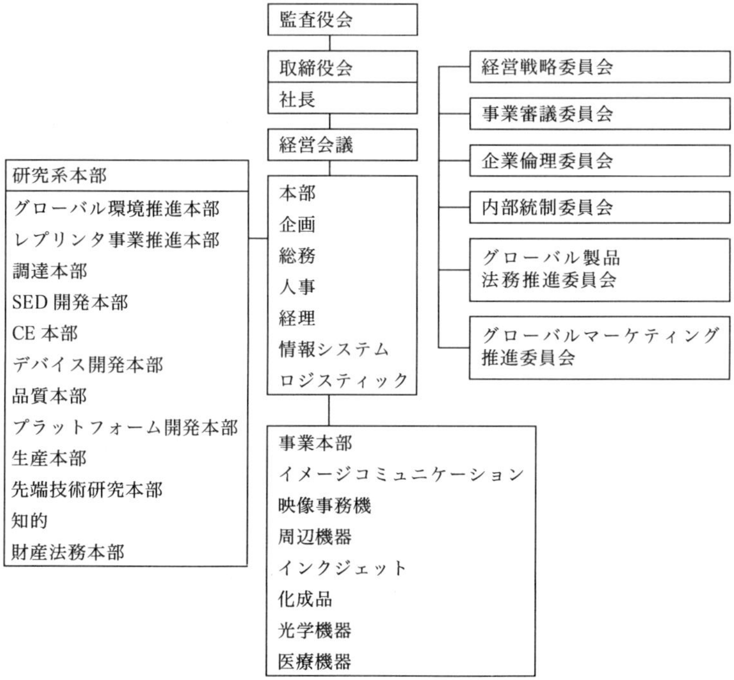

出所：筆者作成

キャノンの1994年～2003年の財務状況をみると、1994年のキャノングループの売上高は1兆8,627億円であるが、2003年には3兆1,980億円と急成長している。純利益は1994年の310億円から2003年には2,757億円と9億円の伸びを達成している。

総資産においては、1994年の2兆2,700億円から2003年には3兆1,821億円と1兆円も増加している。キャノングループの近年10年間の成長はイノベーションの成果といえる。具体的なデータは図表11-10-3で提示する。

図表11-10-3　キャノングループにおける売上高の推移

（単位：兆）

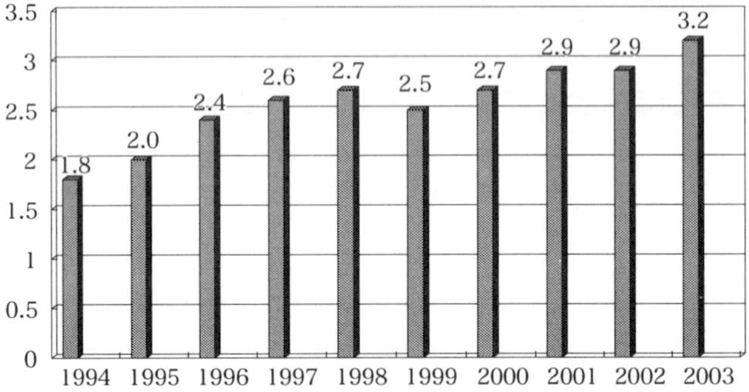

1994	1995	1996	1997	1998	1999	2000	2001	2002	2003
1.8	2.0	2.4	2.6	2.7	2.5	2.7	2.9	2.9	3.2

出所：筆者作成

キャノングループは、3期体制にてグローバル経営戦略を展開している。地域別売上高は日本25％、南北アメリカ33％、ヨーロッパ30％、その他12％となっている。図表11-10-4に提示する。

図表11-10-4　キャノンの地域別売上高（2003年）

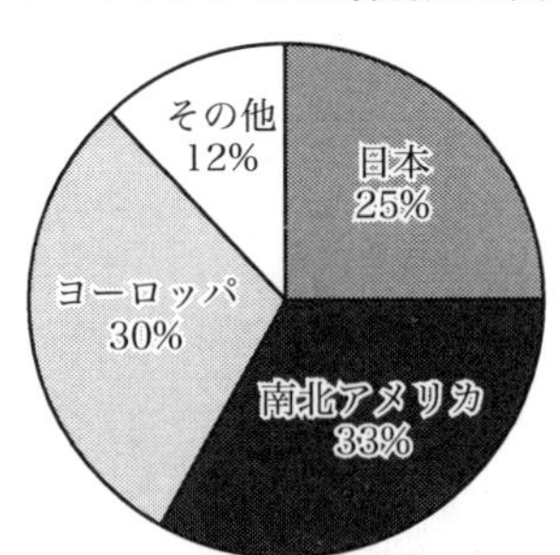

出所：キャノン、p.1

図表11-10-4の地域別売上高でキヤノンのグローバル化の進行状況が分かる。すでに、南北アメリカとヨーロッパは日本での売上高を上回っている。

6．キヤノンにおける環境経営

キヤノンの環境経営の取りは、すぐれたコーポレートガバナンスによって早い時期より着手している。2003年２月、EUの有害物質規制RoHS指令が発効し、鉛、六価クロム、水銀、カドミウムの６種類の有害科学物質の、製品への使用が禁止となった。

キヤノンは環境への配慮のため規制のクリアを行った。キヤノンは総部品点数約25,000点の設計から調達、生産管理など早い時期での仕組みをイノベーションすることにより、２年半も早くクリアした。さらに、キヤノンは、国内外約3,000社の取引先とともに環境経営を行っている。(6)

キヤノンの環境への取り組みを図表11-10-5として提示した。

図表11-10-5　キヤノンの環境への取り組み

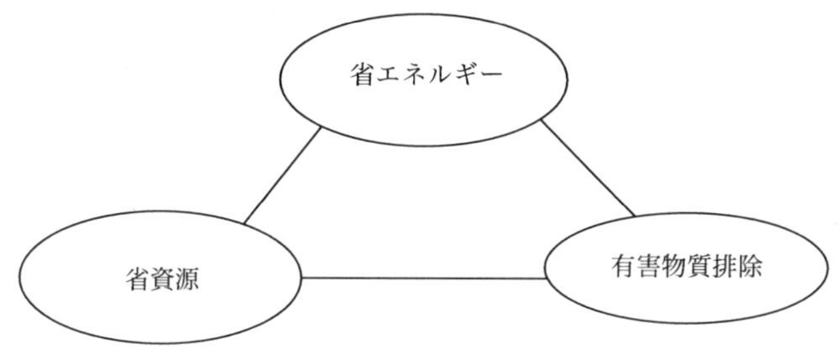

出所：筆者作成

キヤノンの省エネルギーは、事務機の省エネ技術を生み出している。デジタル複合機、プリンタは待機時消費電力の削減、電磁誘導加熱を応用したカラーIH定着技術などの環境技術によって低消費電力を行っている。

また、省資源では、トナーカートリッジを世界的な規模で回収し、リサイクルしている。国内において2004年に事務機、消耗品の修理、リサイクルを行うキヤノンエコロジーインダストリーを設立し、環境経営を通して持続可能な社会を目指している。環境経営に関しては、特にベンチャー企業はIPO、M&Aにおける出口経営戦略後に強力に推進する社会性を持っていると考えられる。

ベンチャー企業成功例の大ベンチャー企業キヤノンを今回ケーススタディとして取り上げた。グローバル化する大ベンチャー企業の中でも、一際目立つ経営戦略は、今後発生してくるベンチャー企業にとっての指針となる。

東アジアのベトナムにおけるインベストは、注目を集めている。2002年の操業開始以来、バブルジェットプリンタを生産し、日本、アメリカ、ヨーロッパへ製品を送り出している。また中国においては、製品と市場にあわせた適地生産を行い、国際分業と国際多角化の体制を進めている。

キヤノンのマーケティングは、全世界のマーケティングチャネルを結集してコンシューマーに対するサポートを行っている。経営戦略におけるドメインの設定はBusiness・Industry・Personalに分けられ、絞り込みを行っている。

Businessでは、デジタル複合機、Industryは、半導体製造装置、Personalをカメラに置いている。連結財務諸表　以下キヤノン〔2007〕12月期中間決算短信より。

(1) 比較連結損益計算書

以下キヤノン［2007］12月期中間決算短信より

【第２四半期】（６月30日に終了した３ヶ月間）

（単位：百万円）

科目	平成18年12月期（平成18年４月１日 平成18年６月30日）		平成19年12月期（平成19年４月１日 平成19年６月30日）		増減
	金額	百分比％	金額	百分比％	金額
売上高	1,028,983	100.0	1,126,931	100.0	97,948
売上原価	518,788	50.4	553,054	49.1	34,266
売上総利益	510,195	49.6	573,877	50.9	63,682
販売費及び一般管理費	262,476	25.5	295,067	26.2	32,591
研究開発費	79,377	7.7	97,337	8.6	17,960
計	341,853	33.2	392,404	34.8	50,551
営業利益	168,342	16.4	181,473	16.1	13,131
営業外収益及び費用					
受取利息及び配当金	6,155		9,112		2,957
支払利息	△244		△402		△158
その他一純額	△2,799		8,114		10,913
計	3,112	0.3	16,824	1.5	13,712
税引前当期純利益	171,454	16.7	198,297	17.6	26,843
法人税等	60,985	5.9	70,289	6.2	9,304
少数株主持分損益	4,564	0.5	4,075	0.4	△489
当期純利益	105,905	10.3	123,933	11.0	18,028

（注）平成18年12月期第２四半期及び平成19年12月期第２四半期の包括利益（資本取引以外の資本勘定の増減）は、それぞれ103,418百万円（増加）、172,538百万円（増加）となる。

【６ヶ月通算】（６月30日に終了した６ヶ月間）

（単位：百万円）

科目	平成18年12月期（平成18年１月１日～平成18年６月30日）		平成19年12月期（平成19年１月１日～平成19年６月30日）		増減	（参考）平成18年12月期（平成18年１月１日～平成18年12月31日）	
	金額	百分比％	金額	百分比％	金額	金額	百分比％
売上高	1,952,255	100.0	2,166,724	100.0	214,469	4,156,759	100.0
売上原価	973,542	49.9	1,059,170	48.9	85,628	2,096,279	50.4
売上総利益	978,713	50.1	1,107,554	51.1	128,841	2,060,480	49.6
販売費及び一般管理費	493,709	25.3	548,411	25.3	54,702	1,045,140	25.2
研究開発費	146,527	7.5	170,267	7.9	23,740	308,307	7.4
計	640,236	32.8	718,678	33.2	78,442	1,353,447	32.6
営業利益	338,477	17.3	388,876	17.9	50,399	707,033	17.0
営業外収益及び費用							
受取利息及び配当金	11,143		17,367		6,224	27,153	
支払利息	△625		△795		△170	△2,190	
その他一純額	△7,950		693		8,643	△12,853	
計	2,568	0.2	17,265	0.8	14,697	12,110	0.3
税引前当期純利益	341,045	17.5	406,141	18.7	65,096	719,143	17.3
法人税等	118,814	6.1	142,836	6.6	24,022	248,233	6.0
少数株主持分損益	8,057	0.4	8,122	0.3	65	15,585	0.3
中間（当期）当期純利益	214,174	11.0	255,183	11.8	41,009	455,325	11.0

（注）平成18年12月期第２四半期及び平成19年12月期第２四半期の包括利益（資本取引以外の資本勘定の増減）は、それぞれ103,418百万円（増加）、172,538百万円（増加）となる。

⑵比較連結売上高明細書

【第２四半期】（６月30日に修了した３ヶ月間）

（単位：百万円）

区分	平成18年12月期（平成18年４月１日～平成18年６月30日）		平成19年12月期（平成19年４月１日～平成19年６月30日）		平成19年12月期／平成18年12月期 %
	金額	構成比％	金額	構成比％	
事務費	655,443	64	731,196	65	116.6
オフィスイメージング機器	298,949	29	326,866	29	109.3
コンピューター周辺機器	329,867	32	377,590	31	114.5
ビジネス情報機器	26,627	3	26,740	2	100.4
カメラ	268,224	26	297,131	26	110.8
光学機器及びその他	105,316	10	98,604	9	93.6
合計	1,028,983	100	1,126,931	100	109.5
国内	232,604	23	225,843	20	97.1
海外	796,379	77	901,088	80	113.1
米国	309,406	30	335,325	30	108.4
欧州	329,322	32	384,588	34	116.8
その他	157,651	15	181,175	16	114.9

【６ヶ月通算】（６月30日に修了した６ヶ月間）

（単位：百万円）

区分	平成18年12月期（平成18年４月１日～平成18年６月30日）		平成19年12月期（平成19年４月１日～平成19年６月30日）		平成19年12月期／平成18年12月期 %	（参考）平成18年12月期（平成18年１月１日～平成18年12月31日）	
	金額	構成比％	金額	構成比％		金額	構成比％
事務費	1,286,596	66	1,446,587	67	112.4	2,691,087	65
オフィスイメージング機器	585,437	30	632,428	29	108.0	1,185,925	28
コンピューター周辺機器	646,663	33	760,687	35	117.6	1,398,408	34
ビジネス情報機器	54,496	3	53,472	3	98.1	106,754	3
カメラ	460,285	24	519,574	24	112.9	1,041,865	25
光学機器及びその他	205,374	10	200,563	9	97.7	423,807	10
合計	1,952,255	100	2,166,724	100	111.0	4,156,759	100
国内	446,298	23	458,302	21	102.7	932,290	22
海外	1,952,255	77	1,708,422	79	113.4	3,224,469	78
米国	594,473	31	641,949	30	108.0	1,283,646	31
欧州	610,943	31	722,379	33	118.2	1,314,305	32
その他	300,541	15	344,094	16	114.5	626,518	15

（注）１．事業の種類別セグメントの主要製品は以下の通りである。
事務機：オフィスイメージング機器：オフィスネットワーク複合機、カラーネットワーク複合機、パーソナル複合機、オフィス複合機、カラー複合機、パーソナル複写機等
コンピュータ周辺機器：レーザビームプリンタ、インクジェット複合機、単機能インクジェットプリンタ、イメージスキャナ等
ビジネス情報機器：コンピュータ、ハンディターミナル、ドキュメントスキャナ、電卓等
光学機器及びその他：半導体用露光装置、液晶用露光装置、放送局用テレビレンズ、医療用画像記録機器、大判プリンタ、磁気ヘッド、マイクロモータ等

２．地域の区分に属する主な国又は地域は以下の通りである。
米州：米国、カナダ、中南米諸国／欧州：イギリス、ドイツ、フランス、オランダ／その他：アジア、中国、オセアニア

(3) 比較連結損益計算書

【第２四半期】（６月30日に終了した３ヶ月間）

（単位：百万円）

区分		平成18年12月期（平成18年４月１日～平成18年６月30日）		平成19年12月期（平成19年４月１日～平成19年６月30日）		増減	
		金額	(%)	金額	(%)	金額	(%)
事務機	1．売上高						
	1) 外部顧客向け	655,443		731,196		75,753	11.6
	2) セグメント間	—		—		—	—
	計	655,443	100.0	731,196	100.0	75,753	11.6
	2．営業費用	513,046	78.3	572,236	78.3	59,190	11.5
	営業利益	142,397	21.7	158,960	21.7	16,563	11.6
カメラ	1．売上高						
	1) 外部顧客向け	268,224		297,131		28,907	10.8
	2) セグメント間	—		—		—	—
	計	268,224	100.0	297,131	100.0	28,907	10.8
	2．営業費用	203,527	75.9	220,358	74.2	16,831	8.3
	営業利益	64,697	24.1	76,773	25.8	12,076	18.7
光学機器及びその他	1．売上高						
	1) 外部顧客向け	105,316		98,604		△6,712	△6.4
	2) セグメント間	47,309		56,258		8,949	18.9
	計	152,625	100.0	154,862	100.0	2,237	1.5
	2．営業費用	143,956	94.3	151,469	97.8	7,513	5.2
	営業利益	8,669	5.7	3,393	2.2	△5,276	△60.9
消去又は全社	1．売上高						
	1) 外部顧客向け	—		—		—	—
	2) セグメント間	△47,309		△56,258		△8,949	—
	計	△47,309	—	△56,258			
	2．営業費用	112	—	1,395			
	営業利益	△47,421	—	△57,653	—	△10,232	—
連結	1．売上高						
	1) 外部顧客向け	1,028,983		1,126,931		97,948	9.5
	2) セグメント間	—		—		—	—
	計	1,028,983		1,126,931	100.0	97,948	9.5
	2．営業費用	860,641		945,458	83.9	84,817	9.9
	営業利益	168,342		181,473	16.1	13,131	7.8

（注）営業費用のうち「消去又は全社」に含めた配賦不能営業費用の金額は平均18年12月期第２四半期及び平成19年12月期第２四半期においてそれぞれ47,421百万円、57,663百万円であり、その主な内容は、親会社の基礎的研究費及び本社機能に係る費用である。

【6ヶ月通算】（6月30日に修了した6ヶ月間）

（単位：百万円）

区分		平成18年12月期 （平成18年1月1日～平成18年6月30日）		平成19年12月期 （平成19年1月1日～平成19年6月30日）		増　減		（参考） 平成18年12月期 （平成19年1月1日～平成19年12月31日）	
		金額	（%）	金額	（%）	金額	（%）	金額	（%）
事務機	1．売上高								
	1)外部顧客向け	1,286,596		1,446,587		159,991	12.4	2,691,087	
	2)セグメント間	—		—		—	—		
	計	1,286,596	100.0	1,446,587	100.0	159,991	12.4	2,691,087	100.0
	2．営業費用	992,031	77.1	1,111,116	76.8	119,085	12.0	2,091,858	77.7
	営業利益	294,565	22.9	335,471	23.2	40,906	13.9	599,229	22.3
カメラ	1．売上高								
	1)外部顧客向け	460,285		519,574		59,289	12.9	1,041,865	
	2)セグメント間	—		—		—	—	—	
	計	460,285	100.0	519,574	100.0	59,289	12.9	1,041,865	100.0
	2．営業費用	351,549	76.4	382,271	73.6	30,722	8.7	773,127	74.2
	営業利益	108,736	23.6	137,303	26.4	28,567	26.3	268,738	25.8
光学機器及びその他	1．売上高								
	1)外部顧客向け	205,374		200,563		△4,811	△2.3	423,807	
	2)セグメント間	88,706		107,917		19,211	21.7	190,687	
	計	294,080	100.0	308,480	100.0	14,400	4.9	614,494	100.0
	2．営業費用	270,885	92.1	287,095	93.1	16,210	6.0	573,019	93.3
	営業利益	23,195	7.9	21,385	6.9	△1,810	△7.8	41,475	6.7
消去又は全社	1．売上高								
	1)外部顧客向け	—		—			—	—	
	2)セグメント間	△88,706		△107,917		△19,211	—	△190,687	
	計	△88,706	—	△107,917	—	△19,211	—	△190,687	—
	2．営業費用	△687	—	△2,634	—	△1,947	—	11,722	—
	営業利益	△88,019	—	△105,283	—		—	△202,409	—
連結	1．売上高								
	1)外部顧客向け	1,952,255		2,166,724		214,469	11.0	4,156,789	
	2)セグメント間	—		—				—	
	計	1,952,255	100.0	2,166,724	100.0	214,469	11.0	4,156,759	100.0
	2．営業費用	1,613,778	82.7	1,777,848	82.1	164,070	10.2	3,449,726	83.0
	営業利益	338,477	17.3	388,876	17.9	50,399	14.9	707,033	17.0

（注）営業費用のうち「消去又は全社」に含めた配賦不能営業費用の金額は平成18年12月期6ヶ月通算及び平成19年12月期6ヶ月通算に置いてそれぞれ87,931百万円、105,293百万円であり、その主な内容は、親会社の基礎的研究費及び本社機能に係る費用である。

⑷所在地別セグメント情報

【6ヶ月通算】（6月30日に終了した6ヶ月間）

（単位：百万円）

区分		平成18年12月期（平成18年1月1日～平成18年6月30日）		平成18年12月期（平成19年1月1日～平成19年6月30日）		増減		（参考）平成18年12月期（平成18年1月1日～平成18年12月31日）	
		金額	（%）	金額	（%）	金額	（%）	金額	（%）
日本	1．売上高								
	1）外部顧客向け	505,924		509,863		3,939	0.8	1,037,657	
	2）セグメント間	1,069,960		1,187,290		117,330	11.0	2,311,482	
	計	1,575,884	100.0	1,697,153	100.0	121,269	7.7	3,349,139	100.0
	2．営業費用	1,203,207	76.4	1,279,891	75.4	76,684	6.4	2,558,685	76.4
	営業利益	372,677	23.6	417,262	24.6	44,585	12.0	790,454	23.6
米州	1．売上高								
	1）外部顧客向け	590,878		638,428		47,550	8.0	1,277,867	
	2）セグメント間	2,456		2,357		△99	△4.0	4,764	
	計	593,334	100.0	640,785	100.0	47,451	8.0	1,282,631	100.0
	2．営業費用	570,559	96.2	616,935	96.3	46,376	8.1	1,236,138	96.4
	営業利益	22,775	3.8	23,850	3.7	1,075	4.7	46,493	3.6
欧州	1．売上高								
	1）外部顧客向け	610,293		721,697		111,404	18.3	1,313,919	
	2）セグメント間	1,344		1,891		547	40.7	3,586	
	計	611,637	100.0	723,588	100.0	111,951	18.3	1,317,505	100.0
	2．営業費用	593,528	97.0	693,929	95.9	100,401	16.9	1,272,463	96.6
	営業利益	18,109	3.0	29,659	4.1	11,550	63.8	45,042	3.4
その他	1．売上高								
	1）外部顧客向け	245,160		296,736		51,576	21.0	527,316	
	2）セグメント間	361,772		406,074		44,302	12.2	792,018	
	計	606,932	100.0	702,810	100.0	95,878	15.8	1,319,334	100.0
	2．営業費用	584,569	96.3	678,757	96.6	94,188	16.1	1,275,817	96.7
	営業利益	22,363	3.7	24,053	3.4	1,690	7.6	43,517	3.3
消去又は全社	1．売上高								
	1）外部顧客向け	－		－		－	－	－	
	2）セグメント間	△1,435,532		△1,597,612		△162,080	－	△3,111,850	
	計	△1,435,532	－	△1,597,612	－	△162,080	－	△3,111,850	－
	2．営業費用	△1,338,085	－	△1,491,664	－	△153,579	－	△2,893,377	－
	営業利益	△97,447	－	△105,948	－	△8,501	－	△218,473	－
連結	1．売上高								
	1）外部顧客向け	1,952,255		2,166,724		214,469	11.0	4,156,759	
	2）セグメント間	－		－		－	－	－	
	計	1,952,255	100.0	2,166,724	100.0	214,469	11.0	4,156,759	100.0
	2．営業費用	1,613,778	82.7	1,777,848	82.1	164,070	10.2	3,449,729	83.0
	営業利益	338,477	17.3	388,876	17.9	50,399	14.9	707,033	17.0

⑸比較連結貸借対照表

(単位：百万円)

	科目	平成18年12月期 (平成18年12月31日現在)	平成19年6月中間期 (平成19年6月30日現在)	増減	平成18年6月中間期 (平成18年6月30日現在)
資産の部	流動資産	(2,782,349)	(2,717,776)	(△64,573)	(2,484,536)
	現金及び現金同等物	1,155,626	1,108,728	△46,898	1,055,163
	定期預金	41,953	22,166	△19,787	10,244
	有価証券	10,445	294	△10,151	10,373
	売上債権	761,947	729,298	△32,649	637,624
	たな卸資産	539,057	575,036	35,979	533,468
	前払費用及びその他の流動資産	273,321	282,254	8,933	237,664
	固定資産	(1,739,566)	(1,890,738)	(151,172)	(1,622,830)
	長期債権	14,335	14,560	255	14,708
	投資	110,418	116,471	6,053	104,068
	有形固定資産	1,266,425	1,336,716	70,291	1,185,913
	その他の資産	348,388	422,991	74,603	318,141
	資産合計	4,521,915	4,608,514	86,599	4,107,366
負債の部	流動負債	(1,163,307)	(1,180,748)	(17,441)	(1,001,591)
	短期借入金及び1年以内に返済する長期債務	15,362	5,301	△10,061	14,564
	買入債務	493,058	506,177	13,119	481,476
	未払法人税等	133,745	135,090	1,345	101,485
	未払費用	303,353	318,330	14,977	229,739
	その他の流動負債	217,789	215,850	△1,939	174,327
	固定負債	(155,201)	(128,698)	(△26,503)	(129,965)
	長期債務	15,789	16,290	501	16,199
	未払退職及び年金費用	83,876	49,210	△34,666	66,724
	その他の固定負債	55,536	63,198	7,662	47,042
	負債合計	(1,318,508)	(1,309,446)	(△9,062)	(1,131,556)
	少数株主持分	216,801	224,701	7,900	213,430
	資本	(2,986,606)	(3,074,367)	(87,761)	(2,762,380)
	資本金	174,603	174,674	71	174,543
	資本剰余金	403,510	403,577	67	403,355
	利益剰余金合計	(2,411,647)	(2,598,044)	(186,397)	(2,214,882)
	利益準備金	43,600	45,730	2,130	43,201
	その他の利益剰余金	2,368,047	2,552,314	184,267	2,171,681
	その他の包括利益（損失）類型額	2,718	104,169	101,451	△24,911
	自己株式	△5,872	△206,097	△200,225	△5,489
	負債・少数株主持分及び資本合計	4,521,915	4,608,514	86,599	4,107,366

7．キヤノンの現状

キヤノンは2008年より執行役員制度を導入することになり、アメリカ型企業統治に移行し、デジタルカメラなど既存分野の強化に加え、小型液晶パネル製造や医療機器といった新規事業による経営規模の拡大をおこなう。

キヤノンの取締役数は、27名であるが、将来的には20名程度に減らす予定である。取締役は会社の経営方針の決定と業務執行の監督、執行役員は担当部門の業務執行に分け、社外取締役の選任や監査などの委員会を設置する。キヤノンの2007年12月期の連結売上高は約４兆5,000億円であった。

さらに2008年の連結売上高目標は４兆7,200億円とし、デジカメや複写機

などの新製品を積極的に投入し、生産の自動化などの原価低減を進めている。(日本経済新聞2008年１月30日、31日参照)

注

(1)　キヤノン、p.3
キヤノン代表取締役社長御手洗冨士夫の独創力と革新力で新しい価値の発信を続けていくというビジョンを2010年ビジョンと設定している。

(2)　キヤノン、p.4
未開拓の関連分野と潜在的な成長の可能性を洗い直し、さらなる飛躍を新多角化によって推進中である。

(3)　キヤノン、pp.6-7
国内販売グループはキヤノン販売が中心となり、イノベーションを進めている。国内の生産関連会社は再編や新規事業によってアントレプレナーシップを高め、成長自立への歩みを進めている。

(4)　キヤノン、pp.10-11
日本での開発の中には、環境に配慮した機能性材料の実現を目指すバイオテクノロジー研究が進行している。

(5)　キヤノン、pp.18-19

(6)　キヤノン、pp.20-21
キヤノンは2010年を見据えた環境ビジョン「クター２」を設定し、今まで以上に環境への取り組みを積極的に行っている。

第11章－11　オリックス

1．オリックスの事業戦略

オリックスは、イントラプレナーの宮内義彦に率いられ1964年オリエントリースとして大阪に設立された。宮内は日綿実業のリース会社設立構想により、サンフランシスコのU.S.リーシング社に派遣された経験をもとに、まさに企業内起業型であるベンチャー企業を起業した。同年東京支店開設、1970年には大阪証券取引所第2部へIPO、1972年に名古屋証券取引所2部へIPOした。1989年にオリックスへ社名変更、1998年にはニューヨーク証券取引所にIPOした。

オリックスは、2006年3月期通期の業績予想として、営業収益8,800億円（前期比4％減）、税引前登記純利益1,620億円（前期比5％増）、当期純利益960億円（前期比5％増）を見込んでいる。営業収益の減少を見込んでいる主な理由は、フットワークエクスプレスが持分法適用会社となり、同社の運送料収入（2005年3月期は553億円）が営業収益として計上されなくなることを反映したものである。利益については、2005年3月期に大幅な増益を達成することができている。オリックスの事業セグメントは9つに分かれている。各セグメントの位置づけは「安定的な利益基盤」「成長性のある事業分野」「新たな成長を図るための“次の一手”」と3つに分けられる。①安定的な利益基盤についてはオリックスが展開する事業のうち、国内の「法人金融サービス事業部門」「レンタル事業部門」「生命保険事業部門」、海外の「アジア・太洋州、欧州」はこれまでの実績によって安定的な利益基盤を構築している事業分野である。

これらの事業分野については、蓄積された専門性とこれまで築き上げた信用をもとに利益を伸長させつつ、利益基盤を強固にすることができる分野である。②法人金融サービス事業部門は国内の中核的な部門として位置付けられている。同事業部門は、全国の営業拠点を通じて、中堅・中小企業の顧客に、リース、ローンに加えて、保険商品、運用商品など他の事業部門や他社が取り扱う幅広い金融サービスのクロスセリングや最適な提案を実現するために、一人一人がそれぞれの専門分野において蓄積した情報、ノウハウを部門を越えて融合することに努めている。③法人金融サービス事業部門は営業拠点とこれまでに構築した中堅、中小企業の顧客、取引先などのネットワークは、他の事業部門にとって、商品、サービスの営業拡大を図るとともに、顧客のニーズを商品開発に繋げる情報を得るためにも重要な役割を担っている。[(1)]

(クロスセリングとは、顧客のニーズに合わせて様々な商品を複合的に提案する営業スタイルのことである。)

2．オリックスのビジョン

宮内［2005］によると、オリックスの強みは、他社に一歩先んじて新たな事業機会に挑戦できることである。絶えず変化するマーケットにおいて、これを実行し続けるのは容易なことではない。オリックスが常に挑戦し続けることができたのは、新たなチャレンジを評価し、迅速かつ適切な意思決定を行うマネジメント、そして顧客のニーズを的確に把握し、問題を解決できる現場の実行力が支えてきたものと考えられる。

オリックスが金融性を持続し、さらにThe Next Stageに挑戦していくために、こうした強みを発展させてORIX Wayをより確かなものにしていきたいと考えている。

3．オリックスの自動車事業と不動産、ファイナンス

2005年1月1日、自動車リースやレンタカーなどの自動車関連ビジネスを展開するグループ会社7社を統合し、オリックス自動車をスタートさせた。セグメントとしても法人金融サービス事業とレンタル事業から独立させ、自動車事業として開示している。自動車リースとレンタカーで構成される自動車事業の

セグメント利益（税引前当期純利益）は、グループのセグメント利益全体の12％を占めている。2001年度以降の年平均成長率は23％となっている。自動車事業は、車両管理全般のアウトソーシング・ビジネスであり、自動車の購入、ファイナンス、メンテナンスサービス、リース終了車の販売に至るまで一連の流れの中で高い付加価値を創り出すバリューチェーンを形成している。(2)

オリックスは1970年代に法人向け不動産担保ローンを取り扱い始め、1980年からは住宅ローン事業を開始した。さらに独身寮賃貸事業、マンション分譲事業へ展開している。

事業領域を広げることによって、利益成長を図ってきた。1997年頃から、不良化した不動産担保ローン債権を銀行からバルク（大量）で購入する外資系投資家が現れ始め、沈滞化していた不動産関連ファイナンス分野の市場拡大の可能性をいち早く読み取り、アメリカの拠点で事業を先行した。担保不動産以外に返済原資を求めないノンリコースローンおよびその証券化関連に不動産関連ファイナンスの専門部署を設置した。(3)

4．プリンシパル・インベストメント事業

1990年代後半、大企業を中心に事業の選択と集中が図られ、子会社の売却や独立、買収という動きが始まった。オリックスは、こうした動きに着目し、2000年投資事業の専門部署プリンシパル・インベストメント・グループを設置し、MBO（Management Buy-Out）における資金提供など新たな事業機会の獲得を図っている。オリックスは1980年後半から事業拡大の手法として、積極的にM&Aを活用している。専門部署の設置は、デューデリジェンス（資産査定）業務のノウハウなどM&Aの経験によって得た専門性を投資事業として活用していっている。その後、金融機関の不良債権処理の過程で、企業の不良資産を売却して債務減免や増資を行った上で、経営者を派遣し企業再生を図る、企業再生ビジネスという新たなビジネスチャンスが創出された。(4) 図表11-11-1にてオリックスの企業再生ビジネスを提示する。

図表11-11-1

投資先	当初出資日	業種
あおぞら銀行	2000年９月	銀行業
杉乃井ホテル	2002年８月	旅館業
ミナミ	2002年11月	小売業（スポーツ用品）
大韓生命（韓国）	2002年12月	生命保険業
フーズネット	2003年11月	飲食業（すしチェーン）
フットワークエクスプレス	2003年12月	運送業
ツーアンドワン	2004年３月	衣料製造業（スポーツアパレル）
御宿東鳳	2004年６月	旅館業
春帆楼	2004年９月	飲食業・旅館業
フェニックス	2004年12月	衣料製造業（スポーツアパレル）
大京	2005年３月	不動産業

出所：オリックス［2005］、p.20

5．コーポレートガバナンスについて

オリックスのコーポレートガバナンスに関する基本的な考え方は、経営の基本方針に沿った事業活動の推進のためには、様々なステークホルダーの視点に立ったコーポレートガバナンス体制の構築が重要と考えている。

オリックスは、1997年６月に外部の有識者と経営の専門家を迎えて諮問委員会を設置して以降、事業活動が株主価値を重視したものになっているか客観的にチェックするために、コーポレートガバナンスの仕組みを強化した。

1998年には執行役員制度を導入し、経営戦略、意思決定機能と業務執行機能の分離を図った。1999年には取締役の員数を絞り、３名の諮問委員を社外取締役および顧問に迎えることによって、諮問委員会を発展的に解消した。(5) 図表11-11-2にてオリックスのコーポレートガバナンスを提示する。

図表11-11-2　オリックスのコーポレート・ガバナンス

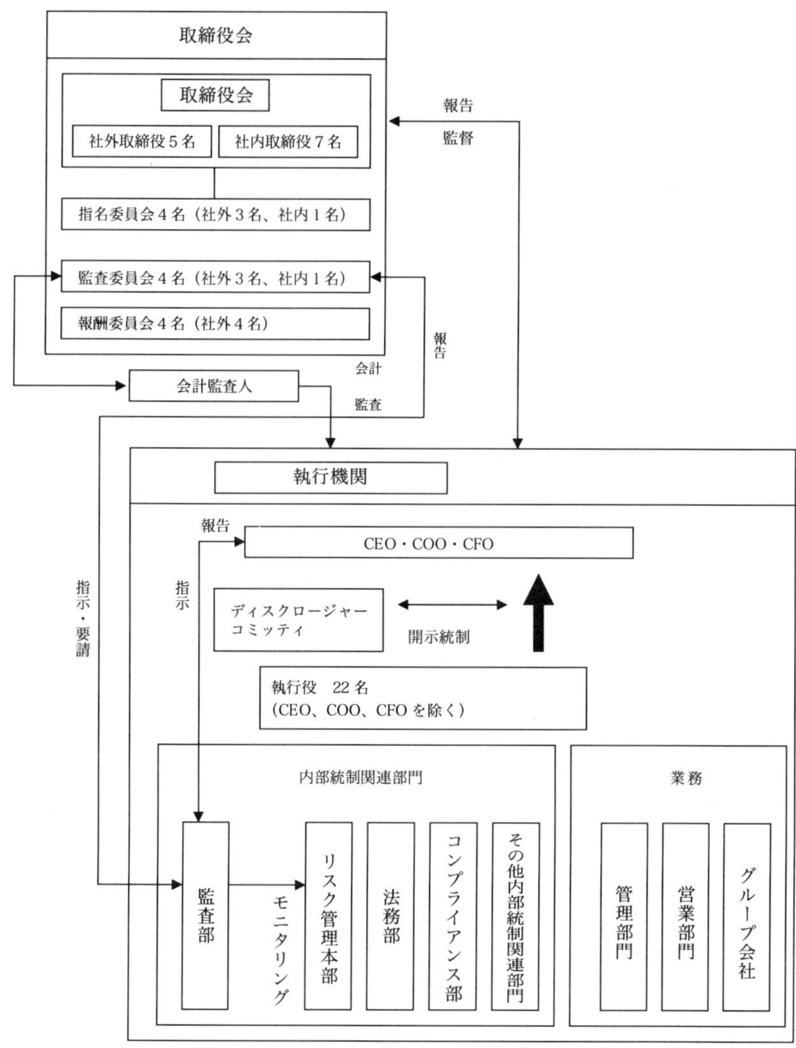

出所：オリックス［2005］p.61

6．コンプライアンス強化の取組とイノベーション

オリックス［2005］では、コンプライアンスはコーポレートガバナンスの基盤となるものとして、積極的に推進している。オリックスにおける具体的なコンプライアンスの推進は、1989年のオリエントリースからオリックスへの社名変更の際に、グループCI（コーポレート・アイディンティティ）を導入し、「グループ理念」「グループ経営方針」および「グループ行動指針」を定めたときから始まった。

1998年に上記の理念等を土台として、オリックスが21世紀に向かって目指すべき企業像を「誇り」「信頼」「尊敬」という３つの言葉に集約して明確化し、その実現のための規範として「企業行動規範」および「社員行動規範」を定め、これを「EC21」として発表した。「EC21」とは「21世紀におけるExcellent Company」であり、「EC21」がオリックスにおけるコンプライアンス実践の拠りどころとなっている。その浸透を図るため、コンプライアンス推進の専門部署を設置し、2002年には「コンプライアンス・マニュアル」を作成した。そしてグループ全役職員に対しコンプライアンス・プログラムを毎年策定している。

藤木保彦COO［2005］によると、オリックスは創立以来、時代の変化に応じて新しい商品、サービスを提供してきたが、今オリックスは大きく変化している。その要因を藤木COOは、グローバル化、デジタル化、IT他、ペイオフの解禁等、M&A時代の幕開け、金融コングロマリット化、投資サービス法等の法律の新設、改正などにあるとした。オリックスのビジネスモデルは常に進化しているが、軸足はあくまでも金融サービスである。そして、金融サービスにおけるサービスのウェイトを今後はさらに高めていく方向にある。サービスのウェイトが高まれば高まるほど、質（Quality）が問われる。質の向上ということをCSR（企業の社会的責任）の切り口で述べている。企業も社会の一員であり、社会のルールを守って、社会に貢献する責任を負っている。社会との良好な関係の維持が企業の継続的な発展に繋がる。また、経営戦略ではミッ

ション（使命）、ビジョン（未来図）、バリュー（価値観）を中心に考えている。オリックスのミッションは、お客様の財務戦略パートナーとして他にはないアンサーを提供することである。ビジョンは人々から信頼され、社会から尊敬される企業になることである。バリューは前向き、公正、謙虚である。これらのオリックスの取り組みを図表11-11-3にて提示する。10年間の財務データは図表11-11-4にて提示する。

図表11-11-3　オリックスのCSRを意識した取組

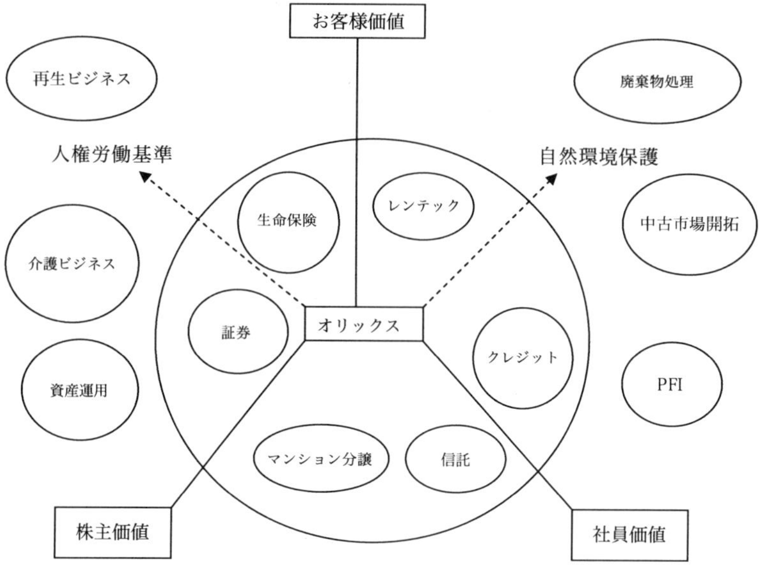

出所：オリックス［2005］、p.11

図表11-11-4　10年間の要約財務データ

オリックス株式会社および連結子会社　　（百万円）

財務状態	1996	1997
	3月31日終了事業年度	
ファイナンス・リース投資	¥ 1,913,836	¥ 2,067,616
営業貸付金	1,628,916	1,700,697
オペレーティング・リース投資	413,419	465,737
投資有価証券	345,935	434,483
その他営業資産	55,161	58,193
営業資産合計	¥ 4,357,267	¥ 4,726,731
貸倒引当金	¥ (81,886)	¥ (117,567)
貸倒引当金比率 （貸倒引当金／ファイナンス・リース投資および営業貸付金）	2.3%	3.1%
長短借入債務および預金	¥ 3,986,809	¥ 4,217,334
株主資本	¥ 276,251	¥ 308,584
総資産	¥ 4,751,756	¥ 5,089,975
収益および費用		
営業収益	¥ 418,997	¥ 472,356
支払利息	¥ 138,394	¥ 130,743
販売費および一般管理費	¥ 61,569	¥ 70,902
税引前当期純利益	¥ 35,027	¥ 36,889
継続事業からの利益	¥ 18,003	¥ 19,044
当期純利益	¥ 18,003	¥ 19,044
ROA（総資本利益率）	0.39%	0.39%
ROE（株主資本利益率）	7.00%	6.51%
1株当たり（円）		
当期純利益（基本的）	¥ 231.27	¥ 244.64
当期純利益（希薄化後）	¥ 231.27	¥ 244.64
純資産	¥ 3,548.77	¥ 3,964.16
営業実績		
ファイナンス・リース		
新規実行高（受取金額ベース）	¥ 1,022,267	¥ 1,050,849
新規実行高（購入金額ベース）	¥ 847,774	¥ 886,806
営業貸付金		
新規貸付額	¥ 503,627	¥ 593,074
オペレーティング・リース		
新規購入額	¥ 95,802	¥ 92,932
投資有価証券		
新規購入額	¥ 114,199	¥ 135,324
その他営業取引		
新規投資額	¥ 26,617	¥ 24,336
従業員数（人）	6,991	7,594

（百万円）

3月31日終了事業年度

1998	1999	2000	2001	2002	2003	2004	2005
¥ 2,186,022	¥ 1,952,842	¥ 1,744,953	¥ 1,657,709	¥ 1,658,669	¥ 1,572,308	¥ 1,453,575	¥ 1,451,574
1,794,825	1,761,887	1,791,439	1,846,511	2,273,280	2,288,039	2,234,940	2,386,597
435,066	411,156	397,576	451,171	474,491	529,044	536,702	619,005
500,449	576,206	758,381	942,158	861,336	677,435	551,928	589,271
65,838	73,345	68,943	98,175	245,897	76,343	72,049	82,651
¥ 4,982,200	¥ 4,775,436	¥ 4,761,292	¥ 4,995,724	¥ 5,513,673	¥ 5,143,169	¥ 4,849,194	¥ 5,129,098
¥ (145,741)	¥ (132,606)	¥ (136,939)	¥ (141,077)	¥ (152,887)	¥ (133,146)	¥ (128,020)	¥ (115,250)
3.7%	3.6%	3.9%	4.0%	3.9%	3.4%	3.5%	3.0%
¥ 4,628,670	¥ 4,274,280	¥ 4,010,468	¥ 4,070,545	¥ 4,679,566	¥ 4,239,514	¥ 3,859,180	¥ 4,146,322
¥ 313,821	¥ 327,843	¥ 425,671	¥ 461,323	¥ 502,508	¥ 505,458	¥ 564,047	¥ 727,333
¥ 5,574,309	¥ 5,347,636	¥ 5,341,542	¥ 5,591,311	¥ 6,350,219	¥ 5,931,067	¥ 5,624,957	¥ 6,068,953
¥ 554,713	¥ 639,406	¥ 655,823	¥ 624,975	¥ 695,089	¥ 718,890	¥ 756,670	¥ 916,950
¥ 142,177	¥ 140,846	¥ 115,038	¥ 109,289	¥ 90,279	¥ 71,380	¥ 60,060	¥ 56,562
¥ 79,671	¥ 82,395	¥ 90,961	¥ 101,156	¥ 126,316	¥ 144,271	¥ 161,835	¥ 916,950
¥ 38,412	¥ 27,315	¥ 52,048	¥ 59,236	¥ 72,306	¥ 45,386	¥ 101,954	¥ 154,347
¥ 23,731	¥ 25,621	¥ 30,642	¥ 34,157	¥ 39,706	¥ 24,578	¥ 50,510	¥ 85,521
¥ 23,731	¥ 25,621	¥ 30,642	¥ 34,157	¥ 40,269	¥ 30,243	¥ 54,020	¥ 91,496
0.45%	0.47%	0.57%	0.62%	0.67%	0.49%	0.93%	1.56%
7.63%	7.99%	8.13%	7.70%	8.36%	6.00%	10.10%	14.17%
¥ 305.33	¥ 330.43	¥ 385.27	¥ 417.77	¥ 489.19	¥ 361.44	¥ 645.52	¥ 1,087.82
¥ 305.33	¥ 330.43	¥ 377.02	¥ 400.99	¥ 467.11	¥ 340.95	¥ 601.46	¥ 1,002.18
¥ 4,041.87	¥ 4,232.02	¥ 5,199.12	¥ 5,646.11	¥ 6,007.52	¥ 6,039.43	¥ 6,739.64	¥ 8,322.96
¥ 1,227,719	¥ 1,076,387	¥ 1,073,074	¥ 842,396	¥ 1,083,070	¥ 1,000,896	¥ 801,787	¥ 863,137
¥ 1,093,519	¥ 913,221	¥ 905,898	¥ 723,330	¥ 980,379	¥ 895,848	¥ 713,240	¥ 767,672
¥ 715,030	¥ 706,758	¥ 807,477	¥ 740,639	¥ 1,340,400	¥ 1,268,170	¥ 1,124,276	¥ 1,545,517
¥ 98,566	¥ 92,272	¥ 101,020	¥ 143,158	¥ 146,203	¥ 173,567	¥ 189,737	¥ 248,327
¥ 217,225	¥ 302,035	¥ 333,249	¥ 397,218	¥ 348,347	¥ 231,294	¥ 122,066	¥ 244,600
¥ 35,898	¥ 39,733	¥ 70,443	¥ 128,984	¥ 204,121	¥ 116,736	¥ 186,265	¥ 129,604
8,203	9,037	9,503	9,529	11,271	11,833	12,481	13,734

注：1．1998年３月期において、オリックス信託銀行株式会社の買収に伴い、営業貸付金の新規貸付額および投資有価証券の新規購入額が、それぞれ18,999百万円および34,189百万円増加している。

また、2002年３月期において、株式会社イフコの買収に伴い、ファイナンス・リースの新規実行高（受取金額ベース）および新規実行高（購入金額ベース)がそれぞれ248,101百万円、252,436百万円、営業貸付金の新規貸付額および投資有価証券の新規購入額がそれぞれ5,841百万円、1,042百万円増加している。さらに、朝日生命保険相互会社からの住宅ローン債権買い取りにより、営業貸付金の新規貸付額が132,127百万円増加している。また、2003年３月期において、日鐵リース株式会社の買収に伴い、ファイナンス・リースの新規実行高（受取金額ベース）および新規実行高（購入金額ベース）がそれぞれ112,007百万円、112,605百万円増加している。

2．2001年３月期において、2000年５月19日付で１株につき1.2株の割合をもって株式分割を行った。１株当たり情報については、この株式分割を考慮し、遡及的に調整している。また、2005年３月期において発生問題委員会のEITF第04－８号(潜在株式調整後１株当たり利益に与える条件付転換債券の影響）を適用した結果、2004年３月期の１株当たり当期純利益（希薄化後）を遡及して修正している。

3．米国財務会計基準書第144号（長期性資産の減損または処分の会計処理）に準拠し、非継続的取引に該当する賃貸不動産に係る損益の過年度の金額を遡及的に組替表示している。

4．営業収益のうち、オペレーティング・リース収益から控除していた保険料や固定資産税などのオペレーティング・リースに係る諸費用を営業費用に含めて表示している。これに伴い、過年度の金額を遡及的に組替表示している。

オリックスの財務データからは、収益および費用のところで10年間に２倍になった。これは、急成長企業といえる。イントラプレナー型ベンチャー企業としてファイナンス・リース投資のさきがけとして道を切り開いてきたことが理解できる。しかし、メイン業務は、全社的な急成長に反して約25％のダウンとなっている。急成長した要因としては、営業貸付金によるところが大と言える。1996年の503,627円から2005年には1,545,517円と３倍の伸びである。それに伴って従業員数の伸びも大きく、1996年の6,991人から2005年13,734人と２倍になっている。

ベンチャー企業のオリックスは今後も成長を続け、日本の代表する企業になると考える。さらなるM&Aを展開し、成長すると考えられる。

オリックスの主要国内、国外会社は資料11-11-1、11-11-2を参照されたい。

資料11-11-1　主要国内グループ会社

会社名	設立年月	事業内容	出資比率
オリックス株式会社 (ORIX Corporation)	1964年４月	リース・割賦売買および その他金融サービス	—
オリックス・アルファ株式会社 (ORIX Alpha Corporation)	1972年３月	流通サービス業界向け ファイナンス	100％
オリックス・オート・リース株式会社 (ORIX Auto Leasing Corporation)	1973年６月	自動車リース	100％
オリックス・レンテック株式会社 (ORIX Rentec Corporarion)	1976年９月	測定機器・OA機器レンタル	100％
オリックス保険サービス株式会社 (ORIX Insurance Service Corporation)	1976年９月	保険代理店	100％
オリックス・マリタイム株式会社 (ORIX Maritime Corporation)	1977年11月	船舶運航管理	100％
オリックス・クレジット株式会社 (ORIX Credit Corporation)	1979年６月	消費者金融、信販	100％

オリックス・キャピタル株式会社 (ORIX Capital Corporation)	1983年10月	ベンチャーキャピタル	100%
オリックス・システム株式会社 (ORIX Computer Systems Corporation)	1984年３月	情報システム開発・運用	100%
オリックス・レンタカー株式会社 (ORIX Rent-A-Car Corporation)	1985年２月	レンタカー	100%
オリックス証券株式会社 (ORIX Securities Corporation)	(1986年３月)	証券	100%
オリックス・エアクラフト株式会社 (ORIX Aircraft Corporation)	1986年５月	航空機リース	100%
オリックス・エステート株式会社 (ORIX Estate Corporation)	(1986年12月)	不動産賃貸・ゴルフ場運営	100%
オリックス野球クラブ株式会社 (ORIX Baseball Club)	(1988年10月)	プロ野球球団経営	100%
オリックス・コモディティーズ株式会社 (ORIX COMMODITIES Corporation)	1990年１月	株式・先物運用	100%
オリックス生命保険株式会社 (ORIX Life Insurance Corporation)	1991年４月	生命保険	100%
ブルーウェーブ株式会社 (BlueWave Corporation)	1991年８月	ホテル・研修所運営	100%
オリックス環境株式会社 (ORIX Eco Service Corporation)	1998年４月	環境サービス	100%
オリックス信託銀行株式会社 (ORIX Trust and Banking Corporation)	(1998年４月)	信託銀行	100%
オリックス・クリエイト株式会社 (ORIX Create Corporation)	1998年７月	広告代理店	100%
オリックス・インテリア株式会社 (ORIX Interior Corporation)	1998年10月*	インテリア製造･販売	100%
オリックス・リアルエステート株式会社 (ORIX Real Estate Corporation)	1999年３月	不動産関連事業	100%
オリックス債権回収株式会社 (ORIX Asset Management and Loan Services Corporation)	1999年４月	サービサー	100%
オリックス・インベストメント株式会社 (ORIX Investment Corporation)	1999年６月	オルタナティブ・インベストメント	100%
株式会社サンリース (Sun Leasing Corporation)	(1999年９月)	医療関連設備リース	100%
オリックス・インシュアランス・プランニング株式会社 (ORIX Insurance Planning Corporation)	1999年９月	損害保険代理店	50%
オリックス・エム・アイ・シー株式会社 (ORIX Management Information Center Corporation)	1999年10月	経理統括業務	100%
オリックス・コールセンター株式会社 (ORIX Call Center Corporation)	1999年11月	コールセンター	100%
オリックス・ゴルフ株式会社 (ORIX Golf Corporation)	2000年７月	ゴルフ場開発・運営	100%
オリックス・アセットマネジメント株式会社 (ORIX Asset Management Corporation)	2000年９月	投資法人資産運用	100%
センコーリース株式会社 (Senko Lease Corporation)	(2001年７月)	自動車リース	100%
オリックス・ファシリティーズ株式会社 (ORIX Facilities Corporation)	(2001年９月)	建物総合管理および関連サービス	85%

株式会社イフコ (IFCO Inc.)	(2001年 9 月)	自動車リース	80%
オリックス人材株式会社 (ORIX Human Resources Corporation)	2002年 2 月	人材派遣	100%
もみじリース株式会社 (Momiji Lease Corporation)	(2002年 3 月)	リース	95%
日鐵リース株式会社 (Nittetsu Leasing Co.,Ltd.)	(2002年 7 月)	リース	95%
日鐵リースオート株式会社 (Nittetsu Leasing Auto Co.,Ltd.)	(2002年 7 月)	自動車リース	91%
オリックス・ファイナンシャル・アライアンス株式会社 (ORIX Financial Alliance Corporation)	2002年10月	生命保険代理店	100%
オリックスM&Aソリューションズ株式会社 (ORIX M&A Solutions Corporation)	2003年 2 月	M&A・企業再生等支援、アドバイス	100%
株式会社ジャパレン (JAPAREN Co., Ltd.)	(2003年10月)	レンタカー	100%

(注) 1.( ) 内の数字は、資本参加あるいは取得年月を表わしている。
　　2.出資比率はグループ会社による間接所有分を含む。
　　3.＊現オリックス・インテリアの前身となるトーシキインテリアは1987年 1 月にグループ入りした。

出所：オリックス［2004］「オリックス40年の軌跡」、p.67

資料11-11-2　主要海外グループ会社

国・地域	会社名	設立年月	事業内容	出資比率
米州				
米国	ORIX USA Corporation ORIX Real Estate Equities, Inc. ORIX Financial Services, Inc. ORIX Capital Markets, LLC.	1981年 8 月 (1987年 8 月) (1989年 9 月) 1997年 4 月	投資銀行業務、リース 不動産関連事業 リース、ローン サービサー、債権投資	100% 100% 100% 100%
バミューダ	Stockton Holdings Limited	(1989年 7 月)	先物運用、再保険	29%
アジア大洋州				
シンガポール	ORIX Leasing Singapore Limited ORIX Investment and Management Private Limited ORIX CAR RENTALS PTE. LTD. ORIX Rentec (Singapore) Pte. Limited ORIX Capital Resources Limited ORIX Ship Resources Private Limited	1972年 9 月 1981年 5 月 1981年 9 月 1995年10月 1997年11月 1997年11月	リース、割賦売買 ベンチャーキャピタル 自動車リース、レンタカー 測定機器、OA機器レンタル 船舶ファイナンス 船舶ファイナンス	50% 100% 45% 100% 100% 100%
香港特別行政区	ORIX Asia Limited	1971年 9 月	リース、投資銀行業務	100%
韓国	ORIX Rentec (Korea) Corporation ORIX Auto Leasing Korea Corporation	2001年 4 月 2004年 2 月	測定機器、OA機器レンタル リース、自動車リース	100% 100%
台湾	ORIX Taiwan Corporation ORIX Auto Leasing Taiwan Corporation	1982年10月 1998年 4 月	リース、割賦売買 自動車リース	95% 100%
フィリピン	ORIX METRO Leasing and Finance Corporation	1977年 6 月	リース、自動車リース	40%
タイ	Thai ORIX Leasing Co., Ltd. ORIX Auto Leasing (Thailand) Co., Ltd.	1978年 6 月 (2001年 8 月)	リース、割賦売買 自動車リース、レンタカー	49% 85%

マレーシア	ORIX Leasing Malaysia Berhad ORIX Car Rentals Sdn. Bhd. ORIX Rentec (Malaysia) Sdn. Bhd. ORIX Auto Leasing Malaysia Sdn. Bhd.	1973年9月 1989年2月 1996年11月 2000年10月	リース、ローン、割賦売買 レンタカー 測定機器、OA機器レンタル 自動車リース	80% 28% 94% 80%
インドネシア	PT.ORIX Indonesia Finance	1975年4月	リース、消費者金融	83%
インド	INFRASTRUCTURE LEASING&FINANCIAL SERVICES LIMITED ORIX Auto and Business Solutions Limited IL&FS Investsmart Limited IL&FS Education &Technology Services Limited	(1993年3月) 1995年3月 (2000年3月) (2000年8月)	投資銀行業務、コーポレートファイナンス 自動車リース 証券 ネット教育関連事業	21% 58% 23% 31%
スリランカ	Lanka ORIX Leasing Company Limited＊	1980年3月	リース、自動車リース	30%
オーストラリア	ORIX Australia Corporation Limited AUSTRAL MERCANTILE COLLECTIONS PTY LIMITED	1986年7月 1998年11月	リース、自動車リース、トラックレンタル サービサー	100% 50%
ニュージーランド	ORIX New Zealand Limited	1988年8月	リース、自動車リース、レンタカー	100%
パキスタン	ORIX Leasing Pakistan Limited＊ ORIX Investment Bank Pakistan Limited＊	1986年7月 1995年7月	リース、自動車リース、ローン 投資銀行業務	50% 27%
オマーン	Oman ORIX Leasing Company SAOQ＊	1994年7月	リース、自動車リース	10%
エジプト	ORIX Leasing Egypt SAE	1997年6月	リース	34%
サウジアラビア	Saudi ORIX Leasing Company	2001年1月	リース、自動車リース	25%
アラブ首長国連邦	MAF ORIX Finance PJSC	2002年4月	リース	36%
欧州				
英国	ORIX Europe Limited ORIX Corporate Finance Limited ORIX Rentec Limited	1982年11月 1989年9月 2001年7月	コーポレートファイナンス 投融資コンサルティング 測定機器・OA機器レンタル	100% 100% 100%
アイルランド	ORIX Ireland Limited ORIX Aviation Systems Limited	1988年5月 1991年3月	経理統括業務 航空機リース	100% 100%
ポーランド	ORIX Polska S.A.	(1997年5月)	リース、自動車リース	100%

(注) 1．( ) 内の数字は資本参加あるいは取得年月を表わしている。
2．出資比率はグループ会社による間接所有分を含む。
3．上場企業は＊印で表示している。

オリックスは2008年に向けて、M&Aや事業再編に対して積極的に対応する姿勢を打ち出した。インベストとして、これまでにあおぞら銀行、フットワークエクスプレスに関わり、ミナミについては保有株を売却しリターンを得ている。オリックスの法人金融サービスの特徴は豊富な商品、サービスとノウハウの蓄積である。オリックスの成長戦略は３つの成長ステージがあり、①常に新たな事業機会に挑戦し他社よりも半歩先に②成長速度を加速し利益貢献の増加させる③全体の成長を支える素地と利益基盤の強化をあげている。さらに迅速、適切な意思決定を行うマネジメントをビジョンに、チャレンジ、戦略決定、実行、モニタリングによって中長期的な成長の実現を目指している。

オリックスの1990年からの急速な成長は、すぐれたコーポレートガバンスによることが明らかになってきている。1997年に外部からの有識者を招聘した諮問委員会の設置、1998年の執行役員制の導入、1999年社外取締役の招聘そして2003年には商法改正に伴い委員会設置会社移行している。現在11名の取締役のうち５名が社外取締役を占めている。オリックスは1964年の創業以来、リース産業から融資、クレジット、レンタル、不動産、生命保険、損害保険、証券、信託銀行など多角化を進めている。新しい分野としては、リスクマネジメント、環境サービス、人材派遣に取組んでいる。

米国会計基準

連結業績総括

(1)営業状況（期末営業資産残高）

（単位：百万円）

	当中間期 (2006.4－2006.9)			前年中間期 (2005.4－2005.9)		前期 (2005.4－2006.3)	
	金額	前期末比	前年同期比	金額	前年同期比	金額	前期末比
		%	%		%		%
1．ファイナンス・リース投資	1,433,591	100	98	1,462,354	100	1,437,491	99
2．営業貸付金	3,252,274	111	131	2,491,927	111	2,926,036	123
3．オペレーティング・リース投資	786,694	109	133	591,056	110	720,096	116
4．投資有価証券	711,127	104	115	618,688	105	682,798	116
5．その他営業資産	135,401	147	137	98,740	135	91,856	111
計	6,319,087	108	120	5,262,765	107	5,858,277	114

(2)収益状況

1．営業収益	558,529	—	125	447,729	106	941,872	102
2．税引前当期純利益	151,334	—	114	132,754	192	250,816	163
3．当期純利益	91,326	—	109	83,954	197	166,388	182
4．1株当たり情報 当期純利益							
－基本的	1,014.29円	—	106	957.87円	188	1,883.89円	173
－希薄化後	977.73円	—	108	907.93円	194	1,790.30円	179
株主資本	11,470.78円	108	123	9,333.32円	126	10,608.97円	127

(3)財務状況

1．株主資本	1,034,339	108	126	821,420	133	953,646	131
2．期末株式数 (自己株式控除後)	90,172千株	100	102	88,009千株	105	89,891千株	103
3．長期借入債務および預金	5,193,763	105	122	4,269,728	109	4,925,753	119
4．総資産	7,633,915	105	121	6,333,055	111	7,242,455	119
5．株主資本比率	13.5%	—	—	13.0%	—	13.2%	—
6．株主資本当期純利益率 (年換算)	18.4%	—	—	21.7%	—	19.8%	—
7．総資本当期純利益率 (年換算)	2.46%	—	—	2.71%	—	2.50%	—

(4)新規実行高

1．ファイナンス・リース							
受取金額	394,296	—	95	415,435	104	888,912	103
購入金額	351,249	—	95	368,961	104	800,802	104
2．営業貸付金	1,089,342	—	139	783,614	111	1,834,192	119
3．オペレーティング・リース	170,646	—	152	111,911	117	317,645	128
4．投資有価証券	116,035	—	104	111,710	106	235,932	96
5．その他営業取引	121,919	—	219	55,565	100	132,017	102

(注) 株主資本は米国会計基準に基づく資本合計を記載しており、1株当り株主資本、株主資本比率および株主資本当期純利益率（年換算）は当該資本合計を用いて算出している。

米国会計基準

連結業績総括

(1) 6ヶ月間の累計

(単位：百万円)

	当中間期 (2006.4－2006.9)		前年中間期 (2005.4－2005.9)		前期 (2005.4－2006.3)	
	金額	前年同期比（%）	金額	前年同期比（%）	金額	前期比（%）
営業収益	558,529	125	447,729	106	941,872	102
ファイナンス・リース収益	48,009	101	47,755	112	98,645	112
オペレーティング・リース収益	124,984	117	106,883	112	211,838	109
貸付金および有価証券利息	95,611	124	76,882	117	161,350	119
有価証券仲介手数料および売却益	18,534	91	20,416	156	48,826	144
生命保険料収入及び運用益	63,767	93	68,470	103	138,118	101
不動産販売収入	67,895	216	31,376	75	74,943	61
賃貸不動産売却益	12,170	129	9,445	737	8,970	577
その他の営業収入	127,559	147	86,502	91	199,182	95
営業費用	423,368	127	332,382	91	725,868	92
支払利息	39,057	132	29,527	109	62,213	114
オペレーティング・リース原価	77,283	116	66,357	109	134,982	109
生命保険費用	57,436	99	58,239	97	117,622	96
不動産販売原価	55,006	198	27,765	71	65,904	58
その他の営業費用	67,199	119	56,463	85	128,188	85
販売費および一般管理費	119,973	142	84,553	102	187,818	110
貸倒引当金繰入額	3,720	54	6,848	41	16,477	42
長期性資産評価損	1,318	253	521	6	8,336	71
有価証券評価損	2,142	80	2,668	97	4,540	92
為替差損（△益）	234	－	△559	－	△212	－
営業利益	135,161	117	115,347	204	216,004	165
持分法投資利益	15,017	96				
子会社・関連会社株式売却益および清算損	1,156	64				
税引前当期純利益	151,334	114				
法人税等	62,059	115				
少数株主利益前当期純利益	89,275	114				
少数株主利益	1,747	179				
継続事業からの利益	87,528	113				
非継続事業からの損益						
非継続事業からの損益	5,510		10,515		26,328	
法人税等	△2,285		△4,242		△10,323	
非継続事業からの損益（税効果控除後）	3,225	51	6,273	145	16,005	212
異常損益項目（税効果控除後）－関連会社取得利益－	573	－	－	－	－	－
当期純利益	91,326	109	83,954	197	166,388	182

(注) 米国財務会計基準書第144号（長期性資産の減損または処分の会計処理）に従って、非継続事業に係る損益を独立表示するとともに、当該事業に係る過年度の損益を組替再表示している。

米国会計基準

連結業績総括

(2) 3ヶ月間

（単位：百万円）

	当第2四半期（2006.7－2006.9）		前第2四半期（2005.7－2005.9）	
	金額	前年同期比（%）	金額	前年同期比（%）
営業収益	285,062	123	232,327	108
ファイナンス・リース収益	24,218	95	25,545	120
オペレーティング・リース収益	61,947	112	55,442	119
貸付金および有価証券利息	52,392	128	40,818	114
有価証券仲介手数料および売却益	8,084	68	11,973	151
生命保険料収入および運用益	34,098	89	38,241	106
不動産販売収入	38,870	320	12,162	61
賃貸不動産売却益	760	21	3,625	－
その他の営業収入	64,693	145	44,521	93
営業費用	219,710	132	166,557	87
支払利息	20,558	134	15,370	113
オペレーティング・リース原価	38,306	116	32,900	116
生命保険費用	30,365	98	31,000	97
不動産販売原価	32,096	289	11,101	59
その他の営業費用	34,628	120	28,934	87
販売費及び一般管理費	60,970	140	43,651	95
貸倒引当金繰入額	1,050	49	2,128	27
長期性資産評価額	1,318	253	521	6
有価証券評価損	583	67	868	67
為替差損（△益）	△164	－	84	16
営業利益	65,352	99	65,770	264
持分法投資利益	5,943	71	8,344	167
子会社・関連会社株式売却益および清算損	475	139	341	17
税引前当期純利益	71,770	96	74,455	233
法人税	29,435	97	30,334	218
少数株主利益前当期純利益	42,335	96	44,121	245
少数株主利益	850	143	593	611
継続事業からの利益	41,485	95	43,528	243
非継続事業からの損益				
非継続事業からの損益	3,651		4,425	
法人税等	△1,486		△1,788	
非継続事業からの損益（税効果控除後）	2,165	82	2,637	214
異常損益項目（税効果控除後） ―関連会社取得時利益―	573	－	－	－
当期純利益	44,223	96	46,165	241

米国会計基準

連結比較貸借対照表

（単位：百万円）

資産の部	当中間期 (2006.9.30現在)	前年中間期 (2005.9.30現在)	前期 (2006.3.31現在)
現金および現金等価物	143,971	177,565	245,856
使途制限付現金	108,377	69,645	172,805
定期預金	453	5,814	5,601
ファイナンス・リース投資	1,433,591	1,462,354	1,437,491
営業貸付金	3,252,274	2,491,927	2,926,036
貸倒引当金	△89,824	△103,028	△97,002
オペレーティング・リース投資	786,694	591,056	720,096
投資有価証券	711,127	618,688	682,798
その他営業資産	135,401	98,740	91,856
関連会社投資	344,937	302,306	316,773
その他受取債権	180,424	142,895	165,657
棚卸資産	158,181	115,058	140.549
前払費用	46,496	50,434	40,676
社用資産	89,814	95,106	91,797
その他資産	331,999	214,495	301,466
資産合計	7,633,915	6,333,055	7,242,455

負債および資本の部	当中間期 (2006.9.30現在)	前年中間期 (205.9.30現在)	前期 (2006.3.31現在)
短期借入債務	1,267,616	955,048	1,336,414
預金	349,346	354,191	353,284
支払手形および未払金等	359,515	293,963	334,008
未払費用	87,509	87,782	89,043
保健契約債務	494,866	519,849	503,708
未払法人税等	269,180	204,242	250,997
受入保証金	158,778	122,416	150,836
長期借入債務	3,576,801	2,960,489	3,236,055
（負債合計）	6,563,611	5,497,980	6,254,345
少数株主持分	35,965	13,655	34,464
資本金	89,705	76,520	88,458
資本剰余金	110,098	94,602	106,729
利益剰余金			
利益準備金	2,220	2,220	2,220
その他の利益剰余金	816,620	650,952	733,386
その他の包括利益累計額	19,494	4,514	27,603
自己株式	△3,798	△7,388	△4,750
（資本合計）	1,034,339	821,420	953,646
負債・資本合計	7,633,915	6,333,055	7,242,455

（注）１．その他の包括利益累計内訳（単位：百万円）

	当中間期	前年中間期	前期
未実現有価証券評価益	42,995	37,219	50,856
最小年金債務調整額	△614	△1,146	△632
為替換算調整勘定	△24,975	△31,904	△26,132
未実現デリバティブ評価益	2,088	345	3,511

２．連結財務諸表は米国会計基準に準拠して作成しており、連結貸借対照表上、少数株主持分は負債の部と資本の部の中間に表示している。

米国会計基準

連結資本勘定計算書

（単位：百万円）

	当中間期 （2006.－2006.9）	前年中間期 （2005.4－2005.9）	前年 （2005.4－2006.3）
資本金			
期首残高	88,458	73,100	73,100
新株引受権および新株予約権の行使による増加額	785	1,670	2,829
転換社債の株式への転換による増加額	462	1,750	12,529
期末残高	89,705	76,520	88,458
資本剰余金			
期首残高	106,729	91,045	91,045
新株引受権、新株予約権およびストックオプションの権利行使による増加額	785	1,667	2,831
ストックオプションによる報酬	1,848	－	－
転換社債に株式への転換による増加額	462	1,750	12,528
その他の増減（純額）	274	140	325
期末残高	110,098	94,602	106,729
利益準備金			
期末残高	2,220	2,220	2,220
期末残高	2,220	2,220	2,220
その他の利益剰余金			
期首残高	733,386	570,494	570,494
現金配当金	△8,092	△3,496	△3,496
当期純利益	91,326	83,954	166,388
期末残高	816,620	650,952	733,386
その他の包括利益（△損失）累計額			
期首残高	27,603	△1,873	△1,873
未実現有価証券評価益（純額）	△7,861	△2,931	10,706
最小年金債務調整額（純額）	18	△56	458
為替換算調整勘定（純額）	1,157	7,706	13,478
未実現デリバティブ評価益（純額）	△1,423	1,668	4,834
期末残高	19,494	4,514	27,603
自己株式			
期首残高	△4,750	△7,653	△7,653
ストックオプションの行使額	953	354	3,025
その他の増減（純額）	△1	△89	△122
期末残高	△3,798	△7,388	△4,750
株主資本合計			
期首残高	953,646	727,333	727,333
当期増加額（純額）	80,693	94,087	226,313
期末残高	1,034,339	821,420	953,646
要約包括利益			
当期純利益	91,326	83,954	166,388
その他の包括利益（△損失）	△8,109	6,387	29,476
包括利益	83,217	90,341	195,864

米国会計基準

連結キャッシュ・フロー計算書

（単位：百万円）

	当中間期 (2006.4－2006.9)	前年中間期 (2005.4－2005.9)	前期 (2005.4－2006.3)
営業活動によるキャッシュ・フロー			
当期純利益	91,326	83,954	166,388
営業活動から得た現金（純額）への当期純利益の調整：			
原価償却費・その他償却費	71,795	59,444	135,352
貸倒引当金繰入額	3,720	6,848	16,477
保険契約債務の減少	△8,842	△31,031	△47,172
証券化による売却益	△2,740	△4,035	△7,139
持分法等視利益	△15,017	△15,607	△32,080
子会社・関連会社株式売却益および清算損	△1,156	△1,800	△2,732
異常損益項目―関連会社取得時利益―	△573	－	－
少数株主利益	1,747	975	3,245
売却可能有価証券の売却益	△9,266	△6,402	△10,401
賃貸不動産売却益	△12,170	△9,445	△8,970
賃貸不動産以外のオペレーティング・リース資産の売却益	△6,515	△4,895	△7,184
長期性資産評価損	1,318	521	8,336
有価証券評価損	2,142	2,668	4,540
使途制限付現金の減少（増加）	64,452	△16,186	△119,202
短期売買目的有価証券の減少（増加）	7,003	△7,425	△9,091
棚卸資産の増加	△28,645	△14,803	△56,596
前払費用の増加	△5,536	△3,940	△2,316
未払費用の増加（減少）	△4,363	△8,512	2,755
受入保証金の増加	7,201	24,123	48,597
その他の増減（純額）	10,081	57,705	53,196
営業活動から得た現金（純額）	165,962	112,157	136,003
投資活動によるキャッシュ・フロー			
リース資産の購入	△536,368	△509,873	△1,136,538
ファイナンス・リース投資の回収	304,156	314,488	670,781
リース債権、営業貸付債権および有価証券の証券化による収入	84,191	102,287	194,806
顧客への営業貸付金の実行	△1,089,193	△783,614	△1,834,192
営業貸付金の元本回収	724,812	616,456	1,200,337
オペレーティング・リースの資産の売却	78,592	89,306	130,992
関連会社投資および配当金の受取（純額）	243	△7,716	10,754
売却可能有価証券の購入	△81,072	△91,389	△201,123
売却可能有価証券の売却	28,965	72,752	166,251
売却可能有価証券の満期償還	16,552	20,202	38,706
その他の有価証券の購入	△34,767	△20,321	△34,634
その他の有価証券の売却	27,089	15,966	23,142
その他の営業資産の購入	△25,508	△15,774	△25,630
子会社買収（取得時現金控除後）	△15,851	－	△38,837
子会社売却（売却時現金控除後）	529	1,500	2,664
その他の増減（純額）	△3,223	12,943	33,164
投資活動に使用した現金（純額）	△520,853	△182,787	△799,357
財務活動によるキャッシュ・フロー：			
満期日が３ヶ月以内の借入債務の増加（純額）	97,585	43,425	326,285
満期日が３ヶ月超の借入債務による調達	1,086,631	919,112	2,102,054
満期日が３ヶ月超の借入債務の返済	△938,003	△878,214	△1,697,828
預金の受入の増加（減少）（純額）	△3,941	17,603	16,628
新株発行	1,570	3,476	5,975
現金配当金の支払	△8,092	△3,496	△3,496
コールマネーの増加（純額）	16,200	－	10,000
その他の増減（純額）	954	266	2,910
財務活動から得た現金（純額）	252,904	102,172	762,528
現金および現金等価物に対する為替相場変動の影響額	102	643	1,302
現金および現金等価物増加額（減少額）（純額）	△101,885	32,185	100,476
現金および現金等価物期首残高	245,856	145,380	145,380
現金および現金等価物期末残高	143,971	177,565	245,856

米国会計基準

セグメント情報

（単位：百万円）

	当中間期（2006.4－2006.9）			前年中間期（2005.4－2005.9）			前期（2005.4－2006.3）		
	セグメント収益	セグメント収益	セグメント収益	セグメント収益	セグメント収益	セグメント収益	セグメント収益	セグメント収益	セグメント収益
（国内事業部門）									
法人金融サービス事業	57,945	28,734	1,799,827	48,748	23,824	1,602,587	97,683	48,661	1,616,574
自動車事業	72,016	13,386	548,513	63,869	13,425	489,313	130,775	26,661	509,149
レンタル事業	32,412	3,897	124,363	33,638	5,292	116,982	67,066	9,911	123,532
不動産関連ファイナンス事業	38,222	21,021	1,328,367	34,865	20.318	961,049	69,472	33,384	1,223,063
不動産事業	142,129	31,129	768,622	98,018	20,562	520,730	198,780	28,650	682,166
生命保険事業	63,488	3,379	508,409	68,178	7,753	521,022	137,468	13,212	491,857
その他の事業	56,928	19,232	699,105	49,919	16,259	519,727	111,854	41,657	668,689
小計	468,140	120,778	5,777,206	397,235	107,433	4,731,410	813,098	202,136	5,315,030
（海外事業部門）									
米州	56,360	17,922	470,165	26,493	14,070	398,936	70,223	34,701	441,285
アジア・大洋州・欧州	47,222	17,926	624,898	43,834	19,747	527,255	88,914	31,956	562,654
小計	103,582	35,848	1,095,063	70,327	33,817	926,191	159,137	66,657	1,003,939
セグメント合計	566,722	156,626	6,872,269	467,562	141,250	5,657,601	972,235	268,793	6,318,969
連結財務諸表との調整	△8,193	△5,292	761,646	△19,833	△8,496	675,454	△30,363	△17,977	923,486
連結財務諸表	558,529	151,334	7,633,915	447,729	132,754	6,333,055	941,872	250,816	7,242,455

（注）当社は税引前利益で業績評価しているため、税金費用はセグメント利益に含まれない。なお、セグメント情報には「非継続事業からの利益」について税金相当額控除前で各セグメントに含めている。

オリックスは2008年３月期の連結税引き前利益が前期比18％減の2,610億円になるとした。原因はアメリカのサブプライムローン（信用力の低い個人向け住宅融資）による金融、資本市場の混乱をあげている。サブプライムローン関連商品への直接投資はしてはいけないが市場環境の悪化で住宅ローンなどの証券化商品での利益が上がらない見込みとなった。（日本経済新聞2008年２月６日参照）

注

(1)　オリックス［2005］年次報告書、pp.4-5
(2)　同掲書、p.14
(3)　同掲書、p.17
(4)　同掲書、p.20
(5)　同掲書、p.61

第11章－12　ジャストシステム

1．ジャストシステムの事業展開

果敢に挑戦する先端技術開発型企業の代表例といえるジャストシステムに今回スポットをあてる。日本におけるベンチャー企業成功ケーススタディとしてジャストシステムは存在している。アントレプレナー型ベンチャー企業として、ソフト新技術開発に取り組み、一太郎ブランドで成長を続けている。四国に本社を置き、グローバル化も進めている。関係会社はアメリカ、中国にそれぞれ2社展開している。ジャストシステムはベンチャー企業研究には欠かせない存在であり、一太郎ブランドで全国を席巻したと言っても過言ではない。しかし、全ての環境が良いとは言えない、強力なライバルのマイクロソフトのワードとの熾烈な競争がある。優れたベンチャー企業といえども、グローバル化の波の中で絶えずイノベーションを行わなければ、今後の成長に翳りが出る場合もあると考えられる。経営学の中においてベンチャー企業論が近年、重要さを増していると考える。そこで、経営戦略論も駆使し、ジャストシステムのテクノロジーを明らかにしたいと考える。

1979年起業されたジャストシステム（本社・徳島）は、アントレプレナー浮川和宣に率いられ成長を続けてきた。2004年の資本金は64臆9,056万円、売上高125.12億円、社員数656人である。事業内容は、言語処理技術を基に、知的で創造的な活動をコンピュータにより支援するソフトウェアの研究、開発、販売を行うことである。アントレプレナー浮川和宣のビジョンは、知識処理技術のさらなる追求と新たなる未知の技術領域への意欲的なチャレンジであり、その結果をいち早く製品やソリューションとしてコンシューマに提供し、より良い未来を切り開く、である。

ジャストシステムは、1979年7月に徳島市にて起業され、1981年6月株式会社ジャストシステムの設立に至った。1983年10月、NEC PC-100対応ワープロソフト「JS－WORD」を発表、1985年２月、NEC PC-9800シリーズ対応ワープロソフト「JX－WORD太郎」発表、同年８月「一太郎」を発表し、ベンチャー企業の基盤ができる。

その後、一太郎シリーズを次々と発表し、そしてATOKの発表を続け、1997年７月に情報技術戦略を発表し、Justsystem Document Technology Forumを開催し、Concept Base技術を発表した。また、1997年９月に一太郎累計出荷1,000万本を突破した。

国内において急成長したジャストシステムは、2007年にヨーローッパに関連会社を設置し、またカナダにおいても関連会社を設置している。製品販売においては、コンシューマ向けパケージソフトが店舗売り場の減少をうけて販売環境が厳しい場面にある。また官庁、自治体向けのシステムが予算削減の影響で低迷しているが、ジャストシステムは早くからのシステム販売努力によって、売上が上昇している。

２．ジャストシステムのイノベーションとミッション

ジャストシステムはイノベーションを持つベンチャー企業として、盛んに新技術開発型ベンチャー企業との提携を行った。主な提携としては、1998年６月ソニーとデジタルホームネットワーク分野で、技術提携および第三者割当増資を実施した。また、同月に音声認識技術を使ったソリューションの共同開発について、日本IBM、オリンパスと行うと発表した。2000年１月には、アクセスとモバイル機器、情報家電向けJava分野で提携し、同年２月同じくベンチャー企業の成功例であるソーテックとインターネットサービス事業で協業した。さらに、インテルと提携情報機器分野において技術面で協業した。2000年６月には、ソフトバンクグループとブロードバンド事業で提携し成長路線を進行中である。

ここで、ジャストシステムの近年の売上高の推移と構成、さらに従業員数の推移を図表11-12-1、11-12-2、11-12-3にて提示する。

図表11-12-1のジャストシステムの売上高の推移を見ると、2000年から2004年まで減少傾向が見られる。原因としては、マイクロソフトのワードとの競争の激化が考えられる。優れたソフトである一太郎シリーズも、一太郎2004を2004年２月に発表し巻き返しを図っている。図表11-12-2の売上高の構成では、オンラインショップの官公庁、文教、民間法人を合わせるとオンラインショップと同じ43％を占めている。

図表11-12-1　ジャストシステム売上高推移

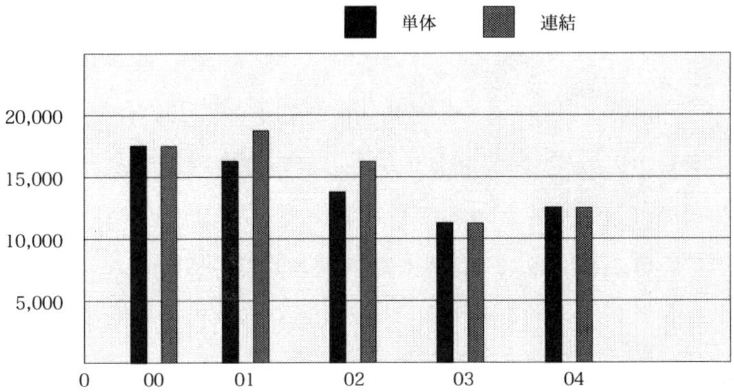

単体　連結

20,000
15,000
10,000
5,000
0　00　01　02　03　04

出所：ジャストシステム

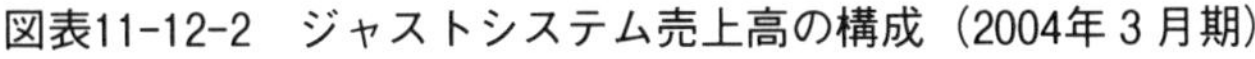

図表11-12-2　ジャストシステム売上高の構成（2004年３月期）

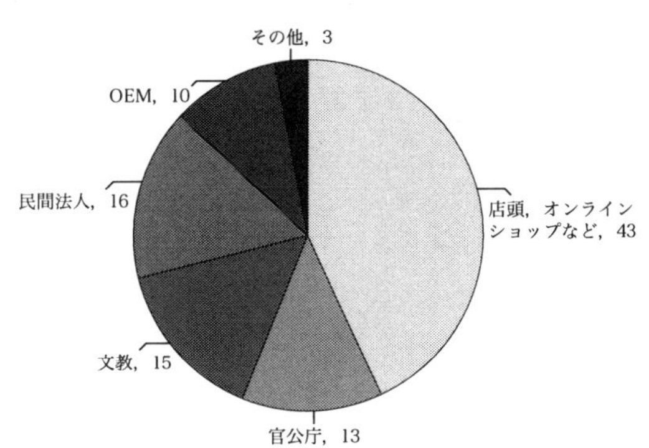

出所：ジャストシステム

図表11-12-3　ジャストシステムの従業員数の推移

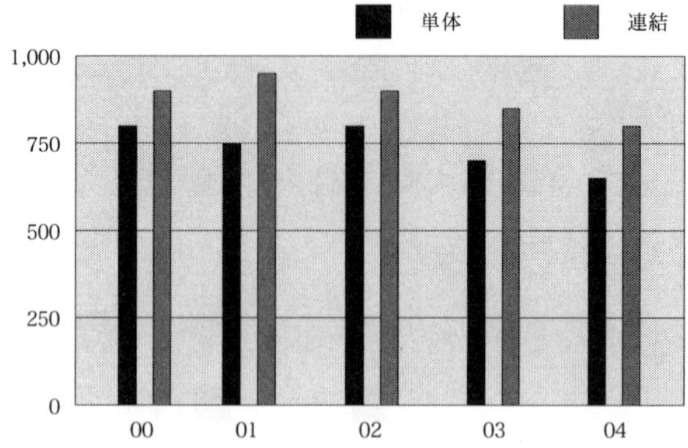

出所：ジャストシステム

また、図表11-12-3のジャストシステムの従業員数の推移からは、単体、連結共に従業員の減数が見られる。ジャストシステムのIPOについては1997年10月、ブックビルディング方式で様式を店頭登録している。

ベンチャー企業ジャストシステムのミッションは、人の可能性を拡げる事である。コンピューターという道具とインターネットというメディアを手に入れた人間が、広大な情報の海に挑戦し始めた時代である。ジャストシステムが持つ言語処理技術、使い易いインターフェイス技術などは、その果てしない情報の海から、求めるものを瞬時にすくい取るテクノロジーであると、ジャストシステム浮川和宣は述べている。ジャストシステムのミッションは、短い言葉の中でソフト開発の先駆者としての自信と将来の方向性を含んでいると言える。図表11-12-4において、ジャストシステムのミッションを提示する。

図表11-12-4　ジャストシステムのミッション

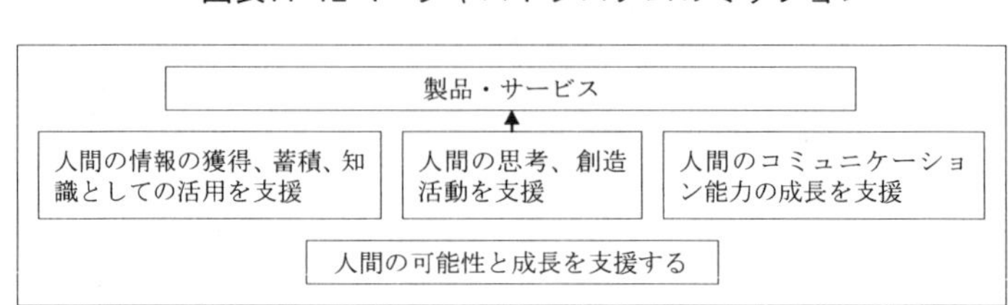

3．ジャストシステムのナレッジインフォメーションテクノロジー

パソコンの普及とインターネットの浸透によって、世界中から情報を即座に手に入れられるだけでなく、自分の思考や意見を自由に発信できるようになった。人間はこれまでも、さまざまな方法で自分の想いを表し伝えようとしてきたが、中でもことばを記したドキュメントによる表現、伝達は最も扱いやすくなじみの深いものといえる。[(1)]

各種のデジタルツールは、現在でも表現を正確に伝達できているとは言えない。ジャストシステムの言語処理ソフト開発力は定評があり、ナレッジシステムの処理エンジンやナレッジマネジメントに対応できるシステムの開発を達成している。ジャストシステムによると、「人が中心の技術」に徹底してこだわる言語処理技術をコアコンピタンスとしてナレッジ処理を常に探求している。Solution群としてGovernment、Education、Small Business、Enterprise、Homeとドメインを設定している。コアコンピタンスを形作る3つのテクノロジーを設定している。

① ナレッジを拡張する知的ストレージ技術
　インターネットデータセンター
② 思考を支援する意味処理技術
　自然言語処理
③ 行動を喚起するアクション、インターフェイス技術
　ユーザーフレンドリーなアプリケーション開発ノウハウ[(2)]

ジャストシステムのコアコンピタンスは人が中心のテクノロジーであり、言語処理テクノロジーである。日本を代表するソフト新技術開発型であり、まさに成功を勝ち取ったベンチャー企業といえる。出口経営戦略のIPOも早くに達成し、さらに成長中である。

本項においてベンチャー企業の成功企業として、ジャストシステムを取り上げた。日本においてパソコンの普及に多大な貢献をしたソフト新技術開発型の代表例と言える。言語処理テクノロジーを駆使し、イノベーション型の企業と

次々に提携し、成長を続けている。提携先としては、大ベンチャー企業と言えるソニー、京セラ、日本オラクルなどがある。また、テクノロジー会社の日本IBM、富士ゼロックス、日立、日立ソフト、大塚商会、帝人システムテクノロジー、ロータスなどと積極的に提携し、ナレッジマネジメントシステムのソフト新技術開発を行っている。アントレプレナー浮川和宣、浮川初子に率いられ、一太郎ブランドを確立し、ミッション、ビジョン、ドメイン、コアコンピタンス、イノベーションが確立している。今後も注目できるベンチャー企業である。

1【連結財務諸表等】

(1)【連結財務諸表】

①【連結貸借対照表】

		前連結会計年度（平成18年3月31日）			当連結会計年度（平成19年3月31日）		
区分	注記番号	金額（千円）		構成比（%）	金額（千円）		構成比（%）
（資産の部）							
I 流動資産							
1．現金及び預金	＊1		6,378,106			7,473,932	
2．受取手形及び売掛金			3,654,677			4,476,032	
3．たな卸資産			305,482			426,087	
4．繰延税金資産			297,480			293,793	
5．その他			263,532			672,640	
6．貸倒引当金			△4,444			△8,514	
流動資産合計			10,894,835	46.1		13,333,973	
II 固定資産							
1．有形固定資産	＊1						
(1)建物及び構築物		10,007,557			10,048,220		
(2)工具器具備品		1,960,010			1,879,135		
(3)土地		3,569,077			3,569,077		
(4)その他		35,627			31,819		
減価償却累計額		△6,637,920			△6,781,309		
有形固定資産合計			8,934,352	37.8		8,746,944	34.1
2．無形固定資産							
(1)のれん			−			375,605	
(2)ソフトウェア	＊1		251,765			902,689	
(3)ソフトウェア仮勘定			156,687			15,081	
(4)その他			7,500			258,896	
無形固定資産合計			415,954	1.8		1,552,272	6.1

区分	注記番号	前連結会計年度（平成18年３月31日）金額（千円）		構成比（%）	当連結会計年度（平成19年３月31日）金額（千円）		構成比（%）
3.投資その他の資産							
(1) 投資有価証券	＊2		1,613,575			813,158	
(2) 長期貸付金			609,699			－	
(3) 繰延税金資産			－			204,034	
(4) 投資不動産	＊1		167,627			－	
(5) 前払年金費用			236,937			256,440	
(6) その他			759,726			781,175	
(7) 貸倒引当金			△14,781			△14,881	
投資その他の資産合計			3,372,783	14.3		2,039,928	7.9
固定資産合計			12,723,090	53.9		12,339,145	48.1
資産合計			23,617,926	100.0		25,673,118	100.0
(負債の部)							
Ⅰ流動負債							
1．買掛金			460,767			591,842	
2．短期借入金	＊1,5		936,000			3,278,000	
3．未払金			1,135,255			1,442,642	
4．未払法人税等			70,751			55,564	
5．賞与引当金			441,713			471,699	
6．その他			502,837			731,952	
流動負債合計			3,547,325	15.0		6,571,702	25.6
Ⅱ固定負債							
1．長期借入金	＊1		2,907,000			2,239,000	
2．繰延税金負債			773,990			107,009	
3．退職給付引当金			517,188			567,212	
4．新株予約権			55,170			－	
5．その他			8,963			50,775	
固定負債合計			4,262,312	18.1		2,963,996	11.5
負債合計			7,809,637	33.1		9,535,698	37.1
(少数株主持分)							
少数株主持分			52,115	0.2		－	－

区分	注記番号	前連結会計年度（平成18年３月31日）金額（千円）		構成比（%）	当連結会計年度（平成19年３月31日）金額（千円）		構成比（%）
(資本の部)							
Ⅰ資本金	＊3		6,520,198			－	－
Ⅱ資本剰余金			8,236,760	27.6		－	－
Ⅲ利益剰余金			872,620	34.9		－	－
Ⅳその他有価証券評価差額金			114,212	0.5		－	－
Ⅴ為替換算調整勘定			422,897	1.8		－	－
Ⅵ自己株式	＊4		△410,516	△1.8		－	－
資本合計			15,756,172	66.7		－	－
負債、少数株主持分及び資本合計			23,617,926	100.0		－	－
(純資産の部)							
Ⅰ株主資本							
1．資本金			－	－		7,376,948	28.7
2．資本剰余金			－	－		9,844,703	38.4
3．利益剰余金			－	－		△1,678,922	△6.5
4．自己株式			－	－		△516	△0.0
株主資本合計			－	－		15,542,212	60.6
Ⅱ評価・換算差額等							
1．その他有価証券評価差額金			－	－		43,442	0.2
2．為替換算調整勘定			－	－		489,736	1.9
評価・換算差額等合計			－	－		533,179	2.1
Ⅲ新株予約権			－	－		8,694	0.0
Ⅳ少数株主持分			－	－		53,333	0.2
純資産合計			－	－		16,137,419	62.9
負債純資産合計			－	－		25,673,118	100.0

②【連結損益計算書】

区分	注記番号	前連結会計年度（自 平成17年4月1日 至 平成18年3月31日）金額（千円）		百分比（%）	当連結会計年度（自 平成18年4月1日 至 平成19年3月31日）金額（千円）		百分比（%）
Ⅰ売上高			12,213,881	100.0		13,087,986	100.0
Ⅱ売上原価			3,171,697	26.0		4,626,136	35.3
売上総利益			9,042,183	74.0		8,461,849	64.7
Ⅲ販売費及び一般管理費	＊1						
1．広告宣伝費		1,403,558			1,688,762		
2．従業員給料手当		2,201,775			2,828,661		
3．賞与引当金繰入額		224,996			226,132		
4．退職給付費用		61,726			44,454		
5．研究委託費		2,461,094			2,162,572		
6．業務委託費		1,059,367			1,105,014		
7．減価償却費		148,707			184,376		
8．その他	＊2	2,602,189	10,163,415	83.2	3,293,436	11,533,412	88.1
営業損失			1,121,231	△9.2		3,071,562	△23.4
Ⅳ営業外収益							
1．受取利息		11,609			31,049		
2．違法コピー和解金		59,457			27,790		
3．受取賃貸料		137,973			35,410		
4．パートナーシップ利益	＊3	235,146			－		
5．投資事業組合利益		－			19,268		
6．その他		25,198	469,476	3.8	46,367	159,887	1.2
Ⅴ営業外費用							
1．支払利息		77,772			66,037		
2．為替差損		29,876			－		
3．賃貸費用		93,877			22,759		
4．支払手数料		－			258,328		
5．その他		51,823	253,350	2.0	28,867	375,993	2.9
経常損失			905,105	△7.4		3,287,668	△25.1

区分	注記番号	前連結会計年度（自 平成17年4月1日 至 平成18年3月31日）金額（千円）		百分比（%）	当連結会計年度（自 平成18年4月1日 至 平成19年3月31日）金額（千円）		百分比（%）
Ⅵ特別利益							
1．投資有価証券売却益		240,067			51,131		
2．その他		12,344	252,412	2.1	1,657	52,788	0.4
Ⅶ特別損失							
1．固定資産除却損	＊4	13,091			16,086		
2．固定資産売却損	＊5	7,911			136		
3．投資有価証券評価損		－			23,617		
4．製品回収対応費	＊6	－			150,417		
5．減損損失	＊7	876,990	907,485	7.4	－		
6．その他		9,492		△12.7	100	190,358	1.5
税金等調整前当期純損失			1,560,178			3,425,238	△26.2
法人税、住民税及び事業税		44,874			36,579		
法人税等調整額		△673,427	△628,553		△1,000,161	△963,581	△ 7.4
少数株主損失			917			1,029	△ 0.0
当期純損失			930,708			2,460,627	△18.8

注

(1) ジャストシステム、p.3

(2) 浮川和宣、p.3

図表：人間を中心においたソリューション―ジャストシステムの人間支援テクノロジーより。

第11章－13　フュートレック

1．フュートレックのスタートアップ

日本で最も新しいベンチャー企業であるフュートレックは藤木英幸にひきいられ急成長を続けている。藤木［2005］によるとフュートレックの経営理念として「人々の生活を、より快適で豊かにするための商品、サービスを企画、開発し提供すること」とした。またその経営理念に基づく発想であれば、どのようなアイデアも受け入れ、スピーディーに具体化するとした。その経営理念に基づく発想であれば、どのようなアイデアも受け入れ、スピーディーに具体化するとした。経営戦略論の中で必要不可欠であるビジョン、シナジー、イノベーション、コアコンピタンスを持ち、2000年以来、５年というハイスピードでIPOに至る日本を代表するベンチャー企業といえる。早いIPOという出口経営戦略を達成し、入口から出口に到達したフュートレックは、今後どのような経営戦略を駆使するのか見届けたいと考える。また本稿の目的である財務、組織を、どのように展開しているか資料を用いて提示し、今後の成長企業の経営分析につながるようにしたい。

ベンチャー企業を語るうえで忘れてならないのは、定義である。ベンチャー企業の定義は「果敢に挑戦する先端技術開発型および新ビジネスモデル型の企業」である。それは先端技術に基づいた製品開発であり、その結果が製品として「もの」になることが重要と考える。失われた15年を取り返すのが、フュートレックなどの、先端技術開発力と考える。

フュートレックは2000年に大阪市に起業されたベンチャー企業である。ベンチャー企業の出口経営戦略であるIPOまで、わずか５年というスピードで到達した。まさに新しいベンチャー企業といえる。フュートレックは携帯機器におけるビジネスモデルの提案から具現化まで、システムLSIの設計技術ノウハウ

をいかした受託設計を事業内容としている。起業後、早くから大手携帯電話機器メーカー、その他の企業より受託設計を受注した。

2001年には、同じくベンチャー企業の成功例のソニーとメモリースティックのROMの共同開発を行った。また携帯電話用音源IPを販売開始した。2002年にはメモリースティックROM製造権、販売権を獲得した。2003年には、インストームへ資本参加、インデックスよりバウリンガルコネクトカードを受注し急成長した。

2．フュートレックの経営戦略

フュートレックのビジョンは、ケータイの未来を開くことである。携帯電話は、人々の生活から切り離すことの出来ない大切なコミュニケーションツールとして広く普及している。しかし携帯電話の可能性については、まだほんの一部分だけが実現しているに過ぎず、その可能性は無限大といえる。

フュートレックは、着メロなどに使われるLSI設計データ、組込みソフトウェアをIP化して提供する事業、携帯電話の新しい利用法、利便性を追求し、より新しいアプリケーション商法を企画、開発、提供するイノベーター企業として[1] 成長している。図表11-13-1にて携帯電話産業の構造を提示する。

図表11-13-1　携帯電話産業の構造

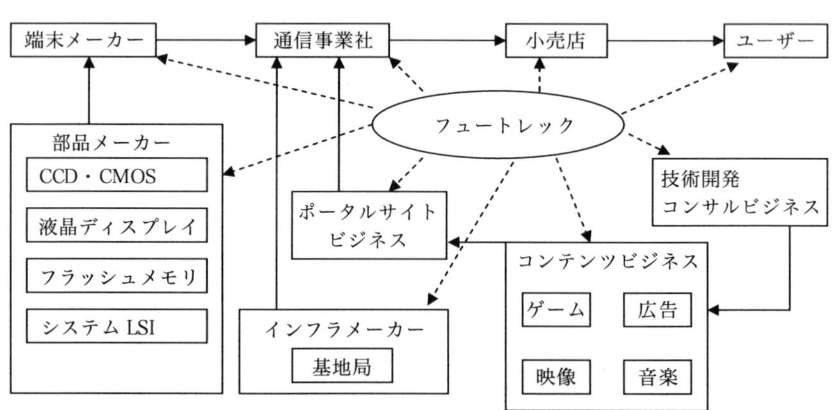

出所：フュートレック［2005］「Company Profile」、p.1

2．フュートレックIP戦略とコアコンピタンス

フュートレック［2005］によると、携帯電話の価値を決定するようなサービスも、そのコンテンツ（右脳）と携帯電話を構成するハードウェアとソフトウェア（左脳）を結びつけるシステムLSI、組込ソフトウェアが備わってはじめて実現できる。フュートレックのコアコンピタンスは、IP（Intellectual Property：知的財産権）化したLSI設計データ、組込みソフトウェアである。フュートレックの大きな特徴がIP事業であり、特定の機能を持つLSI設計データ、組込みソフトウェアをIP化し、携帯端末メーカーなどへライセンス供給している。通常、携帯端末メーカーが自社製品を製造する場合には全体的な設計図を作成し、同時に回路設計図も作成する。しかしフュートレックのIP設計図を活用することにより、回路設計図を作成する手間とコストを大幅に削減することが可能となった。

IP事業の強みは、携帯端末メーカーなどへのLSI設計データ、組込みソフトウェアの使用許諾契約時に発生するライセンスフィーと製品出荷台数に応じて発生するランニングロイヤルティを収益としていることにある。これにより他の設計データ開発会社のような製造にともなう設備投資等のリスクがない[(2)]。図表11-13-2にてフュートレックのIP事業系統図を提示する。

図表11-13-2　フューチャーレックのIP事業系統図

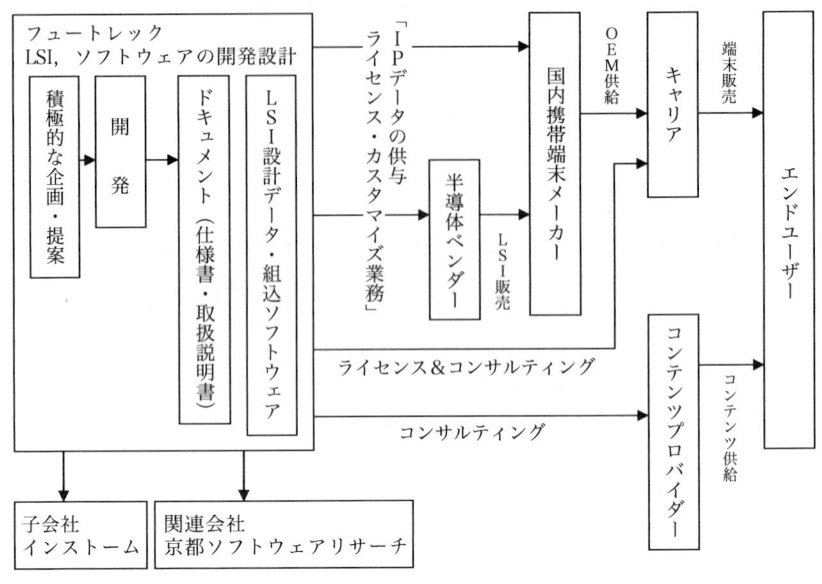

出所：フューチャーレック［2005］「Company Profile」、p.3

4．フューチャーレックの事業戦略とコーポレートガバナンス

フューチャーレックには、前項のIP事業のほか、コンテンツカード事業と高付加価値事業がある。①コンテンツカード事業は携帯電話に搭載されているカードスロットに、ゲームコンテンツなどを記録させたメモリーカードを差し込むことで、ダウンロードで得る方式のコンテンツに比べ、より多くの魅力的なコンテンツを楽しむことができる。メモリーカードの差し替えだけで簡単に交換できるので、メモリー容量も気にする必要はない。②高付加価値事業はIT社会といわれる現在、商品の大半に半導体部品が搭載されている。新しい商品を開発することは、すなわち新しい半導体部品を設計することであり、ここにフューチャーレックのシステムLSI設計技術が必要となる。半導体設計は、多くの技術、技能を有するマンパワーを要する特殊な事業にも関わらず、慢性的な人

材不足に陥っている。よってフュートレックの受諾設計が増大して(3)いる。

フュートレック［2005］によると、コーポレートガバナンスに関する基本的な考え方として、Free, Fair, Grobalの環境下における企業経営は透明性、公平さ、スピードが必要とされる。企業価値の増大を図ることが使命であり、そのベースとして、法令違反の発生を予防、防止し経営の適法性を確保するためにコーポレートガバナンスの強化、充実が必要である。また株主、取引先、コンシューマに対するディクスロージャーの徹底を行うとともに企業統治に必要な社内組織を敷いている。図表11-13-3にてコーポレートガバナンスを提示する。

図表11-13-3　フュートレックのコーポレートガバナンス

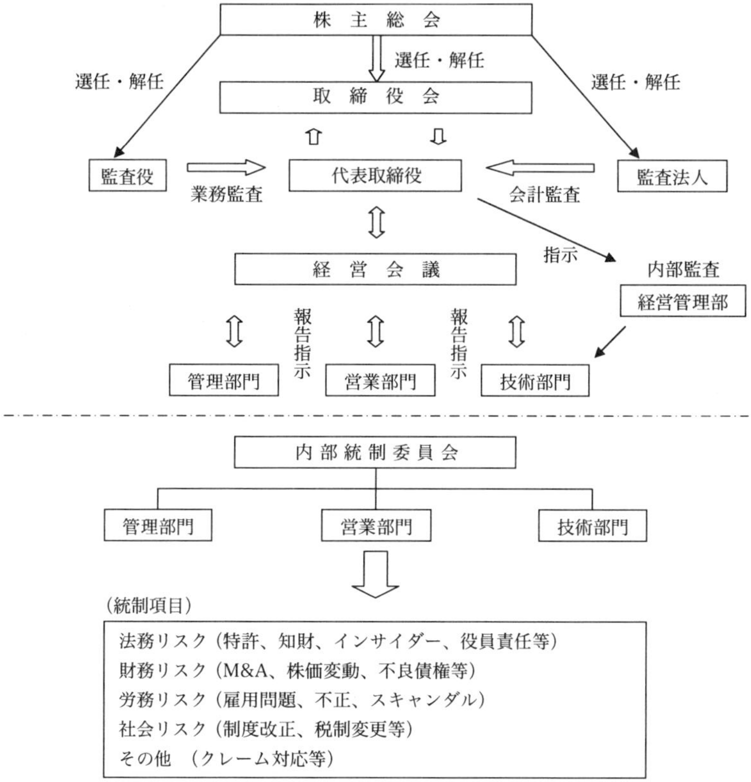

出所：フュートレック［2005］「新株式発行並びに株式売出届出目論見書」、pp.41-42

フュートレックは2005年にマザーズにIPOした。上場時発行済み株式数22,640、公募株式数2,800、売り出し株式数1,300であった。日本の失われた15年の最後に希望の光を与えてくれるIPOになったといえる。主力商品は、本稿でふれたが、携帯電話機の着信メロディーを処理する音源LSI（大規模集積回路）の設計データ開発である。

このLSIの設計図をライセンス化して、半導体メーカーや携帯電話メーカーに販売しており、海外との取引も拡大中である。藤木にひきいられた、新進のベンチャー企業として、これからの発展が期待される。最後にフュートレックの財務諸表等は資料として、最終ページに提示した。

2007年の収益構造は、音源のライセンス、カスタマイズ、コンサルティングが根幹をなしている。新ビジネスモデルとして「IPライセンス」があげられる。特に携帯電話はNTTドコモすべてにフュートレックの音源IPが搭載された。今後の計画としては、国内において確固たる地位を築き、海外においてはソフト音源ビジネスの拡大を図るビジョンが設定された。カード部門では暗号化技術によって教育市場に参入し、受託開発部門では、センサー分野の受託に力をいれることが決定した。

(財務資料)

1 【連結財務諸表等】

(1)【連結財務諸表】

①【連結貸借対照表】

区分	注記番号	前連結会計年度(平成16年3月31日) 金額（千円）		構成比(%)	当連結会計年度(平成17年3月31日) 金額（千円）		構成比(%)
(資産の部)							
Ⅰ流動資産							
1．現金及び預金			180,644			546,365	
2．売掛金			238,286			219,685	
3．たな卸資産			12,519			47,515	
4．繰延税金資産			9,838			11,943	
5．その他			7,166			7,438	
貸倒引当金			△626			△639	
流動資産合計			447,828	63.7		832,309	81.4
Ⅱ固定資産							
1．有形固定資産							
(1)建物		13,518			13,518		
減価償却累計額		△5,195	8,322		△6,747	6,770	
(2)工具器具備品		30,035			31,858		
減価償却累計額		△15,910	14,125		△21,366	10,491	
有形固定資産合計			22,448	3.2		17,262	1.7
2．無形固定資産							
(1)ソフトウェア			153,925			83,786	
(2)その他			76			76	
無形固定資産合計			154,001	22.0		83,862	8.2
3．投資その他の資産							
(1)投資有価証券	＊1		63,447			74,101	
(2)差入保証金			11,440			11,137	
(3)繰延税金資産			1,114			3,036	
(4)その他			2,287			1,149	
投資その他の資産合計			78,290	11.1		89,425	8.7
固定資産合計			254,740	36.3		190,550	18.6
資産合計			702,568	100.0		1,022,860	100.0
(負債の部)							
Ⅰ流動負債							
1．買掛金			59,379			130,009	
2．未払金			23,440			17,729	
3．未払法人税等			2,221			22,999	
4．賞与引当金			20,930			19,052	
5．その他			15,097			14,363	
流動負債合計			121,068	17.2		204,155	20.0
負債合計			121,068	17.2		204,155	20.0
(少数株主持分)							
少数株主持分			3,280	0.5		3,480	0.3
(資本の部)							
Ⅰ資本金	＊2		315,500	44.9		415,900	40.5
Ⅱ資本剰余金			265,500	37.8		366,900	35.9
Ⅲ利益剰余金			△3,644	△0.5		30,255	3.0
Ⅳその他有価証券評価差額金			863	0.1		2,169	0.2
資本合計			578,218	82.3		815,224	79.7
負債、少数株主持分及び資本合計			702,568	100.0		1,022,860	100.0

②【連結損益計算書】

		前連結会計年度 （自 平成15年４月１日 至 平成16年３月31日）			当連結会計年度 （自 平成16年４月１日 至 平成17年３月31日）		
区分	注記番号	金額（千円）		百分比（%）	金額（千円）		百分比（%）
Ⅰ売上高			907,543	100.0		1,059,496	100.0
Ⅱ売上原価			481,628	53.1		621,730	58.7
売上総利益			425,914	46.9		437,766	41.3
Ⅲ販売費及び一般管理費	＊1,2		416,735	45.9		368,017	34.7
営業利益			9,178	1.0		69,748	6.6
Ⅳ営業外収益							
１．受取利息		21			21		
２．受取配当金		—			400		
３．連結調整勘定償却額		350			—		
４．持分法による投資利益		—			8,454		
５．雇用開発助成金		—			1,333		
６．その他		5	377	0.0	298	10,507	1.0
Ⅴ営業外費用							
１．支払利息		856			542		
２．持分法による投資損失		2,435			—		
３.その他		88	3,379		88	631	0.1
経常利益		0.3				79,624	7.5
Ⅵ特別利益			6,176	0.7			
１．貸倒引当金戻入益					15	15	0.0
Ⅶ特別損失		—					
１．違約金損失			—		20,000		
２．ソフトウェア評価額		—	—		7,823	27,823	2.6
税金等調整前当期純利益		—	6,176			51,817	4.9
法人税、住民税及び事業税		7,003		0.7	22,640		
法人税等調整額					△4,922	17,718	1.7
少数株主利益		400	7,403	0.8		199	0.0
当期純利益又は投機純損失（△）			130	0.0		33.899	3.2
			△1,359	△0.1			

③【連結剰余金計算書】

		前連結会計年度 （自 平成15年４月１日 至 平成16年３月31日）・・		当連結会計年度 （自 平成16年４月１日 至 平成17年３月31日）・・	
区分	注記番号	金額（千円）		金額（千円）	
（資本剰余金の部）・					
Ⅰ資本剰余金期首残高			265,500		265,500
Ⅱ資本剰余金増加高					
増資による新株の発行		—	—	101,400	101,400
Ⅲ 資本剰余金期末残高			265,500		366,900
（利益剰余金の部）					
Ⅰ利益剰余金期首残高			△2,633		△3,644
Ⅱ利益剰余金増加高					
１．当期純利益		—			
２．持分法適用会社増加に伴う増加高		347	347	—	33,899
Ⅲ利益剰余金減少高					
当期純損失		1,359	1,359	—	—
Ⅳ利益剰余金期末残高			△3,644		30,255

④【連結キャッシュ・フロー計算書】

		前連結会計年度 (自平成15年4月1日 至平成16年3月31日)	当連結会計年度 (自平成16年4月1日 至平成17年3月31日)
区分	注記番号	金額（千円）	金額（千円）
Ⅰ営業活動によるキャッシュ・フロー			
税金等調整前当期純利益		6,176	51,817
減価償却費		84,668	95,068
連結調整勘定償却額		△350	−
貸倒引当金の増減額（減少：△）		4	13
賞与引当金の増減額（減少：△）		△694	△1,877
受取利息及び受取配当金		△21	△421
支払利息		856	542
持分法による投資利益		−	△8,454
持分法による投資損失		2,435	−
違約金損失		−	20,000
ソフトウェア評価額		−	7,823
売上債権の増減額（増加：△）		13,680	18,600
たな卸資産の増減額（増加：△）		△10,272	△34,995
仕入債務の増減額（減少：△）		△10,127	70,630
未払金の増減額（減少：△）		22,059	△5,711
その他		2,929	4,428
小計		111,343	217,465
利息及び配当金の受取額		21	421
利息の支払額		△856	△542
違約金の支払額		−	△20,000
法人税等の支払額		△9,107	△5,158
営業活動によるキャッシュ・フロー		101,400	192,185
Ⅱ投資活動によるキャッシュ・フロー			
定期預金の預入による支出		−	△50,000
有形固定資産の取得による支出		△8,230	△1,822
有形固定資産の売却による収入		1,041	−
無形固定資産の取得による支出		△54,359	△25,744
投資有価証券の取得による支出		△52,345	−
新規連結子会社株式の取得による収入	*2	2,510	−
その他		411	303
投資活動によるキャッシュ・フロー		△110,971	△77,263
Ⅲ財務活動によるキャッシュ・フロー			
短期借入による収入		250,000	−
短期借入金の返済による支出		△250,000	−
株式の発行による収入		−	200,800
財務活動によるキャッシュ・フロー		−	200,800
Ⅳ現金及び現金同等物の増減額（減少：△）		△9,570	315,721
Ⅴ現金及び現金同等物の期首残高		190,214	180,644
Ⅵ現金及び現金同等物の期末残高	*1	180,644	496,365

連結財務諸表作成のための基本となる重要な事項

項目	前連結会計年度 （自 平成15年４月１日 至 平成16年３月31日）	当連結会計年度 （自 平成16年４月１日 至 平成17年３月31日）
１．連結の範囲に関する次項	(1)連結子会社の数　１社 連結子会社の名称 ㈱インストーム なお、上記の連結子会社は、当連結会計年度において新たに株式を取得したことにより、連結範囲に含めたものである。 (2)非連結子会社の名称等 該当事項はない。	(1)連結子会社の数　１社 同左 (2)非連結子会社の名称等 同左
２．持分法の適用に関する事項	(1)持分法適用の関連会社の数　１社 ㈱京都ソフトウェアリサーチ (2)持分法適用会社は、決算日が異なるため、連結決算日現在で本決算に準じた仮決算を行った財務諸表を基礎としている。	(1)持分法適用の関連会社数　１社 同左 (2)　同左
３．連結子会社の事業年度等に関する事項	連結子会社の事業年度の末日は、連結決算日と一致している。	同左
４．会計処理基準に関する事項 (1)重要な資産の評価基準及び評価方法	イ　有価証券 その他有価証券 時価のあるもの 連結決算日の市場価格等に基づく時価法（時価差額は全部資本直入法により処理し、売却原価は移動平均法により算定）を採用している。 時価のないもの 移動平均法による原価法を採用している。 ロ　たな卸資産 製品 ―――― 仕掛品 個別法による原価法を採用している 貯蔵品	イ　有価証券 その他有価証券 時価のあるもの 同左 時価のないもの 同左 ロ　たな卸資産 製品 総平均法による原価法を採用している。 仕掛品 同左 貯蔵品 総平均法による原価法を採用している。
(2)重要な減価償却資産の減価償却の方法	イ　有形固定資産 定率法を採用している。 なお、主な耐用年数は、以下のとおりである。 建物　10～15年 工具器具備品　３～６年 ロ　無形固定資産 ソフトウエア 自社利用のソフトウエア 社内における利用可能期間（５年）に基づく定額法によって決まっている。 市場販売目的のソフトウエア 見込販売収益に基づく償却額と残存有効期間（３年以内）に基づく均等配分とのいずれか大きい額を償却している。	イ　有形固定資産 同左 ロ　無形固定資産 ソフトウエア 自社利用のソフトウエア 同左 市場販売目的のソフトウェア

(3)重要な引当金の計上基準	イ　貸倒引当金 　債権の貸倒れによる損失に備えるため一般債権については貸倒実績率により、貸倒懸念債権等特定の債権については個別に回収可能性を検討し、回収不能見込額を計上している。 ロ　賞与引当金 　従業員に対して支給する賞与の支出に備えるため、賞与の支給見込額のうち当連結会計年度負担額を計上している。	イ　貸倒引当金 同左 ロ　賞与引当金 同左
(4)重要なリース取引の処理方法	リース物件の所有権が借主に移転すると認められるもの以外のファイナンス・リース取引については、通常の賃貸借取引に係る方法に準じた会計処理によっている。	同左
(5)その他連結財務諸表作成のための重要な事項	消費税等の会計処理 　税抜方式によっている。	消費税等の会計処理 同左
5．連結子会社の資産及び負債の評価に関する事項	連結子会社の資産及び負債の評価については、全面時価評価法を採用している。	同左
6．連結調整勘定の償却に関する事項	連結調整勘定の償却については、発生年度に重要性がないため全額償却している。	――――
7．利益処分項目等の取扱いに関する事項	連結剰余金計算書は、連結会社の利益処分について、連結会計年度中に確定した利益処分に基づいて作成している。	同左
8．連結キャッシュ・フロー計算書における資金の範囲	手許現金、随時引き出し可能な預金及び容易に換金可能であり、かつ、価値の変動について僅少なリスクしか負わない取得日から3ヶ月以内に償還期限の到来する短期投資からなっている。	同左

注記事項

(連結貸借対照表関係)

前連結会計年度 (平成16年3月31日)	当連結会計年度 (平成17年3月31日)
＊1　関連会社に対するものは次のとおりである。 投資有価証券　9,647千円 ＊2　当社の発行済株式総数は、普通株式2,720株である。	＊1　関連会社に対するものは次のとおりである。 投資有価証券 ＊2　当社の発行済株式総数は、普通株式4,960株である。

（連結損益計算書関係）

前連結会計年度 （自 平成15年４月１日 至 平成16年３月31日）	当連結会計年度 （自 平成16年４月１日 至 平成17年３月31日）
＊1　販売費及び一般管理費のうち主要な費目及び金額は次のとおりである。 役員報酬　58,246千円 給与手当　63,763千円 賞与引当金繰入額　5,690千円 研究開発費　99,769千円 営業支援費　35,229千円 ＊2　研究開発費の総額 一般管理費及び当期製造費用に含まれる研究開発費　109,169千円	＊1　販売費及び一般管理費のうち主要な費目及び金額は次のとおりである。 役員報酬　56,606千円 給与手当　57,759千円 賞与引当金繰入額　4,213千円 研究開発費　60,482千円 営業支援費　41,777千円 ＊2　研究開発費の総額 一般管理費及び当期製造費用に含まれる研究開発費　65,807千円

（連結キャッシュ・フロー計算書関係）

前連結会計年度 （自 平成15年４月１日 至 平成16年３月31日）	当連結会計年度 （自 平成16年４月１日 至 平成17年３月31日）
＊1　現金及び現金同等物の期末残高と連結貸借対照表に掲記されている科目の金額との関係 現金及び預金勘定　180,644千円 現金及び現金同等物　180,644千円 ＊2　株式の取得により新たに連結子会社となった会社の資産及び負債の主な内訳 株式の取得により新たに㈱インストームを連結したことに伴う連結開始時の資産及び負債の内訳並びに同社株式の取得価額と同社株式取得のための収入（純額）との関係は次のとおりである。 （千円） 流動資産　10,617 固定資産　312 流動負債　△428 連結調整勘定　△350 少数株主持分　△3,150 同社株式の取得価額　7,000 同社現金及び現金同等物　△9,510 差引：新規連結子会社株式の取得による収入　2,510	＊1　現金及び現金同等物の期末残高と連結貸借対照表に掲記されている科目の金額との関係 現金及び預金勘定　546,365千円 預入期間が３ヶ月を超える定期預金　△ 50,000千円 現金及び現金同等物　496,365千円

中間連結財務諸表等

(1)中間連結貸借対照表

		前中間連結会計期間末（平成17年９月30日）			当中間連結会計期間末（平成18年９月30日）			対前中間期比	前連結会計年度の要約連結貸借対照表（平成18年３月31日）		
区別	注記番号	金額（千円）		構成比(%)	金額（千円）		構成比(%)	増減(千円)	金額（千円）		構成比(%)
(資産の部)											
Ⅰ流動資産											
1．現金及び預金			—			1,326,104				1,458,516	
2．売掛金			—			213,429				216,057	
3．たな卸資産			—			6,483				8,854	
4．その他			—			25,351				21,363	
貸倒引当金			—			△659				△666	
流動資産合計			—	—		1,570,709	84.5	—		1,704,124	90.6
Ⅱ固定資産											
1．有形固定資産											
(1)建物	＊1	—			9,317				5,612		
(2)工具器具備品	＊1	—			88,08				9,774		
(3)その他		—	—		168	18,294		—	—		
2．無形固定資産										15,387	
(1)ソフトウェア		—			80,964				70,713		
(2)その他		—	—		76	81,040		—	76	70,789	
3．投資その他の資産											
(1)投資有価証券		—			171,741				74,980		
(2)その他		—	—		18,058	189,799			15,408	90,389	
固定資産合計			—	—		289,134	15.5	—		176,565	9.4
資産合計			—	—		1,859,844	100.0			1,880,690	100.0
(負債の部)											
Ⅰ流動負債											
1．買掛金			—			62,497				74,050	
2．未払い法人税等			—			27,070				57,179	
3．賞与引当金			—			17,762				19,447	
4．その他			—			29,698				35,915	
流動負債合計			—	—		137,028	7.4	—		186,593	
Ⅱ固定負債											
1．繰延税金負債			—			3,944		—		1,874	
固定負債合計			—	—		3,944	0.2	—		1,874	0.1
負債合計						140,972	7.6			188,467	10.0
(少数株主持分)											
少数株主持分			—	—		—	—	—		5,488	0.3
(資本の部)											
Ⅰ資本金			—	—		—	—	—		679,400	36.1
Ⅱ資本剰余金			—	—		—	—	—		877,625	46.7
Ⅲ利益剰余金			—	—		—	—	—		124,987	6.6
Ⅳその他有価証券評価差額金			—	—		—	—	—		4,721	0.3
資本合計			—	—		—	—	—		1,686,734	89.7
負債、少数株主持分及び資本合計			—	—		—	—	—		1,880,690	100.0
(純資産の部)											
Ⅰ株主資本											
1．資本金			—	—		679,400	36.5	—		—	—
2．資本剰余金			—	—		877,625	47.2	—		—	—
3．利益剰余金			—	—		148,917	8.0	—		—	—
株主資本合計			—	—		1,705,942	91.7	—		—	—
Ⅱ評価・換算差額等											
1．その他有価証券評価差額金			—	—		7,392	0.4	—		—	—
評価・換算差額等合計			—	—		7,392	0.4	—		—	—
Ⅲ少数株主持分			—	—		5,536	0.3	—		—	—
純資産合計			—	—		1,718,871	92.4	—		—	—
負債純資産合計			—	—		1,859,844	100.0	—		—	—

(2)中間連結損益計算書

		前中間連結会計期間 (自平成17年4月1日 至平成17年9月30日)			当中間連結会計期間 (自平成18年4月1日 至平成18年9月30日)			対前中間期比	前連結会計年度の 要約連結損益計算書 (自平成17年4月1日 至平成18年3月31日)		
区分	注記番号	金額(千円)		百分比(%)	金額(千円)		百分比(%)	増減(千円)	金額(千円)		百分比(%)
Ⅰ売上高			−	−		522,244	100.0	−		1,443,367	100.0
Ⅱ売上原価			−	−		243,740	46.7	−		829,660	57.5
売上総利益			−	−		278,503	53.3	−		613,707	42.5
Ⅲ販売費及び一般管理費	＊1		−	−		216,542	41.4	−		439,911	30.5
営業利益			−	−		61,961	11.9	−		173,795	12.0
Ⅳ営業外収益											
1．受取利息		−			310				112		
2．受取配当金		−			1,267				500		
3．消費税差益		−			289				445		
4．その他		−				1,867	0.3	−	22	1,079	0.1
Ⅴ営業外費用											
1．持分法による投資損失		−							3,421		
2．新株発行費		−							5,600		
3．その他		−	−	−	−	−	−	−	55	9,076	0.6
経常利益			−	−		63,828	12.2	−		165,797	11.5
Ⅵ特別利益											
1．貸倒引当金戻入益		−			7				−		
2．投資有価証券売却益		−	−		4,319	4,327	0.8	−	−	−	−
Ⅶ特別損失											
1．固定資産序客損	＊2	−	−		55	55	0.0	−	−	−	−
税金等調整前中間(当期)純利益			−	−		68,099				165,797	11.5
法人税、住民税及び事業税		−			24,291				64,183		
法人税等調整額		−	−	−	3,566	27,858	5.3		51	64,235	4.5
少数株主利益			−	−		47	0.0			2,008	0.1
中間(当期)純利益			−	−		40,193	7.7			99,554	6.9

(3)中間連結剰余金計算書及び中間連結株主資本等変動計算書

中間連結剰余金計算書

		前中間連結会計期間 (自 平成17年4月1日 至 平成17年9月30日)		連結会計年度の 連結剰余金計算書 (自 平成17年4月1日 至 平成18年3月31日)	
区分	注記番号	金額(千円)		金額(千円)	
(資本剰余金の部)					
Ⅰ資本剰余金期首残高			−		366,900
Ⅱ資本剰余金増加高					
増資による新株の発行		−	−	510,725	510,725
Ⅲ資本剰余金中間期末(期末)残高			−		877,625
(利益剰余金の部)					
Ⅰ利益剰余金期首残高			−		30,255
Ⅱ利益剰余金増加高					
中間(当期)純利益		−	−	99,554	99,554
Ⅲ利益剰余金減少高					
配当金		−	−	4,821	4,821
Ⅳ利益剰余金中間期末(期末)残高			−		124,987

中間連結株主資本等変動計算書

当中間連結会計期間（自 平成18年４月１日　至 平成18年９月30日）

	株主資本				評価・換算差額等		
	資本金	資本剰余金	利益剰余金	株主資本合計	その他有価証券評価差額金	少数株主持分	純資産合計
平成18年３月31日残高（千円）	679,400	877,625	124,987	1,682,012	4,721	5,488	1,692,223
中間連結会計期間中の変動額（千円）							
剰余金の配当	－	－	△13,764	△13,764	－	－	△13,764
利益処分による役員賞与	－	－	△2,500	△2,500	－	－	△2,500
中間純利益	－	－	40,193	40,193	－	－	40,193
株主資本以外の項目の中間連結会計期間中の変動額（純額）	－	－	－	－	2,670	47	2,718
中間連結会計期間中の変動額合計（千円）	－	－	23,929	23,929	2,670	47	26,648
平成18年９月30日残高（千円）	679,400	877,625	148,917	1,705,942	7,392	5,536	1,718,871

(4)中間連結キャッシュ・フロー計算書

		前中間連結会計期間（自平成17年４月１日 至平成17年９月30日）	当中間連結会計期間（自平成18年４月１日 至平成18年９月30日）	対前中間期比	前連結会計年度の要約連結キャッシュ・フロー計算書（自平成19年９月４日 至平成19年９月４日）
区分	注記番号	金額（千円）	金額（千円）	増減（千円）	金額（千円）
Ⅰ営業活動によるキャッシュ・フロー					
税金等調整前中間（当期）純利益		－	68,099		165,797
減価償却費		－	21,239		59,199
貸倒引当金の増減額（減少：△）		－	△7		27
賞与引当金の増減額（減少：△）		－	△1,684		394
受取利息及び受取配当金		－	△1,577		△612
持分法による投資損失		－	－		3,421
固定資産序客損		－	55		－
投資有価証券売却益		－	△4,319		－
売上債権の増減額（増加：△）		－	2,627		3,628
たな卸資産の増減額（増加：△）		－	2,371		38,660
仕入債務の増減額（減少：△）		－	△11,553		△55,959
未払金の増減額（減少：△）		－	2,814		△1,885
役員賞与の支払額		－	△2,500		－
その他		－	△13,453		12,150
小計		－	62,112	－	224,823
利息及び配当金の受取額		－	1,334		609
法人税等の支払額		－	△57,110		△35,513
営業活動によるキャッシュ・フロー		－	6,336		189,919
Ⅱ投資活動によるキャッシュ・フロー					
定期預金の払戻による収入		－	50,000		－
有形固定資産の取得による支出		－	△5,434		△4,285
無形固定資産の取得による支出		－	△29,018		△38,913
投資有価証券の取得による支出		－	△106,942		－
投資有価証券の売却による収入		－	19,000		－
その他		－	△2,952		△3,972
投資活動によるキャッシュ・フロー		－	△75,347	－	△47,171
Ⅲ財務活動によるキャッシュ・フロー					
株式の発行による収入		－	－		774,225
配当金の支払額		－	△13,400		△4,821
財務活動によるキャッシュ・フロー		－	△13,400	－	769,403
Ⅳ現金及び現金同等物の増減額（減少：△）		－	△82,411	－	912,150
Ⅴ現金及び現金同等物の期首残高		－	1,408,516	－	496,365
Ⅵ現金及び現金同等物の中間期末（期末）残高	＊1	－	1,326,104	－	1,408,516

注

(1) フュートレック［2005］「Company Profile」、p.1
フュートレックは携帯電話を通して、より楽しく、便利、簡単で豊かな生活の実現に貢献したいと考えている。
(2) フュートレック［2005］「Company Profile」、pp.3-4
フュートレックはIP事業以外にも3D音響IPなど最先端技術をもっている。
(3) フューロレック［2005］「Company Profile」、p.6
現在、パケット定額制の移行にともない、通信キャリア側では、過度のダウンロード通信利用による設備経費増大を抑制する狙いもあり、メモリーカード形式のコンテンツ提供を推し進める状況にあり、成長事業として確立しつつある。

第11章－14　浜松ホトニクス

1．光サイエンスを求める大ベンチャー企業

光テクノロジーをコアコンピタンスとする浜松ホトニクスはベンチャー企業として成長を続けている。新技術開発型のイノベーターとして半導体レーザーにより、最先端技術のドメインを広げつつあると考える。レーザーの材料である結晶から研究をスタートさせ設計、半導体プロセス、組立、アッセンブリ、冷却技術と発展中である。新市場をも浜松ホトニクスが切り開く強い意志をもち果敢に挑戦している。まさに成功したベンチャー企業、大ベンチャー企業といえる。ドメインは光情報処理、光情報通信、バイオホトニクス、PETシステム、光による成体計測、材料研究、真の健康、農業と広がっている。さらなる飛躍が約束された大ベンチャー企業といえる。

光テクノロジーで成長続ける大ベンチャー企業は古い歴史をもっている。アントレプレナー堀内平八郎はテレビジョンテクノロジーの祖、高柳健次郎博士の研究室でテレビジョンテクノロジーを学び、そのスピリットを受け継ぐことになる。高柳健次郎博士は10年、20年先の社会に役立つ技術を開発しようと研究に勤しんだ。1926年高柳の研究チームは、世界ではじめて電子式テレビで「イ」の字を映し出すのに成功したのである。そのスピリットを受け継いだ浜松ホトニクスはビジョン設定を光科学の追究を通じて人類の未知未踏分野を開拓し、新しい産業を開発するとした。またミッションとしては「光で何ができるか」をあげ、人類がこれまで目にしたことのない世界へ、そこに分け入るツールとして「光」へ期待し、ターゲットとしてフェムト秒という極短時間領域へ到達する。浜松ホトニクスは光の本質に迫る研究と、その産業応用に様々な視点から取り組み、分野を問わず幅広い貢献をしていく、精神的にも身体的にも申し分のない「健康」を全人類に実現する。このように浜松ホトニクスは

ビジョン、ミッションの確立した大ベンチャー企業である。コアコンピタンスは光テクノロジーであり、ドメインは広がっていると考える。

2．浜松ホトニクスの事業展開

浜松ホトニクス代表はP. hoton is Our Businessの中で新しい産業の創出に向けて、人類の知見を広げるのは「真理とは何か」を追求したい想いでサイエンスが芸術や宗教と違うのは、第三者にもわかる手段で真理を追いかけることであると述べた。さらに真理の追究が日本語の「科学」と本来の「サイエンス」の違いでもある。新しいサイエンスが新しい科学を生み、技術や応用を育て、やがて新しい産業となる。浜松ホトニクスの事業は6分野に分けられる。事業は①光による健康の探求②クオリティ・オブ・ライフのための医療③バイオの時代が始まる④人と人を光が結ぶ⑤光と食糧の明るい関係⑥限りない応用を夢見てである。具体的には①は近赤外線装置による体内酸素のモニタリング②はエキシマダイレーザーを用いたPDT（光線力学的療法）システムは、がん治療に使用される③は薬の高速スクリーニングを自動で行うFDSS（ファンクショナルドラッグスクリーニングシステム）④は1000分の1秒で対象物を認識し追随する「インテリジェントビジョンシステム」とその心臓部「高速CMOSエリアイメージセンサー」⑤は農業分野における必要十分な出力の半導体レーザーの開発⑥は大阪大学レーザー核融合研究センターでの核融合実験である。コアコンピタンスである光を使用したさまざまな分野の機器の開発を事業展開している。

電子管事業においてはニュートリノの観測施設スーパーカミオカンデで11,200本の20インチ径行電子増倍管が採用されている。光センサ、光源技術で医療、学術分野まで対応している。受光製品、光源製品をコアコンピタンスに光電子増倍管シリーズ（超高感度光センサー）、ポジトロンCT、ファイバオプティクプレート（光ファイバの数千万本束）、光センサモジュールを開発した。固体事業部では光半導体をコアコンピタンスにフォトIC、PSD（位置検出素子）、イメージセンサ、フォトダイオード、赤外線検出素子、発光素子、光ファイバ通信用ギガビットデバイスを開発した。

システム事業部では画像を伝達するテレビジョンテクノロジーを元に光テクノロジーのシステム化を行っている。EAGLE(パターン付ウエハ欠陥検査装置、計測用デジタルカメラ、ストリークカメラ（超高速光技術の応用)、バイオ分野の画像解析システム、3次元のボディラインスキャナの開発を行った。

レーザーグループにおいては新市場の創造を念頭に置きレーザー核融合への実現に向けて新技術を開発している。レーザープリンタ、測距用のCW半導体レーザー、高出力半導体レーザーを開発した。浜松ホトニクスは光で何ができるかというミッションにより、さまざまな新技術開発を行っている。イノベーション型の大ベンチャー企業といえる。つぎに浜松ホトニクスの成り立ちを明らかにする。

3．浜松ホトニクスの成り立ちと出口経営戦略

光テクノロジーのリーディングカンパニー浜松ホトニクスはどのように誕生し成長したのかを明らかにする。1948年に東海電子研究所として起業し、1950年に製造したのは光電管G5Eであった。1953年浜松テレビ株式会社を設立、資本金50万円であった。1959年可視光導電素子の量産化、サイドオン型光電子増倍管を開発した。1961年東京事務所を開設、PbS光導電素子製造開始、赤外線ビジコン発売、1967年浜松市へ本社移転、1969年アメリカ現地法人ハママツ・コーポレーション設立、1973年西ドイツに合弁会社ハママツ・テレビジョン・ヨーロッパ・ゲー・エム・ベー・ハー設立、1974年フィリップス社（オランダ）と技術援助契約を行う。1977年コンピュータ用ビジコンカメラ、ストリークカメラシステム、超高速測光装置の開発、1983年に浜松ホトニクス株式会社と社名変更した。1996年スーパーカミオカンデ用20インチ光電子増倍管11,200本を製造、2001年上海事務所開設、アメリカ・スタンフォード大学と産業応用を進める共同開発調印、2002年小柴昌俊東京大学名誉教授がノーベル物理学賞

受賞。

ベンチャー企業が成長しIPOに到達し大ベンチャー企業となる。浜松ホトニクスは1948年の起業からつぎの経過をたどりIPOに到達している。1953年に浜松ホトニクス（旧社名）は資本金50万円、1955年には資本金100万円、1956年には資本金200万円となり1959年に同400万円、1960年に同800万円となった。さらに成長し1967年には同3,000万円に増資し、1973年に同6,000万円になる。さらに1978年同1億2,500万円、1979年同２億2,500万円と成長した。1981年には同４億5,000万円、1983年には社名を浜松ホトニクスと変更し同4億9,500万円となる。そして1984年にはIPOである株式店頭登録にて出口経営戦略へ到達したのである。この時の資本金は11億6,500万円である。1987年には同70億円になり、1996年には東京証券取引所市場第二部へ上場した。1998年には同市場第一部上場となり、ベンチャー企業の成功会社、大ベンチャー企業となった。2003年には資本金159億円となっている。

4．浜松ホトニクスの業績

浜松ホトニクスの事業の業績はそれぞれの事業部の活動の蓄積によって成り立っている。事業部は電子管事業部、固体事業部、システム事業部に大きく分けられる。図表11-14-1、11-14-2、11-14-3にて各事業部の売上高の推移を提示する。さらに図表11-14-4にて全社の売上高の推移を提示する。

図表11-14-1　電子管事業本部の売上高推移

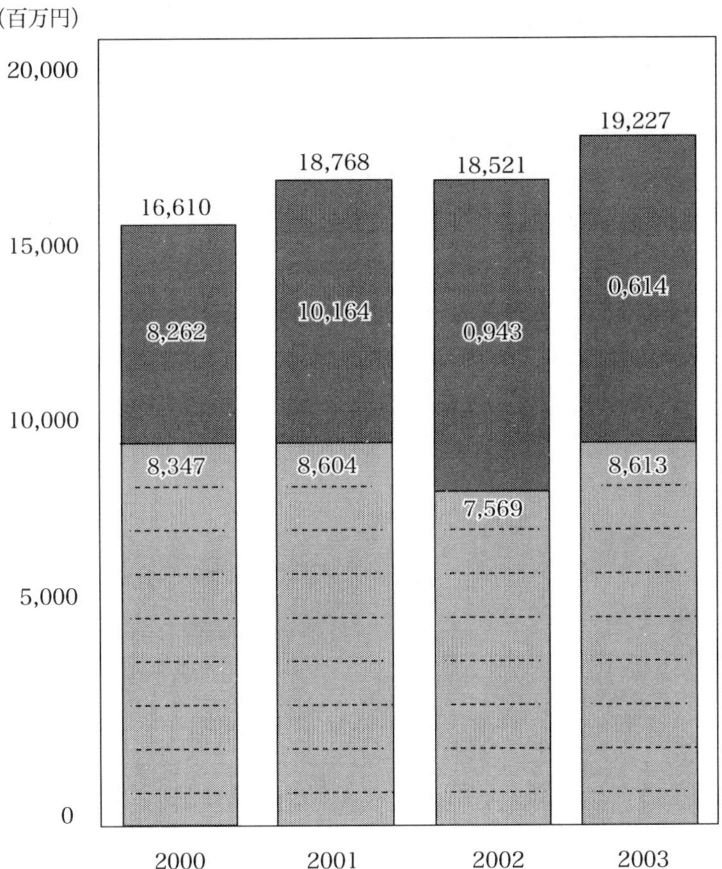

出所：浜松ホトニクス、p.3

図表11-14-2　固定事業部の売上高推移

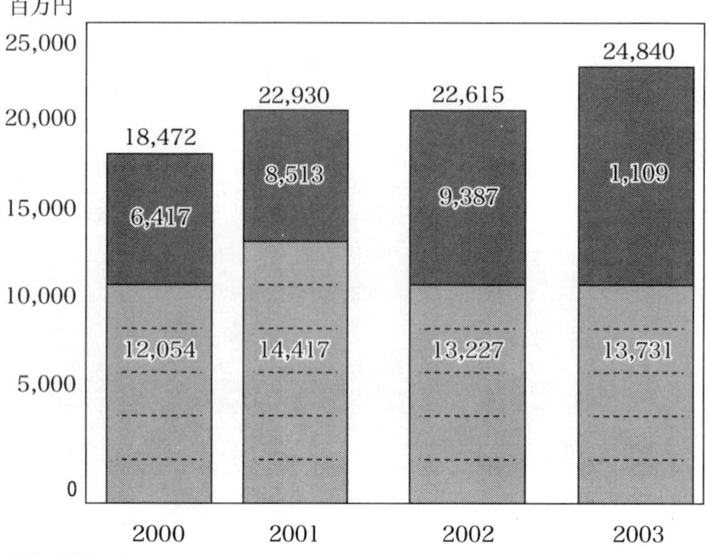

出所：浜松ホトニクス、p.4

図表11-14-3　システム事業部の売上高推移

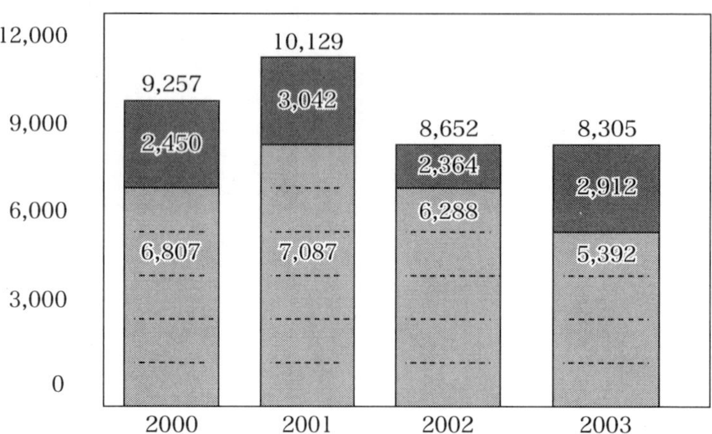

出所：浜松ホトニクス、p.5

図表11-14-4　全社売上高の推移

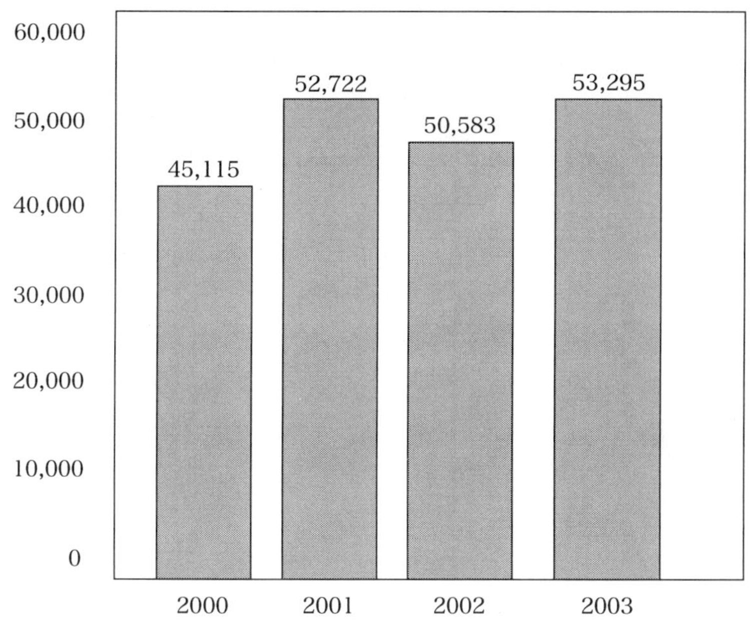

出所：浜松ホトニクス、p.7

日本を代表するベンチャークラスター地域である浜松に根をおろし、高柳健次郎博士の新しいものを生み出そうという時の心持ちを引き継ぐ浜松ホトニクスは光テクノロジーを駆使し発展している。ミッション、ビジョン、コアコンピタンス、ドメインがはっきり提示された大ベンチャー企業といえる。本項ではイノベーション型ベンチャー企業の代表例として取りあげた。企業が必要とするさまざまな要素をもっているので、ケーススタディとしてまた研究対象として最高企業と考えた。今後の成長を見続けたいと考える。

1 【連結財務諸表等】

(1)【連結財務諸表】

①【連結貸借対照表】

区分	注記番号	前連結会計年度(平成17年9月30日) 金額(百万円)		構成比(%)	当連結会計年度(平成18年9月30日) 金額(百万円)		構成比(%)
(資産の部)							
Ⅰ流動資産							
1現金及び預金	*2		45,102			49,567	
2受取手形及び売掛金	*4		19,200			22,975	
3たな卸資産			13,701			15,671	
4繰延税金資産			2,341			3,529	
5その他			1,619			2,001	
6貸倒引当金			△285			△146	
流動資産合計			81,679	56.5		93,299	57.9
Ⅱ固定資産							
(1)有形固定資産							
1建物及び構築物	*2,3	40,520			44,192		
減価償却累計額		18,862	21,658		20,629	23,572	
2機械装置及び運搬具	*3	39,537			43,647		
減価償却累計額		30,341	9,196		32,948	10,698	
3工具、器具及び備品	*3	20,287			21,012		
減価償却累計額		16,172	4,115		17,228	3,783	
4土地	*2		13,511			13,528	
5建設仮勘定			2,639			3,874	
有形固定資産合計			51,120	35.4		55,458	34.4
(2)無形固定資産			512	0.4		474	0.3
(3)投資その他の資産							
1投資有価証券	*1		5,173			5,116	
2長期貸付金			40			42	
3投資不動産等		1,356			1,326		
減価償却累計額		984	372		1,039	286	
4繰延税金資産			4,475			4,856	
5その他	*1		1,079			1,674	
6貸倒引当金			△17			△16	
投資その他の資産合計			11,124	7.7		11,960	7.4
固定資産合計			62,758	43.5		67,893	42.1
資産合計			144,437	100.0		161,192	100.0

区分	注記番号	前連結会計年度（平成17年9月30日）金額（百万円）		構成比（%）	当連結会計年度（平成18年9月30日）金額（百万円）		構成比（%）
(負債の部)							
I 流動負債							
1．支払手形及び買掛金	＊4		9,527			11,269	
2．短期借入金（一年以内返済予定長期借入金含む）	＊2		2,971			7,173	
3．一年以内償還連関社債			－			14,667	
4．未払法人税等			2,524			4,212	
5．賞与引当金			2,410			5,001	
6．役員賞与引当金			－			60	
7．設備購入支払手形			1,471			1,529	
8．その他			6,035			8,520	
流動負債合計			24,939	17.3		52,433	32.5
II 固定負債							
1．新株予約権付社債			19,985			3,620	
2．転換社債			19,107			－	
3．長期借入金	＊2		9,020			4,031	
4．繰延税金負債			75			91	
5．退職給付付引当金			10,869			11,475	
6．役員退職慰労引当金			1,352			1,385	
7．その他			45			10	
固定負債合計			60,455	41.8		20,614	12.8
負債合計			85,395	59.1		73,048	45.3
(少数株主持分)							
少数株主持分			641	0.5		－	－
(資本の部)	＊5						
I 資本金			16,084	11.1		－	－
II 資本剰余金			15,834	11.0		－	－
III 利益剰余金			31,578	21.9		－	－
IV その他有価証券評価差額金			1,470	1.0		－	－
V 為替換算調整勘定			△ 561	△0.4		－	－
VI 自己株式	＊6		△6,005	△4.2		－	－
資本合計			58,400	40.4		－	－
負債、少数株主及び資本合計			144,437	100.0		－	－

区分	注記番号	前連結会計年度（平成17年9月30日）金額（百万円）		構成比（%）	当連結会計年度（平成18年9月30日）金額（百万円）		構成比（%）
(純資産の部)							
I 株主資本							
1．資本金			－			26,487	
2．資本剰余金			－			26,236	
3．利益剰余金			－			38,802	
4．自己株式			－			△6,016	
株主資本合計			－	－		85,509	53.1
II 評価・換算差額等							
1．その他有価証券評価差額金			－			1,712	
2．繰延ヘッジ損益			－			△53	
3．為替換算調整勘定			－			135	
評価・換算差額等合計			－	－		1,794	1.1
III 少数株主持分			－	－		839	0.5
純資産合計			－	－		88,143	54.7
負債、純資産合計			－	－		161,192	100.0

③【連結損益計算書】

区分	注記番号	前連結会計年度（自平成16年10月1日 至平成17年9月30日）金額（百万円）		百分比（%）	当連結会計年度（自平成17年10月1日 至平成18年9月30日）金額（百万円）		百分比（%）
Ⅰ売上高			73,909	100.0		86,988	100.0
Ⅱ売上原価	＊1		34,823	47.1		41,346	47.5
売上総利益			39,085	52.9		45,642	52.5
Ⅲ販売費及び一般管理費	＊1						
1．運賃荷造費		685			774		
2．広告宣伝費		711			724		
3．給料		6,725			7.349		
4．賞与引当金繰入額		692			1,359		
5．役員賞与引当金繰入額		－			60		
6．退職給付引当金繰入額		328			329		
7．役員退職慰労引当金繰入額		68			67		
8．減価償却費		1,112			1,154		
9．手数料		2,005			2,342		
10．研究開発費		8,846			9,181		
11．貸倒引当金繰入額		156			－		
12．その他		6,061	27,393	37.1	6,572	29,915	34.4
営業利益			11,692	15.8		15,726	18.1
Ⅳ営業外収益							
1．受取利息		71			171		
2．受取配当金		38			26		
3．固定資産賃貸収入		151			127		
4．投資不動産等賃貸収入		281			213		
5．持分法による投資利益		95			88		
6．その他の営業外収益		278	918	1.3	231	860	1.0
Ⅴ営業外費用							
1．支払利息		173			155		
2．投資不動産等に係る諸費用		94			83		
3．為替差損		175			306		
4．社債発行費		44			－		
5．その他の営業外費用		4	492	0.7	3	549	0.7
経常利益			12,117	16.4		16,036	18.4
Ⅵ特別利益							
1．固定資産売却益	＊2	4			52		
2．補助金収入		4			87		
3．貸倒引当金戻入額		－	9	0.0	65	205	0.2

区分	注記番号	前連結会計年度（自平成16年10月１日 至平成17年９月30日）金額（百万円）		百分比（%）	当連結会計年度（自平成17年10月１日 至平成18年９月30日）金額（百万円）		百分比（%）
Ⅶ特別損失							
１．固定資産売却及び除却損	＊3	114			88		
２．固定資産圧縮損		4			87		
３．減損損失	＊5	－			237		
４．投資有価証券評価損		－			64		
５．営業権減損損失		75			－		
６．子会社整理損		43			－		
７．役員退職慰労金		16			－		
８．その他の特別損失	＊4	8	262	0.3	－	478	0.5
税金等調整前当期純利益			11,864	16.1		15,764	18.1
法人税、住民税及び事業税		4,911			6,985		
過年度法人税等	＊6	－			674		
法人税等調整額		△821	4,089	5.5	△1,679	5,980	6.9
少数株主利益			48	0.1		41	0.0
当期純利益			7,726	10.5		9,741	11.2

注

(1)　浜松ホトニクス、pp.1-3
P.hoton is Our Business

(2)　浜松ホトニクス、pp.5-6
P.hoton is Our Business

(3)　浜松ホトニクス、pp.13-20
P.hoton is Our Business

参考文献

アルファベット

ADVANTEST［2004］「50th anniversary」ADVANTEST
ADVANTEST［2005］「Corporate Profile」ADVANTEST
ADVANTEST［2005］「ANNUAL REPORT 2005 financial」ADVANTEST
ADVANTEST［2005］「ANNUAL REPORT 2005 Strategy&Management」ADVANTEST
http://www.justsystem.co.jp/just/history.html
http://www.justsystem.co.jp/just/justsystem.html
Jason Draho（2004）『The IPO Decision』pp.215-217
O. E. ウイリアムソン［1997］『現代組織論とバーナード』文眞堂
Paul A. gompers and Josh Lerner『The Venture Capital Cycle』，日本語訳代表者：吉田和男（2002）『ベンチャーキャピタルサイクル』シュプリンガーフェアラーク東京
Porter, L.W and Lawler Ⅲ, E.E.［1968］「Managerial Attitudes and Performance. Richard D. Irwin,」
Taylor, Setge.［1984］「Making Bureaucracies Think: The Environmental Impact Statement Strategy of Administrative Reform. Stanford, Calif,: Stanford University Press.
William D.Bygrave & Jeffrey.A.Timmons『VENTURE CAPITAL AT THE CROSSROADS』，日本語訳代表者：日本合同ファイナンス（1994）『ベンチャーキャピタルの実際と戦略』東洋経済新聞社

あ行

赤岡功［1998］『経営学入門』日本放送協会
アプリックス［2005］「Aplix Corporate Profile」アプリックス
石倉洋子［2002］『戦略経営論』東洋経済新報社
伊藤収編著［1989］『経営管理論』建ぱく社
イマジニア［2005］「イマジニアの成長戦略」イマジニア
イマジニア［2005］「第28期事業報告書」イマジニア
イマジニア［2005］「第29期事業報告書」イマジニア
イマジニア［2005］「中間決算短信（連結）」イマジニア
植藤正志［1988］『経営職能管理の生成』税務経理協会
植村省三［1993］『日本的経営組織』文眞堂
占部都美［1984］『経営管理論』白桃書房
大島俊一［1996］『ビジネスと経営管理』成文堂
太田　肇［1993］『プロフェッショナル組織』同文館
大月博司・高橋正泰・山口善昭［1997］『経営学』同文館
岡本喜裕［1993］『マーケティング要論』白桃書房
オリックス［2004］「オリックスの40年の軌跡」オリックス
オリックス［2005］「GROUP DYNAMICS」オリックス

オリックス［2005］「The Next Stage」年次報告書
オリックス［2005］「オリックスジャーナル vol.33」オリックス
オリックス［2005］「オリックスジャーナル vol.34」オリックス
オリックス［2006］「オリックスの現状」オリックス
オリックス［2006］「年次報告書」オリックス

か行

角野信夫［1997］『アメリカ経営組織論』文眞堂
柏木重秋［1996］『マーケティング』同文舘出版
キヤノン［2004］「CANON FACT BOOK」キヤノン
キヤノン［2004］「THE CANON STORY」キヤノン
キヤノン［2004］「Canon Technology Highlights」キヤノン

さ行

財団法人商工総合研究所［2005］「商工金融2005年11月号第55巻第11号」財団法人商工総合研究所
財団法人商工総合研究所［2006］「商工金融2006年 9 月号第56巻9号」財団法人商工総合研究所
斎藤毅憲［1987］『経営管理論の基礎』同文館
斎藤弘行［1989］『経営組織論』中央経済社
佐久間信夫［2005］『現代経営学』学文社
笹井均・井上正［1989］『組織と情報の経営学』中央経済社
産業能率大学［2005］『経営戦略の基本』産業能率大学出版部
塩次喜代明・高橋伸夫・小林敏男［1999］『経営管理』有斐閣
事業再生実務研究会［2005］『TAX&LAW事業再生の実務―経営・法務・会計・税務―』第一法規
ジャストシステム［2004］「expand your vision」ジャストシステム
ジャストシステム［2004］「未来が見えるチカラ」ジャストシステム
城下賢吾ほか（2004）『コーポレート・ガバナンスと資本市場』税務経理協会
鈴木秀一［1993］『経営文明と組織理論』学文社
関口操［1987］『現代経営管理講義』税務経理協会

た行

高柳暁［1983］『現代経営管理論』同文舘
中央大学企業研究所［2007］「企業研究第11号」中央大学企業研究所
中小企業金融公庫総合研究所［2005］「中小公庫レポートNo.2004-2」中小企業金融公庫総合研究所
中小企業診断協会［1961］『経営分析の手ほどき』同友館
中小企業庁［1999］『中小企業白書』大蔵省印刷局
中小企業庁［2003］『図で見る中小企業白書』ぎょうせい

中小企業庁［2003］『図で見る中小企業白書』ぎょうせい
中小企業庁［2005］『中小企業白書』ぎょうせい
中小企業庁［2006］『中小企業白書』ぎょうせい
都筑栄［1982］『経営管理の展開』税務経理協会
出牛正芳［1996］『現代マーケティング管理論』白桃書房
東京エレクトロン［2004］「CORPORATE PRPFILE」東京エレクトロン
東京エレクトロン［2004］「SEMICONDUCTOR AND FPD PRODUCTION EQIPMENT」東京エレクトロン
東京エレクトロン［2004］「ACCELERATION AHEAD」東京エレクトロン
ドラッカー［1969］『断絶の時代』ダイヤモンド社
ドラッカー［1989］『新しい現実』ダイヤモンド社

な行

中井透［2004］『日本型価値創造経営のモデル構築』中井透
名取修一・中山健・桶田幸宏・坂本秀夫・寺戸節郎・塚本成美［1996］『現代経営管理の研究』信山社
日経BP社［2000］『最新経営イノベーション手法50』日経BP社
日本経済新聞社2005.12.17朝刊「新規公開株の横顔」記事
野中郁次郎［1974］『組織と市場』千倉書房

は行

浜松ホトニクス［2004］P. hoton is Our Business（会社案内）浜松ホトニクス
原口俊道［1999］『経営管理と国際経営』同文舘
フェローテック［1998］「有価証券報告書19期」フェローテック
フェローテック［2000］「Ferrotec 20th Anniversary」旺文社
フェローテック［2004］「株主・投資家のみなさまへ」フェローテック
フェローテック［2004］「有価証券報告書24期」フェローテック
フュートレック［2005］「Company Profile」フュートレック
フュートレック［2005］「DATA BOOK」フュートレック
フュートレック［2005］「新株式発行並びに株式売出届出目論見書の訂正事項分第２回訂正分」フュートレック
フュートレック［2005］「新株式発行並びに株式売出届出目録書」フュートレック
フュートレック［2007］「中間決算説明会資料」フュートレック
プラハラード・ハメル［1995］『コアコンピタンス経営』日本経済新聞社
ポーター［1985］『競争優位の戦略』ダイヤモンド社

ま行

松江　宏［2001］『現代マーケティング論』創成社
南龍久［1992］『経営管理の基礎理論』中央経済社
宮坂純一［1991］『経営管理の論理』晃洋書房
宮脇敏哉［2005］『ベンチャー企業概論』創成社

宮脇敏哉［2005］『ベンチャー企業経営戦略』税務経理協会
宮脇敏哉［2005］『ベンチャー企業論』創成社
宮脇敏哉［2006］『ベンチャー企業産学官連携と財務組織』学文社
宮脇敏哉［2006］『ベンチャー企業マーケティングと経営管理』同友館
宮脇敏哉［2007］『急成長現代企業の経営学』大阪経済法科大学出版部
宮脇敏哉［2008］『マーケティングと中小企業の経営戦略』産業能率大学出版部
宮脇敏哉・深見環 ［2008］『企業経営の基礎』東京経済情報出版
メガチップス［2004］「MCC IR Vol03」メガチップス
メガチップス［2005］「MCC IR Vol04」メガチップス
メガチップス［2005］「ANNUAL REPORT 2005」メガチップス
メガチップス［2005］「Group Profile」メガチップス
メルコ［1993］「MELCO ANNUAL REPORT '93」メルコ
メルコ［1997］「MELCO INC. ANNUAL REPORT '97」メルコ
メルコ［2001］「MELCO INC. ANNUAL REPORT 2001」メルコ
メルコ［2002］「MELCO INC. ANNUAL REPORT」メルコ
メルコ［2003］「MELCO INC. SEMIANNUAL REPORT」バッファロー
メルコ［2003］「MELCO INC. ANNUAL REPORT」メルコ
メルコグループ・バッファロー［2003］「ネットワーク家電関連の新事業に関するお知らせ」メルコホールディングス
メルコグループ［2004］「Interim Business Report」バッファロー
メルコグループ［2005］「Interim Business Report」バッファロー
持本志行［1993］『現代企業の経営管理』中央経済社

や行

よくわかる現代経営編集委員会［2004］『よくわかる現代経営』ミネルヴァ書房
吉田準三［1993］『現代経営管理論』八千代出版
吉田　修［1976］『ドイツ経営組織論』森山書店
吉田和夫・海道ノブチカ［1993］『現代経営学と経営財務』税務経理協会
吉田雄毅［1994］『現代経営管理学の原理』税務経理協会
吉永雄毅［1999］『経営学要論』税務経理協会
吉村孝司［1995］『企業イノベーションマネジメント』中央経済社

ら行

ローム［2004］「ROHMアニュアルレポート2004」ローム
ローム［2004］「ROHM」（会社概要）ローム
ローム［2004］「ROHM」（会社案内）ローム
ローム［2004］「ローム株式会社2004年３月期決算概要」ローム
ローム［2004］「ローム株式会社2005年３月期決算概要」ローム

索　引

A

ABCM……152
Activity Based Costing and Management……152
administrative management……15
Advanced Process Control……268
Advantesut America Corporation……152
Advantesut Asia Pte. Ltd……151
Advantest Korea Co., Ltd……152
Advantest Value Added……152
Airstation One-Touch Secure System……254
ANA……8
AOSS……254
APC……268
Aplix Corporation of America……211
Aplix Europe GmbH……211
ATOK……340
AVA……152

B

B/S……100
Balance Sheet……100
Betriedsanalyse……98
BS7750……301
BUFFALO……254

C

CANON……301
Capital Market Myopia……58
CCC……31
CDwriter……211
CI……322
C. I. Barnard……65
CMS……194
C. M. Stalker……17
Consumer……213
COO……322
Corporate Social Responsibility……154
CSR……77, 180, 154

D

divisional organization……70
Dream Enabler……213
Drucker……1
Dupont……70
DVDレコーダ……194
DVD関連技術……283

E

EAGLE……365
Education……343
Electronics……213
elementary time study……3
Engineer……164
Enterprise……343
Excellent Company……322

F

FDI駆動用IC……248
FDSS……364
FORECS……41
FPD……268
functional organization……3

G

General Motors……70
General Partner……33
GM……70
Government……343

H

H・レーマン……68
HDD……194
hierarchy……64
HIS……31
H. Koontz……23
Home……343
Howthorn Factory……5

I

iaSolution社……212
IBM……301
Imagination……164
Innovation……1
Intellectual Property……349
IP……348, 349, 350
IPO……10, 37, 45
IPOメカニズム……55
ISDN……301
ISO14001……293
ISO9001……283

J

J・ラーナー……53
JAE……211
Jason……55
Java……212
Java OS……211
J. D. Mooney……23
JS-WORD……340
Justsystem Document Technology Forum……340
JX-WORD太郎……340

K

KDDI……212
KWANON……301

L

LBO……55
LCA……274
LCD……293
LED……293
leveraged buyout……55
L. F. Urwick……23
Limited Partner……33
lower or first-line or operating management……17
LSI……178

M

M&A……45
Machine……283
Macronix International Co., Ltd……178
Man……283
Management Buy-Out……319
Manufacturer of Software for Consumer Electronics……213
marketing strategy……25
Maslow……9
Material……283
MBO……319
Mcgregor……9
Method……283
middle management……17
MTPマイコン……281

N

NASA……204
NASDAQ……31
NEC PC-9800……340
NTTドコモ……211

O

operative management……15
organic management system……18
Osnabrugge……35

P

P・アンドリュー・マクレーン……51
P・ゴンパース……53
P. Burns……17
PCB無害化機器……114
PDT……364
P. hoton is Our Business……364
PSD……364

Q

Qボード……47
Quality……322

S

SAW……152
SBA……36
SBU……25
Schumpeter……1
SEC……56
Securities and Exchange Commission……56
SICエピタキシャル膜成長装置……281
Small Business Administration……36
Small Business……343
Solution……343
Some Problems in Market Distribution……21
span of control……69
spin-off……19
strategic marketing……25
strategic business unit……25
strategy……25
Surfeel mloli……177
Sun Microsystems, lnc……211
Surface Accousitic Wave……152

T

TAアソシエーツ……51
TBS……267
The Functions of the Executive……67
The National Research Council……5
the differential rate system of a piece work……3
The Principles of Scientific Management……22
The Western Electric Company……5
TLO……32
top management……17
TRON……212

U

USBフラッシュメモリ……254
U. S.リーシング社……317

V

venture business……19
venture capital……19

W

W. H. Newman……23

X

X理論……9

Y

Y理論……9

あ

アーウイック……8, 23
アウトソーシング……90, 231, 232
アウトソーシングニーズ……231
アウトドア関連製品開発……116
アクアテンバー炉……122
新しい現実……2
アップル……30
厚み測定装置……122
アドバイザリーボード……215
アドバックス……46
アドバンテスト……152, 153, 154
アドバンテスト流経済付加価値……152
アナリスト……98
アパレル物流センター向搬送設備……122
アフィリエイト……46
アプリックス……211, 212, 213
アメリカ証券取引委員会……56
アメリカ電話電信会社……6
粗利……103
荒利……103
アーリーステージ期……19
アルミニウム……122
アンドリュウス……75
アントレプレナー……10, 13, 19
アンビシャス……47

い

イオン注入装置……284
意思決定……78
意思決定論……7
意思決定論的研究法……7
異常気象……113
イーストマンコダック……301
一太郎……340
イノベーション……1, 54
イマジニア……81, 163, 164
インキュベーション……49
印刷物箱押加工……122

インターネット……163
インデックス……348
インテル……30, 340
イントレプレナー……10, 13, 61
インベスター……98

う

ウィリヤム・A・サールマン……58
ウェスタン・エレクトリック社……5
ウエーバー……64
ウェハー処理工程……232
ウェーハプローバ……268
浮川和宣……344
浮川初子……344
受取勘定回転率……94
薄型テレビ……194
売上営業利益率……97
売上債権回転日数……109
売上総利益率……94
売上高営業費比率……94
売上高営業利益率……94
売上高減価償却費比率……109
売上高広告宣伝費比率……94
売上高支払利息比率……94
売上高人件費比率……94
売上高総利益率……97
売上高利益率……44, 97, 102
雲母はぎ作業実験……6

え

エイベックス……31
液状型圧力計……122
エコツーリズム……114
エコノミーズ・オブ・スコープ……30
エコビジネス推進ビジョン……114
エコビジネスネットワーク……114
エノイカ……47
エンジェル税制……32
エンジェルファンド……62
エンジェル……19

お

大阪大学レーザー核融合研究センター……364
大阪府研究開発型企業振興財団……41
大塚商会……344
オスナブラック……35
オズボーン……64
オゾン層保護対策……114
御手洗毅……301
オペレーション・リサーチ……8
オリエントリース……322
オリックス……29, 317, 318
オリックス自動車……318
オリンパス……340

か

買掛金……94
会計監査……216
海面上昇……113
海洋環境……114
価格政策……22
科学的管理論……3
化学物質測定装置開発販売……116
下級管理者層……17
河川汚染……113
河川環境保全……114
家畜糞尿リサイクル法……113
家電リサイクル法……113
株式会社東洋電具製作所……281
神蔵孝之……163, 174
カメラ付携帯電話……194
減価償却関係諸比率……97
環境影響評価……115
環境汚染防止……113
環境教育……115
環境経営推進……114
環境コンサルティング……114, 115
環境支援関連分野……114

環境省……114
環境推進センター……152
環境対応機器……114
環境対応新製品開発……139
環境庁ビジョン……114
環境ホルモン……113
環境ロジスティクス……115
カンノン……301
干ばつ……113
管理の限界……69

き

機械的官僚制……7
起業家……10, 117
企業家精神……1, 118
企業間信用比率……97
企業内起業家……10
キーコンポーネント……302
記述科学的方法論……7
キーデバイス……302
基本的時間研究……3
キャッシュフロー経営……151, 161
キャッシュフロー計算書……110
キヤノン……82, 83, 84
給湯器……122
協業システム……6
共生……302
京セラ……29, 344
競争戦略……75
京都議定書……113
京都大学……281
キングストン・テクノロジー社……253
金属表面処理……122
金属プレス金型……122

く

クイン……75
空気環境改善機器……122
クオリティ・オブ・ライフ……364
クラスター地域……118
グリーン購入……114
グリーン調達……274
グリーン調達システム開発販売……116
クリーンルーム施設……115
グロース期……19
グローバル企業……86
グローバル戦略……75
クーンツ……8, 23

け

経営コンサルタント……62, 63
経営資源……4
経営者の役割……6, 67
経営者報酬……105
経営戦略……13, 14, 75
経営戦略理論……76
経営組織体制……203
経営分析……92, 93, 98
計画的意思決定……7
景観管理……114
経験論……6
経済産業省……39, 114
経済発展の理論……1
継電器組立作業実験……5
ケイパビリティ……72, 75, 163
ケーススタディ……267
ケナフ製品開発……116
減価償却費……109
原材料費……101
建設リサイクル法……113

こ

コアコンピタンス……61, 75, 78
広域情報管理システム……114
光化学スモッグ……114
高級小型写真機……301
杭州大和熱磁電子有限公司……193
行動科学的研究法……7

郡山龍……211
顧客価値創造活動……86
顧客の創造……2
国民所得……105
国立大学等独立法人化……32
小柴昌俊……365
コストリーダーシップ……88
コータノデベロッパー……268
固定資産……94
固定資産回転率……94
固定負債……94
コトラー……23
コーポレート・アイディンティティ……322
コーポレートガバナンス……9, 10, 11
ゴルフサービス事業……165
コンテンツ……349
コントラクト・マニュファクチュアリング・サービス……194
コンパック……30
コンピュータシール……193

さ

再生可能エネルギー……115
再生文具開発……116
財団法人日本漢字能力検定協会……174
財務省証券閲覧室……93
サイモン……7
佐藤研一郎……281
里山整備……114
砂漠化……113
サプライヤー……274
差別化戦略……89
差別出来高給制度……3
サーモモジュール……195
産業クラスター、知的クラスター推進計画の策定……32
産業廃棄物処理関連装置……114
産業廃棄物問題……113
産業機械向搬送設備……122
酸性雨対策……114
サンマイクロシステムズ……30
三洋電機……212

し

ジェネシステクノロジー……231, 232, 233
ジェネンテックス……30
歯科技工用機器……122
事業再生ファンド……33
事業戦略……75
事業部制組織……70
資源枯渇……113
資源有効利用促進法……113
自己資本収益率……97
シスコシステムズ……30
システムLSI……283, 347
執行役員……155
執行役員制……155
自転車部品……122
自動車排ガス削減装置開発販売……116
自動車リサイクル法……113
自動制御装置……122
シード期……19
シナジー……61, 75, 76
支払勘定回転率……94
支払手形……94
支払利子……105
資本金……94
資本市場の罠……58, 59
シーメンス……301
ジャスダック……163
ジャストシステム……177, 339, 234
社団法人中小企業診断協会……92
社団法人電気通信事業協会……165
シャープ……107
ジャンクボンド……55
上海申和熱磁電子有限公司……193
収益性関連比率……94
収益性諸比率……97
受託生産……194
ジェネシステクノロジー……231

循環型社会形成……113
シュンペーター……1, 79, 80
ショー……21
常規的反復的決定……7
上場証券取引所……93
商品回転率……94
商法改正……31
照明実験……5
賞与引当金……94
職能組織……3
食品リサイクル法……113
シリコン……122
シリコンバレー……281
新株予約権付社債……110
真空シール……193
新結合……1, 82
人件費……105
新交通システム……114
新事業戦略……75
新事業創出促進法……32
新資源循環システム……114
新ディーゼル……114
進藤晶弘……178
新ビジネスモデル型……39
森林減少……113
森林保全……125

す

数学的分析……8
スキル……69
スタートアップ期……19
ステークホルダー……54
ストーカー……17
ストックオプション……32, 37, 38
スノー……75
スーパーカミオカンデ……365
スピード経営……87
スピンオフ……19
スローフード関連製品開発……116
スローン……76
成果報酬型……46
税金……105
成長戦略……75
税引前当期純利益……319
製品政策……22
生分解性樹脂製品……122
精機光学研究所……301
精密切削加工部品……122
全国学術調査審議会……5
全自動縦型拡散炉……284
洗浄装置……268
セントレックス……46
戦略……25
戦略的事業単位……25
戦略的マーケティング……25

そ

総資本経常利益率……93
総資本収益率……97
創造的破壊……1
ソニー……29, 87
ソフトバンク……29, 253
損益計算書……93
損益分岐点……101
損益分岐点売上高経算用……101

た

第一勧業銀行……151
ダイオキシン対応機器……114
ダイオキシン類対策特別措置法……113
大学等技術移転促進法……32
大気汚染防止法……113
退職給与引当金……94
太陽光発電新技術……116
大量生産システム……19
高柳健次郎……363
タケダ理研……151
短期借入金……94
断絶の時代……1

ち

地下水汚染対応……114
地球温暖化……113
地球温暖化対策大綱……113
地球環境化対策……113
地球環境問題……113
知的財産基本法……32
チャンドラー……69, 68, 75
チャネル政策……22
中核能力……125
中間管理者層……17
中小企業・ベンチャー企業挑戦支援事業……143
中小企業技術革新成果事業化促進事業……143
中小企業技術革新制度……143
中小企業基盤整備機構……33
中小企業基本法……32
中小企業庁……118
中小企業挑戦支援法……32
中小企業投資育成会社……32
中小企業等投資事業有限責任組合制度……33
鋳造用木型製作……122
長期借入金……93, 94, 110
貸借対照表……93
貸借対照表分析……93

つ

通商産業省……39

て

低NOX型燃焼機器……114
低ON抵抗高周波トランジスタ……281
帝人システムテクノロジー……344
ティモンズ……51
デュルケーム……67
テキサスインスツルメンツ……301
出口経営戦略……75, 78, 79
デジタル技術……177
テスター……231
テスト設計……232
テックセミコンダクターシンガポール……301
鉄工具製造会社……122
デューデリジェンス……319
テーラー……2
テーラーシステム……10
デル……30
電着塗料……122
店頭登録……193
テンニース……67
デンマーク……139

と

当期純利益……110
東京エレクトロンFE株式会社……268
東京エレクトロン……267, 268, 270
東京エレクトロンAT株式会社……268
東京エレクトロンBP株式会社……268
東京エレクトロンエージェンシー株式会社……268
東京エレクトロン九州株式会社……268
東京エレクトロン研究所……267
東京エレクトロンソフトウェア・テクノロジーズ株式会社……268
東京エレクトロンデバイス株式会社……268
東京証券取引所……57
東京証券取引所市場第一部……178
東京証券取引所第二部……151
東京放送……267
東証マザーズ……211
動物用医薬品外品……123
特定新規事業創出促進臨時措置法……33
土壌汚染対策法……113
都市緑化……125
都市緑地保全法……113
トップマネジメント層……17
トーマツ……257
ドメイン……75, 76, 77
ドラッカー……1, 2, 6

な

内部留保……105
名古屋証券取引所……255
ナスダック……39
ナノテクノロジー……152
生ゴミ処理装置開発販売……116
成行管理……15
ナレッジマネジメント……75, 84, 87

に

二酸化炭素排出……113
ニッポン・フェローフルイディクス・アメリカ社……193
日本IBM……340
日本オラクル……344
日本証券業協会……93
日本証券業協会……193
日本政策投資銀行……33
日本ニューマーケットヘラクレス……62
日本ミニコンピュータ……151
ニュージャージー・ベル電話会社……6
ニューマン……8, 23
人間関係論……6

ね

熱処理成膜装置……268
ネットバブル……152
年間監査計画……216

の

農山魚村交流……114
納税引当金……94
能率増進運動……15
ノーベル物理学賞……365

は

バイアウトファンド……33
バイオ燃料開発販売……116
廃棄物適正処理……115
廃棄物ロジスティクス……114
廃棄物発生防止システム……114
バイグレイブ……51
排水処理装置……115
配当金……105
バイドール法……30
ハイリスクハイリターン……29
パソナ……31
パーソンズ……67
パッケージソフト会社……164
パッケージソフトウェア事業……165
発光ダイオード……293
バッファロー……253, 254, 255
パナソニック……107
バーナード……3
ハーバード・ビジネススクール……58
ハーバード大学……3
ハママツ・テレビジョン・ヨーロッパ・ゲー・エム・ベー・ハー……365
浜松ホトニクス……29, 363, 264
ハメル……76
バリュー……323
バリューチェーン……76
パレート……67
ハワード・H・スティーブンソン……58
バンク配線作業観察……6
ハンザキヤノン……301
バーンズ……17
半導体検査装置……231
半導体検査……231

ひ

ヒエラルキー……64
東大阪市……115
東大阪商工会議所……91

光テクノロジー……363
非計画的意思決定……7
ビジネスウィーク……52
微小技術……107
ビジョン……4
日立……107
日立ソフト……344
ヒューレットパッカード……301
費用……105
氷河融解……113
費用性付加価値……105
ビル・イーガン……59

ふ

ファブレスメーカー……177
ファヨール……2
ファンドオブファンズ……61
フアンドリー……275
フィリップス……365
風力発電機器……139
フェデラルエキスプレス……30
フェローテック……177, 193, 194
フォーカス戦略……89
フォークリフト部品……122
フォード……76
フォトマスク製作工程……232
フォトリソグラフィ工程……284
フォーブス……51
フォレックス……41
付加価値……105
藤木英幸……347
富士通……151
富士ゼロックス……344
ブックビルディング……48
プッシュ戦略……26
フットワークエクスプレス……317
フュートレック……81, 347, 348
プライス……8
プラベートエクイティファンド……173
プラグマティズム……67
プラスチィク……122
プラズマエッチング装置……268
プラズマ処理装置……268
フラッシュメモリ……281
フラット・パネル・ディスプレイ…248, 268
プラハラッド……76
フリーキャッシュフロー……189
プリンシパル・インベストメント・グループ……319
プル戦略……26
プレイス……8
フレームワーク……254
プロセス技術……267
プロダクト……8
ブロードバンド……177
プロモーション……25
プロモーション政策……22
フロン回収破壊法……113

へ

ベツレヘム製鋼所……3
ヘラクレス……47
ベル電話会社……67
ベン・ローゼン……54
ベンチャー企業……8, 13, 19
ベンチャーキャピタリスト……36, 37, 52
ベンチャーキャピタル……19, 30, 31
ベンチャービジネス……10, 13, 19
ベンチャーマネジャー……10
変動費……101

ほ

萌芽企業……38
包装材料費等……101
放電加工……122
補助材料費……101
ホーソン工場……5
ポーター……75, 88
ポートフォリオ……45

堀内平八郎……363
ホンダ……29, 86

ま

マイクロソフト……30
枚葉CVD装置……268
マイルズ……75
マインツ……64
牧エンジニアリングラボラトリーカンパニー……253
牧誠……253
マグレガー……9
マーケティング４Ｐ……87
マーケティング管理……8
マーケティング情報……22
マーケティング戦略……25
マーケティングマネジメント……21, 24
マーケティングリサーチ……25
マザーズ……47
松下ショック……63

み

ミッション……75, 78, 79
ミッドベール製鋼所……3
未払金……94
宮内義彦……317
ミンツバーグ……7

む

無形固定資産……94
ムーニー……8, 23

め

メガチップス……81, 177, 178
メガテスト社……231
メカトロ……194
メカトロニクス技術……267
メカニカルシール……122
メセナ……106
メッキ薬品……122
メモリースティック……348
メルコ……253
メルコホールディングス……255, 257
面状発熱体……122
メンター……19
メンテナンス技術……115

も

モリタリング……44
モバイルインターネット事業……165
モバイルゴルフオンライン……163, 165

や

ヤコフ……64
ヤフー……30
山村章……193, 204

ゆ

有害大気汚染物質対策……114
有価証券報告書……93, 195
有機的管理システム……18
有形固定資産……94

よ

容器包装リサイクル法……113
余剰金……94

ら

ライブカメラ……177

り

利益稼得効率……102
利益準備金……94
利益処分……97
利益性付加価値……105
リスクキャピタル……31
リーディングカンパニー……259
リードレス炭素皮膜抵抗器……281
リビングデッド……61
硫性流体……193
流動負債……94

れ

レイアウト設計……232

ろ

ローウェル……67
ローエル研究所……67
ロケットカンパニー……163
ロータス……30, 344
ローム……29, 107, 281

わ

ワラント債……31

【著者紹介】

宮　脇　敏　哉（みやわき　としや）

1955年　宮崎県出身
1978年　関東学院大学経済学部経済学科卒業
1979年　早稲田大学システム科学研究所
　　　　経営科学講座マーケティング専攻修了
1980年　会社起業その後2社経営、1事業体経営後
2004年　九州情報大学大学院経営情報学研究科博士前期課程修了
2005年　福岡国際大学国際コミュニケーション学部講師
同　年　九州国際大学経済学部講師
2006年　山口大学大学院東アジア研究科後期博士課程東アジア専攻単位取得
2007年　大阪経済法科大学経済学部准教授
2008年　新潟経営大学経営情報学部教授

著　書
(単著)
2005年　『ベンチャー企業概論』創成社
同　年　『ベンチャー企業経営戦略』税務経理協会
2006年　『ベンチャー企業産学官連携と財務組織』学文社
同　年　『ベンチャー企業マーケティングと経営管理』同友館
2007年　『急成長現代企業の経営学』大阪経済法科大学出版部
2008年　『マーケティングと中小企業の経営戦略』産業能率大学出版部
(共著)
2003年　『サスティナブルマネジメント』日本工業新聞社
2005年　『TAX & LAW事業再生の実務―経営・法務・会計・税務―』第一法規
同　年　『経営診断学の基礎理論と未来展望』同友館
2006年　『経営教育事典』学文社
同　年　『TAX & LAW事業再生の実務―経営・法務・会計・税務―追録集』第一法規
2008年　『企業経営の基礎』東京経済情報出版

現代経営管理と経営戦略モデル（げんだいけいえいかんり と けいえいせんりゃく モデル）

発行日　2008年4月14日　初版発行
著　者　宮　脇　敏　哉
発行者　佐　伯　弘　治
発行所　流通経済大学出版会
　　　　〒301-8555　茨城県龍ヶ崎市120
　　　　電話　0297-64-0001　FAX　0297-64-0011

Printed in Japan/アベル社
ISBN978-4-947553-46-1